U0674617

GUOYOU GUQUAN DAIBIAOREN
ZHIDU YANJIU

国有股权代表人
制度研究

麓学库／岳法文丛｜六

肖海军／著

■ 教育部 2003 年人文社会科学研究课题
  （结题文号：2007JXZ237）
■ 湖南省哲学社会科学 2004-2005 年度立项课题
  （结题证号：2007100405019060）
■ 本书受湖南大学法学重点学科资助

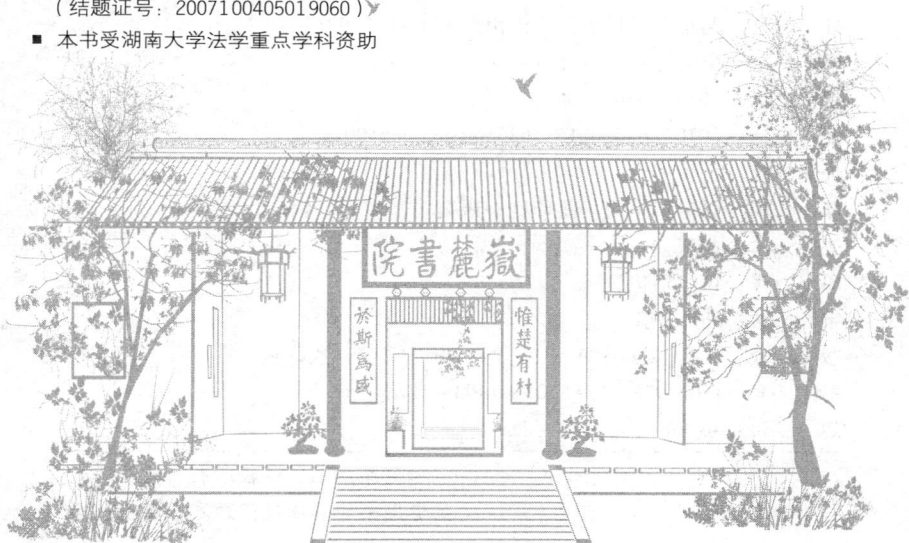

嶽麓書院

惟楚有材
於斯爲盛

中国检察出版社

图书在版编目（CIP）数据

国有股权代表人制度研究/肖海军著. —北京：中国检察
出版社，2015.5
（岳麓法学文库）
ISBN 978 – 7 – 5102 – 1403 – 5

Ⅰ. ①国… Ⅱ. ①肖… Ⅲ. ①国有股 – 股权 – 法人 – 制度 –
研究 – 中国 Ⅳ. ①D922.292

中国版本图书馆 CIP 数据核字（2015）第 071096 号

国有股权代表人制度研究

肖海军 著

出版发行：中国检察出版社
社　　址：北京市石景山区香山南路 111 号（100144）
网　　址：中国检察出版社（www.zgjccbs.com）
编辑电话：(010) 68682164
发行电话：(010) 68650015　68650016　68650029
经　　销：新华书店
印　　刷：保定市中画美凯印刷有限公司
开　　本：A5
印　　张：14.75 印张
字　　数：381 千字
版　　次：2015 年 5 月第一版　2015 年 5 月第一次印刷
书　　号：ISBN 978 – 7 – 5102 – 1403 – 5
定　　价：46.00 元

检察版图书，版权所有，侵权必究
如遇图书印装质量问题本社负责调换

目　录

引　论

一、我国经营性国有资产的基本家底

经营性国有资产管理体制与国有企业经营机制改革是我国经济体制改革与市场经济转型过程中的重头戏。2004 年末，全国第二、三产业 325 万个企业法人单位的实收资本总额为 18.2 万亿元；在全部企业法人单位的实收资本总额中，由国家投入的资本为 8.7 万亿元，占 48.1%。2004 年末，全国共有从事第二、三产业的法人单位 516.9 万个；其中，国有企业、国有联营企业、国有独资公司共 19.2 万个。①

自 2003 年新的国有资产监督体制建立起来以后，由国务院国有资产监督管理委员会（以下简称国务院国资委）代表国务院履行国家出资人职责，直接监管的中央企业（央企）2004 年 12 月为 181 户②；2006 年 12 月调整为 159 户③；2007 年 12 月调整为 151

---

① 引自国务院第一次全国经济普查领导小组办公室、中华人民共和国国家统计局：《第一次全国经济普查主要数据公报（2005 年）》第 1 号，载《国务院公报》2006 年第 4 期。

② 《关于中央企业重组的公告》，载国务院国有资产监督管理委员会网站·央企变更（http：//www.sasac.gov.cn/，2004 年 12 月 16 日），访问日期：2014 年 10 月 27 日。

③ 《关于中国新时代控股（集团）公司等 4 户企业重组的通报》，载国务院国有资产监督管理委员会网站·央企变更（http：//www.sasac.gov.cn/，2006 年 12 月 28 日）。

户①；2008 年 12 月调整为 142 户②；2009 年 12 月调整为 129 户③；2010 年 12 月调整为 122 户④；2011 年 5 月调整为 120 户⑤。2011 年以来，经国务院批准，由国务院国有资产监督管理委员会先后发布《中商集团并入诚通集团》（2011 年 1 月 31 日）、《华星集团划入中国国新管理》（2011 年 5 月 25 日）、《中国乐凯胶片集团公司整体并入中国航天科技集团公司》（2011 年 9 月 9 日）、《关于组建中国电力建设集团有限公司、中国能源建设集团有限公司的公告》（2011 年 9 月 29 日）、《中国印刷集团公司划入中国国新控股有限责任公司管理》（2012 年 5 月 10 日）、《彩虹集团公司整体并入中国电子信息产业集团有限公司》（2013 年 1 月 5 日）、《华粮集团并入中粮集团》（2013 年 3 月 12 日）、《中国二重与国机集团联合重组》（2013 年 7 月 18 日）等央企合并和重组公告⑥，截至 2014 年 10 月底，由国务院直接管理、由国务院国资委代表国务院履行国

---

① 《三九企业集团并入华润成为其全资子企业》，载国务院国有资产监督管理委员会网站·央企变更（http：//www. sasac. gov. cn/，2007 年 12 月 26 日），访问日期：2014 年 10 月 27 日。

② 《中国外运和中国长航重组 国资委监管企业调整为 142 户》，载国务院国有资产监督管理委员会网站·央企变更（http：//www. sasac. gov. cn/，2008 年 12 月 19 日），访问日期：2014 年 10 月 27 日。

③ 《国资委履行出资人职责的企业调整为 129 户》，载国务院国有资产监督管理委员会网站·央企变更（http：//www. sasac. gov. cn/，2009 年 12 月 31 日），访问日期：2014 年 10 月 27 日。

④ 《关于中国国新控股有限责任公司由国务院国有资产监督管理委员会代表国务院履行出资人职责的公告》，载国务院国有资产监督管理委员会网站·央企变更（http：//www. sasac. gov. cn/，2010 年 12 月 23 日），访问日期：2014 年 10 月 27 日。

⑤ 《华星集团划入中国国新管理》，载国务院国有资产监督管理委员会网站·央企变更（http：//www. sasac. gov. cn/，2011 年 5 月 25 日），访问日期：2014 年 10 月 27 日。

⑥ 参见《央企变更通知公告》，载国务院国有资产监督管理委员会网站·央企变更（http：//www. sasac. gov. cn/），访问日期：2014 年 10 月 27 日。

家出资人职责的中央企业共 113 家①，具体中央企业（集团）的名称为：中国核工业集团公司、中国核工业建设集团公司、中国航天科技集团公司、中国航天科工集团公司、中国冶金科工集团有限公司、中国航空工业集团公司、中国船舶工业集团公司、中国船舶重工集团公司、中国兵器工业集团公司、中国兵器装备集团公司、中国电子科技集团公司、中国石油天然气集团公司、中国石油化工集团公司、中国海洋石油总公司、国家电网公司、中国南方电网有限责任公司、中国华能集团公司、中国大唐集团公司、中国华电集团公司、中国国电集团公司、中国电力投资集团公司、中国长江三峡集团公司、神华集团有限责任公司、中国电信集团公司、中国联合网络通信集团有限公司、中国移动通信集团公司、中国电子信息产业集团有限公司、中国第一汽车集团公司、东风汽车公司、中国第一重型机械集团公司、中国机械工业集团有限公司、哈尔滨电气集团公司、中国东方电气集团有限公司、鞍钢集团公司、宝钢集团有限公司、武汉钢铁（集团）公司、中国铝业公司、中国远洋运输（集团）总公司、中国海运（集团）总公司、中国航空集团公司、中国东方航空集团公司、中国南方航空集团公司、中国中化集团公司、中粮集团有限公司、中国五矿集团公司、中国通用技术（集团）控股有限责任公司、中国建筑工程总公司、中国储备粮管理总公司、国家开发投资公司、招商局集团有限公司、华润（集团）有限公司、中国港中旅集团公司［香港中旅（集团）有限公司］、国家核电技术有限公司、中国商用飞机有限责任公司、中国节能环保集团公司、中国国际工程咨询公司、中国华孚贸易发展集团公司、中国诚通控股集团有限公司、中国中煤能源集团有限公司、中国煤炭科工集团有限公司、机械科学研究总院、中国中钢集团公司、中国钢研科技集团公司、中国化工集团公司、中国化学工程集团公司、中国轻工集团公司、中国工艺（集团）公司、中国盐业

---

　　① 　参见国务院国有资产监督管理委员会网站·央企名录（http：//www. sasac. gov. cn//），访问日期：2014 年 10 月 27 日。

总公司、中国恒天集团有限公司、中国中材集团有限公司、中国建筑材料集团有限公司、中国有色矿业集团有限公司、北京有色金属研究总院、北京矿冶研究总院、中国国际技术智力合作公司、中国建筑科学研究院、中国北方机车车辆工业集团公司、中国南车集团公司、中国铁路通信信号集团公司、中国铁路工程总公司、中国铁道建筑总公司、中国交通建设集团有限公司、中国普天信息产业集团公司、电信科学技术研究院、中国农业发展集团总公司、中国中纺集团公司、中国外运长航集团有限公司、中国中丝集团公司、中国林业集团公司、中国医药集团总公司、中国国旅集团有限公司、中国保利集团公司、珠海振戎公司、中国建筑设计研究院、中国冶金地质总局、中国煤炭地质总局、新兴际华集团有限公司、中国民航信息集团公司、中国航空油料集团公司、中国航空器材集团公司、中国电力建设集团有限公司、中国能源建设集团有限公司、中国黄金集团公司、中国储备棉管理总公司、中国广核集团有限公司、中国华录集团有限公司、上海贝尔股份有限公司、武汉邮电科学研究院、华侨城集团公司、南光（集团）有限公司、中国西电集团公司、中国铁路物资（集团）总公司、中国国新控股有限责任公司。根据国务院国资委财务监督与考核评价局 2011 年以来所公布的最新数据显示：2011 年 1—12 月中央企业累计实现营业收入 202409.3 亿元，同比增长 20.8%；应交税费总额 16803.9 亿元，同比增长 19.7%；累计实现净利润 9173.3 亿元，同比增长 6.4%，其中：归属于母公司所有者的净利润 6086.4 亿元，同比增长 7.2%。① 另据《国务院关于国有企业改革与发展工作情况的报告》所述："截至 2011 年底，全国国有及国有控股企业（不含金融类企业，以下简称全国国有企业）14.47 万户，资产总额 85.37 万亿元，所有者权益 29.17 万亿元，在册职工 3672.4 万人，离退休职

---

① 《中央企业 2011 年 1—12 月经营情况》，载国务院国有资产监督管理委员会网站·财务监督与考核评价局·统计数据（http：//www.sasac.gov.cn/，2012 年 1 月 20 日），2014 年 10 月 27 日访问。

工 1655.3 万人。2011 年，全国国有企业实现营业收入 39.25 万亿元，实现利润总额 2.58 万亿元，上缴税金 3.45 万亿元，分别约占全社会工商企业的 35%、43% 和 40%。其中，纳入国资委系统监管的企业资产总额、营业收入、利润总额和上缴税金分别占全国国有企业的 71.2%、87.3%、80.7% 和 75.8%。"① 2012 年，国务院国资委监管的中央企业累计实现营业收入 22.5 万亿元，同比增长 9.4%；实现利润总额 1.3 万亿元，同比增长 2.7%；累计上缴税金总额 1.9 万亿元，同比增长 13%；中央工业企业百元营业收入上缴税金 7.6 元，比全国规模以上工业企业高出 3.1 元。② 2013 年度中央企业累计实现营业收入 24.2 万亿元，同比增长 8.4%；上缴税费总额 2 万亿元，同比增长 5.2%；累计实现利润总额 1.3 万亿元，同比增长 3.8%。③ 另据国务院国资委财务监督与考核评价局发布的《全国国资委系统监管企业 2013 年度总体运行情况》有关数据显示，截至 2013 年底，中央及地方国资委系统监管的国有及国有控股企业（以下简称全国国资委系统监管企业）共 10.9 万户，其中 2013 年度全国国资委系统监管企业的基本财务情况为：（1）国有资本保值增值情况。2013 年末，全国国资委系统监管企业拥有国有资本及权益 22.9 万亿元，比 2013 年初增加 2.5 万亿元，增幅为 12.1%。扣除各项客观增减因素后，2013 年度全国国资委系统监管企业平均国有资本保值增值率为 104.4%。（2）经营规模情况。2013 年末，全国国资委系统监管企业资产总额 85.4 万亿元，比上年增长 19.6%；所有者权益（净资产）总额 30 万亿元，比

①　参见王勇：《国务院关于国有企业改革与发展工作情况的报告》（2012年），载《中华人民共和国全国人民代表大会常务委员会公报》2012 年第 6 期。

②　参见《2012 年中央企业经营情况》，载国务院国有资产监督管理委员会网站·财务监督与考核评价局·统计数据（http：//www.sasac.gov.cn/），2013 年 2 月 8 日，访问日期：2014 年 10 月 27 日。

③　参见《中央企业 2013 年度经营情况》，载国务院国有资产监督管理委员会网站·财务监督与考核评价局·统计数据（http：//www.sasac.gov.cn/，2014 年 1 月 22 日），访问日期：2014 年 10 月 27 日。

上年增长 17.1%，其中：归属于母公司所有者权益 23.3 万亿元，比上年增长 17.5%。2013 年度全国国资委系统监管企业实现营业收入 42 万亿元，比上年增长 10.5%。（3）经济效益情况。2013 年度全国国资委系统监管企业实现利润总额 2.2 万亿元，比上年增长 6.3%；实现净利润 1.6 万亿元，比上年增长 4.7%。2013 年度全国国资委系统监管企业平均净资产收益率（含少数股东损益/权益）为 5.5%，平均成本费用利润率为 5.3%。（4）上缴税金情况。2013 年度全国国资委系统监管企业实际上缴税金 29028.9 亿元，比上年增加 1182.3 亿元，增长 4.2%。在全部上缴税金中，增值税 9631.5 亿元，占上缴税金总额的 33.2%；企业所得税 6261.9 亿元，占 21.6%；消费税 3429 亿元，占 11.8%；营业税 2884.2 亿元，占 9.9%。①

需要说明的是，上述数据，仅仅为国务院和地方政府国资委系统所监管的中央与地方国家出资企业的部分情况。该数据不包括如下几类国有资产和国家出资企业：（1）金融类国家出资企业。如原中共中央金融工作委员会（中央金融工委）直接主管、现由国务院领导并由财政部、中国人民银行、银监会、证监会、保监会依法独立履行职责并监管的国有商业银行和其他金融机构等中央金融国有企业。除中央汇金投资有限责任公司、中国投资有限责任公司和中央国债登记结算有限公司等特殊金融机构外，财政部、银监会或者地方财政部门、中央汇金公司履行出资人职能的中央金融企业有国家开发银行、中国农业发展银行、中国进出口银行等政策性银行，中国工商银行、中国农业银行、中国银行、中国建设银行、交通银行等国有商业银行，中国华融资产管理公司、中国长城资产管理公司、中国东方资产管理公司、中国信达资产管理公司等国有资产管理机构，中国出口信用保险公司、中国人寿保险（集团）公司、中国太平保险集团公司、中国再保险（集团）公司、中国人

---

① 参见《全国国资委系统监管企业 2013 年度总体运行情况》，载国务院国有资产监督管理委员会网站·财务监督与考核评价局·统计数据（http://www.sasac.gov.cn/，2014 年 8 月 8 日），访问日期：2014 年 10 月 27 日。

民保险集团股份公司等国有商业保险公司，中国银河金融控股有限公司、中国银河投资管理有限公司、中信集团公司、中国光大（集团）总公司、建银投资有限责任公司等其他金融机构。截至2010年底，国有独资及国有控股的金融资产已经超过150万亿元人民币①。对于如此庞大的国有金融资产，有学者建议在国务院专设金融国资委对其进行集中监督管理；② 2006年上半年开始，财政部就牵头开展了"关于国有金融资本管理体制改革"的课题调研。2012年3月十一届全国人大五次会议前后，业界盛传"金融国资委"的组建草案已获国务院的批准，有关部门正在加紧作进一步调查研究，将于2012年内成立。③ 但2012年9月17日，中国人民银行、中国银行业监督管理委员会、中国证券监督管理委员会、中国保险监督管理委员会、国家外汇管理局联合对外正式公布的《金融业发展和改革"十二五"规划》却并未提及"金融国资委"的组建及方案，直至现在，我国金融领域的国家出资仍然由财政部、银监会和中央汇金公司代表国务院履行出资人职责。（2）原政企合一体制下被剥离行政监管职能后设立的国有独资类全民所有制企业或国有独资公司。如2006年以来从原国家邮政局和地方邮政局以邮政业务分离设立的中国邮政集团公司、中国邮政储蓄银行；2013年3月从原国家铁道部和地方铁路局分离组建的中国铁路总公司及地方铁路公司等。（3）由中宣部和国务院新闻出版署

---

① 参见孙轲：《金融国资委使命》，载《21世纪经济报道》2010年12月27日第59版；陈岩鹏：《150万亿元国资总管家待聘》，载《华夏时报》2012年3月19日第4版。

② 参见李曙光：《给六十万亿金融国资找个总管家——关于成立金融国资委的设想》，载《南方周末》2010年9月30日；李曙光：《终结金融国资管理弊端——建立金融国资委的再思考》，载《南方周末》2012年1月13日。

③ 参见刘丽靓：《5年争论终有进展"金融国资委"草案已上报》，载《证券日报》2011年8月24日第A1版；王敏：《争议金融国资委》，载《中国企业报》2012年3月27日第6版。

直接管理的带有意识形态的文化类国家出资企业或文化事业单位转制的企业。如中宣部所主管的实行企业化经营或转制的中央直属事业单位有人民日报社、求是杂志社、光明日报社、学习出版社、中央编译出版社等①。国家新闻出版广播电影电视总局主管的实行企业化经营或转制的新闻出版系统直属单位有人民出版社、中国新闻出版研究院、新闻出版报社、新闻出版总署信息中心（新闻出版总署互联网出版监测中心）、中国版权保护中心、新闻出版总署教育培训中心、新闻出版总署机关服务中心、中国版本图书馆（新闻出版总署条码中心）、新闻出版总署出版产品质量监督检测中心和2011年5月8日成立的中国新闻出版传媒集团有限公司等；实行企业化经营或转制的广播影视系统直属单位有中央人民广播电台、中国国际广播电台、中央电视台、中国电影集团公司、广播电视卫星直播管理中心、广播影视发展研究中心、广播科学研究院、广播电视规划院、中广电设计院、中国广播艺术团、中国电影资料馆、广电总局电影数字节目中心、广电总局机关服务局、广电总局培训中心、中国广播电视出版社、中国广播电视协会、中央新闻纪录电影制片厂、中广传播集团有限公司、中国爱乐乐团、中广国际总公司、中国国际电视总公司、中国广播电视年鉴等②。（4）其他由中央和地方党政机关主管的实行企业化经营或转制的中央或地方直属事业单位。如中央国家机关所直属的、实行企业化经营或转制的出版社、经营性楼堂馆所等。以上经营性国有资产至今尚没有准确的数据。

　　以上数据说明，仅就经营性国有资产这一块而言，我国尚没有

---

　　① 参见中组部、中宣部、人事部、文化部《关于深化文化事业单位人事制度改革的实施意见》（人发〔2003〕14号）；中共中央《关于深化文化体制改革推动社会主义文化大发展大繁荣若干重大问题的决定》（2011年10月18日）第六、第七部分。

　　② 参见国家新闻出版广播电影电视总局官网·总局机构·直属单位（http://www.sarft.gov.cn/），访问日期：2014年10月27日。

统一、集中的监督管理机构，以理顺其监督管理体制，正因为如此，到目前为止，我国经营性国有资产也未建立起准确的统计数据。

二、国有资产监督管理体制改革的基本路径

国有资产，又称国有财产，为国家所有的各种财产、物资、债权和其他权益之概称，其范围按其来源包括以下几类：（1）依据国家法律应属于国家所有的财产；（2）基于国家行政权力行使而取得的应属于国家所有的财产；（3）国家以各种方式投资形成的各项资产；（4）接受各种馈赠所形成的应属于国家的财产；（5）由于国家已有资产的收益所形成的应属于国家所有的财产。国有资产的范围十分广泛，根据我国《宪法》、《民法通则》、《物权法》、《企业国有资产法》和其他法律的相关规定，其范围主要包括：（1）国有的土地、矿藏、水流、森林、草原、荒地、渔场等自然资源；（2）国家机关及所属事业单位的财产；（3）军队财产，如军事设施等；（4）全民所有制企业经营的财产；（5）国家所有的公共设施、文物古迹、风景游览区、自然保护区等；（6）国家在境外的财产；（7）国家对非国有单位的投资以及债权等其他财产权；（8）不能证实属于集体或个人所有的财产等。① 一般认为，上述不同来源、不同范围的国有资产按其性质又可划分为资源性国有资产、行政事业性国有资产、经营性国有资产三大类。由于此三类国有资产的性质有显著的差异，对其监管也就必须选择有不同针对性的路径。

（一）资源性国有资产的改革方向：资源税与出让金

资源性国有资产是指以自然形成的、具有开发利用价值的国有资源，其实物形态具有生成的自然性、供给的稀缺性、数量的有限

---

① 参见《中华人民共和国宪法》第 9 条、第 10 条；《中华人民共和国民法通则》第 73 条、第 78—82 条；《中华人民共和国物权法》第 45—57 条、第 67 条；《中华人民共和国企业国有资产法》第 2 条、第 3 条。

性、品种的复杂性和分布的不均衡性；其权利与价值形态则具有权利主体（国家）的垄断性、范围的相对性、标的对象的资产性、生产经营的效益性等。资源性国有资产按资源的生成条件及依托的生物圈圈层，可划分为地下资源、地表资源和由光、热、风、气、雨等构成的气候资源或太空资源等类别；按资源所处的空间位置可划分为陆地资源、海洋资源、大气资源、太空资源等类别；按资源是否具有生命可划分为生物资源和非生物资源；按资源可否再生可划分为可再生资源、不可再生资源和可永续利用资源；按资源的经济用途可划分为生活资料性资源和生产资料性资源等。对资源性国有资产，我国目前基本上实行的是国有专营和税费双轨体制，这一带有计划经济特性的体制有其明显的不足，特别是资源性国有资产的国有专营体制有其先天性缺陷和明显弊端：（1）它需要国家投入巨额的资本对自然资源进行开发和经营；（2）国家直接开发和经营自然资源，其利润与利益直接归入国库，忽视了资源所在地地方行政区和居民的利益分享，不利于发挥地方和居民的积极性，甚至以损害地方和居民的资源利益和环境利益为代价；（3）国家对资源的垄断性开发与经营，本质上是一种与民争利体制，无异于在资源领域形成对民间资本、社会资本和民营企业的准入壁垒和进入阻挠，不利用此领域的市场发育和充分竞争；（4）国有专营的官僚体制难以确保资源类国家出资企业的有效营运；（5）国企条款作为美国和欧盟对中国进行经济对话和商务谈判的重要议题，已成为对中国进行经济遏制的主要砝码，而资源性国有资产的国有专营体制更日益成为发达市场经济国家不承认我国为市场经济国家的借口。足见，改革现有资源性国有资产的国有专营体制，应成为我国国有资产管理体制改革的重要内容。

笔者认为，我国资源性国有资产管理体制改革的重心应是逐步把现有的国有专营之直接经营体制转型为以资源费和出让金为主的利益分享型体制，其具体做法为：（1）改变现有资源性国有资产的国有专营体制，按照国家以资源所有者入股、地方政府与居民以资源所在地入股、投资开发经营者以资金与技术入股，各自以 2:3:5 或 1.5:2.5:6 的比例，对经批准可开发的资源性国有资产进行联合开发和经营。（2）在对现有资源型国有垄断企业进行股份化、公司制改造之后，有计划、有步骤地分期减持国有股，引入民间资本、社会资本和民营企业，直至把资源型国有垄断企业改造成为完全的民间资本、社会资本控股和民营企业经营的真正商事主体。（3）逐步向民间、社会和外资开放资源开发和经营领域，以招标和特许经营许可方式公平地选择国有资源的开发者和经营者。（4）通过向国有资源的开发者和经营者征收（计量或计价）资源税和出让金，以分享国有资源及开发、经营所带来的稳定利益。（5）国家还可通过向国有资源的开发者和经营者征收流转税、所得税，以分享国有资源开发和经营的营业成果。如此一来，在宪法、民法确认国家对绝大部分资源性资产属于国家所有的前提下，国家不用再进行大规模的投入，主要通过或依靠资源费、出让金和其他税金等经济调控手段，就可达到无本万利、坐享其成的资源性国有资产收益效果；相对地，国家可减少因国家出资企业监管所必须支出的巨额行政成本，还可充分照顾地方政府和资源所在地居民的资源性利益，同步提高地方福利，符合联合国有关资源性权利方面国际公约的基本精神①，更可促进民间资本、社会资本和民营企业进入资源领域，改善我国资源类经济领域的所有、行业和市场结构，为中国经济结构的升级和市场化的完成创造基础条件。

（二）行政事业性国有资产的改革重点：信息的公开和严格的监管

行政事业性国有资产是指由国家财政资金投资形成而由行政事

---

① 联合国《经济、社会、文化权利国际盟约》（1966 年）第一部分第 1 条第 2 项规定："所有人民得为他们自己的目的自由处置他们的天然财富和资源，而不损害根据基于互利原则的国际经济合作和国际法而产生的任何义务。在任何情况下不得剥夺一个人民自己的生存手段。"参见联合国人权事务高级专员办事处：《人权国际文件汇编》（第一卷），联合国 ST/HR/1/Rev. 6 Vol. I/ Part 1，2002 年版，第 8 页。

业单位占有、使用的各种国有资产的总和,① 其范围包括:(1) 国家拨给或以财政拨款形成的行政事业单位资产;(2) 行政事业单位按照国家政策规定运用国有资产收入形成的资产;(3) 国有行政事业单位代表国家接受捐赠的资产;(4) 其他经法律确认为国家所有而为国有行政事业单位占有、使用的资产等。行政事业性国有资产具有配置领域的非生产性、使用目的的非营利性、资产营运功能的服务性、资金来源的财政性、占有和使用的无偿性等特点。行政事业性国有资产按其行政管理层级可分为中央行政事业性国有资产和地方行政事业性国有资产;按其存在的形态可分为流动资产、长期投资、固定资产、材料和低值易耗品、无形资产和其他资产等。

我国行政事业性国有资产监管体制仍然沿袭《行政事业单位国有资产管理办法》所确立的所有权和使用权相分离的原则和"国家统一所有,政府分级监管,单位占有、使用"的管理体制,其主要的规范性文件依据有财政部《关于市(地)级行政事业单位国有资产管理职责划分问题的意见》(财办函〔2005〕7 号)、财政部《行政事业单位资产清查暂行办法》(财办〔2006〕52 号)、财政部《行政事业单位资产核实暂行办法》(财办〔2007〕19 号)、国务院机关事务管理局《中央行政事业单位国有资产管理暂行办法》(国管资〔2009〕167 号)和《中央行政事业单位国有资产处置管理办法》(国管资〔2009〕168 号)、财政部《行政事业单位国有资产管理信息系统管理规程》(财办〔2013〕52 号)等,涉及的内容主要包括行政事业性国有资产产权的登记、界定、变动、使用、处置、评估、统计报告、通报情况的监督和纠纷的调处等。尽管如此,我国行政事业性国有资产监管体制尚存在如下明显不足和缺陷:(1) 财政拨款环节的入账与流动资金的使用尚存在巨大漏

---

① 如原国家国有资产管理局、财政部《行政事业单位国有资产管理办法》(国资事发〔1995〕17 号,2008 年 1 月 31 日被废止)第 2 条规定,行政事业单位国有资产是指"由行政事业单位占有、使用的、在法律上确认为国家所有、能以货币计量的各种经济资源的总和"。

洞。（2）在财政资金的投资与采购环节尚存在不规范、不合法和严重腐败等情形。（3）涉及固定资产、材料和低值易耗品、无形资产等类型的国有资产尚没有建立起全面、准确的信息与公开机制。（4）行政事业性国有资产处置尚存在随意性。（5）行政事业性国有资产中部分经营性资产未纳入监管的视野和法律化、制度化框架之内。

笔者认为，我国行政事业性国有资产监管体制的改革，尚需根据不同环节的资产形态和特点，在以下几个方面进行完善：（1）强化财政拨款环节的入账与流动资金的监管。（2）在财政资金的投资与采购环节，应一律推行严格的招投标和政府采购制度，把其全面纳入政府采购项目的监管之下。（3）对涉及固定资产、材料和低值易耗品、无形资产等类型的国有资产，应健全登记、造册，并通过大数据交换，除涉及国家和国防秘密外，有关信息应及时向社会公开。（4）建立有效的行政事业性国有资产处置程序化，强化行政事业性国有资产处置的程序控制与监督。（5）通过招标或政府采购等形式，建立行政事业性国有资产的托管经营制度，把行政事业性国有资产中部分经营性资产的监管纳入法律化、制度化的轨道。唯有如此，我国行政事业性国有资产才能做到专款专用、物尽其用，避免明显的监管漏洞和死角。

（三）经营性国有资产的改革主题：应以投资与收益为中心展开

经营性国有资产，又称企业国有资产，是指国家作为出资者投入生产、流通、经营服务等营利性领域，以营利为主要目的，由企业进行营运的那一部分国有资产，国家依法对经营性国有资产所转化而来的国家出资份额或国有股权享有相应的资本权益及其他相关权利。经营性国有资产具有领域的营业性、目的的营利性、状态的营运性、效果的增值性、经营形式的多样性和管理方式的市场性等诸多特点。经营性国有资产按其产业范围可分为第一产业类经营性国有资产、第二产业类经营性国有资产和第三产业类经营性国有资产；按其企业经营范围可以分为金融类国有企业资产和非金融类国有企业资产；按是否由国家直接投资可分为国家直接投资（原投资）形成的经营性国有资产和国家间接投资（国家出资企业转投资）形成的经营性国有资产；按所处法域不同可划分为境内经营性国有资产和境外经营性国有资产；按国家在企业中的资本比例可分为国有独资企业资产、国家控股企业资产和国家参股企业资产；按行政管理层级可分为中央政府管理的经营性资产和地方政府管理的经营性资产等。由于经营性国有资产的中心问题是国家出资及其营利，其监督、管理的中心均应以投资与收益这一中心议题来展开。又由于国有企业是经营性国有资产的营运载体、组织平台和营业主体，经营性国有资产监管体制的改革与国有企业的改革自然是一个问题的两面，必须进行通盘考虑和整体设计。

三、国有企业改革的总体思路

（一）国有企业改革的最新进展

我国国有企业①改革自 20 世纪 80 年代以来，先后走过了放权让利（1980—1983 年）、承包或租赁经营（1983—1988 年）、授权经营（1988—1991 年）、转换经营机制（1991—1992 年）、公司化改革（1993—2003 年）、国家出资人分级代表（2003—2008 年）等不同阶段和制度探索时期，至 2008 年《企业国有资产法》通过以来，国有企业被定义为国家出资企业，国家与国家出资企业更清晰地被界定为国家出资人与国有资产经营主体之间的关系。2013

---

① 国有企业，在我国立法文本中，以 1993 年宪法修正案为标志，之前一般称为国营企业或全民所有制企业，之后一般称为国有企业；2008 年 10 月《企业国有资产法》出台，国有企业更准确的称谓应是国家出资企业，其基本形式则包括国家出资的国有独资企业、国有独资公司、国有资本控股公司和国有资本参股公司。参见《全民所有制工业企业法》（1988 年）第 2 条、《宪法修正案》（1993 年 3 月 29 日）第 8 条、《企业国有资产法》（2008 年）第 5 条。

年 11 月 12 日中共中央十八届三中全会通过的《关于全面深化改革若干重大问题的决定》（以下简称《决定》），对国有资产管理和国有企业改革作出了新的部署，其内容主要有：（1）积极发展国有资本、集体资本、非公有资本等交叉持股、相互融合的混合所有制经济。（2）完善国有资产管理体制，以管资本为主加强国有资产监管，改革国有资本授权经营体制，组建若干国有资本运营公司，支持有条件的国有企业改组为国有资本投资公司。（3）准确界定不同国有企业功能，推动国有企业完善现代企业制度。（4）健全协调运转、有效制衡的公司法人治理结构。

　　中共中央《决定》通过之后，各地根据其精神努力探索国有企业改革新路径，涌现出一些新的地方模式：（1）深圳模式。即拟把现有国资委改组为国家投资经营企业（公司）或者国有股持股公司，并以其作为原深圳国资委所监管国有企业的出资人和持股人，对深圳市属国有企业进行完全的市场化监管①，其制度模式类似于新加坡的谈马锡模式。（2）上海市模式。根据中共上海市委、上海市人民政府于 2013 年 12 月 17 日联合发布的《关于进一步深化上海国资改革促进企业发展的意见》，其基本举措之一就是"明确功能定位并实施分类管理"，即把上海国资委所属的国有企业划分为竞争类、功能类和公共服务类三大类，其中竞争类企业，以市场为导向，以企业经济效益最大化为主要目标，兼顾社会效益，努力成为国际国内行业中最具活力和影响力的企业；功能类企业，以完成战略任务或政府重大专项任务为主要目标，兼顾经济效益；公共服务类企业，以确保城市正常运行和稳定，实现社会效益为主要目标，引入社会评价。上海试图通过 3—5 年时间，努力成为全国国资国企改革发展的排头兵，形成新的国资布局——将国资委系统 80% 的国资集中在战略性新兴产业、先进制造业与现代服务业、基

---

　　① 参见《深圳市国资委 2013 年工作总结与 2014 年工作计划》，载深圳市国资委网·信息公开·规划计划·年度工作计划及总结（http：//www.szgzw.gov.cn/，2014 年 5 月 12 日），访问日期：2014 年 10 月 27 日。

础设施与民生保障等关键领域和优势产业。① 上海市的国企分类改革被许多地方所效仿和借鉴,如湖南省就根据企业属性、产业特征和发展阶段,按"公益、功能、竞争"三个类别对国有企业实行分类管理;② 重庆市、江西省、天津市也原则上把国有企业划分为"竞争类、功能要素类和公共服务类",进行分类监管;③ 四川省则把国有企业划分为"功能性、竞争性"两种类型,④ 进行分类监管。

(二) 国家经营性投资的宏观布局和国家出资人代表制度的细化改革

笔者认为,我国经营性国有资产和国有企业改革实质上涉及国家经营性投资的宏观布局和国有企业微观制度的改革,是一个问题的两个方面。其中,就宏观方面而言,所解决的主要问题是国家营业性的投资边界、领域;而微观方面则主要解决国家作为出资人的法律地位、权利范围、行使方式以及与国有企业的关系等问题。

从国家的公共职能和特殊地位来看,国家营业性的投资边界应只限于通过市场自由竞争难以有序或有效发展的产业或领域,能由

---

① 参见刘东:《上海国资改革箭在弦上:酝酿分类监管》,载《二十一世纪经济报道》2013 年 12 月 13 日第 5 版;中共上海市委、上海市人民政府《关于进一步深化上海国资改革促进企业发展的意见》(2013 年 12 月 17 日)第 9 条。

② 参见中共湖南省委、湖南省人民政府《关于进一步深化国有企业改革的意见》(湘发〔2014〕7 号,2014 年 3 月 1 日) 第 9 条。

③ 参见中共重庆市委、重庆市人民政府《关于进一步深化国资国企改革的意见》(2014 年 4 月 29 日) 第 18 条;中共江西省委、江西省人民政府《关于进一步深化国资国企改革的意见》(2014 年 6 月 16 日) 第 15 条;中共天津市委、天津市人民政府《关于进一步深化国资国企改革的实施意见》(2014 年 3 月 24 日) 第二部分,载《天津日报》2014 年 3 月 24 日。

④ 参见中共四川省委、四川省人民政府《关于深化国资国企改革促进发展的意见》(2014 年 5 月 12 日) 第 6 条,载《四川日报》2014 年 5 月 12 日第 4 版。

市场竞争进行有效调整和资源配置的竞争性产业和领域，国家一般不宜投资经营。如以这一思路来考量现有我国国有经济的布局，国有企业可大致划分为竞争类、公共服务类和特定功能类等不同类型，就需要对这些不同类型国有企业制定有针对性的分类改革路线图。

1. 对竞争类国有企业，应本着让利于民和尊重市场的基本原则，在进行股份制、公司制改造的前提下，通过有计划、有步骤出让、减持国有股，使国有资本从绝大部分竞争性领域退出；部分不能或不宜全部退出竞争性领域的国有企业，则应全面放开非公有制资本的准入，大力引入民间资本、社会资本和民营企业进入既有国有企业，并对现有国有企业进行混合所有制改造，使之成为具有多元投资主体和所有制经济背景、适应市场竞争需要的一般性企业法人。

2. 对公共服务类国有企业，其领域如城市供水供气，电力输送，铁路、高速公路、车站、机场、港口等公共基础设施的营运，公共通信网络，公共公交管网，市政公用事业运营等，主要表现为服务社会公众和普遍惠及民生领域的国有公用企业。由于该行业或领域多数具有自然垄断的特性，因此，不同地方可结合本地实际情况，采用如下不同的改革路径：（1）选择国有独资或国有绝对控股公司组织形式，以实现公共政策性目标为主，进行准军事化和垂直化管理，并引入行业监督和社会评价。（2）通过特许招标或托管，引入民间资本或民营企业，实行特许经营。

3. 对特定功能类国有企业，其领域包括政府投融资平台、特定产业园、经济开发区、国有资本投资运营公司、重要资源开发、重大基础设施建设领域的企业、战略性新兴或先导产业等领域，为市场不成熟或未发育的领域，国家投资的目的是以完成战略任务、重大专项、区域发展、产业引导为主要目标，兼顾经济效益。对特定功能类国有企业，在保持国有独资或国有资本控股的情况下，应更多地选择项目法人的形式，进行市场化营运。

在前述不同类型国有企业的分类改革过程中，一个不能回避的问题是，在不同类型国有企业的具体生产、经营中，国家作为出资人的法律地位、权利范围、行使方式以及与国有企业的关系如何定位，均集中到国家出资人代表——国有股权代表人身上。本课题的研究和本书的写作主旨，就是为了从立法和制度上解决国家出资人代表——国有股权代表人的理论模型、立法构想和制度安排问题。

第一章　国家与国有企业
关系的源流考察

第一节　从"国有国营、行政监管"
到"国家所有、分级代表"

对国有企业和经营性国有资产管理体制进行改革和制度的创新，理顺经营性国有资产的财产关系、管理级次及权限范围，探索新型的适合市场经济运行的国有资产经营模式，始终是我国经济体制改革中一个重要主题。我国国有企业与经营性国有资产管理体制改革所走过的道路绕开所有权问题，从国有企业财产、经营性国有资产的所有权边缘地带进行有限的权利与义务调整，再深入对经营性国有资产所有权制度的实质性改革，其间经历了"国有国营、行政监管"→"国家所有、授权经营"→"统一所有、分级监管"→"国家所有、分级代表"这几大理论和制度变迁阶段。

一、从"国有国营、行政监管"到"国家所有、授权经营"

（一）国有国营、行政监管

1949—1979 年这一比较长的历史时期，以全民所有制企业为主体的国有经济力量在国民经济生活中占有主导地位，国家对全民所有制企业的管理和监督方式是典型的国有国营和行政监管。

自《宪法》（1954 年）第 6 条第 1 款规定"国营经济是全民所有制的社会主义经济，是国民经济中的领导力量和国家实现社会主义改造的物质基础。国家保证优先发展国营经济"以来，国有国营在相当长的历史时期，就成为经营性国有财产的主要经营形式，因此，如何处理好国营企业（主要为国营工矿企业）的经营问题，就成为后来中央和地方所重点考虑的问题。

1953 年 9 月 9 日中共中央发布的《关于国营厂矿加强计划管理和健全责任制度的指示》指出："凡有条件并必须加强计划管理的国营厂矿，今年下半年仍应以加强计划管理、推行作业计划为中心环节，以便由此带动一般工作，建立和健全各种责任制度，特别是厂长负责制和生产调度的责任制，加强技术管理和提高产品质量，加强企业中的政治工作，发扬职工的积极性和创造性，为均衡地、全面地完成和超额完成国家计划而奋斗。"

1954 年 5 月 28 日中共中央转发华北局《关于在国营厂矿企业中实行厂长负责制的决定》时指出："中央认为有必要也有可能在全国各国营厂、矿（包括地方国营厂矿）中实行厂长负责制，以便进一步地提高工业企业的领导水平，更好地完成国家计划。"

随后大规模的城市工商业改造和农村集体化运动，国营经济与国营企业成为社会主义经济的主导力量。为此，1956 年 10 月 30 日中共中央、国务院联署下发了《关于改进国家行政体制的决议（草案）》的通知，对有关国营工业企业的管理体制作出了具体的规定。第一，国家的工业企业应该由中央各工业部门和省、自治区、直辖市分级、分工负责经营管理；分管的比例按照工业企业的性质，大体可以分为四种：（1）大部分由中央部管理，小部分由地方管理；（2）大部分由地方管理，小部分由中央部管理；（3）中央部和地方分管的比例大体相等；（4）手工业全部由地方经营管理。中央各工业部门对本部门主管的和地方主管的本部门业务范围内的工业企业，应该实行全面规划、统一安排。对于现有的工业企业的管理，应该根据适当扩大地方对工业经营管理权限的方针，并且按照各种企业和各个不同地区的情况，经过充分研究、准备，逐步进行调整；调整方案，应该由中央各工业部门提出和有关省、自治区、直辖市进行协商后，报告国务院批准执行。对于今后新建

20

的工业企业，在中央统一规划下，除了特别重要的以外，只要地方有条件、有能力就可以由地方兴办。在工业基础薄弱地区，特别是少数民族地区，地方能力不足的时候，可以由中央协助地方兴办，或由中央建成后交由地方经营管理。第二，对于多数工业企业，应该贯彻实行以中央领导为主地方领导为辅或者以地方领导为主中央领导为辅的双重领导。对于以中央领导为主的工业企业，地方的责任和权限是：参与编制企业的长远和年度计划；协助监督和检查企业对国家计划的执行，根据实际情况提出修改意见；监督和检查企业对各种经济合同的执行；按国家计划，组织检查地区性的协作。对于以地方领导为主的工业企业，中央各部门应该各就主管的工业范围负责进行全面规划，统一安排，并且应该在生产技术、基本建设上给予指导和帮助；对于轻工业企业中一些主要产品应该协助地方解决供、销问题。另外，少数特殊的工业企业，完全由中央直接领导；一些产品属于地方上自产自销的工业企业，完全由地方领导。第三，适当地扩大厂矿企业的职权范围。在保证完成年度和季度计划的条件下，企业有权根据实际情况对月度计划进行适当的调整；在财务管理上，应该给予企业一定的机动权限；在干部管理上，除主要干部外，企业对一般干部和技术人员有权提拔和调动；在年度劳动计划范围内，企业可根据生产需要，对劳动力进行适当的调整和补充。[①]

　　1957 年 11 月 8 日国务院全体会议第 61 次会议通过《关于改进工业管理体制的规定》和《关于改进商业管理体制的规定》，对国营工业、商业企业的具体管理权限提出了原则的规定。其中，针对国营工业企业所存在的中央工业部门直接管理权力大而地方行政机关职权太小、企业主管人员对于本企业的管理权限太小而工业行政部门对于企业中的业务管得过多等两个问题，在《关于改进工业管理体制的规定》中提出：（1）适当扩大省（市）自治区管理

---

　　① 　参见中共中央、国务院《关于改进国家行政体制的决议（草案）》（1956 年）。

工业的权限。调整现有企业的隶属关系，把当时由中央直接管理的一部分企业，下放给省（市）自治区领导，作为地方企业。当时属于轻工业部和食品工业部的企业，除了若干企业必须由中央管理的以外，大部分企业都下放给省（市）、自治区管理。纺织工业先下放一小部分，以后根据具体情况，再定大部分下放的步骤。重工业各部门所属的企业，凡是属于大型矿山、大型冶金企业、大型化工企业、重要煤炭基地、大电力网、大电站、石油采炼企业、大型和精密的机器、电机和仪表工厂、军事工业以及其他技术复杂的工业，仍旧归中央各工业部门管理。除此以外，其他工厂凡属可以下放的，都应该根据情况，逐步下放。森林工业部所属的企业，除个别单位需要由部直接管理的以外，其余全部下放。交通部管理的一部分港口和企业下放。建筑企业中的土建部分，在许多地区应该逐步下放，由地方统一管理。中央各有关的工业、交通部门，应该根据上述原则，同地方政府协商，提出下放企业的名单，报告国务院批准以后，实行下放。一切仍归中央各部管辖的企业，都实行以中央各部为主的中央和地方的双重领导，加强地方对中央各部所属企业的领导和监督。（2）增加各省（市）、自治区人民委员会在物资分配方面的权限。中央各部所属企业、地方所属企业（包括地方所属的公私合营企业）和商业系统这三个方面所需要的物资，不论是国家经济委员会所管的全国统一分配的物资（以下简称统配物资），或者是中央各部所管的统一分配物资（以下简称部管物资），仍旧各按原来系统申请和分配。地方国营、地方公私合营企业所需要的物资由省（市）、自治区统一申请和分配。但是，省（市）、自治区人民委员会，对于在省（市）、自治区范围以内的中央企业、地方企业和地方商业机关为本企业生产经营所申请分配的物资，在保证完成国家计划的条件下，有权根据当地的情况和需要的缓急，在各个企业之间进行数量、品种和使用时间方面的调剂；各个系统的企业，都要服从这种调剂。中央各部所有的供应全国需要的物资，不论是存放在某地企业内的或者是仓库中的，当地省（市）、自治区一般不能调动使用。如果当地政府要求调用，必须取得中央主管部门的同意。军用产品所用的特殊原材料，地方政府要求调用的时候，也必须取得中央主管部门的同意。省（市）、自治区管理的企业所生产的统配物资和部管物资，如果生产数量超过了国家计划规定数量，超过计划的部分。当地政府可以按照一定比例提成，自行支配使用，但是原定的品种计划不能改变。中央各部所属企业的超过计划的产品，除了中央指定的少数企业和少数产品品种以外，地方政府也可以按照中央批准的比例分成。各省（市）、自治区要求中央各部所属机械制造企业超额生产时，为了避免盲目增产，其超额生产的品种，如果用于国家经济委员会统一分配或者在部管范围内的，需要得到中央各有关机械工业部门的同意。（3）原来属于中央各部管理现在下放给地方政府管理的企业，全部利润的20%归地方所得，80%归中央所得。凡是属于第二机械工业部、邮电部、铁道部、对外贸易部外销部分和民航局等部门的企业和大型矿山、大型冶金、大型化工、大型煤矿、大电力网、石油采炼、大型机器和电机的制造等企业以及长江、沿海跨省经营的航运企业，地方政府不参与利润分成；除此之外，所有属于中央各部管理的其他企业，例如纺织企业，地方政府也可以分得全部利润的20%。所有地方政府参与利润分成的企业，上述规定的二八分成的比例，3年不变。凡是属于原来由地方管理的企业，其全部利润，仍旧归地方政府所得。（4）在人事管理方面，增加地方的管理权限。凡是属于中央各部下放给地方政府管理的企业，在人事管理方面，都按照地方企业办理。各省（市）、自治区对仍归中央各部管辖的企业的所有干部，在不削弱主要厂矿的条件下，可以进行适当的调整。但是，国务院管理范围的干部，地方要求调动的时候，应该报请国务院批准。各主管工业部门管理范围的干部，地方调动的时候，应该同主管部门协商。在调动干部尤其是调动高级技术人员的时候，应该注意干部原来的专业，照顾到某些干部在他的工作岗位上要有一定期间的稳定性。

　　关于国营商业企业，《关于改进商业管理体制的规定》则要求：（1）地方（省、自治区、市、县）商业机构的设置，由各省、自治区、直辖市人民委员会根据地方的具体情况决定。当有两个或两个以上的商业行政机构合并设置的时候，在财务上可以不实行原来各系统的独立核算，而实行统一核算；但是，在业务方针政策上仍旧分别接受原来所属主管商业部门的指导。地方商业行政机构和企业管理机构，原则上实行合并。例如，把各商业机构改变为行政与企业管理合一的组织形式，取消地方上原有的商业专业公司，合并到商业行政机构内。有些大城市或某些地区，经过研究认为不能合并的，也可以不合并。（2）中央各商业部门设在生产集中的城市或者口岸的采购供应站（一级批发站、大型冷藏库、仓库），实行以中央各商业部门领导为主、地方领导为辅的双重领导。省、自治区、直辖市商业行政机构设置的采购供应站（二级批发站），实行由省、自治区、直辖市的商业行政机构领导为主、所在地政府领导为辅的双重领导。

1958 年 4 月 11 日国务院全体会议第 75 次会议通过并由中共中央、国务院联署发布的《关于工业企业下放的几项决定》，为尽快实现工业化，在工业管理体制方面决定作如下改变：国务院各主管工业部门，不论轻工业或者重工业部门，以及部分非工业部门所管理的企业，除一些主要的、特殊的以及"试验田"性质的企业仍归中央继续管理以外，其余企业，原则上一律下放，归地方管理。下放步骤为：先轻工业，后重工业。

由于受经济大跃进的影响，上述国营企业管理体制的调整进程并未完成，1959 年 2 月 24 日由中共中央批准、国家经济委员会党组发布的《关于当前工业生产中几个主要问题的报告》，对某些国营企业的管理关系作出如下调整：其中企业产品属于全国性的，在体制基本不变、个别调整的原则下，由地方和中央有关主管部门商定后，凡是需要划回中央工业部门管理的，由省市移交中央工业部门管理，需要由省市管理的，由省市迅速收回自己管理。①

---

① 参见中共中央、国家经济委员会党组《关于当前工业生产中几个主要问题的报告》（1959 年）。

为调整因大跃进而导致的经济与管理关系的失衡，1961 年 9 月 16 日中共中央发布了《关于讨论和试行〈国营工业企业工作条例（草案）〉的指示》，公布了《国营工业企业工作条例（草案）》（又称《工业七十条》）。该《条例》明确国营工业企业是社会主义的全民所有制的经济组织。国营工业企业又是独立的生产经营单位，都有按照国家规定独立进行经济核算的权利。它对国家交给的固定资产和流动资金，负全部责任，没有经过国家管理机关的批准，不能变卖或者转让。它有权使用国家交给的固定资产和流动资金，按照国家计划进行生产。它有权同别的企业订立经济合同。它有权使用国家发给的企业奖金，来改善企业的劳动条件和职工生活。该《条例》规定，国营工业企业必须严格遵守社会主义的节约原则，认真实行经济核算。该《条例》还对国营工业企业的统一领导、分级管理的宏观管理和内部管理作了原则性的规定，即国家对国营工业企业的管理，一般地分为三级：（1）中央和中央局；（2）省、直辖市、自治区和大工业市；（3）专区、县、中等工业市、直辖市的区和大工业市的区。其中重要的企业，分别由中央和省、直辖市、自治区或者大工业市管理。工业管理体制调整的权力，集中在中央。每个企业在行政上，只能由一个行政主管机关负责管理，不能多头领导。除了按照中央的规定或者经过企业的直接行政主管机关的同意，任何部门、任何地方、任何人员，都不许直接向企业分配任务，抽调人员、物资和资金。国营工业企业内部的管理，一般地分为三级：（1）厂部；（2）车间或者分厂；（3）工段或者小组。企业的主要管理权力，集中在厂级。联合企业的主要管理权力，集中在公司。① 《国营工业企业工作条例（草案）》所确立的这一内外分级体制，一直延续到改革开放之初的 1979 年。

由上述政策性文件和规范文本所反映的"国有国营、行政监管"体制，集中地体现了计划经济时代国家（政府）与全民所有

---

① 参见中共中央《国营工业企业工作条例（草案）》（1961 年）。

制企业的关系，即国家（政府）直接经营国有资产，政府与全民所有制企业的关系是一种典型的、纯粹的行政管理与隶属关系；全民所有制企业仅仅只是国家（政府）组织全国、全社会生产和经营的一个生产经营单元，没有独立的法律地位和内部经营自主权；全民所有制企业的人、财、物和产、供、销等主要经营性权利（力）基本是由政府或政府专业、行业主管部门所掌握或控制。

（二）国家所有、授权经营

党的十一届三中全会，特别是改革开放以来，党的政策性文件和国家法律对国家与国营企业之间的关系进行了反思，作出了重大调整。

1983年4月1日，国务院发布《国营工业企业暂行条例》，该《条例》首次规定国营工业企业（以下简称企业）是社会主义全民所有制的经济组织，是在国家计划指导下，实行独立经济核算、从事工业生产经营的基本单位。该《条例》第6条至第8条还规定，企业经营管理的财产，属于国家所有，任何单位和个人不得侵犯。企业的生产经营活动，在国家计划指导下进行，同时发挥市场调节的辅助作用。企业是法人，厂长是法人代表。企业对国家规定由它经营管理的国家财产依法行使占有、使用和处分的权利，自主地进行生产经营活动，承担国家规定的责任，并能独立地在法院起诉和应诉。

1984年5月10日国务院发布《关于进一步扩大国营工业企业自主权的暂行规定》，为有效地解决国家和企业的分配关系，进一步调动企业的积极性，提高企业素质和经济效益，就生产经营计划、产品销售、产品价格、物资选购、资金使用、资产处置、机构设置、人事劳动管理、工资奖金、联合经营等方面，扩大了企业的自主权。

1984年10月20日由中共十二届三中全会通过的《中共中央关于经济体制改革的决定》，对国营企业的地位、国家（政府）与企业的关系进行了明确的界定。《决定》指出：增强企业活力是经济体制改革的中心环节，围绕这个中心环节，主要应该解决好两个方面的关系问题，即确立国家和全民所有制企业之间的正确关系，扩大企业自主权；确立职工和企业之间的正确关系，保证劳动者在企业中的主人翁地位。根据所有权同经营权是可以适当分开这一基本原则。"在服从国家计划和管理的前提下，企业有权选择灵活多样的经营方式，有权安排自己的产供销活动，有权拥有和支配自留资金，有权依照规定自行任免、聘用和选举本企业的工作人员，有权自行决定用工办法和工资奖励方式，有权在国家允许的范围内确定本企业产品的价格，等等。""总之，要使企业真正成为相对独立的经济实体，成为自主经营、自负盈亏的社会主义商品生产者和经营者，具有自我改造和自我发展的能力，成为具有一定权利和义务的法人。这样做，既在全体上保证整个国民经济的统一性，又在局部上保证各个企业生产经营的多样性、灵活性和进取性，不但不会削弱而且只会有利于巩固和完善社会主义的全民所有制。"《决定》还指出：实行政企职责分开，正确发挥政府机构管理经济的职能；按照政企职责分开、简政放权的原则进行改革，是搞活企业和整个国民经济的迫切需要。根据多年来的实践经验，政府机构管理经济的主要职能应该是：制订经济和社会发展的战略、计划、方针和政策；制订资源开发、技术改造和智力开发的方案；协调地区、部门、企业之间的发展计划和经济关系；部署重点工程特别是能源、交通和原材料工业的建设；汇集和传布经济信息，掌握和运用经济调节手段；制订并监督执行经济法规；按规定的范围任免干部；管理对外经济技术交流和合作，等等。这些职能，需要各级政府付出极大努力来履行，而过去有些没有做好，有的还没有做。但就政府和企业的关系来说，今后各级政府部门原则上不再直接经营管理企业。至于少数由国家赋予直接经营管理企业责任的政府经济部门，也必须按照简政放权的精神，正确处理同所属企业的关系，以增强企业和基层自主经营的活力，避免由于高度集中可能带来的弊端。全国性和地区性的公司，是在国民经济发展的需要和企业互有需要的基础上建立的联合经济组织，它们必须是企业而不是行政机构，不能因袭过去的一套办法，而必须学会现代科学管理方法。

1988 年 2 月 27 日国务院发布《全民所有制工业企业承包经营责任制暂行条例》，该《条例》第 2 条明确规定，承包经营责任制，是在坚持企业的社会主义全民所有制的基础上，按照所有权经营权分离的原则，以承包经营合同形式，确定国家与企业的责权利关系，使企业做到自主经营、自负盈亏的经营管理制度。第 14 条还规定，实行承包经营责任制，必须由企业经营者代表承包方同发包方订立承包经营合同。发包方为人民政府指定的有关部门，承包方为实行承包经营的企业。

1988 年 6 月 5 日，国务院发布《全民所有制小型工业企业租赁经营暂行条例》。该《条例》适用于全民所有制小型工业企业，第 3 条明确规定，租赁经营，是指在不改变企业的全民所有制性质的条件下，实行所有权与经营权的分离，国家授权单位为出租方将企业有期限地交给承租方经营，承租方向出租方交付租金并依照合同规定对企业实行自主经营的方式。第 6 条规定，国家授权企业所在地方人民政府委托的部门为出租方，代表国家行使企业的为出租权。第 7 条规定，个人、2 至 5 人合伙、企业全体职工、企业符合规定的，均可以成为企业的承租经营方。

1988 年 6 月 13 日第七届全国人大第一次会议通过《中华人民共和国全民所有制工业企业法》，该法第 2 条规定，全民所有制工业企业，是依法自主经营、自负盈亏、独立核算的社会主义商品生产的经营单位。企业的财产属于全民所有，国家依照所有权和经营权分离的原则授予企业经营管理。企业对国家授予其经营管理的财产享有占有、使用和依法处分的权利。企业依法取得法人资格，以国家授予其经营管理的财产承担民事责任。企业根据政府主管部门的决定，可以采取承包、租赁等经营责任制形式。

1992 年 7 月 23 日国务院发布《全民所有制工业企业转换经营机制条例》，该《条例》按照所有权与经营权分离的原则，明确企业转换经营机制的目标是：使企业适应市场的要求，成为依法自主经营、自负盈亏、自我发展、自我约束的商品生产和经营单位，成为独立享有民事权利和承担民事义务的企业法人。该《条例》第 6 条、第 7 条还规定，企业经营权是指企业对国家授予其经营管理的财产享有占有、使用和依法处分的权利。企业按照国家规定的资产经营形式，依法行使经营权。企业资产经营形式是指规范国家与企业的责、权、利关系，企业经营管理国有资产的责任制形式。继续坚持和完善企业承包经营责任制。逐步试行税利分流，统一所得税率，免除企业税后负担，实行税后还贷。

上述政策性文件和规范性文本的变迁历程表明，1979 年以后，特别是在《中共中央关于经济体制改革的决定》这一宏观经济体制改革的思路指导下，在 20 世纪 80 年代初的利改税，[①] 20 世纪 80 年代中期的承包、租赁经营责任制，20 世纪 90 年代初搞活国有企业内部经营机制，无不是在确保国家所有权与经营权相对分离的理论指导下，对所有权之权能行使方式进行调整。体现在法律上则是以债权出让式的思路代替物权控制式的思路进行立法，如 1992 年以前所制定和颁布的诸如《全民所有制工业企业承包经营责任制暂行条例》（1988 年 2 月 27 日）、《全民所有制工业企业法》（1988 年 4 月 13 日）、《全民所有制小型工业企业租赁经营暂行条例》（1988 年 6 月 5 日）、《全民所有制工业企业转换经营机制条例》（1992 年 7 月 23 日）等法律、行政法规，均有明显的所有权委托、让渡使用等债权痕迹。这一阶段我们可以把国企改革概括为"国家所有、授权经营"阶段。国有资产所有权部分权能的有限让渡虽然激发了经营者的积极性，但难以有效地遏制经营者的短期行为，影响了国有经济的持续发展后劲和后续竞争力的形成。

二、从"国家所有、授权经营"到"统一所有、分级监管"

涉及经营性国有资产所有权的实质性改革开始于 1992 年。之

---

① 参见国务院《国营工业企业利润留成试行办法》（1980 年 1 月 22 日，〔80〕国发 23 号）。

前，中国共产党十三大政治报告就指出："全民所有制企业不可能由全体人民经营，一般也不适宜由国家直接经营，硬要这样做，只能窒息企业的生机和活力。""实行所有权与经营权分离，把经营权真正交给企业，理顺企业所有者、经营者和生产者的关系，切实保护企业的合法权益，使企业真正做到自主经营，自负盈亏，是建立有计划商品经济体制的内在要求。而实行所有权与经营权分离的具体形式，可以依产业性质、企业规模、技术特点而有所不同。无论实行哪种经营责任制，都要运用法律手段，以契约形式确定国家与企业之间、企业所有者与企业经营者之间的责权利关系。"

1992年5月15日，时国家体制改革委员会等单位联合发布的《股份制企业试点办法》以及随后国家体制改革委员会印发的《股份有限公司规范意见》、《有限责任公司规范意见》，经营性国有资产所有权，借助于股份公司这一现代企业组织机制转换为国有股权这一新的权利形态，这一点在随后的中共中央有关文件和国家法律、行政法规均得到了充分的体现。根据《股份制企业试点办法》的规定，全民所有制企业改制为股份制企业后，原国家投资形成的全民所有制企业的财产折算为国家和国有法人股，其中国家股为有权代表国家投资的部门或机构以国有资产向公司投资形成的股份（含现有资产折成的国有股份）；国有法人股为企业法人以其依法可支配的资产向公司投资形成的股份，或具有法人资格的事业单位和社会团体以国家允许用于经营的资产向公司投资形成的股份。

1992年10月中国共产党十四大政治报告，明确我国经济体制改革的目标就是建立社会主义市场经济体制。其中转换国有企业特别是大中型企业的经营机制，把企业推向市场，增强它们的活力，提高它们的素质。这是建立社会主义市场经济体制的中心环节，是巩固社会主义制度和发挥社会主义优越性的关键所在。通过理顺产权关系，实行政企分开，落实企业自主权，使企业真正成为自主经营、自负盈亏、自我发展、自我约束的法人实体和市场竞争的主体，并承担国有资产保值增值的责任。

1993年11月14日，中共十四届三中全会通过的《关于建立社会主义市场经济体制若干问题的决定》，明确在"社会主义市场经济体制"这一总的制度性目标框架下，坚持以公有制为主体、多种经济成分共同发展的方针，进一步转换国有企业经营机制，建立适应市场经济要求，产权清晰、权责明确、政企分开、管理科学的现代企业制度，是发展社会化大生产和市场经济的必然要求，是我国国有企业改革的方向。其基本特征，一是产权关系明晰，企业中的国有资产所有权属于国家，企业拥有包括国家在内的出资者投资形成的全部法人财产权，成为享有民事权利、承担民事责任的法人实体。二是企业以其全部法人财产，依法自主经营，自负盈亏，照章纳税，对出资者承担资产保值增值的责任。三是出资者按投入企业的资本额享有所有者的权益，即资产受益、重大决策和选择管理者等权利。企业破产时，出资者只以投入企业的资本额对企业债务负有限责任。四是企业按照市场需求组织生产经营，以提高劳动生产率和经济效益为目的，政府不直接干预企业的生产经营活动。企业在市场竞争中优胜劣汰，长期亏损、资不抵债的应依法破产。五是建立科学的企业领导体制和组织管理制度，调节所有者、经营者和职工之间的关系，形成激励和约束相结合的经营机制。所有企业都要向这个方向努力。而经营性国有资产的监管体制则实行"国家统一所有，政府分级监管，企业自主经营"体制。按照政府的社会经济管理职能和国有资产所有者职能分开的原则，积极探索国有资产管理和经营的合理形式和途径。加强中央和省、自治区、直辖市两级政府专司国有资产管理的机构。①

《关于建立社会主义市场经济体制若干问题的决定》这一政策纲领的改革精神直接为 1993 年 12 月 29 日全国人大常委会通过的《公司法》和 1994 年 7 月 24 日国务院发布的《国有企业财产监督管理条例》所吸纳。《公司法》（1993 年）第 4 条第 3 款规定，"公司中的国有资产所有权属于国家"，国家作为公司的股东，是

---

① 中共中央《关于建立社会主义市场经济体制若干问题的决定》，载《国务院公报》1993 年第 28 号。

公司的出资者，"按投入公司的资本额享有所有者的资产受益、重大决策和选择管理者等权利"。国家对经营性国有资产关注的重点从对委托经营者的选择转变为对国有出资股份及出资代表人的管理，因而监管的重点与性质均发生了变化。为此，1994年7月24日国务院发布《国有企业财产监督管理条例》，正式把国有企业的财产关系和经营性国有资产监管模式概括为企业财产（经营性国有资产）的"国家统一所有、政府分级管理、部门分工监督、企业自主经营"这一制度模式。根据该《条例》第2条至第9条的规定，所谓"国家统一所有"即企业财产也就是企业国有资产，是指国家以各种形式对企业投资和投资收益形成的财产，以及依据法律、行政法规认定的企业其他国有财产。企业财产属于全民所有，即国家所有，"国务院代表国家统一行使对企业财产的所有权"。"政府分级监管"即"在国务院统一领导下，国有资产实行分级行政管理"。"部门分工监督"即国务院授权有关部门或者有关机构，对指定的或者其所属的企业财产的经营管理实施监督；根据国务院的授权，省、自治区、直辖市人民政府可以确定有关部门或者有关机构，对指定的或者其所属的企业财产的经营管理实施监督。"企业自主经营"是指国有企业或国有股份占控股地位的企业对国家授予其经营管理的财产依法自主经营，享有占有、使用和依法处分的权利。企业财产的监督管理应当遵循以下原则：（1）政企职责分开；（2）政府的社会经济管理职能和国有资产所有者职能分开；（3）企业财产的所有权与经营权分离；（4）投资收益和产权转让收入用于资本的再投入；（5）资本保全和维护所有者权益；（6）企业独立支配其法人财产和独立承担民事责任。①

虽然经营性国有资产的"国家统一所有、政府分级监管"体制，对于明确国有资产的分级、部门监管职能，强化对国有资产的管理有其不可低估的作用；但在实际运行中，由于经营性国有资产

---

① 参见国务院《国有企业财产监督管理条例》（1994年）第4—8条。

的分级监管只解决了外部监管问题，而没有深入企业内部出资人代表以及企业内部治理机构的权力运行，致使国家所有权转换形式——国有股权之权利主体（出资人、股东）仍处于空缺状态，国家出资人、国有股东的缺位，使困扰经济体制和国企改革的"国家所有权"主体虚位和监管缺位这一难题仍然不能找到圆满的答案。这一理论的局限性与制度构建上的缺陷，导致经营性国有资产营运过程中普遍存在的经营者权利滥用和国有企业"内部人控制"，产生了严重的消极后果。因而探索新的经营性国有资产之出资代表人制度已势在必行。

三、从"统一所有、分级监管"到"国家所有、分级代表"

1997 年 10 月中共十五大政治报告明确指出"国家按投入企业的资本额享有所有者权益，对企业的债务承担有限责任；企业依法自主经营，自负盈亏"，"政府不能直接干预企业经营活动，企业也不能不受所有者约束，损害所有者权益"。同时，报告提出应建立有效的国有资产管理、监管和营运机制，保证国有资产的保值增值，防止国有资产流失。依照这一精神，为强化对国有资产经营过程的监管，1998 年 7 月国务院颁布了《国务院稽察特派员条例》，向全国 100 余家国有大型企业派出稽察特派员，启动了稽察特派员制度。1999 年 5 月，中共中央、国务院联合发布了《国有企业及国有控股企业领导人任期经济责任审计暂行规定》，建立了对国有资产经营者的任期经济责任审计制度。1999 年 9 月 22 日中共十五届四中全会通过了《关于国有企业改革和发展若干重大问题的决定》，明确提出国有资产出资人制度，即"政府对国家出资兴办和拥有股份的企业，通过出资人代表行使所有者职能，按出资额享有资产受益、重大决策和选择领导管理者等权利"。强调"要按照国家所有、分级管理、授权经营、分工监督的原则，逐步建立国有资产管理、监督、营运体系和机制，建立和健全严格的责任制度"。并认为要落实"国务院代表国家统一行使国有资产所有权，中央和地方政府分级管理国有资产，授权大型企业、企业集团和控股公司经营国有资产"，其关键是"确保出资人到位"。2002 年 11 月，中共一六大政治报告明确指出："国家要制定法律法规，建立中央政府和地方政府分别代表国家履行出资人职责，享有所有者权益，权利、义务和责任相统一，管资产和管人、管事相结合的国有资产管理体制。"一种为部分学者所倡导的经营性国有资产分级代表制度，得到政策上的充分肯定,① 我们将其概括为"国家所有、分级代表"这一新型国有资产监管模式。

2003 年 5 月 27 日，国务院修改并发布了新的《企业国有资产监督管理暂行条例》，该《条例》对企业国有资产"国家所有、分级代表"的内容作了具体规定。其中，第 3 条称"企业国有资产，是指国家对企业各种形式的投资和投资所形成的权益，以及依法认定为国家所有的其他权益"。第 4 条至第 11 条规定：(1) 企业国有资产属于国家所有。国家实行由国务院和地方人民政府分别代表国家履行出资人职责，享有所有者权益，权利、义务和责任相统一，管资产和管人、管事相结合的国有资产管理体制。(2) 国务院代表国家对关系国民经济命脉和国家安全的大型国有及国有控股、国有参股企业，重要基础设施和重要自然资源等领域的国有及国有控股、国有参股企业，履行出资人职责。国务院履行出资人职责的企业，由国务院确定、公布。省、自治区、直辖市人民政府和设区的市、自治州级人民政府分别代表国家对由国务院履行出资人职责以外的国有及国有控股、国有参股企业，履行出资人职责。其中，省、自治区、直辖市人民政府履行出资人职责的国有及国有控股、国有参股企业，由省、自治区、直辖市人民政府确定、公布，并报国务院国有资产监督管理机构备案；其他由设区的市、自治州级人民政府履行出资人职责

① 肖海军：《国有股权法律制度研究》，中国人民公安大学出版社 2001 年版，第 80—108 页；屈茂辉、肖海军：《论经营性国有资产代表人制度》，载《政法论坛》2002 年第 6 期。

的国有及国有控股、国有参股企业，由设区的市、自治州级人民政府确定、公布，并报省、自治区、直辖市人民政府国有资产监督管理机构备案。（3）国务院，省、自治区、直辖市人民政府，设区的市、自治州级人民政府，分别设立国有资产监督管理机构。国有资产监督管理机构根据授权，依法履行出资人职责，依法对企业国有资产进行监督管理。企业国有资产较少的设区的市、自治州，经省、自治区、直辖市人民政府批准，可以不单独设立国有资产监督管理机构。（4）所出资企业及其投资设立的企业，享有有关法律、行政法规规定的企业经营自主权。国有资产监督管理机构应当支持企业依法自主经营，除履行出资人职责以外，不得干预企业的生产经营活动。所出资企业应当努力提高经济效益，对其经营管理的企业国有资产承担保值增值责任。所出资企业应当接受国有资产监督管理机构依法实施的监督管理，不得损害企业国有资产所有者和其他出资人的合法权益。（5）国务院国有资产监督管理机构是代表国务院履行出资人职责、负责监督管理企业国有资产的直属特设机构。省、自治区、直辖市人民政府国有资产监督管理机构，设区的市、自治州级人民政府国有资产监督管理机构是代表本级政府履行出资人职责、负责监督管理企业国有资产的直属特设机构。上级政府国有资产监督管理机构依法对下级政府的国有资产监督管理工作进行指导和监督。（6）国有资产监督管理机构的主要职责是：依照《公司法》等法律、法规，对所出资企业履行出资人职责，维护所有者权益；指导推进国有及国有控股企业的改革和重组；依照规定向所出资企业派出监事会；依照法定程序对所出资企业的企业负责人进行任免、考核，并根据考核结果对其进行奖惩；通过统计、稽核等方式对企业国有资产的保值增值情况进行监管；履行出资人的其他职责和承办本级政府交办的其他事项。国务院国有资产监督管理机构除前款规定职责外，可以制定企业国有资产监督管理的规章、制度。国有资产监督管理机构的主要义务是：推进国有资产合理流动和优化配置，推动国有经济布局和结构的调整；保持和提高关系国民经济命脉和国家安全领域国有经济的控制力和竞争力，提高国有经济的整体素质；探索有效的企业国有资产经营体制和方式，加强企业国有资产监督管理工作，促进企业国有资产保值增值，防止企业国有资产流失；指导和促进国有及国有控股企业建立现代企业制度，完善法人治理结构，推进管理现代化；尊重、维护国有及国有控股企业经营自主权，依法维护企业合法权益，促进企业依法经营管理，增强企业竞争力；指导和协调解决国有及国有控股企业改革与发展中的困难和问题。国有资产监督管理机构应当向本级政府报告企业国有资产监督管理工作、国有资产保值增值状况和其他重大事项。

2008 年人大常委会通过的《企业国有资产法》，延续了 2003 年《企业国有资产监督管理暂行条例》的相关制度安排。因之我国现行国有资产监督管理体制就是按照"国家所有、分级代表"这一政策和立法构想建立起来的。但是，政策性文件和立法文本有关"国家所有、分级代表"的制度安排，尚存在值得深入探讨的两大问题：（1）无论是 2003 年《企业国有资产监督管理暂行条例》，还是 2008 年《企业国有资产法》，均把国家出资企业中的财产定位为国有资产，并一致性地规定为国家所有，明显模糊了国有资产原财产权利与国家出资财产转换形成的资本权益（国有股权）之间的法律界限，进而也模糊了作为出资人的国家（政府）与国家出资企业之间的关系。（2）有关政府及政府履行国家出资人职责的机构的法律地位、属性没有准确定位，并被政府及政府机构、学界错误地解读为国家出资人代表，没有建立起授权主体明确、授权路径清晰、授权程序合法以及授权与行权对应、行权与控权平衡的国家出资（国有股权）代表人制度。

第二节　国企公司制改革的核心是国有股权的代表与行使问题

一、历程：公司化产权改革是国有企业改革的必然选择

"国有企业改革是一场广泛而深刻的变革"，① 其成功与否，是建立社会主义市场经济体制的关键，这一广泛而深刻的改革，从目标上看，是彻底解决国有企业生产效益低下，抑制国有资产流失，最大限度地使国有资产保值增值；从市场运行的角度看，是把国有企业改造成为能自主地适应市场竞争、独立承担市场风险、灵敏地跟踪国际前沿发展的企业法人实体，实现"政企分开"、"政资分开"、"党企分开"，使绝大部分国有企业真正成为自主经营、自负盈亏、自我发展、自我约束并能轻装简行进退市场的法人主体。而处理计划经济时代遗留下来的"庞大的国有资产"②，使其在市场中得到合理配置和充分利用，释放出最大的经济效益，实现其最优的社会功能，而又不至于因经营者、管理者的"道德瑕疵"和"责任风险"而大量公开地或隐蔽地流失，是这一改革中的核心问题。从本质上讲，国企改革的中心是围绕经营性国有资产在占有、使用、分配、处分的不同权能在不同环节中的再分配与利益大调整。

如前所述，我国国有企业是特定历史时期、特定经济体制下的产物，新中国成立伊始对前国民政府国家资本的接收，是国有企业形成的基础；20 世纪 50 年代建立起来的计划经济、大规模的现代工业体系建设以及对民族资本主义工商业进行公有化改造（其中

---

①　中共中央《关于国有企业改革和发展若干重大问题的决定》，载《人民日报》1999 年 9 月 27 日第 1 版。

②　何清涟：《现代化的陷阱》，今日中国出版社 1998 年版，第 4 页。

绝大部分是国有化），形成了国有企业在国家经济中占绝对控制的局面。20世纪60—70年代，国家对民用、军用工业的不断投资，使国有企业在布点和数量上不断得以加强，特别是1978年以后的改革开放，国家大规模地投资于各产业领域，国有企业之整体实力更加强大，几乎涉及和控制着国家各个产业部门。国有企业在推动我国工业化和现代化的进程中，发挥着至关重要的作用，尤其是在20世纪50年代至70年代，由于工业化建设资金的不足，我国通过国家力量的全面介入，以城乡二元户籍制度为基本手段，通过工农产品的国家定价和计划购销，以"政府计划之手"控制整个社会有限财富的分配，能迅速积累起急需的工业建设资金，从而加快了工业化的进程，建立了比较独立、完善的工业化体系。但是，由于国有企业本身存在的所有者虚位和管理体制的行政化这一根本性的制度弱点，使其本身的运行效益远远不能达到人们所理想的水平，这一点在完全靠政府计划方式安排和公有制经济占主导地位的计划经济时代，因没有民营企业与之参照，问题似乎没有凸显出来。随着20世纪80年代初城市改革开放，以乡镇企业为代表的民营企业异军突起，国有企业在运行效率和适应市场方面，其竞争力普遍不如民营企业，于是在20世纪80年代初，国有企业之改革就始终被视为经济体制改革中的一项重要课题。

我国国有企业改革的举措带有明显的阶段性，其中20世纪80年代初至90年代初，所解决的主要问题是关于国有企业内部活力问题，所采用的基本制度形式是债权式模式，其核心是保持现有企业国有资产所有权不变的前提下，通过政府对企业经营者让渡企业的部分剩余索取权与控制权，使国有企业所有权债权化①。具体来讲分为以下几个阶段：

1982年开始，国企改革进入第一阶段，中央与地方政府开始放权让利，企业在取得部分管理权后，企业留成利润比例扩大。

---

① 熊继宁：《从企业法到公司法》，载《金融时报》1994年8月2日第4版。

1983 年、1984 年国家推行第一步与第二步利税改革，国家把企业上缴的利润改为税收，[①] 初步理顺国家与企业的经济关系；企业在一定范围内获得了经营权、管理权和部分产品的定价权、计划外产品的销售权、国家控制之外的利润分配权，但总的说来企业的经营管理权是有限的。

从 1986 年开始进入第二阶段，政府进一步放权，特别是对国有中小型企业普遍实行承包、租赁[②]，1988 年《全民所有制工业企业承包经营责任制暂行条例》（2 月 27 日）、《全民所有制工业企业法》（4 月 13 日）[③]、《全民所有制小型工业企业租赁经营暂行条例》（6 月 5 日）等法律、行政法规相继出台，为国有企业承包、租赁提供了可操作的法律形式。由于企业的经营形式不一样，因此对具体企业而言，政府与企业的权利（力）调整幅度也就不一样，大致可以分为以下三种情况：（1）一般国有企业。根据《全民所有制工业企业法》第 20—34 条，企业享有自行安排生产经营权、自行销售本企业计划外产品权、产品与劳务价格决定权、与外商谈判权、留用资金支配权、工资奖金分配权、人事决定权、对外投资权、拒绝摊派权等。就政府一方来说，享有指令计划下达权、经营人员任命权、人事审查权、产品与劳务价格决定权、工资奖金分配批准权等，政府与企业的权限在法律规范下得到初步界定，但如何把握，则具有模糊性。（2）承包经营企业。根据《全民所有制工

---

① 改革之前，国有企业每年之销售收入，扣除生产成本和费用后的利润，全部上缴国家，企业职工之工资统一由政府劳动或人事部门决定并报计划、财政部门审批发放，企业所需技改、建设资金由国家财政以计划形式拨款解决。

② 从 1979 年开始，我国在农村普遍推行"联产承包制"，即把集体统一经营的土地分包给农户耕种，使农民的生产积极性空前高涨，从而使困扰我国的吃饭问题不到 3 年基本得以解决，这一"一包就灵"的成功经验，在 20 世纪 80 年代初开始的国企改革中也被普遍借鉴。

③ 我国公有制企业分为全民所有制企业和集体所有制企业两大类，其中全民所有制企业在 20 世纪 90 年代前又称为国营企业。

业企业承包经营责任制暂行条例》的有关规定，作为承包方企业的权利由承包经营合同予以明确约定，企业经营者享有比较广泛的权利，特别在劳动用工、资金分配、投资决策等方面，享有比一般企业更大、更为具体的自主决定权；而作为政府一方，以发包方的身份，享有对承包经营者的招标选择权、经营活动的检查监督权、依法律与合同的计划下达权等，政府对企业实行间接的控制。（3）租赁企业。它通过租赁经营合同把政府与小型国有企业经营者界定为出租方与承租方的关系，根据《全民所有制小型工业企业租赁经营暂行条例》第23—27条的规定与实行操作中的情况，企业作为承租方享有比承包企业更大的自主权，包括经营方面的决定权；而政府作为发包方则只享有监督权与租金收取权。总而言之，在这一阶段，政府与企业的权力调整集中表现在经营管理权、利益分配权等方面，总的趋势是政府一步步地放权、松权，企业逐渐拥有不断扩大的自主权，但这种权利（力）界定还具有相当大的伸缩性。

20世纪80年代放权让利式的改革，虽然在激活企业内部活力发挥了相当大的作用，但由于承包、租赁契约本身的期限性，导致企业经营行为的急功近利，决定了这种不稳定、短期的债权方式改革不利于国有企业的长期经营和持续发展后劲；同时人们从国企改革与同时期民营企业勃兴的对比中，强烈地感受到国有企业改革不仅仅是一个放权让利的问题，更重要的是由于所有者虚位和由此引起的企业经营体制问题。因此，进入20世纪90年代初，国企改革便迈入了第三阶段，以1992年7月23日国务院发布《全民所有制工业企业转换经营机制条例》为契机，开始进入体制变革与转换经营机制的时期，进一步从经营机制即体制的转换上使国有企业"适应市场的要求，成为依法自主经营、自负盈亏、自我发展、自我约束的商品生产和经营单位，成为独立享有民事权利和承担民事义务的企业法人"①。全面推行与企业相关的配套改革，从搞活一批国有企业到搞活所有国有企业。《全民所有制工业企业转换经营机制条例》赋予企业享有生产经营决策权，产品、劳务定价权，留用资金支配权，物资采购权，进出口权，投资决策权，产品销售权，资产处置权，联营、兼并权，劳动用工权，工资、奖金分配权，内部机构设置权，拒绝摊派权与请求权14项权利。政府依法按政企分开的原则，享有对企业的协调、监督与市场管理权。从法律上政府与企业是所有者与经营者的关系，企业对企业的资产享有占有、使用、收益与依法处分的权利，企业依法对国有财产行使经营权。所有权与经营权实行分离，在法律上是比较容易明确界定的；但在实际操作中，政府的做法则出现两种极端：第一种是转而不管。政府对企业没有必要的监督与制约，致使企业经营权在某种程度被滥用，特别在经营者没有自律的企业，贪污、侵占国有资产的情况大量存在，使企业经营朝着消极方向发展，最终出现"穷了庙宇富了方丈"这一比较普遍的现象。第二种是明转暗不转。政府抓住管理权不放，这种情况则造成企业经营决策滞后市场、效率低下，使企业无法适应市场竞争，进而步入困境。因之，在20世纪90年代初的几年内，转换经营机制总的说来，在法律上界定是明确的、具体的，政府与企业的权限划分也是比较适度的，但问题是政府与企业如何以一定的具体形式，去实现法律的权限划分与利益调整，使政府真正体现其所有权，企业能最大限度地发挥其经营权，在理论与实践上成为困扰人们的一大难题。

　　我国国有企业在20世纪80年代初到90年代初所进行的一系列改革的同时，由于非公有制形式的民营企业、"三资"企业和联营企业的发展和壮大，市场化程度也在不断提高，长期存在的短缺经济和供应不足在20世纪90年代初已基本解决，国有企业之原有市场空间在非公有制企业的竞争下开始被压缩，国有企业的效率也

---

① 参见国务院《全民所有制工业企业转换经营机制条例》（1992年）第2条。

因之普遍下降，再加上债权式的国企改革路径，是要回避"国有产权"① 这一核心问题，对其进行"外围作战"②，从而把国有企业所有者虚位这一改革难题遗留下来，所谓改变国有企业经营机制这一改革任务也就没有办法予以兑现。于是在 20 世纪 80 年代末至 90 年代初，随着我国经济的过热和政府宏观的失控，国有企业经营者实施的一系列非理性的、不符合市场运作常规的盲目投资行为也就不可避免，特别是 1990 年至 1992 年期间，我国普遍性的开发区热和南方房地产热，又造成巨额国有企业生产性资金被挪用和挤占，这样效益下降、传统性生产的市场饱和、盲目性投资的综合影响，终于在 1990 年至 1992 年间引发了以"三角债"为核心的巨大债务危机③，最终导致"产品压库、银行空库"的市场疲软现象。虽然在 1991 年至 1992 年，中央和地方共注入资金达 300 多亿元人

---

① 产权即财产权，在 20 世纪 80 年代末至 90 年代中期，是一个众多学者时常使用且运用于不同学科领域因而被泛化的概念，其中以经济学界和法学界使用最为广泛，经济学者大多数从制度经济学、产权经济学的角度，探讨企业主体的产权在经济发展和经济增长中的作用，因而把产权视为由多种权利组合的权力束。如著名学者刘诗白先生就认为产权即财产权，是"作为一个四维权利的具体结构，即所有权、占有权、收益权、处置权的权利束"。参见刘诗白：《主体产权论》，经济科学出版社 1998 年版，第 23 页。法学界更多地把产权理解为"财产权利或财产权利关系"，着重从主体对财产及权利支配及控制的归属来进行探讨。参见康德琯、林庆苗：《国有企业改革的经济学与法学分析》，法律出版社 1998 年版，第 102 页。从学者们讨论集中的焦点来分析，当时人们关注的产权其实就是国有企业的财产所有权问题。

② 何清涟：《现代化的陷阱》，今日中国出版社 1998 年版，第 85 页。

③ "三角债"是我国学者和官员对国有企业之间互相拖欠债务的一种经典式表述，具体表现为甲企业欠乙企业的，乙企业又欠丙企业的，丙企业又欠丁企业的，丁企业欠银行或其他企业的，从而形成企业之间的"债务链"或"连环债务"。

民币①，对"三角债"进行了一定范围内的清理，但有限的资金注入显然不足以解决国有企业"三角债"留下的巨大资金缺口，况且国有银行本身呆账的大量增加和政策性的资金信贷，使其资本风险倍增，国有银行也无法像过去那样可以源源不断地按政府指令或意图向国有企业注入资金了。因此，国有企业在市场竞争中的活力不足、机制不灵、效益不高、资金缺口等问题一并暴露出来。这就要求国企改革必须要考虑到以下三个方面的问题：（1）如何安排产权制度，全面理顺政府与企业的产权关系，通过对经营者的适当激励从根本上解决企业内部活力不足问题；（2）如何使国有企业能独立面对市场竞争，企业能够独立承担市场风险，应从企业之微观形式上建立一套适应市场竞争的现代企业制度，以解决国有企业中普遍存在的机制不灵与效益不高等问题；（3）如何开辟新的融资渠道，尽快解决国有企业所需要的资金问题。自然在这一情势下，股份制公司被认为是能够一体解决上述三个方面问题的最优制度性方案。

　　1992 年 5 月 15 日，以时国家体制改革委员会等单位联合发布的《股份制企业试点办法》以及随后国家体制改革委员会印发的《股份有限公司规范意见》、《有限责任公司规范意见》（以下合称为两个公司《规范意见》）为契机，国有企业开始步入以股份制企业即公司改造传统国有企业这一名为国企公司化阶段。国企公司化改制的原始初衷诚如《股份制企业试点办法》第 1 条所宣称的："（一）转换企业经营机制，促进政企职责分开，实现企业的自主经营、自负盈亏、自我发展和自我约束。（二）开辟新的融资渠道，筹集建设资金，引导消费基金转化为生产建设资金，提高资金

---

① 1992 年 2 月 1 日，国务院清理"三角债"领导小组在其发布的《1991 年全国清理"三角债"成果和 1992 年继续开展清理"三角债"工作的公告》中指出："1991 年全国共注入银行清欠贷款 306 亿元，地方和企业自筹 24.5 亿元，通过组织连环清欠，共清理拖欠款 1360 亿元，达到了投入 1 元清理 4.1 元的效果。"参见《人民日报》1992 年 2 月 9 日报道。

使用效益。（三）促进生产要素的合理流动，实现社会资源优化配置。（四）提高国有资产的运营效率，实现国有资产的保值增值。"然而，当时国有企业最迫切需要解决的是资金的巨大缺口问题，因之，由于市场机制的不完善，在不规范的操行过程中，单纯筹资成为国企公司化的重要动机，而转换机制则被其冲淡和掩盖，股份制试点改制一开始就不是从改革企业之制度开始的，从而给以后公司规范发展带来极大的负面影响。1993 年 11 月 14 日，中共十四届三中全会通过了《关于建立社会主义市场经济体制若干问题的决定》。国有企业公司化在"社会主义市场经济体制"这一总的制度前提下，赋予其建立适应市场经济要求且"产权清晰、责权明确、政企分开、管理科学"的现代企业制度的重任，以期通过公司制重塑国有企业，使之成为面向市场竞争的独立法人实体和竞争主体，"从根本上解决公有制在市场经济中的微观经济形式"①。1993年 12 月 29 日，《公司法》正式颁布，并于 1994 年 7 月 1 日实施，国企公司化改制从行政性指导的试点阶段正式步入法律规范化发展阶段。其后国务院于 1995 年 7 月 3 日发布了《关于原有限责任公司和股份有限公司依照〈中华人民共和国公司法〉进行规范的通知》，明确规定 1996 年 12 月 31 日前作为对原有公司进行规范的工作期限，足见在国企公司化改制中公司的不规范运作与规范运作这一现象同时并存。虽然如此，由于公司的"法人资格"、"资本信用"与"有限责任"等制度能够适应市场经济对国有企业"独立人格"、"永续经营"和"风险责任分担"的三大基本要求，因此尽管在国企公司化改制过程中，存在后述诸多问题，但是由于设计者从理论上以公司理论，把国家定位为出资人与股东，把企业定位为独立法人实体，通过国家拥有公司、公司拥有产权这一出资人制度与企业法人财产制度的二层产权结构设计模式，可以理顺国有股权与公司企业财产权的关系，并试图通过规范的法人治理结构、合

---

① 王文杰：《国有企业公司化改制之法律分析》，中国政法大学出版社1999 年版，第 35 页。

理的股权授权程序和完善的监督机制，以解决企业经营管理中的"政企不分"、"政资不分"等问题，并以之催化经理革命，激活企业内部活力，使企业具有较强的市场竞争力。因之，1999 年 9 月22 日，中共十五届三中全会通过的《关于国有企业改革和发展若干重大问题的决定》，继续把国企公司化改制作为今后国企改革的基本制度模式。2003 年新的一轮国有资产监管体制改革和 2008 年《企业国有资产法》的出台，直至 2013 年 11 月 12 日中共十八届三中全会通过的《关于全面深化改革若干重大问题的决定》，国有企业公司制改革始终是国有资产监管体制和国有企业改革所选择的重要制度范式。

二、现状：国有股权是国有企业改革中各种矛盾的聚焦点

国有企业公司制改造之路，或者说以公司这一典型的现代企业制度去规范国有企业，无疑是过去 20 多年和今后相当一段时期内国有企业改革的基本方向，有学者就这样认为"国企建立的现代企业制度，就是现代公司制度"，且可以选择国有独资公司、有限责任公司和股份有限公司三种形式进行①。国家（通过政府）与公司企业的关系则定位为投资者与公司的关系，国家作为国有资产的原所有者，变成公司企业的股东，依法享有由出资财产形成和转换的国有股权。国有股权作为国有企业公司化改造与股份制企业发展的衍生产物，其本身已交织着我国几十年国有企业发展积累起来的大部分矛盾。

1. 国有股权的定位，反映了国家与企业的定位，无疑确定国有股权的法律地位与法律属性，则成为长期以来我国试图全面理顺国家与企业之间关系这一问题的延续。

2. 从矛盾源头上分析，大部分国有股权形成于原国有企业改

---

① 刘股东：《推进国有企业公司制改革的法学思考》，载《中国法学》2000 年第 1 期。

组过程中的资产置换，旧的企业体制下存在的一系列矛盾不是自然消失而是以某种新的形态存在于改组后的公司制国有企业体制里。

3. 国有股权连接着出资人（国家或国有法人）与公司，从国家或国有法人到股份公司的内部机构，发生了一系列与国家股权有关的投资、代表、管理、授权关系，这些关系同样是旧的国有企业改革中各种错综复杂的法律关系的一种转换。

4. 国有股权作为国有资产的一种资本转换形态，使国家对国有资产的管理必然要过渡到对国有股权的管理，因此，在国有资产管理中出现的困惑和无奈能否在国有股权管理中顺利得到解决，则成为国企改革中又一个富有挑战性的问题。

5. 从国有股权本身的实践意义来看，国有股权的性质本身体现着国有企业改革的方向、功能与目标；国有股权的设置与配置关系到国有经济的布局与战略重组；国有股权的行使模式又事关公司法人制度是否能够真正落实；国有股权的授权机制又是公司制国有企业进行良好管理的前提；国有股权的流通，不仅影响国有经济的支配力与控制力，同时对其他非国有股东股权以及相对的第三人的债权产生重大影响，在某些特殊领域甚至关系到国家的经济安全。

基于以上分析，足见国有股权作为国企公司化改制阶段一个起关键作用的核心课题，已成为致力于国有企业改革探讨人士关注的焦点，自然对其性质、配置、管理、行使、流转等诸问题作进一步的法理探析，提出科学、稳妥、可行、理性的制度设计方案，不唯对国企改革而且对完善我国公司法律制度、证券法律制度、投资法律制度均具有重大的理论意义和实践指导价值；其中有关国有股权代表人的立法设计与制度安排，又是这一问题的核心。

三、出路：国有股权运行中的动力源及二元动力机制的构建

（一）国有股权运行中的动力源

毫无疑问，寻找并释放国有股权运行机制内部的动力源，建立

充满活力、具有效力且有市场竞争力之新的国有股权运行机制，应是国企改革的重中之重。首先，从公司微观层面上看，国有股权运行必须借助国有股所在公司之内部治理结构这一制度中介，国有股权持股主体之代表（国有股董事、国有股监事），其责任心及能力的充分释放，将直接推动公司本身的内部制度创新，催生公司内部的经理、管理革命，促发公司内部之技术革新和经营理念的转变，进而达到调动国有股所在公司之人力、智力、物力和财力的潜能，增强其内部创新力和市场竞争力。可以说，寻找国有股权运行机制中的内部动力源，并通过制度创新使之充分激活，必将为国有企业保持持续的活力提供稳定的动力支持和制度保障。其次，从市场宏观层面来看，国有股权的市场化和证券化，必将首先影响我国证券市场的资本重组，进而促发全国性资本和其他生产要素在不同产业领域、不同地区和不同所有结构的优化配置和良性置换，从而加快我国产业结构和经济结构调整的步伐，启动新的投资热点，全面推动经济增长和产业升级。

目前我国国有股权之运行机制还不能适用企业改革和经济发展的要求，从微观层面上看，由于国有股权一家独大造成股权结构不合理，加上持股主体、股权管理、股权代表及权利行使等问题带有明显的计划时代的旧国企某些特征，国有股权不正常的运行机制引发改组后公司内部治理结构的变型运作，导致国企公司制改革的不规范发展。从宏观市场运行来看，由于国有股权的市场化和证券化的一再迟缓，致使我国证券市场的投机倾向和违规运作十分严重，规范、公平、有序的证券资本市场的建立被一再搁浅。综上，国有股权的运行现状，既影响到国有股所在公司的市场竞争力，又制约着中国证券资本市场的发展方向。特别是中国加入 WTO 以后和国际金融危机持续发酵以来，商品市场、资本市场、金融市场、人才市场面临着更严酷的国际竞争，以金融服务业和资本市场的全面开放为标志，无论作为竞争主体的国有股所在公司，还是由国有股唱主角的证券资本市场，都面临国外大公司、巨额国际证券和金融资本的冲击。基于此，笔者认为，准确定位国有股权运行机制中的动力源，建立充满活力、富有效力、具有市场竞争力的新型国有股权运行机制，应成为国有企业改革中的重中之重。

（二）构建国有股权内部动力机制以提高公司营运活力

建立国有股权之内部动力机制，目的在于激活国有股权代表人的创造潜能，并约束其权利滥用，从而达到提高国有股权所在公司的营运活力。

1. 建立产权明确、责任具体的国有股权持股制度，使国有股持股主体尽快到位。国有股由谁代表并依法行使股权，是影响国有股权运行效率的源头性问题。目前我国国有股持股主体的归属实际上主要分为：（1）国家直接投资情形下的政府及政府国有资产管理机构及其他政府授权的部门、机构；（2）国有企业转投资情形下的国有独资企业、国有独资公司、国有资本控股公司和其他国有法人单位。但 2003 年《企业国有资产监督管理暂行条例》和 2008 年《企业国有资产法》所安排的国有股持股主体则只考虑到国家直接投资情形下的国家股持股主体的归属问题，即政府及政府履行国家出资人职责的机构，且数额巨大的金融类国有资产不属于其调整范畴，国家股持股主体事实上为政府不同部门和机构所分割；而更为重要的是没有考虑到国有企业转投资情形下国有法人股的持股主体归属问题。对国有企业的转投资问题，2008 年《企业国有资产法》（第 21 条）只是笼统地规定：国家出资企业对其所出资企业依法享有资产收益、参与重大决策和选择管理者等出资人权利。国家出资企业对其所出资企业，应当依照法律、行政法规的规定，通过制定或者参与制定所出资企业的章程，建立权责明确、有效制衡的企业内部监督管理和风险控制制度，维护其出资人权益。针对上述情况，修改现有立法，从国家直接投资与国有企业转投资的不同层面，分别对国家股和国有法人股的持股主体作具体、明确的规定，建立其统一、规范、有序、可控的国家股一级持股主体和国有法人股二级持股主体的国有股权持股制度，以确保国有股权行使的授权权源问题。

2. 建立授权明确、职责具体、进退有序的国有股权代表人制度，以唤起国有股权董事、经理人的责任感，激活其创造潜能，借以催生具有创新和开拓意识的经理人群体。首先，应尽快建立国有股权代表资格制度，启动国有股权代表资格考试或考核制度，建立具有国有股权资格的经理人市场，为国有股权代表人提供规模化的人才储备。其次，必须建立派出路径分明、职权明确、分工负责、管理路径对口的国有股权代表人授权机制和授权程序，彻底解决目前只局限于在本单位内选择国有股权代表人的用人机制，使国有股权代表人委派、授权公开化和程序化，从而提高国有股权代表人任职的公正性和竞争性。再次，建立年薪与配股分红相结合的激励机制，提高国有股权代表人经营业绩的回报率，激发企业经理人员的积极性。最后，建立开放式的国有股权代表人退出机制，完善与国有股权代表人和经理人相关的评价体系和个人信息检索系统，健全国有股权代表人的专业化和社会化监督。

3. 完善国有股权代表人监督约束机制，增强国有股代表人的责任感。国有股权代表人能否勤勉尽力、充分注意、格外谨慎地履行职务，对国有股权及其所在公司市场经营的风险关系极大。目前我国对国有股权代表人之监督已形成从外部的独立审计制度、外派监事会制度到内部监事会等多头、多重监督机制，但总的来说效果并不理想。这主要源于监督路径没有理顺，造成监督职位设置重复，监督职能不能到位。笔者认为：（1）强化国有股持股主体对国有股权代表人的直接监督约束，建立持股人与代表人之间的对应监督、约束关系。（2）完善公司内部监督机制，充分发挥监事会的职能监督作用。形成持股人的股权监督与监事会的职能监督相结合的二层监督机制，使国有股权代表既受到持股主体的监督，又应受到监事会中国有股监事、非国有股东监事的监督，以从整体上维护公司的利益。（3）引进独立董事、社会监事，增强董事会、监事会在决策中的理性度。

4. 提高职工的参与和监督力度，充分释放国有股所在公司的人力潜能和发挥劳力资本之价值。职工作为国有股所在公司的能动性生产要素，其利益与公司经营状况息息相关，会更加关心公司及国有股权的长远利益，同时职工对国有企业经营者相关信息的周全、充分，也为职工监督国有股权代表人提供了可能。传统国有企业之职代会制度以及德国、日本公司法中的职工参与制，给我们提供许多成功的经验。提高职工对国有股权运行和公司营运的参与度，有利于激发职工的创造潜能；同时防止国有股权代表人的非理性决策行为，降低或抗御国有股权的道德风险与市场风险。

（三）创设国有股权外部动力机制以加快国有股权之市场化进程

创设国有股权之外部动力机制，其目的在于激活国有股的市场置换力，以调动现有资本市场中民间资本的巨大投资力和创造力，以期优化公司的股权结构和现有资本市场的资本权属结构，从而牵引现有投资市场、证券市场的发展，带动新一轮资本重组和经济结构性调整。

1. 有步骤地减持国有股，优化现有公司的股权结构。国有股在改制后的公司中比重过高，不仅制约公司内部机制的规范化运作，而且造成现有证券市场中股权的结构性失衡，成为我国证券市场化改革进程的瓶颈。因此，早在 1999 年中共中央《关于国有企业改革和发展若干重大问题的决议》就指出"选择一些信誉好、发展潜力大的国有持股上市公司，在不影响国家控股的前提下，适当减持部分国有股，所得资金由国家用于国有企业的改革和发展"。2013 年中共十八届三中全会通过的《关于全面深化改革若干重大问题的决定》也提出"国有资本投资项目允许非国有资本参股。允许混合所有制经济实行企业员工持股，形成资本所有者和劳动者利益共同体"；"鼓励非公有制企业参与国有企业改革，鼓励发展非公有资本控股的混合所有制企业"。国有股减持可以选择配股出售、国有股回购、国有股协议转让、证券市场交易以及股转债等多种方式。国有股减持可产生以下积极后果：（1）国有股减持回收的巨额变现资金，可用于国有股再投资和社会保障，从而启动新的投资和消费增长。（2）国有股退出留下的股位空缺由非国有资本填补，不仅可以推动社会资本的投资，而且可以因股权结构的变化而催生公司内部经理、经营革命。（3）国有股减持之后，国有股在证券市场的比例下降，为国有股权之证券化和证券市场的开放创造了重要条件。

2. 建立国有股权的市场进退机制，加快国有股权的证券化进程。国有股权比重过高和凝固不动是影响国有股权市场活力并进而制约整个证券市场低迷不进的两大原因。国有股经过一定量化的减持之后，国家应适时地采取比例制、阶段比例制，启动国有股权的自由进退机制，加快国有股权的证券化、市场化进程。

3. 提高证券市场的开放度，为国有资本和民间资本提供平等、公正的市场平台，以民间资本之外在市场竞争压力激发国有股权资本的新生。（1）取消证券上市资格潜在的所有制限制，为民营企业上市创造平等的竞争环境。（2）分步骤融通现有不同类型的证券市场，实现主板市场、创业板市场与其他资本市场的对接。（3）加快风险投资市场的发展进程，以风险投资基金启动国有股权的证券化，为国有股减持和证券市场化提供资本、金融工具。（4）开辟地区性股权与证券市场，实现上市公司与非上市公司国有股的有限流通，推动国有股权在地区资本市场的互换和重组，从而带动地区产业的结构性调整。

综上，从内部（微观）与外部（宏观）两个层面定位国有股权之动力源，建立二元的国有股权动力机制，必将为国有企业改革和经济整体发展提供强大的、持续的制度推动力。以下各章将在这一理论框架下，对国有股权代表人的相关法律问题进行探讨。

第二章　国有股权代表人制度的权利基础

　　经营性国有资产，学术界习惯地称为国有企业财产，即国家作为出资者在企业中依法拥有的资产及其权益，是国家或国家授权的国有投资机构与投资部门，通过设立国有独资企业（公司）或组建国有控股公司或认购股权、股份的形式参与到有限责任公司或股份有限公司，由国有独资企业（公司）、国有控股公司或其他具有国有企业背景的股份公司所占有或控制的全部财产中以国有出资份额或股份比例表现出来的财产权利形式。在国有企业公司制改革中，大体按照"投资者拥有企业，企业拥有财产"这一二元、二层产权结构思路进行，2003 年《企业国有资产监督管理暂行条例》和 2008 年《企业国有资产法》，更明确为"国家出资，企业经营"的财产关系和资本结构，在这一财产与资本结构中，国家作为出资人，依法享有由国有资产出资转化而形成的国有股权。作为经营性国有资产所有权在公司制度下的转换形式——国有股权，因其承继旧的国有企业体制的大多数矛盾，国有股权之权利属性又直接制约其具体的权利运行、国有股权代表人的委任，并最终影响国有企业公司制改革的顺利推行。概言之，国有股权属性问题存在的争论以及由此形成的不同实践路径，成为决定国有企业改组成败的一个重要法律问题之一。

第一节　公司法人财产权与股权

　　公司法人财产权与股东股权作为现代公司产权结构的两大支

柱，是构成现代公司整个产权制度的权利基础。在国企公司制改革中，人们既希望国企改组后的公司能真正成为独立的市场主体，具有很强的市场适应力与竞争力，同时又不能因公司制改革而使国家之股东权利亦即权利形态发生变化的国有资产权益受到损害，于是从理论上定义公司法人财产权与股权，并通过对公司法人财产权与股东股权之界定与定性，以期为国企公司制改革提供法理依据。在此背景下，各种关于公司法人财产权与股东股权之学说和观点也就纷纷出台。

一、公司法人财产权性质的解读

把企业特别是国有企业由传统计划时代政府的部门性生产机构还原为市场经济中的独立法人主体，是我国经济体制改革的基本方向。在我国国企改革承包与租赁经营、"两权分离"的"债权模式思路"走向以资产经营、公司制改革的"物权思路"[1] 的过渡时期，"企业法人财产权"之概念曾在 20 世纪 80 年代中至 90 年代初，得以广泛使用。在我国政策、立法对"企业法人财产权"未予阐释之前，我国学者从国家所有权与企业经营权分离、政企分开这一理论框架内，对其作出了不尽相同的解释。20 世纪 80 年代，学者们从国有企业财产的归属论出发，以所有权之具体权能可以分离的模式，探讨国有企业财产的性质，提出了占有权说（即国有企业对国家授予其经营的财产享有占有权）[2]、用益权说（认为国有企业的财产权是一种依法设立的用益权，在用益权存续期间，企业按照自己的意志对企业的财产享有使用、收益等权利）[3]、实际

---

[1] 参见熊继宁：《从企业法到公司法》，载《金融时报》1994 年 8 月 2 日第 4 版。

[2] 参见江平、康德琯、田建华：《国家与国营企业之间的财产关系应是所有者和占有者的关系》，载《法学研究》1980 年第 4 期。

[3] 参见李开国：《国营企业财产权性质探讨》，载《法学研究》1982 年第 2 期。

所有权说（即认为国家只是名义上、法律上享有所有权，所有权的各项权能均为企业实际享有，企业则拥有经济所有权，直接行使企业财产所有权，并取得经济利益）① 以及法人所有权说（即企业法人作为独立的人格，依法享有对企业财产的独立支配权并以其企业财产对外独立承担民事责任）② 等不同学说。

1986 年 12 月 5 日国务院发布的《关于深化企业改革增强企业活力的若干规定》指出，"各地可以选择少数有条件的全民所有制大中型企业，进行股份制试点"，股份制企业的发展有了政策性依据，"企业法人财产权"的概念也就突破了单纯的国有企业圈子，对各种资合、公司企业均具有普遍意义。1992 年以后，随着股份制改造与试点的全面铺开与深入，国家作为投资者以其出资依法取得股东的法律地位，享有股权，这样从公司法人财产权与股东股权的关系中去阐释企业法人财产权，企业法人财产权便开始进入公司法人财产权的阶段，并具有更新的内涵，学者们对此的分歧也更大，围绕公司法人财产权与股东股权的关系，出现了以下几种新的公司法人财产权观点：（1）公司所有权说。此学说从 20 世纪股份公司的现状与发展趋势的分析中认为，所有权与经营权已经在公司企业中彻底分离，大公司被"经营者控制"，股权从所有权转变为债权，股份公司成了公司财产权的唯一主体，依法对公司财产进行占有、使用、收益和处分。③（2）股东与公司双重所有权说。此种观点认为，现代股份公司的两权分离，并没有改变股东的所有权，而是表现为公司的财产为公司所有、公司又为股东所有的双重所有权结构。股东依然保持对公司财产处分的最终决定权，其所有权不

---

① 参见赵万一：《论所有权的权能》，载《法学季刊》1985 年第 2 期。

② 参见梁慧星：《论企业法人与企业法人所有权》，载《法学研究》1981 年第 1 期。

③ 参见郭峰：《股份制企业所有权问题的探讨》，载《中国法学》1988 年第 3 期。

可能被经营者剥夺，相反，大股东们牢牢地掌握着公司的控制权。[①]（3）股东所有权说。此论认为，公司的法人所有权"是一种观念的虚构，现代公司所掌握的是公司财产的具体支配权，股东仍保持对公司财产的控制权与支配权，只是由于股东作为财产所有者退出了直接的生产经营领域，股份形式改变不了股份公司的股东权和有限公司的股东权在本质上都是所有权的实然属性"[②]。

　　学术界的讨论尤其是"公司法人所有权"的提出对中国最高决策层与立法机关影响颇大，其直接影响的是 1992 年 5 月《股份制企业试点办法》及两个公司《规范意见》的发布，确立了公司法人以其"全部资产"独立承担民事责任，特别是 1992 年 7 月国务院发布《全民所有制工业企业转换经营机制条例》进一步扩大国有企业经营权的具体权能范围，使之具备了与所有权基本相同的内容。

　　虽然如此，关于法人财产权的具体含义及性质，决策机关与学术界的理解是不一样的，1993 年 11 月 14 日中共中央《关于建立社会主义市场经济体制若干问题的决定》在界定产权关系时，使用了全部法人财产权的概念，即"企业中的国有资产所有权属于国家，企业拥有包括国家在内的出资者投资形成的全部法人财产权，成为享有民事权利、承担民事责任的法人实体"。同企业经营权相比，全部法人财产权虽然内容更加宽泛，但性质同样含混不清。而在国有企业内部，国家作为出资者的国有资产所有权与企业拥有的全部法人财产权是否矛盾，到底是一种什么样的关系，这些令决策层们和立法者感到困惑的难题被原封不动、只字不改地移植于 1993 年 12 月 29 日制定的《公司法》第 4 条第 3 款，只能留待学者们去讨论、辨析了。于是针对企业法人财产权，特别是公司法

---

　　① 参见王利明：《论股份制企业所有权的二重结构》，载《中国法学》1989 年第 1 期。

　　② 参见孙志平：《对股份及股份公司财产关系的再认识》，载《中国法学》1988 年第 3 期。

人财产权的性质，有了更多的争论，自 1992 年至 2000 年，法学界对法人财产权的定性有以下几种有代表性的观点：（1）公司法人所有权说。此说认为公司法人财产是由股东投资形成的独立财产，股东对其出资已丧失了所有权，公司依法享有法人所有权。而且持此论的学者均认为，赋予企业法人所有权是国企改革的关键所在，是企业成为独立市场主体的前提条件。况且我国《公司法》中关于公司法人财产权的权能范围与所有权相同，特别是公司能以自己独立的财产并通过处分权对外承担民事责任，体现了所有权人对财产独立支配性的特点。① （2）双重所有权说。此说认为所有权是所有者对其财产依法享有的独立支配权。由于公司可以依法直接对其财产行使占有、使用、收益、处分的权利，以其全部财产对它的债务独立承担责任，且这种直接的、独立的支配权，除受法律关于行使所有权限制性规定的约束外，不受任何干涉和约束，故"公司财产应属于公司法人所有"。虽然如此，股东以出资把自己所有权的权能转让出去，自己不直接行使所有权的权能，从而改变了行使所有权的方式，但是并没有改变股东对其财产享有独立支配权的实质，故公司财产在最终归属上属于股东所有，从整体上看，"公司财产属于全体股东按份共有"② 。（3）经营权说。此论认为，从中共中央十四届三中全会的《决定》与《公司法》第 4 条规定的有关精神来分析，可以认为把公司法人财产权理解为公司法人财产所有权有悖于对"国家所有权"的界定。从财产权的原始含义与内容上判断，也不能与所有权画等号，故认为公司法人财产权特别是

① 参见漆多俊：《论企业法人财产权》，载《法学评论》1994 年第 6 期；马俊驹、冯果：《建立与社会主义市场经济体制相适应的现代企业法人制度》，载《武汉大学学报》1994 年第 3 期；江平：《公司法所建立的现代企业法律孔制》，载《理论学习与探索》1994 年第 3 期；孔祥俊：《论现代公司的产权结构》，载《政法论坛》1994 年第 3—4 期；陈家新：《应当建立股份所有权法律制度》，载《中国法学》1999 年第 4 期。

② 参见杨紫烜：《论公司财产权与股东财产权的性质》，载《中国法学》1996 年第 2 期。

"国有企业法人财产权不是所有权"，而应是"经营权"，并且是一种"由国家所有权派生的民事权利，是基于国家授权而产生"的限定物权。① 这样既符合国家关于所有权与经营权相分离的改革原则，又由于经营权本身作为一种财产权具有物权性质，它同所有权一样具有排他性，足以排除国家对企业的不适当干预而成为独立的市场主体，并能以国家交给其经营的财产承担有限责任②。（4）结合权说。此说认为法人财产权是经营权与法人制度的结合。经营权是所有权派生又独立于所有权的一种财产权；经营权与法人制度相结合，便构成了法人财产权。③ 法人财产权在保留经营权立法内容和性质的基础上，强调企业法人的独立主体资格。企业法人一旦成立，企业法人便与投资者或股东之间形成两个独立主体之间的关系，即一个是所有权主体，另一个是他物权主体。④

　　进入 21 世纪，由于企业（公司）的独立主体地位和法人资格被政界、学界和立法界普遍认同，学者们对企业（公司）法人财产权的讨论热情也明显锐减。但也有学者对其作出新的解读，代表性观点有：（1）独立财产权说。即公司是多元主体投资的产物，股东资金投入公司即形成公司法人的独立财产。⑤（2）国家所有权并列与特别取回权说。即认为国有企业法人财产权不同于经营权、

---

① 参见余能斌、马俊驹主编：《现代民法学》，武汉大学出版社 1995 年版，第 605 页。

② 参见余能斌、李国庆：《国有企业产权法律性质辨析》，载《中国法学》1994 年第 5 期。

③ 参见胡静林：《国有企业财产监督管理条例讲话》，中国法制出版社 1994 年版，第 74 页。

④ 参见国家国有资产管理局政策法规司：《国有资产管理 200 题》，中国经济出版社 1994 年版，第 162 页；转引自史际春：《国有企业法》，中国法制出版社 1997 年版，第 216 页。

⑤ 参见方杰：《对"法人财产权"立法的两点意见》，载《政法论坛》1999 年第 3 期；张艳丽：《对企业法人财产权问题再议》，载《法学杂志》2003 年第 5 期。

股权和法人所有权，我国现行的大陆法系财产法制度已不能对我国国有企业改革提供制度支持。为使国有企业法人财产权摆脱与国家所有权的纠葛，该论建议应当跳出传统大陆法系财产法制度的框架，创设具有中国特色的国有企业法人财产权制度，赋予其占有、使用、依法处分政府投资于国有企业（公司）中的国有资产的权能，它与国家所有权处于并列地位；国家所有权则表现为特别取回权。① （3）企业法人所有权说。该说认为企业法人财产权实质就是企业法人所有权；② 或者认为公司财产权所体现的是从法人财产权向法人所有权的转换③。（4）国有企业法人财产权与市民社会企业法人所有权区别说。该说认为传统法人财产权理论并未发展出法人与自然人场合的"民法中立"，由于不同法人类型有着不同的财产独立性要求，相对于市民社会企业法人而言，国有企业法人是连接国家与私人之间的过渡环节和财产社会化的主体形式，其财产权独立性自然要逊于市民社会企业法人。④ （5）综合性权利说。该论认为企业法人财产权是一种综合性的权利，包括对实物财产享有的所有权和对其他财产享有的完整权利；⑤ 或者认为股权与公司法人财产权都是独立的综合性权利，股权归股东享有，公司法人财产权归

---

① 参见王继军、李建人：《论特别取回权——国有企业法人财产权制度新创设研究》，载《法学评论》2000 年第 3 期。

② 参见柴振国：《企业法人财产权的反思与重构——企业法人所有权及其实现机制研究》，法律出版社 2001 年版，第 53—54 页；杨大文：《企业法人财产权研究的新探索——评〈企业法人财产权的反思与重构〉》，载《法学家》2001 年第 6 期。

③ 参见于波：《公司法人财产权研究》，载《证券市场导报》2002 年第 8 期；曲振涛：《公司产权制度新论：从法人财产权到法人所有权》，载《经济学动态》2004 年第 9 期。

④ 参见张力：《解构与重构——探求"法人财产权"理论的当代出路》，载《浙江社会科学》2007 年第 3 期。

⑤ 参见赵旭东：《公司法人财产权与公司治理》，载《北方法学》2008 年第 1 期。

公司法人享有，两权虽彼此界限明确，但都是基于同一母体——出资者对其出资财产行使处分权而转换形成的、独立的综合性权利①。

笔者认为，以投资者投资或认购集合而形成的公司财产，其性质如何断定，有赖于对其财产权利之内容及其特征的全面认识。从公司财产及其权利内容来分析，公司法人财产权具有以下一些基本特征：

1. 公司财产权利界限的独立性。公司财产是独立于投资者或股东财产，有限责任公司与股份有限公司的有限责任原则以及公司投资者和股东出资的不可返还性，决定了公司的财产与原所有人的财产已相互独立，集合而成的公司财产中的某一股东原有财产，已从股东名下转移至公司名下，组成公司的集合财产，这一财产是与公司股东的财产相独立而存在的。

2. 公司财产权利基础的稳定性。现代公司的资合性以及公司资本制度要求公司严格恪守资本确定、资本维持与资本不变三原则，虽然在资本确定上各国有法定资本制、授权资本制与折中资本制等不同的注资制度，但维持公司最低的资本信用，以保持市场交易的安全，是各国公司法共同遵守的底线。公司资本制度以及公司资本构成的特殊性，使得公司财产与一般自然人、合伙企业、独资企业相比较，其资产具有相对确定和稳定的特征。正是这一资本的稳定特性，使得公司能够在市场交易中，以其固有的、确定的资本取得市场信用，建立自己的商誉，参与市场竞争。

3. 公司财产权利范围的广泛性与综合性。根据投资原则与出资的方式，股东与投资者在组建、设立公司时，分别可以自己的货币出资，也可以用实物（自己所有的或者租赁来的）、工业产权、非专利技术、土地使用权等作价出资。对于单个投资者而言，其财产权利范围或及于某一实物形态，或限于工业产权，或仅限于货币

---

① 参见段葳、曹胜亮：《论股东的股权与公司的法人财产权》，载《经济研究导刊》2010 年第 34 期。

资本金，而公司财产权利则包括由投资者投入的全部财产之集合，且不止于这一部分。从公司的动态运营中，这一权利范围从权利之质即按其客体性质来分析可以包括以下几类：（1）有形财产权，包括公司在运营中对一切有形的资本要素所享有的占有、使用、收益和处分的权利。（2）无形财产权，包括对工业产权、非专利技术、商业秘密、商誉、商号等拥有的支配权。（3）公司债权，即公司在对外交往过程中依法享有的请求他人给付一定财产或为一定行为的权利。此外，从公司财产权利之量加以考察，公司财产权利不仅包括公司成立时股东投资形成的既定财产，而且包括公司在经营中增值的财产。可见，公司财产权利范围已完全不能用股东的某单一财产或其集合加以限定。

4. 公司财产权利构成的整体性与概括性。公司财产虽为股东通过契约、章程契合衍生的产物，但公司一旦成立，这些单个的原属股东所有的财产或权利则有机地形成一个权利整体，它已不是原来众股东财产或权利的简单累积，而是以公司名义，在法律与章程的规定下，予以法人人格化，使众多权利统一为公司的整体性权利，因之，公司每一项财产以及由此产生的各种权利，均是公司整个财产权利的有机组成部分，因而其财产或权利具有不可任意分割的特点；同样，也不可以某股东单一的财产或权利的属性，概括为公司财产或权利的整体属性。比如，某公司用租赁来的车间，通过购买来的机器，从事加工生产，并注册该产品的商标。那对该公司来说，则毫无疑问享有对车间的债权、机器的所有权、商标的专用权。该公司之财产权利是公司各项财产权利有机的统一，而我们反过来却不能用公司中某一财产如对车间的债权、机器的所有权、商标的专用权去割裂或代表这一公司的财产权。

5. 公司财产权利行使方式的法人性。首先，公司财产权利的行使是以人格化的公司法人名义进行的，公司对外以其全部财产参加民事、商事活动，并以全部财产作担保，承担债务清偿责任。其次，公司财产权利具体是通过公司的法人机关行使，尽管法人机关依法律和公司章程或多或少地要受到公司股东的制约，但是这种制约已不是单个股东的任意制约，公司最终还是通过公司的机关如股东大会、董事会而非通过某一股东来行使公司财产权利，即使绝对控股的股东也是如此。公司在行使财产权利时所体现的是公司的意志，尽管这种公司意志是股东集体意志的集合，但已不是单个股东的个人意志。最后，公司法人享有独立法律人格，对外行使财产权能是统一的，尽管公司内部各机关存在不同的职能分工，但不同机关对外都是行使公司法人的部分职能。

从公司财产权利所具有的上述特征中可以很清楚地得出以下结论：公司法人财产权不是经营权，经营权回避了公司法人财产权利本身的独立性与法人性等特点。而且"所有权发展的历史表明所有权不能复制出一个与己身完全一致的经营权，并以此作为对抗己身的力量"。"国家所有权与企业经营权分离理论实际运行的结果，要么以经营权人事实上享有所有权而进行，要么以国家仍牢牢掌握经营权而告终。"① 公司财产权也不是股东共有权，因为共有论只看到公司财产构成集合的一面，而无视公司财产行使的法人性，漠视了公司法人财产权是合伙共有发展的产物，有悖现代市场经济对公司独立人格的要求。公司法人财产权更不是双重所有权，因为双重所有权说不仅违背传统民法"一物一权"的基本原则，且由于其忽视公司财产权利本身的综合法、整体性与独立性，因而在实践操作中必然带来股东所有权与公司所有权的冲突。至于把公司法人财产权解释为公司法人所有权，表面上看似乎揭示了公司法人财产权的核心与本质，但是如果我们把视角深入公司财产的构成，则发现这一学说犯了以偏概全的错误。因为所有权是传统民法对物具体来讲即对某一有形物依法予以独立支配的权利，但由于公司法人的财产权不仅包括有形物权，而且还及于知识产权、商誉等无形财产权以及债权，因此，传统民法的所有权概念已不能包容法人财产权。再从所有权是所有人对某一有形物独立支配的属性来考虑，用

---

① 参见陈慧谷：《两权分离的困境与政企分管的重构》，载《政法论坛》1992 年第 5 期。

所有权理论解释公司对股东集合财产的所有也是不能自圆其说的。

从公司财产中某单一属性或从股东财产某一属性去推导公司法人财产权的性质或概念，都只能曲解公司法人财产权，错误地对其进行定性。公司作为近代商事活动的产物，法律赋予其独立主体的人格，目的在于让公司像自然人一样以独立主体身份参与市场交易，可以简化交易环节、节省交易成本。尽管对法人的属性，民商法理论界有拟制说、否定说与实在说等不同观点①，但法人作为相对于自然人的独立民事主体，已成为近现代市场经济社会的客观现象。无论是作为市场经济活动中实体法上的主体，还是诉讼、仲裁过程中程序法上的主体，公司这一现代企业法人的独立主体资格与人格身份已获得绝大多数市场发达国家立法的认可。如美国《标准公司法》第 3.02 节规定："除非公司章程另有规定，所有公司以其公司名义永久存续，并有权像自然人一样进行所有必要和便于执行其业务和事务的事宜。"② 德国《股份公司法》第 1 条规定："股份公司是具有独立法人资格的公司。"《有限责任公司法》第 13 条第（1）项规定："有限责任公司本身独立具有权利和义务；客观存在可以取得所有权和不动产的其他物权，可以在法院起诉和被起诉。"③ 法国《商事公司法》第 210 - 6 条规定："商事公司自其在《商事和公司登记簿》上注册登记之日起享有法人资格。"④日本 2005 年《公司法》第 3 条也规定"公司为法人"⑤。作为具有独立民事、商事主体资格的公司法人，依法享有参与民事、商事法

---

① 参见梁慧星：《民法总论》，法律出版社 1996 年版，第 118—119 页。

② 参见沈四宝编译：《最新美国标准公司法》，法律出版社 2006 年版，第 30—31 页。

③ 参见［德］托马斯·莱塞尔、吕迪格·法伊尔：《德国资合公司法》，高旭军、单晓光等译，法律出版社 2005 年版，第 14 页。

④ 参见罗结珍译：《法国公司法典》，中国法制出版社 2007 年版，第 55—56 页。

⑤ 参见于敏、杨东译：《最新日本公司法》，法律出版社 2006 年版，第 58 页。

律活动，享有民事、商事权利，并以其经营财产作担保，独立承担
民事、商事责任，乃现代民事、商事法理应有之义。在公司的民
事、商事权利范围里，如同自然人主体一样，财产权是其主要的、
最为重要的权利范畴。公司法人财产权从民事、商事法律制度的设
置而言，是近现代民事、商事法律制度赋予公司以独立主体资
格——法人人格的结果，它是公司民事、商事权利能力内容的一个
重要组成部分①；"法人的权利能力是法人行为和责任的前提，也
是确定法人行为是否违法、是否承担责任的重要依据"②，这一点
也适用于公司法人。从市场交易的需要而言，公司拥有法人财产
权，是其拥有的权利能力资格所决定的，是其从事民事、商事活
动，承担民事、商事责任的权利前提与物质基础，是保证市场交易
安全、高效率而不可缺少的基本条件。

由此推论，不难看出：（1）公司法人财产权是法律认定公司
作为民事、商事权利、义务主体的同时对其享有的权利范围的授
予，我国《民法通则》第 36 条、第 41 条以及《公司法》（2013
年修订）第 3 条第 1 款规定，公司是企业法人，有独立的法人财
产，享有法人财产权。公司以其全部财产对公司的债务承担责任。
这体现了凡依法成立的公司，不仅从法律上讲取得了独立的民事、
商事主体资格，而且依法享有人身、财产等民事、商事权利。公司
法人财产权是公司作为民事、商事主体资格制度安排下的权利能力
之核心部分。（2）公司法人财产权是公司可以作为财产主体依法
享有的权利，是法律对其享有权利范围的授予，而非具体享有的权
利。在实际中，这种权利的属性如何，往往取决于具体权利标的
的性质。由于近现代公司财产实体表现形态的多种多样，必然也
导致公司法人财产权的权利形态的多样性，因而把公司法人财产

---

① 参见葛云松：《股权、公司财产权性质问题研究》，载梁慧星主编：
《民商法论丛》（第 11 卷），法律出版社 1999 年版，第 52—53 页。
② 参见江平主编：《法人制度论》，中国政法大学出版社 1994 年版，第
24 页。

权归纳为某一具体财产权利属性，如同把法人财产权等同于所有权、占有权、债权一样，存在明显的法理缺陷。（3）公司法人财产权，之所以在我国《公司法》予以特别规定，并由此引起法学理论界的争论，原因在于到目前为止，我国还未形成健全的市场主体资格制度，特别是国有企业法人作为最主要的市场主体，其法定的民事权利能力在实际运行中因受到公权力不同程度的干预而大打折扣，故出于对完整的、严格意义上的市场主体的追求这一良好愿望，对遏制公权力干预企业主体法定权利这一急切心态表现出来的信心不足，加上法学界对整个民商法体系把握得不够，反映到公司法人财产权的理解上就必然见仁见智。

结合以上分析，笔者认为，公司法人财产权就如同自然人的财产权一样，无须作特别定义，更不可把其归属于某一财产权利的类别，它本身不是财产权中某一具体的权利形态，而是公司以具有独立法律人格——法人为前提条件在财产方面所享有权利的一种法律资格，是公司依法可以对其经营的（所有的或使用的）财产享有独立的排他性的支配权利，而这一支配性权利又因具体财产标的性质的不同，具体化为各种不同性质的财产权利。从其权利能力的范围来讲，公司法人财产无疑既包括财产所有权，又包括债权、知识产权。因此，从这一基本认识前提与法理基础出发，我国《公司法》（1993 年）第 4 条有关"公司享有由股东投资形成的全部法人财产权，依法享有民事权利，承担民事责任"的规定是十分模糊的；而有关"公司中的国有资产所有权属于国家"的规定则属明显混淆了国家出资之前国有资产所有权、国家出资之后国有股权和公司法人财产权的概念。相对而言，《公司法》（2005 年）第 3 条第 1 款规定"公司是企业法人，有独立的法人财产，享有法人财产权。公司以其全部财产对公司的债务承担责任"，对"法人财产权"的界定要明确得多。但是，此一规定仍有歧义，2013 年《公司法》因只限于对公司资本制度进行修改，未顾及此一条款的完善。笔者建议，此一款可再细化为："公司自登记成立时依法具有法人资格，依法独立享有民事权利，承担民事责任。公司依法可以取得动产与不动产的所有权、其他物权，依法享有法律规定可以由法人享有的其他财产权利；可以在法院起诉和被起诉。"或者借鉴美国《标准公司法》第 3.02 节，采用列举法把公司有关财产方面的权利范围予以列明，以期彻底廓清法学界关于企业（公司）法人财产权的模糊定义与不必要的争论。

二、股权法律属性的辨析

（一）关于股权法律性质的两种思路

国有企业公司制改革，或者说以公司这一典型的现代企业制度去改革、规范国有企业，把国家与公司企业的关系定位为投资者（股东）与公司法人的关系，是 20 世纪 90 年代以来我国国有企业特别是大中型国有企业改革所选择的一种主要思路，股权问题因之凸显出来。

在公司法律关系中，股东股权是一个与公司法人财产权相对应的权利范畴。股权之性质如何，不但直接影响到前述公司法人财产权的定性，而且因为国有股权产生是基于国有企业改组为公司、国家作为出资人出现这一特殊历史与经济的改革背景，从而使股权性质的断定，直接关系到国有股权及国家（实则为虚拟的、间接的）行使股权的方式及公司法人特别是存在国有股的公司法人在市场中的定位问题，自然对股权定性具有特殊的意义。

关于股权的权利属性，到目前为止，学术界主要以所有权与非所有权两种思路进行探讨。持所有权思路的学者们强调的是国有资产的保值增值，所关注的是作为出资人之国家的利益。他们从西方公司企业财产契合于股东之财产所有权，股东控制公司企业这一基本逻辑出发，认为股权是股东对其财产所有权的一种行使形式，是股东之财产所有权的一种表现形式。关于这一股东财产所有权的具体含义，不同学者基于不同的法理和语境，或从公司财产的共有属性，认为股东对公司之财产享有共有权；① 或从股份制企业所有权二重结构出发，认为公司享有财产所有权，股东对公司享有所有权即股东所有权；② 或从企业经营权是建立在所有权之上的限定物权出发，强调企业法人经营权的独立性以及对所有权的制约性，认为股东权是一种受到一定限制的所有权；③ 或从"投资者拥有企业，企业拥有财产"这一产权结构的设计出发，认为"股权在整体上代表着全体投资者对企业这一财产集合体的所有权"；④ 或从公司享有经营所有权的对应视角，论证股权是"投资人的终极所有权"⑤。从所有权这一思路来论证股权的学者，普遍认为股权虽是股东对其财产所有权的一种行使方式和处分形式，但股东不并丧失投资于公司的资产所有权，股东保持对公司事务的参与和控制，依法享有对公司的控制权，从所有权的权能分离学说方面来分析，似乎言之成理。

与所有权思路不同，非所有权之股权说，则从现代公司之独立人格属性和企业法人财产权这一理论视角，强调建立独立的企业（公司）法人财产权（所有权）的重要性。由于传统国有企业中产权归属与责任的模糊性，使国有企业财产经营权属性无法确定，其

---

① 参见杨堪主编：《经济法概论》，中国财政经济出版社 1990 年版，第 78 页；杨紫烜：《论公司财产权和股东财产权的性质》，载《中国法学》1996 年第 2 期；余能斌、李国庆：《国有企业产权法律性质辨析》，载《中国法学》1994 年第 5 期。

② 参见王利明：《论股份制企业所有权二重结构》，载《中国法学》1989 年第 1 期；韩松：《全民所有制企业经营机制转换与产权完善》，载《法律科学》1992 年增刊。

③ 参见覃天云：《经营权与企业法人产权辨析》，载《中国法学》1991 年第 2 期。

④ 参见王卫国：《关于建立现代企业制度两个问题的法律思考》，载《求是》2000 年第 4 期。

⑤ 参见杨震、王妍：《公司法新论》，黑龙江人民出版社 1999 年版，第 45 页。

权利范围很难予以具体化，自然难以保证国有企业在市场竞争中的独立主体地位。因之持非所有权学说之学者，一般首先把公司企业法人财产权界定为公司法人所有权，然后从公司法人与股东两个独立的对应主体去分析股权的非所有权性质。但是，由于学者们对股东股权之非所有权分析的侧重点不同，导致对股权理解的巨大分歧，众多的股权学说也就纷纷出台，其中代表性观点有以下几种：（1）债权说。债权说认为股东投资于公司，已丧失对公司财产的支配权，公司所有权与经营权已在 20 世纪彻底决裂与分离，股东以财产所有权的过渡为条件，取得对公司的唯一权利是收益权即债权，其他权利已丧失殆尽。[1]（2）所有权债权化说。此说认为国有企业（公司）中国家所有权并未"完全转换为债权"，"即使在实行股份制的情况下，国家所有权的归属也不应该发生变化"，国有股权"实际是债权和所有权的结合，就股权的共益权而言，又有债权的特点"。[2]（3）社员权说。此观点从股东作为公司这一营利性社团法人的成员地位出发，认为股权是股东作为公司成员资格而在公司内部拥有的权利义务，它与公司法人权利整体相关联且不可分割。[3] 有些学者认为，现代公司产权关系"已不是分离型复合产权关系，而是转化型的复合产权关系，其财产的最终主人（股东）把所有权移至二层主体（公司）形成法人所有权，股东的所有权转化为公司股权"，故股权既不是所有权，也不是债权，而是一种新型社员权，并赋予这种新型社员权以"独立制衡型财产权"，即"在财产两重化以后，对另一重财产的所有权，在双方互相制约条件下按份额对公司的制约权；由双方互相制约所形成的取得收益的

---

① 参见郭峰：《股份制企业所有权问题的探讨》，载《中国法学》1988年第 3 期。

② 参见王利明：《国家所有权研究》，中国人民大学出版社 1991 年版，第 211—215 页。

③ 参见葛云松：《股权、公司财产权性质问题研究》，载梁慧星主编：《民商法论丛》（第 11 卷），法律出版社 1999 年版。

权利和在公司解散时复归出资财产的权利"。① 也有学者从团体法的视角，认为股权是具有永久的无限逐利性、支配性、受限性的权利，而股东与公司及股东与股东之间形成事实上的支配性法律关系并凭依股权来实现和维系。② （4）公司法人所有权有机构成部分说。此说认为，"股权不能脱离公司法人所有权而独立存在"，其权利的行使有时要受到其他股东行使权利的制约，股东的权利以公司存在为前提，因此股权不是独立的所有权，"是公司法人所有权的一个有机组成部分"③。（5）股权为特定身份性财产权。即认为股权是一种与特定股东人身相关联、具有独立的权能形式、有其自身特征、内容和法律关系的完整而独立的权利形态，是一种新型的财产性民事权利④。（6）股权是一种综合性权利。该论认为股权与公司法人财产权都是独立的综合性权利，股权归股东享有，公司法人财产权归公司法人享有，两权虽彼此界限明确，但都是基于同一母体——出资者对其出资财产行使处分权而转换形成的、独立的综合性权利⑤。（7）股权是独树一帜的民事权利。此说认为股权性质不能从传统物权、债权以及社员权中寻找答案，认为股权"是一种有别于债权、物权及传统社员权等的独树一帜的民事权利"⑥；

---

① 参见康德琯：《股权性质论辨》，载《政法论坛》1994 年第 1 期。
② 参见高永周、蒋人杰：《浅析股权法律性质——以团体法为视角》，载《法学杂志》2010 年第 12 期。
③ 参见漆多俊：《论股权》，载《现代法学》1993 年第 4 期。
④ 参见曾言：《浅论股权的法律属性》，载《江汉大学学报》（社会科学版）2008 年第 3 期。
⑤ 参见段葳、曹胜亮：《论股东的股权与公司的法人财产权》，载《经济研究导刊》2010 年第 34 期。
⑥ 参见孔祥俊：《现代公司的产权结构》（上），载《政法论坛》1993 年第 4 期。

"是一种自成一体的独立权利类型"①；它是股东享有的多种权利和义务的集合体，是"一种与物权、债权并列的新型财产权"②。与前述以所有权思路解释股权相比，非所有权之股权学说在界定股权之权利属性的时候，十分强调公司企业这一微观经济形式的市场地位，尤其是 1993 年 11 月中共中央《关于建立社会主义市场经济体制若干问题的决定》认为，"规范的公司，能够有效地实现出资者所有权与企业法人财产权的分离，有利于政企分开、转换经营机制，企业摆却对行政机关的依赖，国家解除对企业承担的无限责任"，使企业"成为享有民事权利、承担民事责任的法人实体"③。自然通过公司制改组把国有大中型企业转换为独立的、法人型的现代企业，成为国企改革的基本方向，这一点在随后的一系列政策性文件中被一再强调。而事实上，我国公司制度的出台与公司法的颁布，在很大程度上是为了在法律上提供一种适合于国有企业改革的微观组织制度，无疑，在这一进程中，怎么强调公司法人财产权之独立性也不过分。因为公司既然为市场中之独立主体，自然应拥有包括所有权在内的独立财产权利，因此，从强调公司法人财产所有权，进而强调国企公司制改革后股份制企业的独立主体地位，使其摆脱政府（出资人）的行政干预，限定国家出资人之权利就成为又一种理论选择方案，这种解释有现实的改革背景作依托。

（二）股权法律性质的认定

在前述有关股权的不同思路和众多学说中，股权所有权说由

---

① 参见江平、孔祥俊：《论股权》，载《中国法学》1994 年第 1 期；左羽、书生：《公司法人所有权和股东的权利》，载《中国法学》1994 年第 3 期。

② 参见石少侠：《股权问题研析》，载《吉林大学学报》1994 年第 4 期；钱明星：《论公司财产与公司财产所有权、股东股权》，载《中国人民大学学报》1998 年第 2 期。

③ 参见中共中央《关于建立社会主义市场经济体制若干问题的决定》，载《国务院公报》1993 年第 28 号，第 1288—1289 页。

于强调国有资产之所有者即国家的利益，被高层决策与立法所接受，成为 1993 年 9 月中共中央《关于建立社会主义市场经济体制若干问题的决定》和 1999 年 9 月中共中央《关于国有企业改革和发展若干重大问题的决定》两个纲领性文件的法理依据，并顺理成章地被订入 1993 年的《公司法》，如 1993 年《公司法》第 4 条第 3 款规定"公司中的国有资产所有权属于国家"，1999 年修改《公司法》时对这一规定予以保留，这意味着股权所有权属性已被当时公司立法所肯定。那么，股权，推而论之，国有股权是所有权吗？

1. 用传统所有权理论无法圆满地解释股权

首先，所有权与股权之客体无法竞合。所有权是财产所有人对有体物、特定物、独立物所享有的排他性的权利。所有权作为传统物权的原始性权利，是其他物权产生的前提和基础。所有权之客体只能是物，所谓物是指存在于人体以外、人力所能支配并能满足人类社会生活需要的具有法律意义的有体物和自然力[1]。所有权的独占性、排他性和一物一权的法定原则昭示：（1）作为所有权的物，必须具有可支配属性，因而必须是有体物；（2）必须能为权利主体实际控制并带来确定的权利，因而必须是特定化了的物；（3）必须能够使权利主体对抗第三人的权利，使权利主体的权利具体化，因而所有权上的物必须是独立物。可见所有权之权利客体是特定化了的有体物、独立物。而根据我国《公司法》规定，有限责任公司与股份有限公司的股东可以用货币出资，也可以用实物、工业产权、非专利技术、土地使用权和其他财产性权利作价出资。对于投入公司的货币、实物，如果用所有权予以解释，认为股东对投入公司的货币、实物享有所有权，还能说得过去。而对工业产权、非专利技术、土地使用权等智力成果与权利，如用所有权予以概括，则显属荒谬。况且，从所有权的取得和丧失来看，所有权

---

[1] 参见梁慧星主编：《中国物权法研究》（上），法律出版社 1998 年版，第 34 页。

的存在必须是以现存的、特定化的有体物、独立物为条件，当物之属性发生变化或物本身发生灭失，即意味着所有权之权能发生转移或根本丧失。而在股东投资行为中，即或如有人主张出资人对出资之货币或实物拥有所有权，但此出资时的货币或实物，在公司经营过程中，或因货币的市场交换而转为他物，或因实物（如原材料）的消耗而灭失，那么在此情况下来确定出资人对哪些物享有所有权以及所有权的具体份额，则是一件十分困难的事。无疑，出资人出资的多元属性，以及公司经营中物的市场交换与价值转移，使股权的标的不能被传统所有权的客体所吸纳。以所有权理论解释股权，从理论上难以自圆其说。

其次，股份作为资本单位，是一种无体财产，不是所有权意义上的物。股东拥有对股份的所有权，被视为论证股权所有权属性的重要理由。例如1993年《公司法》第4条第1款规定"公司股东作为出资者按投入公司的资本额享有所有者的资产受益、重大决策和选择管理者等权利"，实则把资本额即股份作为股东所有权之标的。那么，股份是否具有所有权的客体特征呢？股份是股东出资于公司以表示股东在公司资本中的比例份额和以此取得相应权利的资本计算单位。就股份本身而言，股份并不代表公司资本或资产的那一部分，如甲投资200万元、乙投资相当于100万元的房地产、丙投资相当于50万元的机器设备、丁投资相当于50万元的专利技术，组成一资本为400万元的公司，公司成立后，我们可以说甲、乙、丙、丁4股东分别拥有公司股份的50%、25%、12.5%、12.5%，但我们不能说，甲拥有的50%的股份和乙拥有的25%的股份究竟代表公司中的哪些具体财产。因为股份作为一种公司资本的计算单位，对于股东来说是一种权利行使的法定依据，股份之上可以设定一定的权利，但并不能具体指向公司资产组成的某一部分，它不是特定化了的有体物；同时股东在公司存续期内，也不能单独请求公司返还相当于其拥有股份的某一具体财产，因之股份也不具有所有权客体意义上的独立物属性。股份的这一特点，说明股份不是所有权意义上的物，而为公司资本制度下的权利中介和权利凭证，我们可以在股权之上设立权利质权，尽管权利质权作为准物权被纳入现代物权体系之中，但此种担保性的准物权与具有自物权性质的所有权，不能同日而语，故认为股东拥有对公司之股份所有权的理论也很难成立。

最后，公司之集合物是物的集合，也不能成为股东所有权的客体。股东拥有公司、公司拥有产权，也被认为是构建股东所有权的重要理由。那么，公司财产作为一种股东投资契合而成的集合物，能成为股东所有权的客体吗？所谓集合物，是指未失去独立性的各个单一物所构成的物之概括总体。家庭财产、遗产、公司财产、合伙财产是典型的概括性集合物。在集合物这个总括性概念之下，各个单独之物根据一物一权原则，可以构成一个单独的所有权。在一般情况下，所有权上的物为独立物，而作为一个所有权的集合，只有在所有权主体可以视为一个整体且为了物权交易方便，可以在某种特殊情况下，将某一集合物视为一个整体所有权的客体，但此时权利主体必须在法律上予以严格限制，否则会构成对相对第三人的信誉危险；因此，合伙财产、公司财产在对外担保时，可以视为一个整体所有权的客体而存在，但是合伙财产与公司财产的整体所有权的主体身份是不一样的，合伙财产是作为对外承担连带责任的合伙人之共有权的客体，公司财产则是作为承担有限责任的独立主体——公司之财权权的客体，在这里，对公司集合物拥有所有权的主体是公司法人本身，而不是公司之股东。至于有人把股东所有权解释为股东拥有对公司的所有权，不仅混淆了公司与公司财产集合物两个不同的概念，而且把公司这一权利主体视为另一权利主体——股东之权利客体，法理上自然不能成立。

2. 用所有权理论解释国有股权只能产生公司法上的逻辑矛盾

对于国有股权就是国家所有权以及我国 1993 年《公司法》对国有股权的立法定位，如果用传统的国有企业所有权理论解释企业与投资者之间的产权关系，即国有企业的所有权属于国家，而经营权属于企业，无疑有其合理的一面。然而公司产权已迥然不同于传统国有企业的产权。即使像由单一国家投资主体设立的国有独资公司，虽然整个公司资产确实为国家这一单一投资主体的出资构成，但此时国家对独资公司本身而言，也只能以公司唯一的股东身份在公司内部享有公司资产经营的参与者身份。而在公司外部关系上，是公司而非国有股东行使公司所有权，并以之与第三人发生债权债务关系，权利主体仍是公司本身而非投资者国家或国家授权的部门或机构，国有股东——国家既不能越过公司直接同第三人发生债权债务关系，享有权利与承担义务；同时国有独资公司与第三人发生纠纷，公司能独立承担法律责任，公司的有限责任使第三人不能向国有股东——国家进行直索。可见，由唯一国有股份组成的国有独资公司，如赋予国有股东——国家享有公司中国有资产的所有权，则不仅国有独资公司的法人财产权难以保障，且其对外的独立法人资格也无可独立支配的财产为基础，其结果自然与1993年《公司法》第64条规定的"国有独资公司是国家授权投资的机构或者国家授权的部门单独投资设立的有限责任公司"相矛盾。

至于由多元投资主体组成的股份有限公司或者有限责任公司，只要其投资来源不全是国家，即便国有股份居于控股地位，从公司法人财产权与股东股权的性质与对应关系上分析，国有股权也不能解释为国家所有权。这是因为：（1）如果承认国有股权包括有对公司中国有资产的所有权，则势必动摇现代公司财产的独立地位，而股权作为一种与公司所有权（法人财产权中的重要内容之一）伴生的、对应的、对价的商事权利，如果赋予其公司内部财产所有权的内容，则必然出现公司财产的"双重所有权"，从而与所有权"一物一权"相矛盾；而如果否认公司所有权的存在，把公司财产描述成共有财产关系，公司将失去法人资格，而共有财产关系的行使必须基于共有人的一致意思，当各共有人意见相左时，不仅公司财产之处分难以有效地作出，且公司因各共有股东的不一致也有随时解散的可能，这又与公司企业这一永续营业的特征相违背①，也直接违背了现代公司股东出资不可返还性原则。（2）"公司中的国有资产所有权属于国家"，虽然从表面上看是为了对国有资产进行特殊保护，殊不知，由于未对其他投资主体投入公司的非国有资产所有权进行定位，使其模糊不清，实际上是动摇和损害了公司中"股权平等"的基本准则，也破坏了公司的正常产权关系，使国有股持股主体既享有公司中的股权，同时又对其出资部分享有财产所有权，而其他非国有股股权的地位则极不明朗，如此又怎能调动其他非国有股东的投资积极性与参与热情，在国有股权享有如此特权的前提下，公司这一现代企业形式也就很难运转起来。那么借助公司制完成国有企业改制与创新投资制度的立法初衷也就不能实现。（3）诚如1993年《公司法》第4条第3款规定，公司中的国有资产所有权仍属于国家，那么就无须办理有关财产权的转移手续。然而1993年《公司法》第25条、第71条、第82条却规定，股份有限公司或者有限责任公司的股东（当然包括国有股东在内），均应缴纳全部股款或出资额，以实物、工业产权、专有技术或土地使用权出资，应当依法办理其财产权的转移手续；以货币出资的，应当将货币出资足额存入准备设立的公司在银行开设的临时账号。公司转让资产，也应依法办理财产权的转移手续。此外，公司法还设置了许多相应条款，规定股东在公司登记后，不得抽回出资，不得退股，公司发起人股东和董事对出资或缴款不足部分负有填缴责任等，其目的均在于保持公司资本确定、资本不变，以保证公司财产的独立地位，使公司财产独立于股东之外并以独立主体——法人的身份从事营业活动。由此可见，认为国有股权属于国家所有权，或如1993年《公司法》第4条第3款规定的那样，公司中的国有资产的所有权属有国家，国家既享有股权，又享有所有权，不但有悖

---

① 现代公司企业之法人资格、资本确定（出资不可返还性）与有限责任制度适应了市场经济对市场主体的融通资金、永续性经营和风险防范的三大需要。

于现代公司制度的产权安排，而且与公司法本身的法人财产权和其他条款极不相容，在理论与立法实践上均是不可行的。它反映了20世纪90年代初期政府包括众多高层领导在选择公司制改革国有企业时，有担心国有资产所有权被削弱的两难心态，同时也折射出当时公司法理论研究与立法实践的不成熟性①。因此，2005年《公司法》修改时，此一引发歧义和争议的条款被删除，也进一步说明1993年《公司法》第4条第3款规定的明显不妥。

3. 股权的独立性说明国有股权是国家所有权借助公司制度转换的一种新型权利形态

股权作为适应现代市场经济要求的一种新型财产权利形态，其定性不宜囿于传统的民事权利，而应把视野拓宽至公司这一现代商事制度，从公司法人财产权与公司独立人格属性的对应视角，认识股权本身的独立性与特殊性。

其一，股权的产生和发展历史说明股权是一种与公司法人财产权对应的财产权利。现代公司是适应现代大工业生产和市场经济发展由传统家族企业、合伙企业升华的必然结果；合伙企业由于无独立人格地位、共有关系以及对外的无限连带责任等致命弱点被公司的独立法人资格、独立财产权利和对外的有限责任所扬弃，合伙的共有财产权被分解成公司中股东的股权和公司的法人财产权，并使股东人格与公司人格相分离，从而形成股权与公司法人财产权相互依存又相互独立的公司产权结构。特别是19世纪以来证券市场的发展，股东股权的自由流通转让，使同一财产取得了两种独立的形态②：一个是以公司实际支配的、以生产要素（含货币资金）形式存在的实物财产，对此股东丧失了对它进行直接支配的权利；另一个是以有价证券形式存在的、可以在证券市场上进行独立运营且股东可以独立支配的运营财产，它使股东权利证券化，从而推动了公

---

① 参见吴建斌：《试论我国公司中国家股股权的法律地位》，载《南京大学学报》1997年第4期。

② 参见康德琯：《股权性质论辨》，载《政法论坛》1994年第1期。

司财产和运营财产的独立化。20世纪以来，由于股东的分散化和公司业务的专业化，公司的权力中心由股东大会转移至董事会甚至直接掌握于经理阶层手中，使股东对股票之权与公司对资产营运之权更加独立，形成一种新型的"独立与制衡"型产权关系，使股东股权与公司财产权之间既相互独立又互相制约。由此可见，从公司产权发展历史与股权本身的演变历程来看，股权始终是作为一种与公司法人财产权相对应的权利而存在，并不断改变自己的形式与行使方式。故股权是一种具有与公司法人财产权对价意义的财产权利。

其二，股权的内容具有综合性与集合性。传统公司理论以及各国公司立法例一般将股权分为自益权和共益权，其中自益权即股东基于自己的出资而享受利益的权利，如股息红利分配请求权、新股认购权、公司剩余财产分配请求权、股份转让权等；共益权即股东基于自己的出资而享有的参与公司管理、经营的权利，如表决权、出席股东大会权、请求召开股东会的权利、撤销股东会决议权、查阅公司账簿权、对董事及高级职员监督权等。从这些权利来看，股息红利分配请求权、新股认购权具有债权性质，是一种请求权；公司剩余财产分配请求权、股份转让权具有物权处分性质，是一种支配权；而共益权由于必须基于一定的资格方可拥有，应视为股东身份权即社员权性质。从权利的本质上讲，公司是股东谋取自己经济利益的中介，自益权是一种目的性权利，共益权是一种为实现自益权的手段性权利。从权利之意志性分析，股权行使首先是基于个人的意志，是单一股东享有的财产权利，其权利行使动机完全决定于持股股东本人的利益驱动与利益需求，从这一意义上讲，股权是一种个体性权利；然而股权的行使又必须借助于一定的公司机关并受制于公司章程、公司议事规则与程序，因而股权之目的性权利能否实现，对于股东本人来讲不是随心所欲的，而必须受制于股东所在公司这一团体机构以及其他股东的意志，故股权又具有团体性。由此可见，股权是一种兼容物权、债权和社员权且集合了请求权、支配权与身份权诸权能的财产权利，是"目的权利和手段权利的有机结合"，是"团体性权利和个体性权利的辩证统一"①。显然，股权不能单纯地归类于物权、债权或社员权。

其三，股权是股东处分其出资财产而取得的一种商事权利。股权是投资者向公司出资并依法以公司股东的身份所享有的权利。出资行为是股东对自己财产的一种处分行为，是投资者对原属自己所有的或依法可以独立支配的财产作出的让渡给公司经营以期获得比原财产价值更高、更巨的一种法律安排。通过出资行为，投资者与公司基于公司章程形成投资法律关系，投资者以履行出资义务而对价取得股权，投资者也因而成为股权的权利主体——股东。不难看出，投资者通过放弃、处分对实物性财产的所有权或非实物性财产的支配权取得股权，享有股东的身份资格，同时取得了以股票（股份有限公司）或出资证明书（有限责任公司）作为表现形式的商事权利，而这种权利的范围大小，则完全取决于股东在公司中所占股份或出资额的多少，而且股权之取得，不以既定股东身份为条件，公司法人强烈的资合性决定，任何其他法人或自然人，只要出资或通过对价支付取得公司股份证明的股票或出资证明书，均可依法享有股权。股权是投资者转让出资财产的所有权或支配权给公司所获得的一种对价的资本权利，正是这一权利的获得，所有权由原投资者的静态占有向公司动态利用转化，实现股东所有权向股权的转化，并最终形成以所有权为主要内容的公司法人财产权。

其四，股权是一种无体财产权利。股权的资本性、股权与公司法人财产权的对应性以及股权的主体转让其出资财产的条件性，决定着股权的行使并不直接及于股东投入公司中的具体财产，任何股东都不能以个人名义直接占有、使用或处分公司的任何财产，而只能通过请求公司为一定行为，或者通过公司内部事务的参与管理等间接方式，或者通过外部诉讼请求权的行使，来实现自己的权利要求，股权客体已不体现为具体的财产，是一种无体财产权利。股权

---

① 参见江平、孔祥俊：《论股权》，载《中国法学》1994年第1期；孔祥俊：《公司法要论》，人民法院出版社1997年版，第260—269页。

的客体既不是公司本身，也不是公司中的某一具体财产，而是基于股票或出资证明书证明的股份额而产生的获利权利和为某一特定行为的权利。股权的这一特性表明股权具有相对独立性。

其五，股权是一种具有流通性的财产权利。股权的资本属性，决定只要有股权持有主体与其他投资者的合意，就可使股权在不同投资者之间转让。尽管有限责任公司和股份有限公司在股权或股份转让方面的条件不尽相同，但股权可以转让的特性却是共同的。股权的流通性使股权的行使方式具有多种选择的可能。转让股份不仅是股东实现自己股权利益的重要方式，而且在股东通过法定程序借助于公司治理机构用手投票不能实现自己目标、体现自己意志的情况下，以转让股权的形式用"脚"投票，作为一种对公司进行制衡的股权约束方式，能发挥更大的作用，使公司营运更加符合股东增值资本的利益需要。可见股权的流通性，不但可以最大限度地实现股东的资本收益，而且从某种程度也从外部市场制约着公司的行为。

综上所述，从股权的几大特征来看，足以说明股权作为公司制度下派生出来的一种新型财产权利，具有传统民法中所有权、债权所不能全部包容的内涵，也不能为社员权所概括，股权的资本属性与流通属性，更重要的是股权的无体属性，使股权虽与公司法人财产权不无联系，且在某种情况确有从属的一面，但实际上股权已形成为与公司财产权相制衡的财产权利，已脱离了公司法人财产权的从属地位，具有相对独立性。股权的特征以及其权利内涵均表明，股权是"公司法所赋予股东的一项十分重要的独立权利"[1]，股权是一种与公司法人财产权相对应的独立权利形态。此一权利形态可以界定为：股权是股东因出资而对价取得的、依法定或公司章程规定的规则和程序参与公司事务并在公司中分享利润、依法可以转让的财产权利；它是一种以收益权为核心、请求权为手段、转让权为

---

① 参见雷兴虎、冯果：《论股东的股权与公司的法人财产权》，载《法学评论》1997年第2期。

保障的无体财产权利；是传统民法、商法发展到现代市场经济阶段，适应公司财产制度而出现的一种新型财产权利形态。它与公司法人财产权共同构成现代公司产权的基础。

三、公司法人财产权与股权的基本关系

通过以上分析，我们可以这样认为，公司法人财产权与股东股权作为现代公司产权制度的两大支柱，为公司取得独立法人资格参与市场竞争以及股东以最低的市场风险取得最大的经济利益所必需。其基本关系可作如下表述：

（一）股权与公司法人财产权的伴生关系

股权与公司财产权，均是市场经济对产权安排契合的需要，现代公司制度是传统合伙企业产权分化的结果，它通过对合伙共有权的分化，带来了股东人格、财产与公司人格、财产的相互独立与分离，造就股东与公司的双重人格，使共有权转化并分离为股东之股权与公司法人之财产权，故有学者称"股权与公司所有权是相伴而生的孪生兄弟"[1]，股权与公司法人财产权的伴生关系，说明股权与公司法人财产权的相互独立性，这种相互独立性又为公司产权的界定，并最终使公司产权社会化奠定了权利基础。

（二）股权与公司法人财产权的互为依存关系

股权作为公司法人财产权相对应的财产权利，两者不可分离而独存。一方面，股权以公司为中介，通过公司以实现股权的具体权能。股东以股份为对象，借助公司这一企业形式，通过财产的有限责任，即公司的独立人格与有限责任制度阻断了股东与公司在责任上的连带关系，使股东可以免于在公司经营破产时被债权人直索，从而有力地化解了市场风险；同时，股东通过公司机构，为以授权方式推举职业经理人经营提供了产权基础与制度保障，从而使股东

---

① 参见江平、孔祥俊：《论股权》，载《中国法学》1994 年第 1 期。

的资产可以得到更为专业、理性、高效的营运。另一方面，对公司来讲，由于股权的取得是以投资人让渡其财产所有权或支配权为条件，因之股权的产生正是公司法人财产权取得的条件，并因股东出资的集合，使公司可以对外以其全部财产进行担保，独立进行民事活动，享有独立人格；此外股权行使通过授权方式，产生公司机关，又为公司实际运行所必不可少。

（三）股权与公司法人财产权的相互制衡关系

股权与公司法人财产权是一对互为制约的权利。一方面，股权的行使受到公司法人财产权的制约，股权只能间接行使，其权利行使不能通过对公司直索来实现；股权作为单个股东所享有的资本权利，受到公司章程、公司机构、公司议事程序等各方面的限制，对于具体的股东而言，其自益权与共益权的行使还受到来自公司制度方面的制约，任何股东均不可随心所欲，即使是绝对控股股东也不例外。另一方面，公司法人财产权始终受制于股东股权。从某种程度讲，"股权就是股东用以操纵公司的权利"①；尽管在现代公司制度中，董事会、经理的地位不断加强，但股东的参与权、起诉权以及股份转让权始终有效地制约着公司内部机关权力的运作。

第二节　国有股权的权利属性

一、国有股权是国家所有权在公司制度下的转换形式

（一）国有资产、国家所有权与国有股权

国家所有权是全民所有制的法权形式，即国家作为所有权的统一主体，依法对全民所有即国家所有的财产行使占有、使用、收益

---

① 参见孔祥俊：《论现代公司产权结构》（下），载《政法论坛》1994年第4期。

与处分的权利。全民所有亦即国家所有的财产在我国法学理论和实践中统称为国有资产。目前，宠大的国有资产存量，构成了我国社会主义市场经济的基础，在社会主义经济中发挥着主导作用，这些国有资产包括以下三类：第一类是经营性国有资产，即进入物质资料生产、流通领域，以资本营运的形式出现；第二类是行政事业性国有资产即非经营性资产，即由国家机关、国家事业单位为履行其社会公共管理或服务职能而拥有的资产；第三类是资源性国有资产，即包括国有土地、国有矿产以及其他自然资源之类的资产。对于事业性国有资产，是通过国家机关和事业单位在履行社会公共管理或服务职能的同时予以直接占用、使用和管理，以实现其直接所有权；对于资源性国有资产，国家主要通过税收和有偿出让使用权的方式予以实现。针对这两类国有资产，我国基本形成了比较完善管理制度。唯有经营性国有资产，则涉及国有企业的经营机制以及国有资产保值增值，成为我国经济体制改革中的一大雷区。我国国企改革从所有权与经营权分离模式转向公司制经营模式后，经营性国有资产的营运重点也就由对经营权的探析转为对国有股权的规范。

国有股权是国家通过其授权主体以属于国家所有的国有资产投入公司取得的股东权利，它是国家所有权在经营性国有资产的营运过程中，通过投资行为，借助公司这一现代企业组织形式转换的一种新型权利形态。在国家所有权转化为国有股权过程中，传统国有企业二层楼模式的产权结构即国家所有权与企业经营权结构，转换成公司的三层楼模式，即最初的国家所有权，次之为这种国家所有权以出资行为转换的国有股权，再次之为含有国有股公司的法人财产权。

（二）国有股权是由国家所有权转化而来的新型财产权利形态

国有企业改制为公司以后，国有股权之地位及其伴生的问题因之显现出来，从股权与公司法人财产权的一般原理及相互关系出发，国有股权的法律属性可以从以下两个方面得到说明：

1. 国有股权是由国家所有权通过出资行为转化而来的新型财产权利

国家以国有资产的所有者身份，通过投资行为这一处分权的行使，以其经营性国有资产投入公司，公司依法取得此项经营性国有资产的独立支配权——所有权，国家则在公司这一产权制度下成为公司股份拥有者——股东，依法享有由法律与公司章程规定的一系列股东权利即股权，其中股份收益权是核心，体现国有资产保值增值的目的，是国家所有权中的收益权在国有股权中的再现与转化；证券化股份的占有与处分权，是国有股权对国家所有权的超越，体现了国家对财产由静态的实物性价值占有向动态的资本性价值支配的转换；共益权即公司参与权是国家所有权中直接支配方式向国有股权间接支配方式的转变；公司剩余财产分配请求权是国家所有权在国有股权中的有限保留，是公司所有权不复存在时国家所有权在国有股股东——国家这一权利主体的回归。概言之，国有股权体现了国家所有权行使模式的变革，是对国家所有权实现的制度性升华，而非对国家所有权具体内容的否定。

2. 国有股权是以公司为中介、以国有股份为对象产生的公司法上的财产权利

国家所有权转换成国有股权之后，国家作为股东（或出资者）已不再拥有对原属其所有的、以生产要素形态表现出来的经营性国有资产的所有权，不能再直接享有其作为出资部分的国有资产的占有、使用、收益和处分之权，这些权能由公司法人享有。与此同时，原属国家所有的国有资产由具体实物形态的资产转换为公司法上价值形态的股份，由国有资产转化而来的国有股份既是公司资本的组成部分，又是国家股东权的相应份额，国有股份作为一种无体但有资本价值的财产，成为国有股权的权利对象，国有股份作为利益媒介，使国家与公司发生着一系列新型的、公司法上的权利义务关系。在此基础上，出现了国家股东（包括其他股东）和公司法人这样两个相互独立的权利主体，国家以股份的多少，依法享有公司股东的一系列权利，同时公司也负有对应的义务，享有法人所有

权等独立的法人财产权利。对国家而言，国家作为股东不必直接对国有资产进行经营与管理，可以部分地从经济性事务中解脱出来，集中于社会公共管理；对含有国有股份的公司而言，则相对地摆脱了国家作为股东而不是所有者的直接干预，有助于公司依据其章程和内部自治机构进行自律性经营和管理，从理论上无疑有助于解决长期以来国家所有权实现方式的困境。

二、股权分置背景下的国有股与非国有股的比较

国有企业公司化的过程，从投资体制来看是把单一国家投资的国有企业，通过吸收其他投资主体的股份，使其成为有多元投资主体的股份制企业，在国企公司制改革形成的股份结构中，按投资主体的不同，存在国家股、法人股、社会个人股、外资股等不同股份。其中国家股与法人股中的国有法人股，又统称为国有股。

（一）关于国有股范围的界定

国有股，又称国有资产股，是指"国有资产投资入股而形成的股份"，[1] 是公有制条件下实行股份制的衍生产物。国有股具有如下一些特定含义：（1）国有股是指国有企业改制为公司后，对原国家授予其经营、管理的国有资产进行评估折价计算的股份；或者是国家投资设立公司或认购股份有限公司或投资于其他有限责任公司形成的股份。（2）由于国有企业公司制改革仅仅是国有企业改革的一种主要途径，因此，并非所有的国有企业资产都折价为国有股，国有股不包括所有国有资产评估折价的价值，只是一部分国家所有权转化的产物[2]。

根据《股份制试点企业国有股权管理的实施意见》（1994 年 3

---

① 参见漆多俊主编：《经济法学》，武汉大学出版社 1998 年版，第357 页。

② 参见王文杰：《国有企业公司化改制之法律分析》，中国政法大学出版社 1999 年版，第 156 页。

月 11 日）、《股份有限公司国有股权管理暂行办法》（1994 年 11 月 3 日）以及《股份有限公司国有股股东行使股权行为规范意见》（1997 年 3 月 24 日）等股份制改革试点初期的相关法规和规范性文件的规定，依据股权投资主体和管理主体的不同，国有股可以分为国家股和国有法人股两大类。

国家股产生于国家（政府）直接投资的情形下，是指"有权代表国家投资的机构或部门向股份公司或有限责任公司出资形成或依法定程序取得的"①、在股份公司或有限责任公司上记名为该机构或部门持有的股份。国家股包括：（1）原国有独资企业（全民所有制企业）整体改组为公司时，其资产折合的股份；（2）国有企业公司制改革后有权代表国家投资的政府或政府部门向新设公司投资形成的股份；（3）经授权代表国家投资的投资公司、资产经营公司、纯粹的国有控股公司、经济实体性总公司等机构向新设公司企业投资形成的股份；（4）其他通过股权受让由国家或国家授权的持股主体持有的股份。笔者认为，严格来说国家股只存在于国家（政府）直接投资的情况下，其出资人或持股主体为国家（政府）或政府设立、授权的部门或机构（即政府履行国家出资人职责的机构）。

国有法人股产生于国有企业或其他国有法人单位转投资情形下，是指"具有法人资格的国有企业、事业单位及其他单位以其依法占有的法人资产向独立于自己的股份有限公司或有限责任公司出资形成或依法定程序取得的"②、在股份有限公司或有限责任公司股权登记上记名为该国有企业或国有事业单位及其他单位持有的股份。它包括：（1）原具有法人资格的国有企业用国家授予其经营管理的可以自主支配的资产向独立于自己的公司投资或认购形成

---

① 参见国务院原国家国有资产管理局、国家经济体制改革委员会《股份有限公司国有股权管理暂行办法》（1994 年）第 2 条。

② 参见国务院原国家国有资产管理局、国家经济体制改革委员会《股份有限公司国有股权管理暂行办法》（1994 年）第 2 条。

的股份；（2）国有事业单位法人用其占有使用的国有资产向独立于自己的公司投资或认购形成的股份；（3）其他具有法人资格的单位以其占有使用的国有资产向独立于自己的公司投资或认购形成的股份。

需要说明的是，严格意义上的国有股包括国家股与国有法人股。其中国家股特指国家（政府）直接投资（原投资）情形下形成的、股权主体为国家的股权；而国有法人股则特指国有企业或其他国有法人单位转投资（国家间接投资）情形下形成的、股权主体为国有法人单位的股权。以下论述或分析凡涉及一般性国有资产转换形式——资本权益或资本权利，或对应于非国有资产股而言，则用国有股或国有股权；如对应于国家直接投资或国有企业转投资，则分别称国家股或国家股权、国有法人股或国有法人股权。

（二）　国有股与社会公众股之异同分析

国企公司制改革中一个特有现象，是国家股与绝大部分国有法人股由于特殊的制度背景与后面将要论述的技术性原因，处于凝固的不流转状态，而进入证券市场流通转让的基本上是社会公众个人股、外资股和少数法人股（以下称为社会公众股），国有股与流通的社会公众股基本上处于市场隔离而不能实现融通，这样对国有股与社会公众股之间的关系，又成为理论界论争的一个热点。

国有股与社会公众股究竟是同股还是异股？学术界曾经有两种分析思路。第一种是从公司法之"同股同权同利"这一基本法理原则出发，认为国有股和社会公众股均为普通股，为同种类型的股份，国有股和社会公众股处于同股的状态，因此划分国有股，除标明投资主体不同之外，在理论上无任何实际意义。在实践中，既然国有股与社会公众股是同股，那么国有股如同社会公众股一样，自

由地上市流转为应有之义①。同股同权思路能够在我国 1993 年
《公司法》相关条文中找到依据，如其第 130 条规定，"股份的发
行，实行公开、公平、公正的原则，必须同股同权，同股同利"，
"同次发行的股票，每股的发行条件和价格应当相同；任何单位或
个人所认购的股份，每股应当支付相同价额"；又如第 148 条规
定，"国家授权投资的机构可以依法转让其持有的股份，也可以购
买其他股东持有的股份"。从这些规定中可以看出，1993 年《公司
法》没有对国有股作出不同于社会公众股的规定。在具体国有股
份设置中，自 1992 年《股份有限公司规范意见》发布以后，我国
国有股均以普通股的形式出现，尽管有许多学者建议把国有股设置
或部分设置为优先股，但这一理论方案并未在实践中运用过，1993
年《公司法》对国有股是作为优先股还是作为普通股设置，只有
第 135 条作了语焉不详的弹性规定。因此，在股权市场上，国有股
与社会公众股同属于普通股，只是其自由流通不如后者罢了。

　　同股同权的股权思路，其价值取向是从制度上构建一个国有股
与社会公众股互为融通的统一、自由、竞争权权市场，把国有股权
真正推向资本市场，使国有股权完全市场化，即不仅在经营管理上
市场化，且在融资上市场化。应该说这一思路符合国有企业改革的
基本目标，也是今后证券市场发展的基本方向。但此思路的理论构
想与国有股运行的实际状况有相当距离。由于国有股权的设置、行
使、流转有许多不为社会公众股所拥有的技术性差异和难题，从而
造成这一理论在实际股权流通方案设计中的不可行性。

　　相对而言，持异股思路的学者更多地考虑到国有股与社会公众

---

　　① 参见谢次昌：《股份制企业国有股管理的法律问题》，载《中国法
学》1993 年第 1 期；石少侠：《股权问题研析》，载《吉林大学学报》1994
年第 4 期；汪进元、贺航洲、王立亚：《股份制企业国有股法律问题研究》，
载《法学评论》1995 年第 1 期；顾达华：《论法人股的上市流通》，载《证券
研究》1997 年第 4 期。

股在实际运行中的差异性。① 笔者基本同意这一观点，且认为国有股与社会公众股的差异性具体表现在：

第一，同股不同资。由于我国股份制企业的产生和推广有着对传统国有企业进行改革这一特殊改革背景，因此，在国企公司制改革过程中形成的股份制企业与新设立的股份制企业在股份资产的平等性方面有着很大的不同。国企改组中的国有股大多是以原国有企业的资产通过市场评估折价作为相应的股份，其计算方法，根据1994 年 3 月国务院原国有资产管理局发布的《股份制试点企业国有股权管理的实施意见》，一般采取股票溢价倍率、国有股当量市值评估、原国有股与新股之比三种方法之一进行估算。由于我国股票发行普遍采取溢价发行方式进行，国有股只是按相应的比例与当量市价进行核校，这样事实上造成社会公众股每股的发行价大大高于国有股用以作价的每股净资产，从而造成国有股与社会公众股在出资额上的同股不同资，这一现象几乎普遍存在于改制后的公司之中。

第二，同股不同利。我国证券市场形成规模以后，能上市交易、自由流通的股份大多为社会公众股，截至 2014 年 11 月的数据，在我国主板市场现有 1500 余家上市公司（其中上交所上市公司为 989 家，深交所主板市场上市公司为 480 个）② 的股份流通情况来看，多数国有股基本上处于凝固不流动的状态。虽然 2004 年1 月 31 日国务院发布的《关于推进资本市场改革开放和稳定发展的若干意见》，明确提出"积极稳妥解决股权分置问题"，试图通

---

① 参见顾雷：《上市公司法人股流动与国有资产盘活》，载《财政研究》1997 年第 8 期；文宗瑜：《公有股流通的时机把握和渠道选择》，载《改革》1997 年第 5 期；汪异明：《国有股上市途径探讨》，载《经济体制改革》1997 年第 4 期；李晓明：《国家股和法人股的流动性问题研究》，载《经济研究》1999 年第 1 期。

② 参见上海证券交易所官网·证券品种·统计数据（http：//www. sse. com. cn/）、深圳证券交易所官网·市场数据·交易统计（http：//www. szse. cn/），访问日期：2014 年 11 月 27 日。

过股权分置的改革以推动国有股的全流通；2005 年 9 月 4 日，中国证监会颁布《上市公司股权分置改革管理办法》，股权分置改革从试点阶段开始转入积极稳妥地全面铺开的新阶段；截至 2006 年 12 月 31 日，累计完成或进入股权分置改革程序的公司数已达 1303 家，总市值约为 60504.47 亿元，约占沪、深 A 股总市值的 98.55%，股权分置改革取得一定的成效，① 但通过股权分置改革实现国有股全流通的效果并不明显。国有股的不流通势必刺激社会公众股在股市上的投机性和短期性。而在商品市场、资本市场上，国有股则要单方面承担双重的经营风险，且只获取记载于会计账簿上的账面股息，国有股没有获得与社会公众股的平等竞争盈利的机会，使同股出现在证券市场的盈利获得与资本、商品市场的风险承担极不相称的不同利状况。

第三，同股不同权。国有企业公司制改革中，原有庞大的国有资产存量决定了国有股权对公司的绝对控制地位，非国有股权中的用手投票权产生不了多大作用，因而难以实施对公司治理机构的影响和制衡，从而只能用退出权实施"用脚投票"；相反，国有股不能使用退出权对公司实行"用脚投票"，这样就造成改组后的公司企业中国有股垄断"用手投票"和社会公众股投机性地使用"用脚投票"的局面，同股在这里实则为异权。

足见，异股思路能比较客观地揭示国有股与社会公众股在实际运行中的巨大差异。从这一基本前提出发，设计出一套国有股与社会公众股进行异轨流动和接轨的方案应该说更为可行。

当然我们也应当看到，国有股与社会公众股在股权性质、股权内容以及股权地位应当处于同股的平等法律地位，这一点既是公司股权平等法定原则和资本股份平等、民主的必然要求，也是我国国

---

① 参见柏连阳、高亚超、杨亦民：《股权分置改革、大股东控制与公司绩效》，载《经济管理》2010 年第 9 期；[日] 渡边真理子：《国有控股上市公司的控制权、金字塔式结构和侵占行为——来自中国股权分置改革的证据》，载《金融研究》2011 年第 6 期。

企公司制改革中所要建立公平合理的出资人制度、统一竞争的证券市场的一个基本方向，因此，无论从理论上、法律上还是从制度目标的预设上，应当把国有股与社会公众股视为同股对待。但是承认这一点，并不能否认，由于国有企业公司制改革尚需继续且有待规范，况且国有企业公司制改革既非国企改革之全部主题，也非国企改革之措施终点，在国有企业公司制改革进程中，国有股与社会公众股作为异股存在的现实也不容否认，上述实际存在的国有股与社会公众股之间的同股不同资、同股不同利、同股不同权等情形只是一种现象，更为深层次的差异包括：

其一，股权主体的属性不同。一般股权特别是个人股、外资股以及具体的法人股，持股主体十分明确，股权主体明确、清楚，股权代表属性不会发生代表权与代表资格的法律与实践障碍。然而对于国有股权而言，除国有法人股股权主体较为明确外，大量国有股权的主体是国家（政府），由于国家之主体人格具有的虚拟性，这样就必然会发生国家股权之代表权的设置问题，而代表权之设置又有赖于制度的优化与具体代表资格的限制，并受各种制度环节与具体代表道德风险的制约。在国有股权的行使和流通中如何解决代表人、代理人与内幕人员的寻租现象，防止国有股权在行使中变型和国有股份在流通中流失，目前还无行之有效的制度安排，从而使国有股权在主体属性上具有与一般股权不同的模糊性，使国有股权在行使的时候需要更多的权力控制环节，这无疑增加了国有股权行使和实现的难度。

其二，股权行使之目的不同。对一般股权主体而言，追求股份资本的最大经济利益，是股东行使股权的唯一目的，股东之自益权与共益权的行使，都是围绕股份资本的利润最大化与责任风险最小化。作为国有股权，当然要追求国有股份资本的利润最大化，以保证国有资产在公司营运中的保值增值，并尽力减少国有资本在具体营运中的市场风险与道德风险。然而由于国有股权主体——国家或国有企业的特殊性，决定国有股权在行使时，不仅要考虑到这种股权所带来经济利益的大小，而且还必须充分估计这种股权行使给社会经济整体、经济布局、国有经济成分的控制力与支配力方面的影响等非营利性目标因素，特别是国家股权的行使，不能不体现国家股权主体——国家的意志。这种目的不一致性，在国有股权主体的利润最大化目标与非营利性目标一致时，不至于与其他股权发生冲突；而当国有股权主体的利润最大化目标与非营利性目标不一致时，就必然与其他股权发生利益冲突。况且，对国有股持股主体来讲，在实际中追求利润最大化目标的同时，是否会冲淡法律规定的非营利性目标的实现，也是一个难以把握的问题。① 这些问题均需立法对其进行定位。国有股权上述与一般股权所存在的这些重大差别，表明探索国有股权的实现方式是国有企业公司制改革中需要认真加以解决的课题。

依据以上分析，从理论上，我们不能否认国有股与非国有股处于同股的法律地位，同时又必须承认国有股与非国有股在现阶段制度环境、运行方式等方面的重大差异，以期通过国有股权代表人制度的建立，解决国有股权在行使与流通中的制度性障碍。

三、国有股权法律关系

国家所有权在公司制度转换为国有股权，伴随而来的是国有股权产生的一系列新型国有股权法律关系。国有股权法律关系是指国有股权在其配置、设立、管理、行使、流通转让过程中，国有股权主体或拟制代表主体与其他法律关系主体发生的权利义务关系。探讨国有股权法律关系，可以明晰不同国有股权的法律关系，界定不同权利义务主体的法律资格，设立适当的权利义务配置模式，建立

---

① 从 1999 年中国证券委、证监会公布的数据来看，有近百家上市公司在股票交易中受利润最大化目标驱使而进行过违规操作，典型的如大庆联谊案。事实上，在国有股股东追求利润最大化目标的内部决策中，法律所规定的政策性目标是很难实现的。参见中国证券监督管理委员会：《关于大庆联谊石化股份有限公司违反证券法规行为的处罚决定》（2000 年 3 月 21 日，证监会罚字〔2000〕16 号）。

合理而科学的国有股权权利授予机制，进而在理论上廓清国有股权运行中某些模糊不清、关系泛化的问题。

（一）国有股权投资法律关系

国有股权投资法律关系是国家（主要通过政府及政府授权的部门或机构）以出资人身份向公司投资而形成的一种股东之间以及股东与公司之间的权利与义务关系。它包括以下两种关系：

1. 国有股股东与其他非国有股股东的投资契约关系以及公司成立后的内部权利与义务关系

这种关系是一种以成立公司为目的的投资契约关系，国有股东与其他股东作为平等的出资人，依法享有作为公司创立人或股东的权利，承担出资的义务，并在公司成立后依法享有一系列公司法和公司章程确定的权利与义务。

2. 国有股东与公司的投资对价关系

在这一法律关系中，国家作为国有资产的所有权主体，通过其授权的投资主体以向某一特定公司的投资行为，处分其国有资产的所有权，对价取得由这一部分国有资产转换成公司财产对应的那部分股份的股权；公司则依法取得法人财产权，负有经营其资产并保证其不断增值的义务。

（二）国有股权代表法律关系

国有股权代表法律关系是国有股权在主体具体人格化的过程中所发生的国有股权原始主体与实际代表主体之间的权利义务关系。由于国有股权主体本身人格的抽象性，造成国有股权主体确定在实际运行中的虚拟化。因之，解决国有股权主体缺位问题，就必须建立科学、可行、规范的国有股权代表制度。这种代表制度应当包括如下四个层面：

1. 从原始真正所有主体到国家统一主体

国有资产的真正所有者是全体人民（法律上应为全体公民），由于人民不能直接行使国有资产所有权，故国家作为权力共同体从名义上代表全体人民，行使所有权。

2. 从国家统一主体到政府授权主体

由于国家作为一种虚拟的权力共同体，也不能直接行使国有资产所有权，故国家这一名义主体又必须通过法律授权政府或政府部门行使国有资产所有权。

3. 从政府授权主体（国家股股东）到自然人代表

由于国务院和地方政府直按行使国有资产所有权在实际上难以操作，故在国家直接投资情形下，国务院和地方政府又必须通过一级国有股权代表（即国家股权代表人）制度的安排进行授权，授权具体的自然人代表，代表国家以出资人（国家股东）身份落实国家直接投资行为，并代表国家行使国家股东的权利。

4. 从国有法人股持股主体到自然人股权代表

在国有企业或其他国有法人单位转投资的情形下，国有企业或其他国有法人单位必须通过授权具体的自然人代表，由其代表该转投资主体国有企业或其他国有法人单位，落实其对子企业（公司）、参股公司的转投资行为，并代表国有企业或其他国有法人单位行使转投资企业（公司）中属于国有法人股股东的权利。

（三）国有股权监督管理法律关系

国有股权监督管理法律关系是国有股权管理机关或单位在股权设置、行使、流通转让过程中管理国有股权而与相对人形成的一系列权利义务关系。由于国有股权的特殊性，使国家对国有股权的管理实为必要。国有股权的管理包括以下几个方面：

1. 国有股权配置的管理

此一管理主要及于原国有企业折股与新投资参股的管理，包括配置原则、比例、种类、产业政策取向等方面的管理。

2. 国有股权行使的管理

这种管理主要是通过对代表国有股权特别是国家股权的自然人代表进行管理，以保证这些代表真实地代表国有股东的利益。

3. 国有股权流通中的管理

主要是通过对代表国有股权管理机构与证券管理机构对国有股权流通的方式、比例、环节进行管理。

4. 其他监督管理关系

如国有股东委托会计师事务所、审计师事务所、资产评估机构等社会中介机构依法对国有股权代表或公司进行监督等。

（四）国有股权内部参与权授权关系

国有股权内部参与权授权关系是指国有股东在行使其共益权，即依公司章程通过公司内部自治机构参与公司内部管理的过程中，因委托、推举具体自然人代表或代理其进行意思表示与其他当事人所发生的一系列权利义务关系。它包括：（1）国有股东与国有股东代表的关系；（2）国有股东与国有股董事的关系；（3）国有股股东与国有股监事的关系；（4）国有股东、国有股董事、国有股监事与国有股所在公司经理等高级管理人员的关系等。国有股权的共益权行使本来属于公司内部自治问题，但由于国有股权主体的虚拟性、抽象性与多层委托授权特性，使国有股权的行使与一般股权的行使相比，需要更多的制度约束与保障。

通过以上分析，不难看出，在国有企业公司制改革的大背景下，在国家直接投资和国有企业转投资的不同情形下，国有股权具体行使中不可或缺的制度中介即为国有股权代表人，自然创建并不断完善国有股权代表人制度，是决定国有企业公司制改革的成败，进而决定国家直接投资和国有企业转投资目标能否实现的关键。

第三章　国有股权代表人制度的理论构架

第一节　国有股权代表人制度的理论依据

一、实践的困惑与问题的提出

在我国国有资产结构中，居于相当突出地位的是经营性国有资产，约占 80% 的比例，为我国国民经济中最重要的组成部分。然而经营性国有资产的市场运作制度一直是困扰我国理论和实务界的难题。1992 年我国对全民所有制企业实行公司制改革以前①，经营性国有资产大致是按照所有权的权能可以分离的法理，本着所有权与经营权相互分离的改革思路，从国家享有国有资产的所有权但不经营企业（虽然立法上仍称为国营企业）、企业作为经营主体亦即市场主体享有经营权来安排全民所有制企业的改革②，以期转换全

---

① 不少人将全民所有制企业与国有企业两个概念相等同，其实，它们二者是有差异的。有学者认为国有企业除全民所有制企业这样的全部资本由国家出资的企业外，还包括国家占有一定股份（不一定达到 50%）的股份制企业。参见史际春：《国有企业法论》，中国法制出版社 1997 年版，第 11—19 页。

② 两权分离理论渊源于苏联学者维涅吉克托夫于 1958 年出版的《社会主义国家所有制》一书中提出的统一的"国有所有权"和分散的国有企业"经营管理权"可以并存和适度分离的理论。这一观点后因写进 1961 年制定的《苏联民事立法纲要》和 1964 年制定的第二部《苏俄民法典》，被制度化，其表述为：国家是全民财产的统一和唯一的所有权人，国有企业则在法律规定及其财产用途的范围内，对国家交给其经营管理的财产享有（转下页）

民所有制企业的行政式管理经营机制。当时有关法律也基本上体现了这一改革趣旨。如《民法通则》（1986 年）第 82 条规定："全民所有制企业对国家授予它经营管理的财产依法享有经营权，受法律保护。"《全民所有制工业企业法》（1988 年）第 2 条规定："企业的财产属于全民所有，国家依照所有权和经营权分离的原则授予企业经营管理。企业对国家授予其经营管理的财产享有占有、使用和依法处分的权利。"《全民所有制工业企业转换经营机制条例》（1992 年）第 6 条则把企业经营权界定为"企业对国家授予其经营管理的财产享有占有、使用和依法处分的权利"，且把这一权利具体化为 14 项内容。应当肯定，在计划经济时期，以当时的社会主义商品经济理论为依据，全民所有制企业从国家直接经营还原到一定程度的企业自主经营，无论是理论上还是实践上，均是一种突破和飞跃。然而，经营权到底是否为一种独立的权利形式，我国学者自始对此有不同看法。如有的学者认为经营权是在"公有制基础上，由国家所有权派生的一种民事权利，是基于国家授权而产生的限定物权"[①]；有的学者认为经营权是相对的企业法人所有权；还有的学者认为经营权具有物权和债权请求权的双重性质。第一种观点曾在我国相当时期内占主导地位，对这一观点，在 20 世纪 90 年代初，就有学者明确地指出："所有权发展的历史表明所有权不能复制出一个与己身完全一致的经营权，并以此作为对抗己身的力量"，"国家所有权与企业经营权分离理论实际运行的结果，要

（接上页）占有、使用和处分的权利。参见陈汉章译：《苏联法学界讨论改革时期的国家（全民）所有权问题》，载《法学译丛》1988 年第 3 期，第 1—10 页；另参见史际春：《国有企业法》，中国法制出版社 1997 年版，第 186—198 页。这一观点在 20 世纪 80 年代被中国法学界承继并移植为支持国企改革的主要论证根据。代表性著作如覃天云主编：《经营权论》，四川人民出版社 1992 年版。

① 参见余能斌、马俊驹主编：《现代民法学》，武汉大学出版社 1995 年版，第 605 页。

么以经营权人事实上享有所有权而进行，要么以国家仍牢牢掌握经营权而告终"。① 从法理上分析，所有权与经营权的分离学说，只涉及国家与企业在所有权中的权属划分，但是具体的企业经营者（即企业的主要领导人或负责人）到底与国家、企业是何种关系，以国有企业领导人或负责人为主的企业经营者，是代表国家还是企业去经营国有资产，则一直是模糊不清的。企业经营者定位的不确定，导致了制度上对企业经营者配置的权利与义务的失衡，企业经营者实际上拥有所有者的权利却不要承受所有者的风险，企业的经营权最终异化为企业经营者的经营权，经营者的权利滥用由于在制度上没有预设监控机制而成为一种普通的现象。再从当时国有资产市场运行的实际效率和国有企业的经营业绩来看，20 世纪 90 年代初期企业经营者的短期行为导致国有资产的大量流失、国有企业经营效率的普遍下降、全国性的"三角债"债务危机，已说明依据所有权与经营权两权分离的理论，并没有解决计划商品经济时代的政企分开问题，也没有在全民所有制企业改革实践中产生预期的效果。

在邓小平同志南方谈话后，人们已普遍认识到社会主义也可以实行市场经济，于是，实行股份制便成为全民所有制企业改革的一种主要思路。在这一背景下，以 1992 年 5 月 15 日国家体改委等单位联合发布的《股份制企业试点办法》以及随后国家体改委印发的《股份有限公司规范意见》、《有限责任公司规范意见》为契机，全民所有制企业改革开始步入公司制改革阶段，特别是 1993 年 11 月 14 日，中共十四届三中全会通过的《关于建立社会市场经济体制若干问题的决定》，提出建立适应市场经济要求和"产权清晰、责权明确、政企分开、管理科学"② 的现代企业制度，这一改革思

---

① 参见陈慧谷：《两权分离的困境与政企分管的重构》，载《政法论坛》1992 年第 5 期。

② 参见中共中央《关于建立社会市场经济体制若干问题的决定》，载《国务院公报》1993 年第 28 号。

想和制度理念被同年 12 月 29 日通过的《公司法》所吸纳。此后，有限责任公司和股份有限公司成了经营性国有资产运营的主要组织形式，在规范的公司制改革思路主导下，国家对国有企业的出资被转换为国有股权，国有资产的所有人被界定为投资者、出资者、股东，按照"投资者拥有企业，企业拥有产权"① 这一出资人制度和企业法人财产制度的二层产权结构模式，以实现国有资产的经营和增值。在全民所有制企业公司制改革中，虽然把国家定位为出资人、股东，但企业经营者的定位还是模糊不清。虽然 1997 年 3 月 24 日，国家国有资产管理局和国家经济体制改革委员会发布的《股份有限公司国有股股东行使股权行为规范意见》第 8 条规定，国有股股东应委派国有股股东代表出席股东（大）会并行使股东权利。但是国有股股东代表到底是代表国家行使出资人的权利，还是代表具体的持股主体行使股东的权利，立法未予明确。因而，谁来代表国家行使出资人的权利，这样的代表如何产生，其职权和责任又如何配置，仍然是一个悬而未决的问题。特别是国有资产被量化为国有股份之后，基于资本民主和股权平等，由股东（大）会产生的公司内部治理机构，与我国几十年形成的通过国家任命和职工选举相结合产生的国有企业领导机构相比较，无论在形式上还是在实质上都有了更多的独立性。在这种情况下，公司治理结构中的领导成员，尤其是具有国有股背景的领导成员的代表行为的性质，究竟是代表公司还是代表国家——出资人的权利，无法从现有制度框架下求得正解，从而使全民所有制企业公司制改革之后，具有国企背景的股份制企业内部治理结构领导人的代表性处于两难境地。而与此同时，由于国有股本身的特殊性，国有股持股主体派出的国有股权代表不必经过职工代表大会的选举机制就可以借助股东（大）会的选举机制而登上公司治理机构的领导岗位，而且因为国有股权代表本身无代表制度的相应权利与义务配置作为委任、派出

---

① 参见王卫国：《关于建立现代企业制度两个问题的法律思考》，载《求是》2000 年第 4 期。

依据，使原本派出路径十分明确的出资人代表却因公司股东（大）会选举机制而变得模糊不定，致使国有股权代表人进入公司内部治理机构后，容易脱离国有股东的控制和监管；公司内部控制导致公司内部领导人的权利滥用，最终使公司企业的经营人员拥有比出资人更大、更广泛的权利却不必承担任何风险，国有资产的所有权主体虚位与监管缺位的源头性问题依然得不到有效解决。

从经营性国有资产近 20 年的运行实践来看，公司制改革并未完全解决国有资产所有权因经营者失范行为而形成的空虚状态，反而因为全民所有制企业公司制改革之后，企业经营者有更为合法和充分的公司内部授权，在公司法人主体独立、责任有限这一独立人格面纱的掩护下，其权利滥用和怠于职守变得更为便利和隐蔽。由于公司制改革之后缺乏对具有国企背景的公司企业经营者的有力监督，致使国企经营者"有更多机会、更多便利追求与公司利益冲突"、与国有资产所有者利益相冲突的个人利益，"风险和成本从转移给国企、最终转移给整个社会，交易当事人浪费的社会财富远远超过了他们从交易中获得的利益"①。国有企业公司制改革初期的头几年，由中纪委经手查办的一系列国企领导人特大贪污、受贿案，如贵信闫某某贪污受贿案、北京首钢邵某受贿案②以及湖南涟钢宋某某案③等，均说明，由于未解决国有资产代表权问题，而希望利用规范的公司法人制度之外观组织形式作为解决国有资产所有

---

① 如方流芳先生认为，"政企不分"是国企与生俱来的性质，无论传统国有企业，还是改组后带有国企背景的股份公司，由于国企法定代表人制度的"官商合一"特点，决定在国企条件下，国企法定代表人不是忠实于自己所服务的机构，竭尽努力实现机构的最大利益，而是利用作为机构控制者或代理人的机会实现自身的最大利益，毫不在意机构为此付出多大代价。参见方流芳：《国企法定代表人的法律地位、权力和利益冲突》，载《比较法研究》1999 年第 3—4 期。

② 案例详情请参见《最高人民检察院公报》1995 年第 1 期、第 6 期，1999 年第 5 期。

③ 参见《湖南日报》1998 年 4 月 12 日第 1 版。

者虚位和监督缺位问题，只能是改革设计者一厢情愿的良好愿望而已。正因为如此，有学者提出，赋予公司法人财产权与以前国家赋予企业经营权相比，二者"只有要素发育并无基因变异"，企业经营者只不过是获得出资者（国家）的授权经营而已，企业独立与否以及企业经营者能否尽职经营之间并无直接的因果必然联系，因此"国有企业改革必须尽快走出照搬规范法人制度的误区"①。也有学者认为，股份制的改革思路，"与未改制的国有企业相比，在行为和运作方式并无质的区别。政府或其他国有主体或者仍以行政的或其他超越企业公司法架构和机制的方式操控企业，或者怠于、疏于行使股东权利或者老板职权而致企业经营管理不善，造成国有资产暨全民暨纳税人利益的减损"②。有学者甚至认为，国有资产的效益根本在于管理，国有企业改革只有走加强管理的行政改革才有出路，因此，股份制并非解决问题的良策，走严格的文官管理制度是遏制国有资产流失的根本之策。③ 确实，在国有企业公司制改革的过程中，一大批未改制的全民所有制企业，凭借企业领导人的廉洁、勤奋和开拓，使国有企业获得长足的发展，那么，这其中的缘由又何在呢？推而论之，解决经营性国有资产所有权及市场经营等问题，到底基于何种理论来创设权利归属确定、授权路径分明、权利责任具体的国有资产所有权行使与监督制度呢？

　　按照 1999 年前后的主导理论和中央的改革思路，经营性国有资产的经营与管理体制构建是按照"国家所有，分级管理，授权经营，分工监督"的原则，由"国务院代表国家统一行使国有资产所有权，中央和地方政府分级管理国有资产，授权大型企业、企

---

① 参见刘立均：《国有企业改革必须尽快走出照搬规范法人制度的误区》，载《社会科学战线》1999 年第 3 期。

② 参见史际春、邓峰：《论经济责任制对国企改革价值的再发现》，载《政法论坛》1999 年第 1 期。

③ 参见冀延卿、霍中文：《关于建立现代企业制度的法律思考》，载《经济经纬》1994 年第 3 期。

业集团和控股公司经营国有资产"，① 这也是所谓的"国有资产授权经营"体制。有学者把这种"授权经营关系"定性为"政府将边界清楚的国有资产委托给授权经营机构经营"，即"国家把投资和拥有的股权分别授权给若干国有法人持股机构持有，使他们成为国有出资人代表"，"授权经营机构是按政府批准的章程比照公司运作，对国家承担责任，直接受政府监管，不受《公司法》调节"②。有学者从投资、经营管理两个视角，认为"政府国有资产管理部门与授权经营公司之间存在两种关系即投资关系和授权关系"，因而理顺"国有资产管理部门与授权经营公司的授权关系"，是创建新型国有资产经营体制的核心。③

国有资产授权经营理论的原始初衷在于以所有权与经营权之分离论，来实现企业独立经营，达到政企分开这一改制目标。但是这一理论的构建本身有其不符合法理逻辑的内在缺陷。

1. 它混淆了所有者投资（出资）行为与内部授权行为的区别。出资是公司股东以创设和参与公司为目的按照出资契约或章程缴纳资产或认购公司股份的行为。股东出资行为的目的在于资本增值，为达到这一目的，出资人通过公司之内部参与权，借助于公司股东（大）会等内部授权机构，通过股东的直接参与和授权，委托公司经营者经营企业或影响公司的经营和管理，而不是把其出资财产直接授权给公司经营。由此可见，基于国家出资而产生的公司内部授权关系不能当然地推导出作为出资人的国家与所投资的企业就是一种授权经营关系。

2. 它把出资者授权作为企业主体资格独立和经营权享有与否

① 参见中共中央《关于国有企业改革和发展若干重大问题的决定》，载《国务院公报》1999 年第 34 号。

② 参见陈清泰：《建立国有资产管理、监督和运营体制》，载《经济社会体制比较》2001 年第 4 期。

③ 参见徐士英、刘学庆、阎士强：《国有资产授权经营公司与政府部门关系初探》，载《华东政法学院学报》2001 年第 2 期。

的必要条件。企业是否有独立的主体资格，决定于企业发起人创设企业过程本身应具备的法定条件（如资本、章程、机构等实质条件）和应履行的法定程序（如经过公司登记机关注册登记）。凡具备公司设立条件并经登记注册为企业法人的国有企业，则为独立民事主体，依法享有民事权利能力和民事行为能力。无疑，经营权乃享有独立民事主体的公司所应当拥有的法定权利，是公司民事权利能力在公司财产管理与经营领域的必然反映，这种权利所依据的是法律对公司企业主体资格的认定，将非来自出资者对公司的外部授权。因此，作为出资人的国家是否授权公司以经营权，与公司能否具备独立民事主体资格，以及是否拥有独立的经营权之间，并不构成必然的联系。

3. 它混淆了公司企业经营者与企业经营权两者之间的差别。企业经营权乃企业作为独立民事主体所应当享有的法定权利。而企业经营者则是出资者、股东通过公司内部治理机构的授权程序推选出来的，公司企业的经营权具体是由公司企业经营者来行使的。因此，从权利的来源与授权程序来分析，国有企业的经营权不是由作为出资人的国家或政府授权企业之后才由企业获得的，而是从国有公司或企业成立时由法律赋予的，且企业的这种经营权又是通过作为出资人的国家或政府以内部参与的方式选择具体的经营者即国有资产出资代表人来具体行使的。易言之，是经营者代表作为出资人的国家或政府经营企业及企业资产、行使企业经营权，而不是由企业去代表出资人（国家或政府）去经营国有资产或经营企业本身；否则，一旦企业本身基于国家或政府授权为国有资产出资人代表，不仅使企业之经营者地位模糊不清，而且，由多元股份组成的股份制企业，单单要它作为国有资产出资人代表，将非国有资本出资人置于何种境地，则显然不能从理论上自圆其说。

笔者认为，依据所有权与经营权分离理论，仅仅是在一定程度上解决了全民所有制企业的企业自主经营问题，它在赋予全民所有制企业以独立市场主体资格方面具有不可否认的理论价值，但企业的经营权如何与国家所有权进行权利衔接和义务配置，则缺少制度中介。相比较而言，公司制改革，把国家（或政府）和企业的关系定位为出资人与公司的关系，解决了现代企业制度要求的"产权明晰"和企业自身的"管理科学"问题。从理论上讲，公司本为实现经营性国有资产的所有权以及市场价值的理想微观组织制度，但是，由于在制度设计时人们对经营性国有资产所有者的虚拟属性和总体特征重视不够，未解决经营性国有资产所有人的代表者问题，即到底由谁来代表国家或政府行使国有资产出资人或国有股东的权利，在对这种代表人的权利与义务作合理的配置同时，以相关制度安排对其进行制约，却把注意力完全放在公司内部治理结构的规范上，① 致使选任的国企领导人法律属性不明，造成公司内部源头性授权不清、公司内部经营人员的权利与义务配置的严重失衡。可见，建立国有资产和国有股权代表人制度，不仅可以厘清"两权分离"的头绪，而且可以解决国企公司制改革的源头性权利与义务配置问题，从而为公司制的顺利推进提供前提性的制度安排和法律保障。

二、国有股权代表人制度的法理分析

（一）构建国有股权代表人制度的理论依据

笔者认为，国家作为国有资产所有者及国有企业的出资人，它与企业经营者之间，是一种委任与代表关系，这一代表关系包括以下几大环节：（1）从原始真正所有主体到国家概括性代表主体。国有资产的真正所有者是我国全体人民（法律上应为全体公民更为准确），由于全体人民无法直接行使所有权，故国家作为权力共同体概括性地、抽象地代表全体人民行使所有权，这样全民所有就转化为国家所有。（2）从国家概括性代表主体到政府统一代表主体。由于国家作为权力共同体本身也不能直接行使所有权，于是国

---

① 应该说，就公司制度本身而言，建立一套健全、科学的公司治理结构是十分必要的。

家必须通过立法授权由国务院或地方政府代表国家统一行使国有资产的所有权。（3）从政府统一代表主体到自然人代表主体。即由政府代表主体以再授权的方式，委派具体的自然人代表，通过自然人代表的具体意思表示，使国有资产所有权的权能得以落实①。

国家作为全民所有者的概括性代表，以出资人身份进行直接投资或参股，与企业之间的关系是出资人（股东）与公司的关系②，但企业本身并不与国家构成代表关系。国家作为出资人，其出资行为是一种设立或参与企业的行为，企业一旦设立成功，则依照公司法和其他法律，获得企业法人主体资格，依法享有独立的民事权利能力和民事行为能力。其中，完整的经营自主权是企业作为独立市场主体应当享有的法定权利，国家作为出资人（股东）所享有的权利不是直接表现于或寄托于所设立的企业，企业的经营权本身也不体现股东的具体权利③。此时企业本身已成为出资人股权权利实现的请求对象。因此，1999 年前后，我国理论和立法实践中盛行的国家授权给国有大型核心企业，由其代表国家持股或代表国家行使出资人权利，是与国家作为出资人以及企业作为独立市场主体相互矛盾的。在这里企业既是国家出资与权利请求对象，又是行使国家出资人权利的股东代表，权利客体与权利主体混为一身，势必造成国家与企业身份的扭曲和关系的错位。因此，经营性国有资产所有权的高效行使，已经不能从国家与企业或者从出资人与企业之间的关系中寻求答案，显然，问题的症结还在国家这个出资人及其具

---

① 参见刘学灵：《国有企业资本化经营的法理研究》，载《政治与法律》1995 年第 3 期。

② 应当注意的是，即使国家作出资人，国家仍然应以宏观调控者身份履行其管理企业的公共职能，其所管理的企业既包括国家出资企业，也包括非国家出资企业。

③ 按照现代公司法理论，出资人原来对出资享有的财产权（包括所有权、不动产用益物权、知识产权）皆转换为股权，股权表现为自益权和公益权，即使股东直接参与公司的经营，也不能以股东自己的名义直接支配其原来出资的那一部分财产。

体的权利行使者本身。

我们知道，一般自然人股东之所以能使其股权到位而不至于虚置，在于股东不企望企业能代表自己或者把自己的权利授予企业，而是通过自己亲自或者委托他人代表自己，通过直接行使股权中的共益权，以内部参与权或获得企业内部机构的某一职位，或通过监督、建议影响企业经营决策、管理阶层，达到影响或控制企业经营、管理的方向，以期实现股权中的自益权，达到其出资增值的营利目的。同样，国家作为出资人，其股东的权利，虽然不便由国家直接行使，但国家作为出资人，可通过委托或委任特定自然人为出资人或股权代表来行使股东的权利，通过特定自然人对企业（公司）内部参与，以使国家出资人（股东）的权利具体化为企业经营者之特定的经营、管理行为。足见，经营性国有资产所有权和国有股权的实现，有赖于对代表国家行使出资人（股东）权利之具体自然人代表的委任、派出、监管和制衡等相关制度安排以及具体权利与义务的配置。因此，设立国有资产或国有股权代表人，建立国有资产或国有股权代表人制度，理顺国有资产或国有股权代表人与作为出资人（股东）的国家之间的代表关系，是决定经营性国有资产或国有股权之市场运行效率和安全的源头性制度环节。

所谓国有资产或国有股权代表人制度，是指以国有资产所有权或国有股权行使的代表论为理论依据，把国有资产出资人、监督人具体责任到人，通过创设国有股权董事代表和国有股权监事代表，由其分别行使国有资产出资人（股东）内部参与权和经营监督权的相应职能，以保证国有资产出资人（股东）主体到位、监管有力的新型国有资产或国有股权经营、监管制度。创设国有资产或国有股权代表人制度，是国有资产所有权或国有股权性质决定的，是法人制度在经营性国有资产所有权或国有股权领域的具体运用，符合我国政治经济制度，适合于国有资产运行的现状。

1. 国有资产或国有股权代表人制度符合我国国有资产所有权或国有股权的特点。国有资产所有者或国有股权主体的虚拟属性，使国有资产所有权或国有股权与一般自然人所有权或股权不同，其

权利不能通过其真正的所有人或股东自己来行使，从而决定经营性
国有资产所有权或国有股权在行使时具有间接性、抽象性。国有资
产所有权或国有股权的这种抽象性和间接性，如不明确具体的代
表，其具体的权能就无法转化为现实法律关系中的权利享有与义务
承担，创设国家所有权或国有股权的制度目标也就会落空。再者，
作为代表人民行使所有权的国家，依照法律取得所有者的资格，所
有人委托他人代为行使权利，所有人依法享有委托代表人行使其经
营权和监管权①，乃所有权人或股东之法定而不容置疑的权利。因
此，在国家不便直接行使其所有权或股权时，委托特定自然人代表
行使其具体权能是有所有权或股权理论依据的。

　　2. 国有资产或国有股权代表人制度是法人制度在国有资产所
有权或国有股权领域的具体运用。法人的意思表示以及权利的行使
是由法人的机关来实现的②，即由自然人组成的与法人设立同时产
生的形成法人意思并指挥法人活动的领导机构来进行的。换言之，
法人的意思最终必须通过法人机关的特定自然人来行使。但法人机
关本身，并无独立的法律人格，"法人的机关，为法人组织体之构
成部分，故机关与自然人的关系，为部分与全体的关系，此与代理
关系不同"③。作为法人机关成员的特定自然人与法人本身的关系，
是一种职务、业务上的代表关系，法人机关中的特定自然人基于特
定岗位或职务所为的对外民事行为，应为代表行为，适用代表责
任。④ 同样，作为国有资产所有者代表的国家，其意思表示和权利

---

　　① 这里所说的经营权与我国全民所有制企业对国家授与其经营管理的
财产享有的经营权不是一回事，前者是指企业经营者经营企业之全部权利的
集合。

　　② 参见江平主编：《法人制度论》，中国政法大学出版社1994年版，第
29、293页。

　　③ 参见梁慧星：《民法总论》，法律出版社1996年版，第144—145页。

　　④ 参见梁展欣：《企业法人民事归责论》，载梁慧星主编：《民商法论
丛》（第13卷），法律出版社2000年版，第334—350页。

行使也具有与法人基本相同的属性①，国家以立法形式并通过具体的选任制度确定特定自然人行使国有资产所有权或国有股权之权能，该自然人则依法获得这一具有特定职责和权利的代表人资格，即代表权资格，依法享有代表国家和政府行使国有资产经营、监管或国有股权等方面的权利。

3. 国有资产或国有股权代表人制度是我国宪法上人民主权原则在经济民主领域的具体体现。人民主权原则作为现代民主国家构成的基石，其中，国家公权力来自人民是这一原则的核心，以代表机制作为国家公权力行使的基本途径是现代国家实现人民主权原则的惯常做法，反映在经济民主上，即国家代表全体人民享有对全民财产的所有权，其所有权的行使也必须借助于代表机制才能实现，也就是国家通过立法委托授权，赋予特定自然人代表国家，以出资人的身份依法对国有资产或国有股权进行管理和经营。

4. 国有企业市场主体资格独立的需要。把国有企业推向市场，使其具备独立的市场主体资格，是我国国有企业改革的主要目标。在计划经济时代，全民所有制企业由国家直接控制或经营，自然谈不上独立主体资格，实际上也不需要这种资格。而在国有资产授权经营制度下，本身没有解决企业经营者的法律地位问题，使企业以及企业经营者犹如脱缰之马或失控的风筝，最终往往导致企业行为的无序和私利化。在这里，公权力主体的身份不允许国家去直接参与企业管理，但作为国有企业的出资人（股东），国家又不能对其出资在授权企业经营后就不见下文，更不能放任不管。在这种两难处境下，唯一的解决途径是通过代表机制，委派自然人以出资人或国有股权代表的身份参与企业经营管理，这样既可避免国家对企业的直接干预，又可借助其派出的自然人代表体现国家出资人（股东）的意志和表达其意思，而企业又不因此丧失其主体的独立性和权利的完整性。

5. 国有资产经营或国有股权行使中实际监督的需要。国有资产经营或国有股权行使中，最大的难题是如何有效地对行使国有资产所

---

① 正是在这个意义上，西方法学界将国家称为公法人。

有权权能或国有股权的具体自然人进行监督，监督成效取决于监督主体的设置、监督环节的安排以及法律责任的设定。依据代表理论，国家和政府对代表人的监督可一步到位，直接对应，可以大大简化授权环节，节省监管成本，提高国有资产或国有股权运营和监管的效率。

（二）对国有资产经营法律关系理论的反思

具体行使国有资产所有权权能或国有股权的主体，与国有资产所有者——国家之间的法律关系定位，决定对国有资产所有权或国有股权行使的方式以及其相关制度安排。因此，在设计具体的经营性国有资产或国有股权运营与监管体制时，不能不对国有资产所有权权能或国有股权行使过程中所涉及的基本法理予以论证和说明。除前述以他物权性质的经营权思路之外，到目前为止，学术界所持的立论有代理论、代管论、信托论等不同观点。

持代理论的学者认为，国有资产的所有者与经营者之间的关系实则为委托代理关系，即国家作为国有资产的所有者或国有股权主体属于委托人，企业以及企业家则作为国有资产或国有股权的受托经营者，依法代理行使国有资产的所有权及经营权。有学者把国有资产的经营分为两类，一类为国家授权的经营机构经营，另一类是国家委托国有金融中介机构经营，其中国家（以国有资产监督管理委员会为代表）与委托经营机构之间是市场化的委托与代理关系[1]。有学者认为"国有企业产权制度改革的实质是实现市场性委托代理契约对行政性委托代理契约的置换。这种契约置换能否有效地得以实现，关键在于作为国有产权所有者的国家如何通过委托代理契约，选择国有产权实际运作的代理人"[2]。因此由全体公民到政府、由国有资产管理和运营部门到基层企业，直至这些机构和企业的高级管

---

[1] 参见张维迎：《企业理论与中国企业改革》，北京大学出版社 1999 年版，第 150 页。

[2] 参见赵守国：《国有产权代理人选择的理论分析》，载《人文杂志》1999 年第 1 期。

理人员，其间规范的委托代理关系是国有资产得以高效运转的前提条件。通过代理契约安排，以平衡国有资产所有者和实际经营者之间的关系①，通过降低代理成本、交易费用以实现国有资产所有者的利益与作为代理人——经营者利益的平衡和双赢②，无疑有其积极的一面。应当承认，这种经济学上的委托代理关系，并非民法上的委托代理制度。③ 但是，从代理法的一般原理出发，委托人（授权人）与代理人之间一般是通过合同安排其权利义务关系，而这种代理合同能否有效地实现，又取决于作为国有资产所有者或国有股权主体的国家去选择国有资产或国有股权实际经营的代理人，而代理人的设置，能否达到实现"政企分开"的改制目标和国有资产保值增值的目的，则存在以下一些法律障碍：（1）代理人在行使国有资产所有权权能或国有股权时，到底是以代理人所在企业名义，还是以授权人——国家的名义？如果以企业的名义，代理人所在企业的利益必然与作为所有者或国有股权主体的利益发生冲突。而如果代理人以委托人——国家的名义进行活动，则代理人自身只是所有人或国有股权主体的执行人。（2）代理人具体经营行为的法律责任问题。既然把国家所有者或国有股权主体与经营者之间的关系界定为委托代理关系，那么委托人就应在支付代理费用之后承受代理人经营行为的法律后果，如此一切市场风险和法律后果通过代理责任原则最终还是要转移至国家，这样并不符合国企改革的初始目的，特别是由于国有资产所有权或国有股权的特殊性，决定从国家到委托代理人之间，必须设置若干代理环节，其代理责任如何分担，更是一个难以解决的问题。（3）这种委托代理缺乏存在的依据，国家与

---

① 参见徐晓松：《公司法与国有企业改革研究》，法律出版社 2000 年版，第 249 页。

② 参见周冯琦：《委托代理的制度效率与现实改进的路径分析》，载《学术季刊》1999 年第 2 期。

③ 参见徐晓松：《公司法与国有企业改革研究》，法律出版社 2000 年版，第 250 页。

代理人之间既无合同存在又无具体明确授权行为的发生。由此可见，代理论思路，由于其自身的局限性，它只能适用企业内部的合同安排，而不能适用于经营性国有资产所有权或国有股权法律关系的构建。

持代管论的学者认为，国家与经营者的关系是所有者与代管人的关系。国有资产的所有者是全体人民，因而其股东也应是全体人民，但实际行使这一财产所有权或国有股权的则是国家委派的国有股东代表人，国有股东代表人并不是国有资产的所有者，而是国有资产的代管人。① 代管论的最大特点，是把所有者或国有股权主体与代管人界定为直接对应的监督与被监督关系，既有利于代管人从所有人那里获得充分的授权，又便于所有者对代管人的直接管理与监督。但是，代管论在实践中，尚存在以下一些法律障碍：（1）代管人本身的法律地位不明确。尽管持代管论者强调应赋予代管人具有独立的法律地位，与自然人、法人一样成为实际的财产所有者并能独立承担民事责任。但是，如果赋予代管人以独立的法律地位，那么，代管人的这种独立的法律地位，不但可以对抗作为委托人的所有者，而且也与具体公司的法人地位相冲突，并影响代管人行使权利的名义。（2）代管人对经营行为的后果应承担什么样的责任不明确。代管人因自己的行为承担的是代理责任，还是代表责任，或者个人责任，代管论自身并不能解决。代管人权力、地位的模糊与责任的不确定，无疑会增加在这一理论指导下的制度设计难度，所以，代管论的局限性也是十分明显的。

信托论者认为，委托经营或授权经营实际上是一种经营权的信托，即国家将国有中小型企业的经营权委托给有管理能力的企业或信托公司进行管理与经营，国家为国有财产的委托人和受益人，国家与企业经营者之间的关系是一种信托法律关系②；或者说，国有

---

① 参见沈骊天：《试论对国有资产代管人的管理监督制度》，载《江苏社会科学》1999 年第 1 期。

② 参见周小明：《信托制度比较法研究》，法律出版社 1996 年版，第186—197 页。

资产"授权经营关系在本质上属于信托关系"①，严格意义上的信托经营当然是不可否定的。信托论的积极面是国家可以选择那种市场效益优绩的专业投资者，委托其对国有资产进行经营管理，有利于充分发挥国有资产的市场效益，在投资领域其优势更为明显，中国国际信托投资公司的巨大业绩已证明了这一点。但是专业投资者的受托人，如果本身就是由国有资产构成的国有企业，国家与特定信托企业之间的关系如何进行制度定位，是信托理论本身不能企及的。同时，国家与这些中小型企业的关系仍然是不明晰的。可见，信托论本身的适用范围十分有限，对具有整体性的经营性国有资产所有权或国有股权的行使不具有普通的指导意义。

笔者认为，传统的经营权论以及既有代理论、代管论、信托论等理论的共同缺陷主要包括以下几个方面：

1. 混淆了国家作为出资人与企业作为市场主体这两种主体身份的区别。国家作为企业出资人所享有的是出资人（股东）的权利，这一权利只有通过对企业的内部参与才能实现，它与企业作为独立的市场主体所拥有的民商事权利是两种不同性质的权利，因而国家作为出资人不能合乎逻辑地理解为国家就拥有了企业或拥有企业某一具体财产。

2. 混淆了作为国家出资人或国有股权代表与企业主体及企业法定代表人的区别。特别是对国有企业领导人、负责人地位的界定，由于既有法定代表人制度的局限性，本应作为国有资产或国有股权代表人的国有企业领导人或负责人，因其国有企业法定代表人的身份属性，阻断了国家这一出资人（股东）对其进行有效的管理。因为从企业法定代表人的身份属性来看，它是企业（独立民事主体）的代表，这一企业代表的资格又因企业是独立的市场经营主体反过来对抗来自作为出资人——国家（政府）的监督，自然，国家也就避免不了实行对企业进行直接干预的老办法。

---

① 参见徐士英、刘学庆、阎士强：《国有资产授权经营公司与政府部门关系初探》，载《华东政法学院学报》2001年第2期。

3. 模糊了国有资产所有权或国有股权与企业财产权的界限。国有资产所有权在经营过程中本已转化为国家出资人的股权，但国家出资人权利的实现是通过出资人或股权代表参与企业经营、决策、管理而实现的，而非对作为独立主体的企业所拥有的由出资人出资组成的企业资产中某一具体财产进行直接的所有或处分。企业财产权是企业作为独立民事主体本身应当享有的一种民事权利，它与国家所有权或国有股权是完全两个不同的法律概念。

4. 重视对企业的监督而忽视对人的监督。以往的理论和立法例，其侧重点是对企业本身的经营行为和效果进行监督，因而理论上更多的是从国家（政府）与企业的对应视角去探讨国有资产所有权或国有股权的实现，而忽视了国有资产或国有股权代表人本身的重要性及其制度中介作用，因而制度设计对企业本身苛于严厉，而对国有资产或国有股权代表人则疏于监督，从而为国有企业领导人滥用职权提供了制度上的方便。

5. 没有正确处理好国家作为出资人、宏观调控者的双重身份与企业作为独立民事主体之间形成的双重法律关系。把国有资产管理片面地理解为国家对企业的直接管理与内部制度的公法干预，重视作为宏观管理者监管行为的外部性与间接性，而忽视国家作为出资人参与行为的内部性和程序性，因而往往把政企分开理解为国家与企业职能的分开，而不是从国家作为出资人和宏观管理者这一双重身份上做文章，从而本应使国家之政（监督）企（出资人代表参与）两种职能的分离行使，扭曲为政府与企业关系的重新定位，以至于要么陷入经营权理论不能自拔，要么在代理关系上无法自圆其说。

相对而言，代表论对国有资产所有权或国有股权主体的虚拟属性以及具体人格化的路径有比较清晰的认识，因此，以代表论为理论依据，构建我国国有资产代表人或国有股权代表人制度，可以克服既有经营权说、代理论、代管论、信托论的理论局限性，有助于建立责任到人、运行效率较高的国有资产或国有股权经营管理体制。

第二节　国有股权代表人制度的基本构架

一、国有股权代表人制度的基本内涵

(一)　国有股权代表人制度的实质

国有股权代表人制度,是指国家(政府)或国有法人等国有股持股主体(以下简称国有股权主体)依照公司法和公司章程,通过向公司制国有企业委任特定自然人代表,授予其一定权限,由其代表国有股权主体具体行使国有股(国家股或国有法人股)的自益权或共益权的原则、程序、方式等一系列制度的总称。从法理上分析,国有股权代表人制度具有以下一些基本特点。

1. 国有股权代表人制度中国有股权主体与特定自然人代表之间的关系是一种委托代表关系

国有股权主体基于对某自然人的信任,通过法定程序授予其代表资格,使该自然人对外特别是对国有股所在公司,能以该国有股权主体的名义,依法行使国有股权。它是民事委托代理以及法定代表人制度在公司制度中的具体运用和发展。从法理上讲是一种股东与代理人的关系,国有股权主体作为国有股股东,通过委派、选任、推荐等方法,使该特定自然人具有对外代表国有股股东或出任国有股董事或国有股监事等特有身份,依法取得国有股权代表人的资格,在法定或指定的职权范围内依法行使国有股权。

2. 国有股权代表人制度是一种具有多功能集合的委托代理制度

国有股权代表人是国有股权的持股主体自然人化,是国有股权的法人属性通过自然人代表具体、直接的意思表示予以宣示的一种中介,自然人身份所体现的已不是其本身的独立人格属性,而是赋予了某特定国有股权代表资格的内涵,依其法定或指定的权限行使公司法上属于国有股权主体的权利。由于公司法赋予股东的权利是多元的,如自益权与共益权等,对于具有法人属性的国有股权来讲,共益权中的某些权能在某一自然人代表身上是不能重叠的，即某一自然人作为某国有股的股东代表，不能既充当国有股董事代表，又充当国有股监事代表，这不仅与公司法有关董事、监事不得兼任的规定相抵触，而且事实上对国有股权主体也是极为不利的。从国有股权代表人内容的多重性中，可以发现，国有股权代表人是代表国有股权主体行使国有股权不同权利的特定自然人主体的总称，从中可以按其职能分设为国有股董事代表、国有股监事代表以及其他临时性国有股权代表等多种代表。无疑，国有股权主体必须针对不同性质与类别的国有股权代表人，设计出不同的委托代理制度模式，对其进行规范化管理。

3. 国有股权代表人制度是法人代表、代理制度与公司代理制度结合而成的一种股东代表、代理制度

由于国有股权的持有人为国家（政府）或国有企业等国有法人单位，具有社团拟制性与法人性。而法人作为拟制的人格化社会组织，不能自行进行独立意思表示以实现其本身享有的一系列权利或承担相应义务，因之必须由其法人机关或通过法人机关授权特定自然人，通过法人的代表人或法人的代理人进行间接的意思表示，由其代表或代理法人从事有关民事或商事活动。对于国有股权代表人而言，它是通过国家（政府）或国有企业等国有股权主体的机关或法人机关的法定授权，使某一特定自然人以国有股权主体的代表人或代理人的身份直接进行意思表示，以实现国有股权主体在现代公司中所享有的一系列权利。从这一意义上讲，国有股权代表人制度，是国有股权主体之法人意思具体化为其代表人意思的产物。

4. 国有股权代表人制度，是一种严格的责任制度

国有股权代表人制度虽源于民事中的委托与代理关系，却较一般委托代理有了更加实质的内容，即对国有股权代表人科以比较严格的义务，由于国有股权代表人的行为影响到国有股权在公司营运中的具体权益，其权利的行使状况决定国有股权并间接决定国有资产的效益，对国家（政府）与公司本身的经济意义极大。国有股权代表人特定的身份与位置，使其负有极为重要而特殊的代理任务，在其享有比

较广泛的代表权或代理权的同时，也承担着特殊与严格的义务与责任，这种义务直接表现为忠实义务与勤勉义务，以及由于违反这些义务须承担的违信责任。故在设立国有股权代表人制度时，必须把传统民商事委托与代理制度加以发扬，结合我国改革开放前期的经济责任制，加以适当糅合，以督促国有股权代表人尽职尽责。

（二）国有股权代表人制度的基本特征

国有股权代表人制度与现行的国有企业法定代表人制度是两种不同的制度，区分国有股权代表人制度与国有企业法定代表人制度，是构建国有资产或国有股权代表人制度的理论基点，笔者认为，这两种制度的具体区别如下：

1. 产生的途径不同

现行国有企业法定代表人的产生，未改制的国有企业（全民所有制企业）的法定代表人（厂长、经理）的产生途径有职工代表大会选举和主管部门任命两种；实行股份制改组具有国有企业背景的企业法定代表人（董事长）则是基于股东（大）会选举的董事组成董事会，再由董事会通过内部选举分工确立的①。而国有资产或国有股权代表人的产生则是由国家或国有法人单位委任产生的，它来自国家或国有法人单位的特别授权与委派。

2. 代表的利益主体不同

按照国家工商行政管理总局 2014 年修订的《企业法人登记管理条例施行细则》第 25 条规定，国有企业法定代表人是"经登记主管机关核准登记注册的代表企业行使职权的主要负责人"，是"代表企业法人根据章程行使职权的签字人"，其代表的是所任职的企业法人的利益。而国有资产或国有股权代表人则是代表国家依

---

① 《全民所有制工业企业法》（1988 年）第 45 条规定，"厂长是企业的法定代表人"。《公司法》（2013 年修订）第 13 条规定："公司法定代表人依照公司章程的规定，由董事长、执行董事或者经理担任，并依法登记。公司法定代表人变更，应当办理变更登记。"

法在国有企业行使国有资产出资人或股东的权利，所代表的是国家出资人的国有资产权益，即国有股权的利益。

3. 职权的范围不同

现行国有企业代表人作为特定企业的负责人，具有较为广泛的职权，包括企业代表权、掌握代表企业签订合同的最终决定权、企业或公司财务的最终控制权、代表企业或公司行使诉权以及其他一般负责企业、决定企业内部事务的权利①。而国有资产或国有股权代表人是作为国家出资人的代表身份进驻具体的企业，所行使的是出资人即股东的权利，或代表国家行使对国有资产营运监管的职能。

4. 责任形式的不同

国有企业法定代表人的行为是法人机关的行为，其行为的后果由企业承担，企业法定代表人履行的是企业法人内部的职务或职责，其违法、疏于管理、怠于职守时，应承担的是一种内部职务赔偿责任。而国有资产或国有股权代表人的行为，则是代表出资人行使股东的权利，其代表行为的法律后果由出资人或国有股东来承担，国有资产代表人则根据法律或特定契约，承担相应的民事责任。

由于国有资产或国有股权代表人制度与现行国有企业法定代表人制度有着巨大的差别，虽然国有资产或国有股权代表人制度与国有企业法定代表人制度具有互通和相互衔接的可能，即国有资产或国有股权代表人可以通过企业、公司的内部制度安排，以一定的法定程序成为特定企业之法定代表人。但是，从总体来讲，国有资产或国有股权代表人制度本身的独特价值，决定着国有资产或国有股权代表人的制度功能不能由现行的国有企业法定代表人制度所取代。因此，国有资产或国有股权代表人制度必须在现有国有企业法定代表人制度之外另行构建。

（三）构建国有股权代表人制度的考量因素

以代表论为法理基础的国有股权代表人制度，在其构建过程

---

① 参见方流芳：《国企法定代表人的法律地位、权力和利益冲突》，载《比较法研究》1999 年第 3—4 期。

中，应当考虑以下几个方面：

1. 建立立法授权模式，解决源头授权到位、合法问题

国有资产所有权本质上是国家代表全体人民依法行使所有权，而国家这一权利基于"主权在民"的法治原则①，如未经人民或全体公民之合法授权，就失去合法的依据，"主权在民"反映到国家权力组织体的相互关系上，即为"议会至上"或"议会优位"，议会作为人民之代议机关，有权通过法律授权特定机关或个人以代表国家行使国有资产所有权。目前我国现有国有资产方面的立法，除《全民所有制工业企业法》（1988 年）、《企业国有资产法》（2008 年）外，还有《全民所有制工业企业转换经营机制条例》（1992 年）、《行政事业单位国有资产管理办法》（1995 年）、《国有企业监事会暂行条例》（2000 年）、《企业国有资产监督管理暂行条例》（2003 年）等。建立有效的国有股权代表人制度，必须首先由国家权力机关以国家立法形式，授权政府代表国家行使国有资产所有权，使政府依法取得授权的依据。

2. 根据我国国有资产的分布现状，建立由政府对国有资产代表进行分级授权的制度

目前，我国国有资产监督管理基本上依照"国家统一所有，政府分级代表"来设计，即《企业国有资产法》（2008 年）第 4 条规定的，"国务院和地方人民政府依照法律、行政法规的规定，分别代表国家对国家出资企业履行出资人职责，享有出资人权益。国务院确定的关系国民经济命脉和国家安全的大型国家出资企业，重要基础设施和重要自然资源等领域的国家出资企业，由国务院代表国家履行出资人职责。其他的国家出资企业，由地方人民政府代表国家履行出资人职责。"但这一分级代表制度的设计只考虑到政府及政府履行国家出资人职责的机构的代表职能，却忽视了具体的国有资产或国有股权自然人代表的设置和制度功能。

---

① 在这种情形下，国家对国有资产享有的是权利而不是权力，万万不可将之混淆。参见漆多俊：《论权力》，载《法学研究》2001 年第 1 期。

3. 减少授权环节，授权代表一步到位，具体到人

为了减少代表制度不必要的中间环节，人为增加代表成本，政府依据国家法律，在确立国有资产或国有股权代表人时，应当授权具体的自然人代表国家行使国有资产出资人权利，它与以前的国有资产授权经营体制不同，后者是授权给具体的法人机构或组织经营特定国有资产或持有国有股。国有资产的出资人权利由具体自然人代表来行使，有以下几大优点：（1）可以减少授权环节，节省授权成本。（2）有利于通过严格的责任制度来监督、约束自然人代表的经营行为。（3）授权自然人代表，有利于国有资产或国有股权代表人制度与现行企业内部制度的衔接。国有资产或国有股权代表人是代表国家或政府行使国有资产出资人的代表，在未公司化的国有企业或国有独资企业里，这一代表可以通过职工代表大会的选举机制，进入企业的领导机构；在公司制国有企业内部则可通过股东（大）会的选举机制进入公司董事会或监事会。而相反，如授权法人机构代表行使国有资产出资人的权利，则法人要么以其现有法定代表人来行使，要么授权其他自然人代表行使，这样容易出现法人代表人制度与国有资产或国有股权代表人制度相互间的冲突，不利于现有企业制度的良性运作。①

4. 按其权能属性，实行分类授权、分类代表

经营性国有资产所有权权能或国有股权在具体运行过程中，主要由两大类权能构成：一类为所有权权能在经营环节转化为股权的具体行使；另一类为对具体经营者经营行为的监督管理。这两类行为是相辅相成的。因此在国有股权代表人制度设计中，应分别设置

---

① 按现行政策和学界通说，应授权现有国有重点企业代表国家行使国有资产经营权或国有资产出资人的权利。对于全部资产均为国有资产构成的国有独资企业，由其代表国家行使国有资产出资人的权利，除存在法人代表制度与国有资产代表人制度之间的冲突之外，尚不存在不同资本利益之间的冲突；而如国有资产仅为控股或参股的多元投资主体企业，由其代表国家行使国有资产出资人的权利，则不仅存在法人代表制度与出资人代表制度的冲突，而且还存在不同资本权属之间的利益冲突，因此授权国有重点企业代表国家或政府行使国有资产出资人权利，与企业出资人制度和企业法人主体资格制度是极不相容的。

代表国家行使国有股权内部参与权的国有股董事代表和代表国家对国有企业经营者进行监督的国有股监事代表。

综上所言，笔者认为，在具体构建国有资产或国有股权代表人制度的过程中，应变过去的国有资产授权经营为委任具体的自然人作为国有股权代表，具体做法为：在国家直接投资情形下，由国家（政府）向国家出资企业委任、派出国家股董事代表和国家股监事代表等一级国有股权代表人①；在国有企业转投资情形下，则由该国有企业向其转投资子企业（公司）、参股公司委任国有法人股董事代表和国有法人股监事代表等二级国有股权代表人②。对于国家（政府）而言，只需向全国有影响的若干个特大国家出资企业派出数量可控的一级国有资产或国有股权代表人即可，国家（政府）监督管理的对象和范围可以大大缩小，管理、监督层级由多级变为一级，监督、管理对象由国有资产、国有企业、国有资本变为具体、特定的国有资产代表人或国有股权代表人，而国家对国有资产市场营运的监控力将明显增强，国有资产所有权或国有股权的实现也就不至于再停滞于理论上的空谈和实务上的乱象。

二、国有股权代表人制度的主要要素

（一）国有股权代表人设置的基本形式

国有股权代表人制度的多功能集合性，决定国有股权代表人设置的基本形式也是多元的。而这多元性形式又决定于现代公司内部

---

① 地方国有企业无疑应纳入国有资产或国有股权代表人制度的视野，但地方国有企业应止于哪一级，学术界存有争议。笔者认为，地方国有企业应以省级为主，地市级可以保留少量公益性国有企业，县级一般不应拥有国有企业。

② 国有企业向转投资设立的企业（公司）派出的自然人股权代表已不是国家出资人代表，而是作为出资人的企业之股权代表。因此，转投资主体国有企业其向子企业（公司）、参股公司派出的股东代表则为二级国有资产或国有股权代表人。

自治机构的设置以及相互制约的关系。从公司之股东（大）会、董事会以及监事会这一权力运作机构的相互制衡关系来看，国有股权代表人之设置无疑也必须考虑股东、董事、监事这三方面的内容，但由于股东董事或股东监事本身就具有股东代表的性质。因此，国有股权代表人的设置就只需考虑如下两种形式即可：

1. 国有股董事代表

国有股董事代表即由国有股权主体委任到国有股所在公司董事会中任职董事、代表国有股权主体行使其参与公司内部治理、经营、管理权利的特定自然人代表。是否持有公司股权或股份虽然不是董事任职的条件。但从公司运行的惯例和董事会组成来看，公司董事会的董事大部分来自股东或股东选任的代表，且一般股权比例大小决定了公司董事比例，国有股权当然也不例外。国有股权主体委任国有股董事代表或候选人，既是国有股权行使的重要方式，更是国有股权代表人的重要形式。

2. 国有股监事代表

国有股监事代表即由国有股权主体委任到国有股所在公司监事会中任职监事、代表国有股权主体行使对国有股董事代表、公司经营者及公司内部治理、经营、管理监督权的特定自然人代表。国有股监事代表是股东监事在国有股的具体形式，国有股权主体委任国有股监事代表或候选人，也是国有股权行使的重要方式，同时也是国有股权代表人的另一重要形式。

（二）国有股权主体

1. 国有股权主体的确定

在建立国有股权代表人制度的过程中，国有股权主体是最为重要的参与主体，其既是国有股之持股主体，同时又是国有股权代表人的委任主体，且国有股权主体本身的地位、性质、内部机构、行事规范及领导人公正、廉洁程度，对国有股权代表人的选拔质量与责任心①，有积极的制约作用。

笔者认为，由于国有股的产生源于国家直接投资和国有企业转投资两种情形，故国有股权主体的确定也必须从国家直接投资和国有企业转投资两种情形下去考察。其中，在国家直接投资情形下，其国有股表现为国家股，其国有股权主体则为国家（政府）；而在国有企业转投资情形下，其国有股则称为国有法人股，国有股权主体则为具体、特定的国有企业或其他国有法人单位。

2. 国有股权主体的属性、层级与结构

国有股权主体按照国有股本身的性质，可以分国家股权主体或国有法人股权主体。其中国家股权主体为国家（政府），是实质意义上的国家股持股主体或国家股权代表人的委任主体。在国家股股权主体归属上，又因国家直接投资具体表现为中央政府（国务院）与地方政府分级代表国家履行国家出资人职责，因此，国家股股权主体又分中央政府与地方政府的分级代表。

国有法人股股权主体则为转投资主体国有企业或其他转投资主体国有法人单位。国有法人股股权主体与国家股股权主体之间的关系，呈现出鲜明的结构性特征。这是因为：首先，就国家股与国有法人股的先后顺序来看，则必须是先有国家股，然后才有国有法人股。国家股源于国家直接投资公司制国家出资企业而形成的资本权益；而国有法人股则是国家直接投资设立或参股的国家出资企业再转投资子企业（公司）、参股公司而形成的资本权益。其次，就国家股股权主体与国有法人股股权主体的关系来看，国家股股权主体为国家（政府），与国有法人股股权主体——国有企业或其他国有法人单位是一种资本参与下的监督、管理关系。

（三）派驻企业

国有股权代表人制度中的派驻企业即国有股权主体委任具体国

① 参见刘西荣：《论法人治理机构》，载《中国社会科学》1996年第4期。

有股权代表人任职董事、监事的特定国有股所在公司。派驻企业首先必须是以资本本位建立起来的公司制企业。除此之外，派驻企业的确定还受其投资主体的影响，其中在国家直接投资情形下，派驻企业表现为公司制的国家出资企业，包括中央国家出资企业和地方政府出资企业；而在国有企业转投资情形下，派驻企业则具体表现为转投资子公司或参股公司。

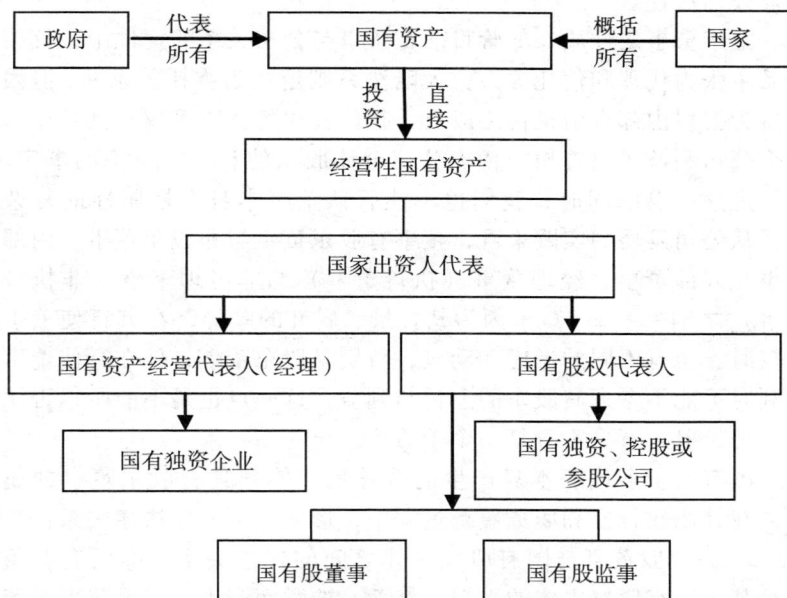

图 1　国有股权代表人制度的构架图

三、国有股权代表人的具体形式

（一）国有股董事代表

国有股董事代表是指国有股权主体依照公司法或公司章程规定的程序委派到国有股所在公司董事会任职的董事代表（如国有独资公司）以及推荐的并经过股东（大）会（国有资本控股公司、国有资本参股公司）选举确定担任董事的代表。对于国有股董事代表之性质，即究竟属于国有股东之代表，还是属于国有股所在公司之代理人或代表人，学术界以及立法上意见不一。如果认为国有股董事代表是国有股东的代表，对国有独资公司来说，由于股东与董事身份可能重叠，还勉强说得过去，但如扩大到国有股仅占其中一部分，即使是国有股占控股地位的公司，因董事会为公司的内部机构而非公司股东之机构，董事不代表公司而仅代表某一股东则也有悖公司法理。

至于董事之性质，尽管目前在董事与公司关系的定性中，英美法系主张为代理和信托关系，大陆法系则定性为委托关系①。但因董事为公司内部自治机构之成员，行使公司经营决策权，其必须从整个公司利益予以着想、代表公司全体股东的利益是不争的事实。在肯定这一点的同时，我们也不能否认董事本身人格属性的复杂性，从公司发展的实践来看，董事有股东董事与非股东董事、内部董事与外部董事、经理董事（执行董事）与非经理董事（非执行董事）之别②，每一董事因为其背景、属性的差异，在其行使董事职权时，会有不同的考虑和动机，特别是股东董事，他在行使董事权利时不能不考虑其股东的意旨与利益，这一点也是不能予以否认的。可见股东董事本身是一个矛盾体。

国有股董事代表本身产生的特殊性，使其具有股东董事的属性，在其职权行使和职务履行过程中，形成如下三种法律关系：

1. 国有股董事与国有股权主体之间的代理关系。即国有股董事是基于国有股权主体的委派、推荐、选举而产生的正式董事或董事候选人，基于国有股权主体的委任意图，则肯定希望该国有股董

① 参见王保树：《股份有限公司的董事和董事会》，载《外国法译评》1994年第1期；董峻峰：《董事越权代表公司法律问题研究》，载《中外法学》1997年第1期；石少侠等：《论公司董事与董事责任》，载《吉林大学学报》1997年第5期；张民安：《董事忠实义务研究》，载《吉林大学学报》1997年第5期。
② 参见刘西荣：《论法人治理结构》，载《中国社会科学》1996年第2期。

事能尽力代表其意志，最大限度地争取最好的商业利益；同时国有股董事本身的身份，使其也不得不或强或弱地受到国有股权主体的约束或控制，从这一点上讲，国有股董事很难做到不代表国有股权主体的利益。

2. 国有股董事与公司其他股东之间的委托信用关系。除国有独资公司外，国有股董事的合法性必须经公司股东（大）会的选举予以确认，即使国有股绝对地控股，这种法定程序在形式上也是必要的，否则国有股董事就无法以合法身份进入董事会。国有股董事产生的这一程序机制，所体现的是所有公司股东的共同意志与集体愿望，是公司股东基于对国有股董事的信任，委以具体决策公司事务的重任，试图通过其卓越的工作以实现全体股东的股份利益最大与利益按份均沾，这就决定国有股董事一方面必须履行其忠实、谨慎、注意的义务，勤勉尽责地完成全体股东委托的事务；另一方面又必须承担受信义务，不能使自己代表的国有股东利益跟公司的利益发生冲突，遵循有关竞业禁止的规定[①]，这样，使国有股董事在代表国有股东利益的意志在全体股东利益面前受到一定程度的制约。

3. 国有股董事与公司法人的代表关系。董事会作为公司对外的代表机关，国有股董事仅是这一机关成员，即使国有股董事充当公司董事会之董事长，其对外之代表名义也必是公司而不应是国有股股东，因而国有股董事必须服从公司法与公司章程之约束，而不能拥有超越公司章程规定之例外权利，也不能无视公司章程规定之程序而行使权利，自然国有股股东对国有股董事的约束，在公司法

---

① 参见英振坤：《竞业禁止初探》，载《法商研究》1995 年第 5 期；苏义保等：《论公司董事的竞业禁止义务》，载《法学探索》1997 年第 3 期；郑万青：《论公司法上的竞业禁止》，载《学习与思考》1997 年第 7 期；黄来纪：《董事禁止竞业义务论》，载《上海社会科学院学术季刊》1999 年第 3 期。

制度制衡下必然有所减弱。①

国有股董事这种比较矛盾的身份属性，是国有企业公司制改革之后的必然结果，是其他股权与公司自治权对国有股权制衡的产物，也是公司自治机构能否正常发挥作用所必需，表明国有股权的行使与过去国家（政府）直接管理、经营国有企业或国有资产有了实质性的不同，这是国有股董事必须适应的，并须逐步养成这种股权制衡的公司观念。

（二）国有股监事代表

国有股监事代表是指国有股权主体依公司法或公司章程规定的程序委派到国有股所在公司监事会任职的监事代表或者由其推举的候选人经过股东（大）会选举担任监事的代表。国有股监事是否为国有股权代表，国内学者以及我国立法均无论及，使其地位处于不确定状态。笔者认为，国有股监事是一种履行某一特定职能并行使国有股权主体监督职权的国有股权代表人，是国有股权代表人的一种，理由如下：（1）从国有股监事的产生来看，国有股监事是由国有股权主体委派或者推举的候选人经股东（大）会选举产生，具有委托属性；（2）从国有股监事的设立目的来看，国有股监事的委派或候选人的推举，是国有股权主体为了实现对包括国有股董事在内的公司董事会和经理机构进行监督，以维护国有股和公司的合法权益；（3）从国有股监事本身的职能来看，国有股监事既履行代表国有股权主体对国有股董事进行监督，同时又受公司全体股东的委托和其他监事共同对包括国有股董事在内的公司董事会和公司经理机构进行监督，在公司自治机构的运作中发挥制衡作用。可见，国有股监事是国有股权代表中不可或缺的一种。

关于国有股监事的派出或委任，难点是国家股监事的委派，目前有两种基本思路：一种认为在中央、省两级设立隶属人大或政府

① 参见汪进元、贺航洲、王立亚：《股份制企业国有股法律问题研究》，载《法学评论》1995年第1期。

的监事局，由其全权掌管国有股监事的委派、管理与监督；另一种认为应由国有股权主体委派。笔者认为，这两种思路均有其合理之处，但均存在片面性。对国家股监事的委派，应当从国家直接投资的角度，由中央与地方分级委任。而对于国有法人股监事，自然就应当由转投资主体国有企业或其他国有法人单位委任。具体委任主体、委任方式、委任程序，下文将作具体分析。

四、国有股权代表人制度的授权机制与管理路径

国有股董事、国有股监事均为国有股权主体派出、委任产生或由其推举而经公司股东（大）会选举产生，这样又存在一个令人困惑的问题，即国有股权代表人应如何授权产生。他们之间的关系是什么？对于这一问题，目前国内学者谈论不多。笔者认为，如何做到不同股权代表派出路径分明、职权明确、分工管理、相互配合又互相制衡，是国有股权代表人制度能否正常发挥作用所不能忽略的一个重要方面。

（一）建立国有股权代表人资格制度

为了保证国有股权代表人既符合严格的条件又能胜任其职责，就应当打破国有股权代表人选物色中在现有国有企业内部打圈子的狭隘思想，为真正想有所作为并具有管理企业潜能的人才提供用武之地，形成合理、开放、竞争的国有股权代表人或代理人市场，笔者建议应由国务院国有资产监督管理部门出面，借鉴现行律师资格、企业法律顾问资格以及专利代理人资格制度，在全国进行国有股权代表人资格考试或考核制度，其考试或考核具体条件拟订应由国务院国有资产监督管理部门负责制订，并组织由著名专家组成的考核委员会，每年在全国进行一次考核或考试，严格标准。考试、考核实行审核（过去业绩）、笔试（知识测试）、面试（实践解决问题的能力）、综合测评四个程序，对入选者授予其国有股权代表人资格证书，作为其以后选任担任国有股权代表人的法定条件。

实行国有股权代表人资格制度，有以下正面价值：（1）真正

实现国有股权代表人的市场化，形成代表人市场的竞争局面，从而有利于杰出经营专家脱颖而出。（2）可以打破现有国有企业体制下用人唯亲、用人唯熟的现象，改变现在用人关系的亲情、乡情与友情风，使用人关系契约化。（3）由于国有股权代表人选来自全国，彼此很少利害关系，比在原有国有企业圈内挑选少了许多人情障碍和传统隶属关系，有利于不同代表类型职位的独立化，从而为公司制衡机制与不同国有股权代表相互制约、互相监督创造了条件。（4）由于国有股权代表以取得资格为先决条件，这样大大减少了原国有股权主体选派用人的任意性，又可杜绝或至少可大大减少用人过程中的不正之风的发生，对廉政建设也是十分有益的。（5）国有股权代表人资格既是一种任职资格，也是一种荣誉称号，对此队伍可以进行规范化管理，凡怠于职守很可能被取消这一资格，就有可能永远失去在这一职业圈内谋生和发展的机会，有利于国有股权代表人本身的自律。这些正面价值足以说明推行国有股权代表人资格制度之可行、必要和迫切。

（二）国有股权代表资格的遴选条件

为防止选任权的滥用，建议在遵循《企业国有资产法》原则性规定的前提下，通过相关行政法规或地方性法规对其予以细化。在立法上明确其选任标准的基础上，再通过公开选拔后将其纳入国有股董事、国有股监事备选库进行管理，适时派出到相应的国有企业担任国有股权代表人。

关于公开选拔的标准，建议从积极条件与消极条件两个方面进行规定。

关于积极条件，建议设置如下条件：（1）符合国家公务员选拔的政治标准和基础学历条件。（2）具有良好的职业操守和道德修养。（3）对所从事的事业与曾任职的单位有忠诚感与责任意识。（4）有8年以上的企业管理或经营经验。（5）有比较突出的管理或经营业绩。（6）通过基础的专业测试，具备履行国家出资人代表职责所需的各项技能和素质。其中，董事应具有公司治理、战略管理、资本运营等企业经营方面的专业知识；监事应具有财务、会计、审计等方面专业知识。（7）其他特定条件。

关于消极条件，建议凡具有如下情形的不得成为国有股权代表人备选库人选：（1）有《公司法》第146条规定的情形之一者；（2）曾因担任国有企业负责人或代理人，因经营不善而被撤职或受过行政处罚、处分的；（3）个人社会评价与社会声誉较差，或曾经因道德、作风等问题造成很坏社会影响的；（4）在单位和群众民主测评中有明显否定性评价的；（5）配偶、子女均移民或移居国外或在境外设立有个人独资、合伙、有限责任公司的；（6）个人社会信誉较差或在银行有不良记录的；（7）其他不宜担任国有企业董事、监事的情形。

（三）实行分别授权、分头管理的代表人授权程序

国有股权代表人的不同类型，由于职能与功能不能重合，故在授权程序上，必须对国有股董事、国有股监事采取分设制度，并通过不同程序予以委托或选举产生，以利于国有股所在公司内部治理机构之间的制衡。

关于国有股权代表人的产生，笔者认为应经过以下几个程序：（1）公开招聘。（2）申请与资格审查。（3）公开竞聘面试。（4）公布候选人名单接受社会公众的异议。（5）竞职演说之测评与人员确定。（6）签约与委托。

1. 公开招聘与职位数设置

对国有独资公司、国有资本控股公司，应当聘请具备相应资质的管理咨询公司等中介服务机构，由其根据企业规模和经营管理的有效性，结合企业发展因素，论证企业中国有股董事、监事代表的最佳职位数，一般国有股董事限定为3—5人，国有股监事代表限定为1—3人。对其他国有资本参股公司，则依据现行公司法的规定和国有股份额推选其出资人代表。

2. 公开招考信息并进行资格审查

国有股权代表人委任主体应当在组织（人事）部门的监督和

参与下，在其官方网站及相关媒体公开招考信息，并对报名者应具备的资格进行审查。该信息公开及资格审查为其法定义务，避免将适格的代表人人选排除在外。

3. 笔试面试并公布初选名单

笔试题目必须有 50% 以上的经营对策性分析，根据笔试成绩高低按比例确定入围名单并公布，组织面试及考察，对其品行、专业能力、身体健康状况等进行全面考察，确定初选名单并在国有股权代表人委任主体网站及相关媒体公示且确定异议期。

4. 确定入选名单并办理任用手续

异议期间任何人都可对初选人员提出异议并说明理由，国有股权代表人委任主体及组织（人事）部门，自接到异议之日起应当在确定期限内进行审查并答复。对异议成立者取消其入选资格，并依照前述程序递补人员；对未提出异议或异议不成立的确认其入选。对拟任国有独资公司董事、监事的，直接办理任用手续；对拟任国有资本控股公司或国有资本参股公司董事、监事的，经所在公司股东（大）会通过后再由国有股权代表人委任主体办理任用手续。

5. 确定试用期并进入管理程序

任用后当确定一定的（如 1 年）试用期，并由国有股权代表人委任主体对其进行日常管理，试用期满按组织程序进行任免。

（四）对国有股权代表人的监督管理

对国有股权代表人的监督可以通过以下几种途径实现：（1）国有股权代表人委任主体对国有股权代表人的监管与管理；（2）国有股所在公司内部的制衡机制即国有股董事、国有股监事的相互监督以及监事会之监督；（3）社会代表人与代理人市场化的外部约束；（4）政府的权力监督，包括财务、审计监督，国有资产监督管理部门对国有股权代表人之代表资格进行监督式管理等；（5）社会舆论监督；（6）党组织对有党员身份的国有股权代表人进行监督。

　　总之，国有股权代表人的设置及其制度安排，是国有股权具体行使过程中极为重要的环节，决定着国有股权的命运。因之，针对国有股权代表人本身的属性及特点，以相关立法的完善，制定严格的国有股权代表人资格制度，以严格的任职资格条件，通过不同形式国有股权代表人的分别授权、分头管理，建立规范的国有股权代表人激励、监控、约束机制，推动国有股权代表人或代理人的市场化，对解决国有股权行使中长期存在的主体缺位、责任空泛、监督不力等难题，具有极为重要的现实意义。

第四章　国有股权代表人的分级梯次结构

　　2002 年中共十六大政治报告所提出的"国家所有、分级代表"这一新型国有资产监督管理制度和监管模式,是对国有企业 20 多年改革实践的总结,是对以往国有企业改革成败得失的一种深刻反思和理性选择,也是借鉴国外成功的国有资产营运、监管体制之立法例与制度例的产物,更是对长期困扰国企改革和国有资产监管体制中的"国有资产所有权"实现模式和行使方式的一种理论突破和大胆的制度创新,还是对国有资产在中央与地方管理权限分配与利益调整的一种政策上、法律上、制度上的认可。这一制度构想的提出,既是历史的必然选择,也是现实改革状况的必然要求,其对推动以后国企改革,构建新型的经营性国有资产监管体制,实现国有资产出资人的真正到位,保证国有企业改革目标的最终完成,具有重大的理论指导和制度创新意义。2003 年《国有资产监督管理暂行条例》和 2008 年《企业国有资产法》,从法条上更明确和落实了"国家所有、分级代表"的制度构想,但这一制度构想的重要技术环节——国有资产或国有股权代表人制度却被忽略。笔者认为,建立和完善国有资产或国有股权代表人(以下统称为国有股权代表人)分级梯次结构,就是确保"国家所有、分级代表"之政策目标和立法安排的重要保障。

第一节　国有股权代表人分级
梯次结构的制度框架

笔者认为，要准确把握"国家所有、分级代表"这一新型国有资产监督管理制度和监管模式的基本内涵，把这一政策性的制度构想和理论模式变为现实的法律技术性规则和制度运行方案，必须以前面所述的国有股权代表人制度基本理论为逻辑起点，以中央和地方分级代表为路径，从国有资产投资经营的层次与股权关系入手，构建国有股权代表人分级梯次结构，并通过立法细化，使之变为具体的、可行的国有企业和国有资产监管改革方案。

一、国有股权代表人分级梯次结构的制度基础

国有股权代表人分级梯次结构的制度基础是国有股权代表人制度，如前所述，所谓国有股权代表人制度，是指以国有资产所有权行使的委托代表法理为基本理论依据，通过创设国有股权代表人，并以国有股董事代表和国有股监事代表两种国有股权代表人形式，由其分别行使国有资产出资人或国有股权主体的内部参与权和营业监督权等相应职能，以保证国有资产出资人或国有股东的主体到位、监管有力的新型国有资产经营监管制度。国有股权代表人制度与现有国有企业法定代表人制度、国有资产授权经营制度、国有资产外部监管制度相比较，具有以下几个方面的特征：

1. 国有股权代表人制度是把国有资产出资人代表和监管代表具体到特定自然人，由其代表国家这一特殊的出资人或财产所有人，依法在授权和职责范围内行使国有资产出资人或国有股权主体应当行使的各种权利，并承担相应的经济责任。它与现行国有企业法定代表人只代表国有企业不同，它代表的是国有资产出资人——国家，可以解决长期以来国有企业经营者地位、身份不明，国有资产所有者、国有股股东虚位这一源头性难题，使特定国有企业经营者在享有企业经营自主权决定下必要权利的同时，在国有股权代

131

人这一制度性、契约性的义务与责任机制的约束下，向国家承担其相应的代表或监管职责。

2. 国有股权代表人制度与原有国有资产授权经营制度相比，后者是国家授权特定国有投资机构或特定国有企业，由其代表国家行使对国有资产进行经营或再投资。国有资产授权经营制度最大的弊端在于混淆了国家投资设立企业或出资参股这一投资行为与国有企业或国有控股、参股企业之经营行为的不同性质，在这一制度框架下，国有企业或国有投资机构是国有资产的代表经营者，并不享有独立的权利与义务，这与把国有企业塑造为独立的市场主体这一改革主题极不相容。而相应的国有股权代表人制度则是国家通过法律和特定契约，授予特定自然人以国有股权代表人资格，使其作为国有出资人（股东）代表，进入企业内部，对企业主体本身之独立性和制度的完整性无任何影响，它可使国有股权代表人借助于国有企业的内部治理结构和权力运行机制，在遵循资本民主、股权平等、决策程序等基本原则的前提下，发挥其按国有资本份额应有的作用。

3. 国有股权代表人制度与现行国有资产、国有企业外部监管制度相比，后者诸如稽察特派员、经营者任期经济责任审计制度、外派监事会①，均是代表政府对国有企业或国有资本控股、参股公司实行外部的、不经常的、纯财务性质的监督，其监督存在信息不真实、不充分，监管缺乏针对性，监管不经常连续，监督活动难以与企业内部监督机构、制度力量形成契合以及监管本身效益低下、乏力等诸多致命缺陷。而国有股权代表人制度则通过创设国有股监事代表这一国有股权代表人的特殊形式，与企业内部监督机构与制

---

① 2000年3月15日，国务院发布《国有企业监事会暂行条例》和《国有重点金融机构监事会暂行条例》，同时废止1994年7月24日发布的《国有企业财产监督管理条例》，统一由国务院、具体是由财政部和国有资产监督管理机构牵头向国有企业和国有重点金融机构派驻监事会机构。监事会是一个外派机构，对国有企业经营者和企业本身的财务状况进行监督、检查。

度性力量进行合理对接，使国有资产外部监管和国有企业内部监督制度经常化、内部化、目标明确化，能够克服目前国有资产和国有企业行政式监管存在的一系列弊端。

二、国家直接投资情形下国家股权分级代表的层级结构

国有股权代表人的委派与运行，必须考虑到国有资产实际投资主体、国有资产涉及的利益分配范围、对股权代表人本身监管的有效性等诸多方面，其中，首先需要考虑的是在国家直接投资情形下，国家股权的分级代表问题。而以国家直接投资这一情形为切入点，首先要解决一级国有股权代表人即国家股权代表人的分级委任与派出问题。其具体代表层次及其代表的国有资产或国有股权类型的范围如下：

（一）中央国家出资企业国家股权代表人

党的十六大政治报告指出，"关系国民经济命脉和国家安全的大型国有企业、基础设施和重要自然资源等，由中央政府代表国家履行出资人职责"。《企业国有资产法》（2008 年）第 4 条第 2 款也有相同的规定。国务院（中央人民政府）代表国家直接投资之后，就必然存在中央政府投资的那一部分国有资产在中央国家出资企业中转换而形成的国家股，也就存在中央国家出资企业中国家股的股权代表问题。那么，在国有股权代表人的分级委任和派出中，就必须首先解决中央国家出资企业中国家股权代表人的委任或派出问题。这就是国家直接投资情形下国家股权分级代表中的中央层级，即一级国有股权代表人（亦称国家股权代表人）中的中央层级。

中央层级国家股权代表人主要内容包括：（1）中央国家出资企业的范围；（2）中央国家出资企业国家股权代表的具体形式，即国家股董事代表、国家股监事代表；（3）中央国家出资企业国家股权代表人中国家股董事代表、国家股监事代表的委任或派出机

构、方式、程序等；（4）中央国家出资企业国家股权代表人中国家股董事代表与国家股监事代表之间的关系及权责划分；（5）中央国家出资企业国家股权代表人中国家股董事代表、国家股监事代表职权的行使与职责的履行；（6）其他中央国家出资企业国家股权代表人的制度安排。具体内容见后文分析。

（二）地方政府出资企业国家股权代表人

党的十六大政治报告、2003 年国务院《国有资产监督管理暂行条例》和 2008 年全国人大常委会通过的《企业国有资产法》均提出，除中央政府应当履行出资人代表的范围之外，其他国有资产由地方政府代表国家履行出资人职责。地方经营性国有资产出资人代表层级直接决定于地方政府投资设立的国有资产的必要性以及既有的规模。学界普遍认为地方政府出资企业原则应止于省、市（地）两级，县级以下地方政府一般不应也无必要投资主办国有企业，这些合理的建议亦被吸纳到十六大政治报告和相关立法文本之中。地方政府出资企业是地方政府代表国家出资的另一重要形式，是国家直接投资在地方的具体表现。地方政府直接投资所设立或参股的企业即为地方政府出资企业，是国家出资企业的另一重要形式。自然，因地方政府直接投资的那一部分地方国有资产在地方政府出资企业中转化而来的国家股权，也需要委任、派出国家股的股权代表人，这就是国家直接投资情形下国家股权分级代表中的地方层级，即一级国有股权代表人（亦称国家股权代表人）中的地方层级。

地方层级国家股权代表人主要内容包括：（1）地方政府出资企业的范围；（2）地方政府出资企业的行政层级限制；（3）地方政府出资企业国家股权代表的具体形式，即国家股董事代表、国家股监事代表；（4）地方政府出资企业国家股权代表人中国家股董事代表、国家股监事代表的委任或派出机构、方式、程序等；（5）地方政府出资企业国家股权代表人中国家股董事代表与国家股监事代表之间的关系及权责划分；（6）地方政府出资企业国家股权代表人中国家股董事代表、国家股监事代表职权的行使与职责的履行；（7）其他地方政府出资企业国家股权代表人的制度安排。具体内容见后文分析。

在国家直接投资情形下，由中央政府（国务院）与地方政府分级代表国家出资而衍生的二层国家股权代表人结构，构成一级国有股权代表人即国家股权代表人的分层结构。

三、国有企业转投资情形下国有法人股权代表人的梯次结构

（一）国有企业转投资衍生出国有法人股权代表人问题

在国家直接投资的情形下，因中央政府与地方政府分别代表国家出资，而分别衍生出中央国家出资企业和地方政府出资企业，其企业形式包括非公司制的国有独资企业和公司制的国有独资公司、国有资本控股公司、国有资本参股公司。其中，非公司制的国有独资企业和公司制的国有独资公司、国有资本控股公司，因为国有资本为独自出资或占有绝对控制地位，被称为国有企业。在国有企业的经营过程中，其中最为重要的经营方式就是转投资，即非公司制的国有独资企业和公司制的国有独资公司、国有资本控股公司以其所有、占有、管领和经营的资产（本质上就是企业营运中的国有资产），以独资或合股设立新企业（公司）或购买股份等形式，转而进行对外投资，设立新的子企业（公司）或参股其他公司，即所谓的转投资行为。在国有企业转投资法律关系中，转投资主体国有企业为新的出资人（股东），其与转投资子企业（公司）或参股公司的关系，就是出资人与企业、股东与公司的关系。更为重要的是，在转投资法律关系中，国有企业转投资的那一部分企业国有资产就转化为其在转投资子企业（公司）或参股公司中的企业国有资产股权，即所谓的国有法人股权，就必然衍生出该转投资主体国

有企业向其转投资子企业（公司）或参股公司中委任、派出国有法人股权代表人问题。因此，国有法人股权代表人只是国有企业转投资的衍生产物。

（二）国有法人股权代表人为二级国有股权代表人

相对于国家股权代表人源于国家直接投资而言，国有法人股权代表人则源于国家直接投资衍生的国家出资企业中的国有企业的转投资。就国家股权来说，因其源于国家（政府）的直接投资，它是国有股权产生的最初来源，因此，包括中央政府与地方政府分级代表国家出资而设立或参股需要委任的国家股权代表人，均称为一级国有股权代表人。而国有法人股权，是由国家直接投资衍生的国家出资企业中的国有企业的转投资而形成，相对于国家股权而言，具有间接性、派生性和第二位性，因此，转投资主体国有企业向其转投资子企业（公司）或参股公司委任、派出的国有法人股权代表人，也就对应地具有间接性、派生性和第二位性；相对于一级国有股权代表人（国家股权代表人）而言，国有法人股权代表人应为二级国有股权代表人。

（三）二级国有股权代表人应由转投资主体国有企业直接委任

为简化委任、监管层级，提高监管效率，更重要的是本着"谁投资、谁行权、谁受利、谁监管"的原则，二级国有股权代表人即国有法人股权代表人，应由转投资主体国有企业直接委任或派出。这样就形成由国有企业转投资衍生的国有法人股权代表人垂直递进结构，即二级国有股权代表人（国有法人股权代表人）的梯次结构。

四、国有股权代表人分级结构与梯次结构之间的关系

（一）国有股权代表人分级梯次结构的基本内涵

由于二级国有股权代表人（国有法人股权代表人），是由转投

资主体国有企业直接委任或派出，这样事实上就会形成如下两层多级国有股权代表人结构：（1）中央政府（国务院）→国家股权代表人即一级国有股权代表人（中央国家出资企业）→中央国有企业（中央国家出资企业中的国有独资企业、国有独资公司、国有资本控股公司）→国有法人股权代表人即二级国有股权代表人（中央企业子公司或参股公司）→中央国有企业子国有企业（中央国有企业全资子公司或控股公司）→下级国有法人股权代表人即三级国有股权代表人（中央国有企业二级子公司或参股公司）……（2）地方政府→国家股权代表人即一级国有股权代表人（地方政府出资企业）→地方国有企业（地方政府出资企业中的国有独资企业、国有独资公司、国有资本控股公司）→国有法人股权代表人即二级国有股权代表人（地方国有企业子公司或参股公司）→地方国有企业子国有企业（地方国有企业全资子公司或控股公司）→下级国有法人股权代表人即三级国有股权代表人（地方国有企业二级子公司公司或参股公司）……当然，为了有效地控制国有资产的转投资经营风险，笔者认为，国有企业转投资的垂直层级不宜过多，一般转投资或再投资控制在子公司或二级子公司层级即可。由国有企业转投资衍生而形成的国有法人股权代表人垂直递进结构，即为国有法人股权代表人的梯次结构，与国家股权代表人的分层结构，共同构成国有股权代表人的分级分层梯次结构。

（二）国有股权代表人分级梯次结构的核心环节

笔者认为，国有股权代表人分级梯次结构应分为以下三个基本环节逐步推进，才具可操作性。

1. 第一个环节：具体的经营性国有资产归属于哪一级政府代表之范围的确定

某一具体的经营性国有资产如某一国有企业首先是划定为中央政府代表监管的范围，还是归属于地方政府（省、市两级）代表监管的范围，是确定对这一国有企业遴选、委派、授权、监督具体的国家股权代表人之授权主体和一级国有股持股主体最基本的前提。因此在国有股权代表人制度的构建中，首先必须把不同类型经营性国有资产纳入某一级政府所代表监管的职责范围内，建立权属明确、界限清楚的国家股权代表人授权主体和一级持股主体制度。

2. 第二个环节：一级国有股权代表人的遴选、委派、授权与监管

此即国务院和地方政府（省、市两级）代表国家直接投资与一级国有股持股主体对其出资设立或持股的中央国家出资企业、地方政府出资企业委派国家股权代表人即一级国有股权代表人（国家股董事和国家股监事）。由于现有国有企业的资本结构、组织制度以及制度背景的差异，一级国有股权代表人又可分为如下三种不同的情况：（1）对未改制的国有企业，则依据现有《全民所有制工业企业法》的规定，通过国有企业内部的职工代表大会民主选举程序机制，委任厂长或经理以及其他国家出资人监事作为国有资产代表人。（2）对国有独资公司，则应根据《公司法》和公司章程，通过分别委任国家股董事、国家股监事作为国家股权代表人，由其分别代表国家出资人（股东）行使内部经营管理参与权和营业监督权的不同职能。（3）对国有资本控股或参股的公司，则应根据《公司法》和公司章程关于公司内部治理机构设置与授权程序，通过委任国家股董事、国家股监事候选人，并经公司股东（大）会选举程序进入公司董事会和监事会，由其代表国家出资人（股东）行使内部经营管理参与权和营业监督权的不同职能。

3. 第三个环节：二级国有股权代表人的遴选、委派、授权与监督

二级国有股权代表人的委派应由一级国有股权代表人所在的国有独资企业、国有独资公司、国有资本控股公司作为国有法人股即二级国有股持股主体，向转投资的子企业（公司）或参股公司委派二级国有股权代表人即国有法人股权代表人。

在国有股权代表人的分级梯次结构中，本着"谁投资、谁行

权、谁受利、谁监管"的原则，国家（政府）就只需负责国家股权代表人（一级国有股权代表人）即可，而国有法人股权代表人（二级国有股权代表人）则由转投资主体国有企业负责，它属于转投资主体国有企业之内部事务，无须国家（政府）直接干预。这样对国家（政府）而言，就只需集中精力和资源，解决好国家（政府）直接投资企业中的国家股权代表人（国家股董事和国家股监事）的委任或派出问题，不但可以大大缩小其事权的范围，而且也因管理与监督的层级直接，有利于其提高对国家股权代表人（国家股董事和国家股监事），进而对国有资产和国家出资企业的监督效应。

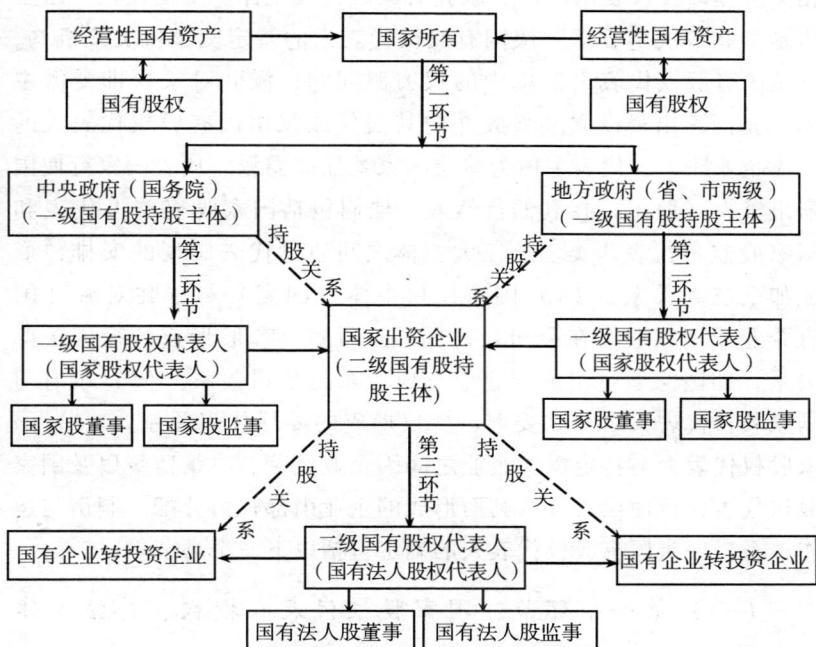

图2　国有股权代表人分级梯次结构图

第二节 国有股权代表人分级
梯次结构的授权环节

一、一级国有股权代表人制度构建的授权环节

笔者认为，要达到建立授权、派出主体稳定，授权、派出对象明确，授权范围具体，代表主体合格的国有股权代表人制度，必须解决好国有资产经营与管理、国有股权授权与行权过程中相关主体的确定，与相关主体之间的授权路径以及其相互关系等问题。所谓相关主体即授权委派主体、派驻对象、代表主体。所谓授权委派主体是指有权决定委派一级国有股权代表人的特定国家机关或机构，这是国有股权代表人制度中的权力源问题；派驻对象（即受派主体）是国家出资设立或参股并向其委任或派出国有股权代表人的具体企业法人；代表主体为接受国家委任或委派、代表国家行使国家出资人（股东）权利的自然人，他们包括国家股权董事代表和国家股监事代表两类。这三大主体之间通过代表制度的安排，形成如下三大关系：（1）国家授权主体（国家）与派驻对象（国有企业或国家股所在公司）之间通过投资、参股形成的投资法律关系，即国家通过出资与企业形成股东与公司关系。（2）政府与国家股权代表人之间因委派、授权形成的委任代表关系。（3）国家股权代表人与特定派驻企业之间因企业经营、决策监督以及国家股权代表人行使出资人权利而形成的企业内部权力分配、制衡与运作关系。一级国有股权代表人的确定包括以下三个环节。

（一）第一个环节：国家股权代表人授权、委派主体的法律定位

国家股权代表人授权、委派机构的主体应归属于谁，是建立国有股权代表人制度首先必须解决而不能回避的一个问题。对此，我

国现行立法，无论是适用于国有企业国有资产管理的《全民所有制工业企业法》、《公司法》、《物权法》和《企业国有资产法》等法律，还是《全民所有制工业企业转换经营机制条例》、《国有企业监事会暂行条例》和《企业国有资产监督管理暂行条例》等行政法规，均确定国家所有、国务院代表国家行使国有资产所有者的职能，对国有资产或国有股权，实行在国务院统一领导下，由国务院、地方政府及其国有资产管理监督部门等政府履行国家出资人职责的机构实行分级代表、专职履行的管理体制。同样国家股权代表人的授权、委派也相应地由政府及政府履行国家出资人职责的机构来统一行使。关于国家股权代表人授权、委派主体的法律定位，1999 年前后学者们分别从不同的理论视角提出了归属人大权力机构模式[①]、政府部委模式[②]和企业管理模式[③]等不同的制度与立法构想。中共十六大政治报告提出构建"国家所有、分级代表"的新型国有资产监督管理体制的制度构想后，2003 年《企业国有资产监督管理暂行条例》和 2008 年《企业国有资产法》实际上还是延续了过去的行政部委模式，即由国务院、地方政府及其国有资产管理监督部门等政府履行国家出资人职责的机构，负责一级国有股权代表人（国家股权代表人）的授权与委任。

笔者认为，国家股权代表人授权、委派主体的法律定位，应当解决好如下问题：（1）国家股权代表人授权、委派主体应有充分

---

① 参见管丽娟：《论国有企业公司中的"股东缺位"问题及法律对策》，载《法制与经济》1994 年第 1 期；樊纲：《论当前国有企业产权关系改革》，载《改革》1995 年第 1 期；钱津：《论国有资产经营的立法主导》，载《当代经济研究》1999 年第 1 期。

② 参见谢次昌：《股份制企业国有股管理的法律问题》，载《中国法学》1993 年第 1 期；徐晓松：《国有资产保值增值的难点及法律对策》，载《中国法学》1996 年第 6 期。

③ 参见王文杰：《国有企业公司制改革之法律分析》，中国政法大学出版社 1999 年版，第 153—154 页。

的立法依据，因此，其授权的规范依据必须是法律，这一点 2008 年《企业国有资产法》是一个比较好的开端。（2）国家股权代表人授权、委派主体必须要体现授权主体与委任主体应有的权威性和合法性。就这一点而言，虽然 2008 年《企业国有资产法》提高了政府与政府履行出资人职责的机构对国家出资企业中董事、监事、经理等委任授权的法律级别，但其把国家股权代表人授权主体与委派主体定位为国务院或地方政府之下工作机构，即国有资产监督管理委员会等履行出资人职责的机构，其权威性尚有不足。（3）要从股权行使的内容上把国家股权代表人分设为国家股董事代表与国家股监事代表，并以立法的形式设立分途委任、分别派出的制度，便于其权利（力）制衡与相互监督。相对来讲，2008 年《企业国有资产法》尚没有涉及这些问题。（4）要体现国家所有权和国有资产原始所有者对国家股权的必要监督。2008 年《企业国有资产法》虽然解决了立法机关对国务院和地方政府代表国家出资和政府履行国家出资人职责的机构的授权问题，但目前无论是国家出资企业中董事、监事、经理等企业高管的委任，还是国有企业外派监事会的派出，均由国务院和地方政府及政府履行国家出资人职责的机构来行使，无疑不利于国家股权代表人中国家股董事代表与国家股监事代表之间的职能独立和相互监督；同时，人大及人大常委会作为人民的权力总代表，其在有关国家股权代表人的委任、派出上，没有保留足够的监督性权力资源，其监督政府之制度功能没有明显体现出来。

基于以上考虑，笔者认为，我国应创设"立法机关主导、行政机关主管"的双层国有资产监督管理体制，其基本制度构架如下：（1）在全国人大及地方人大常委会之下设立国家国有资产委员会（以下简称国家国资委）；在现有国务院和地方政府国有资产监督管理委员会的基础上，整合其他部门的职责，设立统一的政府国有资产管理委员会（以下简称政府国资委），并建立国家国资委对政府国资委的对应监督关系。（2）在"立法机关主导、行政机关主管"这一双层国有资产监督管理体制中，由全国人大及地方人大常委会负责国家股权代表人中国家股监事代表的委任，国家国资委负责派出和管理；由国务院和地方政府负责国家股权代表人中国家股董事代表、经理的委任，政府国资委负责派出和管理。（3）国家股董事代表（包括独任或兼职经理）则代表国家出资人（股东）行使其在公司制国家出资企业中的内部参与权与经营管理权；国家股监事代表则代表国家出资人（股东）行使其对公司制国家出资企业中的董事会、经理机构及董事（重点为政府董事）、经理的营业监督权，并建立起国家股监事代表对国家股董事代表（即政府董事）的对应监督关系。具体方案及运行详见后文。

（二）第二个环节：国家股权代表人派驻企业的确定

国家股权代表人的委派对象涉及如下两个问题：（1）中央国家出资企业与地方政府出资企业的范围；（2）中央国家出资企业与地方政府出资企业的具体企业形式。

就中央国家出资企业与地方政府出资企业的范围而言，其关系到中央与地方的分级代表问题，需要解决的问题有：（1）国家直接投资的性质与产业领域的限定范围；（2）中央与地方的事权范围与直接投资范围的确定；（3）地方政府投资行政层级的限制；（4）中央政府（国务院）与地方政府直接投资的具体形式。上述这些因素决定国家股权代表人的委派对象的基本范围。

就中央国家出资企业与地方政府出资企业的具体企业形式而言，与国家直接投资的形式有关，即中央政府（国务院）与地方政府分级代表国家进行直接投资时，可分别选择独资、控股和参股三种方式，其结果是衍生出非公司制的国有独资企业和公司制的国有独资公司、国有资本控股公司、国有资本参股公司等不同企业形式。由于国家股权是国家以其国有资产直接投入公司制国有企业中转化的资本权益形式，因此，严格来说，国家股权代表人派驻的企业类型只包括国家出资企业中公司制的国有独资公司、国有资本控股公司、国有资本参股公司，不包括仍然采取全民所有制企业形式的国有独资企业。

（三）第三个环节：国家股权代表人的委任及企业内部任职

在确定国家股权代表人授权、委派主体和派驻企业后，则应按照全国人大及地方人大常委会负责委任国家股权代表人中国家股监事代表、国务院和地方政府负责委任国家股权代表人中国家股董事代表、经理的不同委任路径，在中央和地方分级代表的权限与事权范围内，根据中央与地方所直接管辖企业的数量和范围，分别向公司制的中央国家出资企业和地方政府出资企业委任、派出国家股监事代表和国家股董事代表。

国家股监事代表和国家股董事代表委任或派出后，则应根据公司制国家出资企业的不同情况，依照企业内部一定的组织建制和治理程序，到该企业内部不同治理机构中任职。其中，在国有独资公司，被委任或派出的国家股监事代表和国家股董事代表可直接到该公司监事会、董事会中任职；而在国有资本控股公司、国有资本参股公司，被委任或派出的国家股监事代表和国家股董事代表则须经该类公司内部股东（大）会的选举、表决后，方可分别进入这些公司内部的监事会、董事会中任职。

以上具体委任、派出权限、方式、程序和任职的基本流程，详见后文分析。

二、二级国有股权代表人制度构建的授权环节

二级国有股权代表人的委任或派出，实质就是国有法人股权代表人的委任或派出问题，其授权环节主要包括：（1）国有法人股持股主体的归属问题。（2）国有法人股权代表人的派驻企业。（3）国有法人股权代表人的委派及其管理。

（一）第一个环节：国有法人股持股主体的确定

笔者认为，二级国有股权代表人的委派、任命源于一级国有股

权代表人派驻企业的转投资和再持股，而只有当企业的转投资和再持股具有国有资产或国有股份性质，才发生二级国有股权代表人的委派和任命问题，因此，二级国有股权代表人的委任、派出是否必要，实际上取决于一级国有股权代表所驻企业的资产结构以及由此而形成的再投资与再持股性质。它具体可以分为以下两种情形：（1）一级国有股权代表人所驻企业的全部资产为国有资产构成，它包括未改制的国有独资企业、国有独资公司以及全部股权或股份由分属于不同国有投资部门投资形成的有限责任公司或定向募集的股份有限公司。在此种情形下，一级国有股权代表人所驻企业的再投资和再持股则可视为具有国有资产出资性质。为了行使国有法人投资人和持股主体的权利，就发生这些企业向其转投资或持股企业委任、派出二级国有股权代表人的问题。（2）国有资本或股份仅为一级国有股权代表人所驻企业全部资本或股份之一部分。如这些企业把其所支配的财产用于再投资或再持股，其性质则不完全具有国有资产出资性质。此种情形下，只发生企业法人委派法人股代表问题，而不发生二级国有股权代表人的委任与派出问题。

可见，二级国有股权代表人的委任或派出源于国有企业的转投资，该国有企业转投资的特定国有资产则转化为在子公司或参股公司中的国有法人股权。国有法人股持股主体包括如下两种情况：

1. 国家出资企业中的国有企业，包括非公司制的国有独资企业和公司制的国有独资公司、国有资本控股公司。

2. 其他国有法人单位，包括由国家财政拨款建设的高等学校、科研院所、公立医院和其他国有事业单位。

在二级国有股权代表人的委任或派出过程中，上述国有法人股的持股主体就是具体的委任或派出主体。

（二）第二个环节：国有法人股权代表人派驻企业的确定

由于国有法人股权是国有企业或其他国有法人单位以其企业或

单位的国有资产转投资子公司或参股公司中转化的资本权益形式，因此，严格来说，国有法人股权代表人派驻的企业类型只包括国有企业或其他国有法人单位转投资企业中的国有法人独资公司、国有法人控股公司或其他国有法人资本参股公司，不包括仍然采取全民所有制企业形式的国有法人独资企业。

（三）第三个环节：国有法人股权代表人的委派与任职

国有法人股持股主体对国有法人股权代表人的委派，既要受制于国有企业或国有法人单位内部的治理结构职权划分，以确定国有企业或国有法人单位内部由哪一具体机构或机关行使对国有法人股权代表人的委任与派出权；也要受制于国有法人股权所在公司之内部治理结构的设置，即公司股东（大）会、董事会以及监事会等内部治理机构的设置职能与职权划分，以决定国有法人股权代表人在转投资子公司或参股公司的内部任职程序。

有关国有法人股权代表人委派与任职的具体权限、方式、程序和任职的基本流程，也将在后文详细分析。

第五章　中央与地方国有
股权的分级代表

第一节　中央国家出资企业的国有股权代表

一、中央国家出资企业的基本范围

（一）中央国家出资企业基本范围的政策宣示与法律规定

对于中央国家出资企业的基本范围，我国政策与法律自20世纪80年代以来，有一个由模糊到逐步清晰的过程。1984年10月20日中共十二届三中全会通过的《中共中央关于经济体制改革的决定》，当时改革的主要议题是国家与全民所有制企业的关系问题，即围绕"经济体制改革"这个中心环节，"确立国家和全民所有制企业之间的正确关系，扩大企业自主权"。基于"过去国家对企业管得太多太死的一个重要原因，就是把全民所有同国家机构直接经营企业混为一谈"；改革的基本内容就是使全民所有制企业"所有权同经营权"进行适当分开①，尚没有涉及国有企业与国家出资企业这些概念。1988年4月由全国人大常委会通过的《全民所有制工业企业法》第2条只明确了"全民所有制工业企业（以下简称企业）是依法自主经营、自负盈亏、独立核算的社会主义

---

① 中共中央《关于经济体制改革的决定》（1984年），人民出版社1984年版，第4—5页。

商品生产和经营单位。企业的财产属于全民所有，国家依照所有权和经营权分离的原则授予企业经营管理。企业对国家授予其经营管理的财产享有占有、使用和依法处分的权利。"限于当时的观念、政策，其条文也提及中央、地方所属全民所有制企业的范围。1992年7月23日国务院发布的《全民所有制工业企业转换经营机制条例》第41条规定，"企业财产属于全民所有，即国家所有，国务院代表国家行使企业财产的所有权。企业财产包括国家以各种形式对企业投资和投资收益形成的财产，以及其他依据法律和国有资产管理行政法规认定的属于全民所有、由企业经营管理的财产。"其政策性规定也未涉及全民所有制企业与国家所有权的分级所有。

首次提出国有企业财产国家所有和分级管理的是1993年10月14日中共中央十四届三中全会通过的《中共中央关于建立社会主义市场经济体制若干问题的决定》，其在"转换国有企业经营机制，建立现代企业制度"部分中，对"加强企业中的国有资产管理"作了如下原则性的表述："对国有资产实行国家统一所有、政府分级监管、企业自主经营的体制。按照政府的社会经济管理职能和国有资产所有者职能分开的原则，积极探索国有资产管理和经营的合理形式和途径。加强中央和省、自治区、直辖市两级政府专司国有资产管理的机构"。随后，第八届全国人大常委会第五次会议于1993年12月29日通过的《公司法》第64条第2款规定："国务院确定的生产特殊产品的公司或者属于特定行业的公司，应当采取国有独资公司形式。"此为以国家法律的形式首次对国有独资公司的经营领域与行业范围所作的较为具体的规定。又如，1994年7月4日国务院发布的《国有企业财产监督管理条例》第4条也原则性地规定："建立明晰的产权关系，旨在明确政府有关部门和其他监督机构的职责、企业的权利和责任，理顺企业财产的国家所有、分级管理、分工监督和企业经营的相互关系。"这明显是中共中央十四届三中全会决定的落实和对应。

在政策上明确公有制经济的主体地位以及所占比例，是1997年9月12日中共十五大政治报告。该报告指出："公有制的主体地

148

位主要体现在：公有资产在社会总资产中占优势；国有经济控制国民经济命脉，对经济发展起主导作用。这是就全国而言，有的地方、有的产业可以有所差别。公有资产占优势，要有量的优势，更要注重质的提高。国有经济起主导作用，主要体现在控制力上。要从战略上调整国有经济布局。对关系国民经济命脉的重要行业和关键领域，国有经济必须占支配地位。在其他领域，可以通过资产重组和结构调整，以加强重点，提高国有资产的整体质量。"随后，于1999年9月22日在中共十五届四中全会上通过的《中共中央关于国有企业改革和发展若干重大问题的决定》，更加明确地指出："在社会主义市场经济条件下，国有经济在国民经济中的主导作用主要体现在控制力上。（一）国有经济的作用既要通过国有独资企业来实现，更要大力发展股份制，探索通过国有控股和参股企业来实现。（二）国有经济在关系国民经济命脉的重要行业和关键领域占支配地位，支撑、引导和带动整个社会经济的发展，在实现国家宏观调控目标中发挥重要作用。（三）国有经济应保持必要的数量，更要有分布的优化和质的提高；在经济发展的不同阶段，国有经济在不同产业和地区的比重可以有所差别，其布局要相应调整。"为此，中央决定要"从战略上调整国有经济布局，要同产业结构的优化升级和所有制结构的调整完善结合起来，坚持有进有退，有所为有所不为"。该《决定》原则性规定，"国有经济需要控制的行业和领域主要包括：涉及国家安全的行业，自然垄断的行业，提供重要公共产品和服务的行业，以及支柱产业和高新技术产业中的重要骨干企业。其他行业和领域，可以通过资产重组和结构调整，集中力量，加强重点，提高国有经济的整体素质"。

　　在十五大政策的基础上，2002年11月8日中共十六大政治报告，则第一次全面地对国有资产的国家所有与分级代表进行整体性的制度设计。该报告在第四部分"经济建设和经济体制改革"就"深化国有资产管理体制改革"作了如下突破性的表述，即"在坚持国家所有的前提下，充分发挥中央和地方两个积极性。国家要制定法律法规，建立中央政府和地方政府分别代表国家履行出资人职责，享有所有者权益，权利、义务和责任相统一，管资产和管人、管事相结合的国有资产管理体制。关系国民经济命脉和国家安全的大型国有企业、基础设施和重要自然资源等，由中央政府代表国家履行出资人职责。其他国有资产由地方政府代表国家履行出资人职责。中央政府和省、市（地）两级地方政府设立国有资产管理机构。继续探索有效的国有资产经营体制和方式。各级政府要严格执行国有资产管理法律法规，坚持政企分开，实行所有权和经营权分离，使企业自主经营、自负盈亏，实现国有资产保值增值"。

为落实中共十六大政治报告关于"国有资产的国家所有与分级代表"的制度构想，2003 年 5 月 27 日，国务院发布了新的《企业国有资产监督管理暂行条例》，本着"企业国有资产属于国家所有。国家实行由国务院和地方人民政府分别代表国家履行出资人职责，享有所有者权益，权利、义务和责任相统一，管资产和管人、管事相结合的国有资产管理体制"这一基本的制度构架，该《条例》第 5 条规定："国务院代表国家对关系国民经济命脉和国家安全的大型国有及国有控股、国有参股企业，重要基础设施和重要自然资源等领域的国有及国有控股、国有参股企业，履行出资人职责。"① 首次以规范性文件的形式，对中央国家出资企业（即国务院代表国家的出资企业，以下简称中央国家出资企业）之范围作出了比较具体的规定。2003 年 10 月 14 日中共十六届三中全会通过的《中共中央关于完善社会主义市场经济体制若干问题的决定》，提出"完善国有资本有进有退、合理流动的机制，进一步推动国有资本更多地投向关系国家安全和国民经济命脉的重要行业和关键领域，增强国有经济的控制力。其他行业和领域的国有企业，通过资产重组和结构调整，在市场公平竞争中优胜劣汰。发展具有

---

① 国务院《企业国有资产监督管理暂行条例》（2003 年）第 4 条、第 5 条。

国际竞争力的大公司大企业集团。继续放开搞活国有中小企业。以明晰产权为重点深化集体企业改革，发展多种形式的集体经济"。

2008 年 10 月 28 日由十一届全国人大常委会第五次会议通过的《企业国有资产法》第 4 条规定："国务院和地方人民政府依照法律、行政法规的规定，分别代表国家对国家出资企业履行出资人职责，享有出资人权益。国务院确定的关系国民经济命脉和国家安全的大型国家出资企业，重要基础设施和重要自然资源等领域的国家出资企业，由国务院代表国家履行出资人职责。其他的国家出资企业，由地方人民政府代表国家履行出资人职责。"① 这是迄今为止，国家法律层面对中央国家出资企业的领域与范围作出的最为具体、明确的规定。

2013 年 11 月 12 日中共十八届三中全会通过的《中共中央关于全面深化改革若干重大问题的决定》，再次提出"国有资本投资运营要服务于国家战略目标，更多投向关系国家安全、国民经济命脉的重要行业和关键领域，重点提供公共服务、发展重要前瞻性战略性产业、保护生态环境、支持科技进步、保障国家安全"。在准确界定不同国有企业功能的前提下，"国有资本加大对公益性企业的投入，在提供公共服务方面作出更大贡献。国有资本继续控股经营的自然垄断行业，实行以政企分开、政资分开、特许经营、政府监管为主要内容的改革，根据不同行业特点实行网运分开、放开竞争性业务，推进公共资源配置市场化。进一步破除各种形式的行政垄断"。国家投资的主要方向被明确限定于"国家安全、国民经济命脉的重要行业和关键领域"、"重点提供公共服务、发展重要前瞻性战略性产业、保护生态环境、支持科技进步、保障国家安全"等领域和产业。

（二）中央国家出资企业基本范围的现状分析

在学界，对中央国家出资企业领域与范围的分歧与争议，则随

---

① 参见《中华人民共和国企业国有资产法》（2008 年）第 4 条。

着我国国有资产管理体制与国有企业改革的推进与深入而有所变化。在 20 世纪 80 年代中期及以前，国家投资与经营几乎涉及国民经济与公共生活的各个领域，学界对国家出资企业特别是中央国家出资企业的投资与经营范围，没有足够的认识和深入的探讨，限于当时的政策与观念，学者只在营利性、竞争性国有企业与政策性、非竞争性国有企业之间寻求平衡。[①] 进入 20 世纪 90 年代，学者开始关注国家投资与经营的具体范围，并对涉及特殊产品的生产（如货币、邮票、重化工、军事用途的核心产品与组件等）或特定行业的经营（如银行、铁路、通讯、航空、电视、新闻出版等）等关系国家经济安全、政治稳定和国防利益的领域进行利弊分析。[②] 进入 21 世纪，有学者从中央与地方国有资产产权关系，认为中央与地方出资关系不是真正意义上的所有权关系，所有权的主体只能是国家并由中央政府（国务院）来享有，地方政府只是中央政府授权下的代理监督管理关系，其中有关重要的资源性国有资产经营；属于关系国家安全的行业和全国性的公共服务行业；竞争性领域中的国家支柱产业、高新技术产业等，就应由中央政府直接投资或经营。[③] 有学者从中央与地方的财权与事权关系，认为重要的资源性国有资产，服务范围辐射全国、关系国家安全的行业、自然垄断产业和基础设施与基础产业，受益范围辐射全国的公共产品领域，影响全国产业转型升级的支柱产业、高新技术、战略产业等竞争性领域，应由中央国家出资经营，具体产业边界包括能源、基础原材料、军工、基础设施建设、邮政通信、交通运输、机械制

① 参见史际春：《国有企业法论》，中国法制出版社 1997 年版，第 53—54 页。

② 参见王文杰：《国有企业公司化改制之法律分析》，中国政法大学出版社 1999 年版，第 135—136 页。

③ 参见李松森：《中央与地方国有资产产权关系研究》，人民出版社 2006 年版，第 194—197 页。

造、高新技术、特种行业等，并按照前述范围控制其内容。①

在发达市场经济国家，涉及为社会公众或全体公民提供基本生活的水、电、天然气、公共交通、公共通信、公共道路的公共设施与保障全体公民基本福利的文化、教育、卫生、科学、环境保护等公共福利设施，一般采取国家所有或公共所有②，国家一般不涉足竞争性经济领域的投资与经营。

在 20 世纪 90 年代，中央与地方就事实上已经逐步实行了分级的管理，如 90 年代中期，官方的统计资料表明，在全国 34950 亿元国有资产总量中，其中经营性国有资产总量为 25433 亿元；中央管理的国有资产总额为 17589 亿元，占 50.3%；地方管理的国有资产总额为 17361 元，占 49.7%③。我国现行经营性国有资产与中央国家出资企业所涉及的领域绝大部分集中于关系国计民生的基础设施、装备工业、军工生产、高新产业、金融领域和专营垄断行业等。

（三）中央国家出资企业基本范围的确定依据与具体边界

笔者认为，中央国家出资企业范围的确定，应从以下几个方面来分析：（1）从国家出资的属性与功能来看，国家职能的社会性、公共性和职权性，决定了国家出资只能限于市场竞争失灵的公共领域或不具营利性的公益性领域、涉及国计民生的基础部门、关系国家安全和公共安全的战略性产业、对社会与经济发展和转型具有引

---

① 参见史言信：《国有资产产权：中央与地方关系研究》，中国财政经济出版社 2009 年版，第 128—132 页；陈少晖：《分级所有：中央与地方国有资产产权结构的优化选择》，载《学习论坛》2013 年第 2 期。

② 参见张建文：《转型时期的国家所有权问题研究：面向公共所有权的思考》，法律出版社 2008 年版，第 78—79 页。

③ 参见秦醒民主编：《国有资产法律保护》，法律出版社 1997 年版，第 104 页。

领功能的重大项目或工程等，其他如竞争性、营利性的一般经济领域，涉及民生需求而可通过竞争性生产或经营予以有效供给的部门，非战略性的普通产业等，则不需要也不宜由国家投资或经营，完全可以通过市场调节和自由竞争，由民间资本、社会资本、民营企业或外商资本的投资和经营予以有效解决。（2）从中央政府的法律地位和事权范围来看，中央政府对外作为国家主权的代表者，内政则集中表现为国家意志和法令的具体执行者，其事权范围主要包括主权事务、国防安全、外交事务、政令统一、行政区之间的协调、不同地区发展的综合平衡和由单一地方政府解决不了的其他政治、经济、文化事务等，其中有关经济类事务主要涉及国家安全类（如军工领域）、跨行政区域类（如石油、天然气管道建设与输送，电网与电力输送，通信、网络、电视广播传输线路建设与运行，跨行政区的铁路、公路、车站、港口、机场等国家交通基础设施的统一规划、建设和营运等）、具有政策性倾向且有垂直业务网络与供给系统（如政策性银行、邮政）的领域、部门和产业。（3）由于中央国家出资企业具有中央政府的权力背景，具有地方政府出资企业和其他任何民间资本、社会资本、民营企业、外资企业等难以比拟的财力、资源、权力、信息等优势，其业务与经营范围应作严格限制和规范，不可以随意扩大其业务和经营范围，以损及地方政府出资企业和民营企业的营业利益，破坏市场秩序和公平竞争。

根据 2008 年《企业国有资产法》的有关规定和 2013 年 11 月 12 日中共中央《关于全面深化改革若干重大问题的决定》中关于国家投资方向的基本精神，结合前述国家投资的制度功能、中央政府的法律地位和事权范围，笔者认为，可列为中央国家出资企业投资范围应限于如下几个方面：

1. 国家安全类产业，即关系国家安全和公共安全的战略性产业。典型的如军工、航空、航天、信息等领域。

2. 因市场竞争失灵需要国家投资的跨行政区域类公共领域或

不具营利性的公益性领域。如公共教育、公共医疗、公共福利类产业。

3. 关系国民经济命脉、影响国计民生并涉及跨行政区域的基础部门。如石油、天然气管道建设与输送；电网与电力输送；通信、网络、电视广播传输线路建设与运行；跨行政区的铁路、公路、车站、港口、机场等国家交通基础设施的统一规划、建设和营运等。

4. 具有政策性倾向且有全国性垂直业务网络与供给系统、可通过准军事化管理或营运的部门。如全国性政策性银行、全国性政策保险机构、全国性邮政普遍服务中的信件投递业务等领域、部门和产业。

5. 对社会、经济发展与转型具有引领功能的重大项目或工程等。如三峡工程、南水北调等国家大规模的水利项目；具有成长、引领意义的新兴产业、高科技产业或战略产业等。

（四）不同营业范围的中央国家出资企业之改革路径

在确定中央国家出资企业的范围之后，央企的下一步改革还应特别注意如下要点：

1. 对属于中央国家出资企业投资范围之外的现有中央企业，应有计划、有步骤地选择分期减持国有股，把国家法定投资范围之外的现有中央企业改造成为真正的混合所有制企业或股份制企业，并最终实现中央国家资本在营利性、竞争性领域、普通部门和一般产业中全面或大部分退出。

2. 对属于中央国家出资企业投资范围之内的现有中央企业，应对其业务与经营范围进行严格的规范和限制，有关政策和法律必须严格限制甚至在必要的时候应禁止中央国家出资企业超出其核定主业或法定经营范围之外进行投资或经营。如媒体追踪和社会热议已久的中国保利集团、中国中化集团公司等众多央企涉足房地产问题，就引起业界和学界的一致反对，2010 年 4 月盛传国资委关于

155

78 家央企退出房地产的计划①，虽然到 2014 年 4 月也没有完成②，却反映了社会公众、业界、学界的普遍关注和基本态度。

(五) 中央国家出资企业的适度数额

截至 2014 年 11 月，我国现有中央国家出资企业 113 家③，应该说这个数额还是多了些。笔者认为，依据前述中央直接投资设立国家出资企业范围的限定领域，如果考虑到今后中央企业在大部分竞争性领域的退出或者通过大幅度减持国家股使国有资本在某些领域和行业不再占有控股地位，则中央国家出资企业中独资企业、独资公司、控股公司的数量控制在 30—50 家为宜。这样，一则可给中央事权瘦身，使中央政府把有限的精力集中到国家、社会、市场最需要国家出资的基础、公共、公益、战略等重要领域和行业；二则因为中央国家出资企业的数量减少，有利于精简管理对象，从而明显提高中央国家出资企业国有资产的管理效能；三则在国家对基础、公共、公益、战略和重要领域和行业有充分投资保障的前提下，国家从绝大部分竞争性领域的退出，可以为民间资本、社会资本、民营企业创造更为自由、宽松的营业竞争环境和更多、更广的营业进入机会，从而加速我国市场体制的转型和产业结构的升级。

二、中央国家出资企业的主要形式

关于中央国家出资企业的主要形式，我国主要的政策依据和法律依据为党的历次有关国有企业改革的重要文件和《全民所有制

---

① 参见叶建平等：《78 家央企退出房地产业务四大悬念成为关注焦点》，载中央政府门户网站·今日中国·中国要闻（www.gov.cn），2010 年 3 月 25 日访问。

② 参见张凤玲：《国资委推管理新政 78 家央企"退房"加速》，载《中国房地产报》2014 年 4 月 14 日。

③ 参见国务院国有资产监督管理委员会网站·中央企业·央企名录（http：//www.sasac.gov.cn/），2014 年 11 月 20 日访问。

工业企业法》（1988 年）、《公司法》（1993 年，1999 年、2004 年、2005 年、2013 年先后 4 次修订）、《合伙企业法》（1997 年，2006 年修订）、《企业国有资产法》（2008 年）等，其形式有全民所有制企业、公司等不同称谓。特别是 2008 年《企业国有资产法》第 5 条，第一次把国家出资企业的具体形式比较清晰地表述为"国家出资的国有独资企业、国有独资公司，以及国有资本控股公司、国有资本参股公司"。虽然如此，该法由于没有明确对企业与公司进行区分，其有关国家出资企业的分类表述仍然缺乏准确性。笔者认为，依据有关企业的法律形式与组织制度的分类，结合我国现行法律的有关规定，中央国家出资企业主要有公司制企业和非公司制企业两大形式。

（一）公司制的中央国家出资企业

公司制的中央国家出资企业是以国务院代表国家作为出资股东并作为发起人，以资本本位进行组织构建、权利（力）配置、治理运行和利润分配，按照《公司法》、其他特别商事法、公司章程所规定的条件和程序设立的国家出资企业。公司制的中央国家出资企业，按照国家出资在公司中所占的股权份额，可分为中央国家资本独资公司、中央国家资本控股公司和中央国家资本参股公司。

1. 中央国家资本独资公司。习惯上又称中央国有独资公司，是指由国务院代表国家单独出资设立、由国务院授权国务院国有资产监督管理委员会或其他部门、机构（以下简称履行出资人职责的机构）履行出资人职责的有限责任公司。中央国家资本独资公司具有如下一些基本特点：（1）出资主体的唯一性。中央国家资本独资公司的唯一出资主体即国家，并由中央人民政府——国务院集中代表国家作为中央国家资本独资公司的出资人。（2）企业形式的公司制。中央国家资本独资公司是以国务院代表国家作为唯一出资人设立的有限责任公司，其组织构建、权利（力）配置、治理运行和利润分配均遵循资本本位原则。（3）治理结构的二元性。

由于中央国家资本独资公司只有唯一的出资人（股东），也就不存在有其他多元投资主体类公司的股东会这一由多元、全体股东组成的会议体权力机构，其内部组织建制是典型董事会、监事会二元治理结构，其内部权利与权力的配置，具有先天的不平衡性。（4）授权程序的外部性。与一般多元投资主体的公司不同，由于出资主体（股东）的唯一性导致其股东会机构的空缺，因此，无论是其董事会成员，还是监事会成员，均不能经股东会等公司内部机构选举或推举产生，而需由其唯一出资人（股东）国务院授权其履行出资人职责的机构进行委派、任免，其权利与权力的授予带有明显的外部化特征。

2. 中央国家资本控股公司。习惯上又称中央国有控股公司，是指由国务院代表国家发起并出资设立、由国务院授权国务院履行出资人职责的机构履行出资人职责、国家出资份额在该公司中占有绝对或相对控制地位的公司。中央国家资本控股公司按其组织形式又可分为中央国家资本控股的有限责任公司和中央国家资本控股的股份有限公司。其中，中央国家资本控股的股份有限公司又可分为中央国家资本控股的上市股份有限公司和中央国家资本控股的非上市股份有限公司。与前述中央国家资本独资公司和其他一般性公司相比较，中央国家资本控股公司具有如下一些基本特点：（1）出资主体的多元性。即中央国家资本控股公司的出资主体既包括国家，也包括国家之外的其他出资主体，如法人、自然人、境外的国家或地区、外商资本等。（2）国家资本的控制性。在中央国家资本控股公司中，由国务院集中代表的国家出资部分在公司的股权比例或者全部股份中占有绝对和相对的控制地位，国务院和其授权履行出资人职责的机构作为该公司具有控股地位的国家出资人（股东）或出资人代表，拥有对该公司的资本控股权和治理事务的控制权，有权对公司内部的事务和经营进行控制。（3）公司形式的多样性。与中央国家资本独资公司只能是特殊的有限责任公司形式不同，中央国家资本控股公司的企业形式既可以是有限责任公司，也可以是股份有限公司；而且，如果是股份有限公司形式的中央国家资本控股公司，还可是上市公司或为非上市的股份有限公司，其公司形式要比中央国家资本独资公司更具多样性。（4）治理结构的三角性。与中央国家资本独资公司不同，由于中央国家资本控股公司除国务院这一特殊的出资人（股东）之外，还存在法人、自然人、境外的国家或地区、外商资本等其他多元投资主体，有公司股东（大）会这一由多元、全体股东组成的会议体权力机构，内部组织建制则为典型的股东（大）会、董事会、监事会这一三角形授权与行权、行权与控权的治理结构，其内部权利与权力的配置，具有一定的制衡性。（5）授权程序的复杂性。与中央国家资本独资公司不同，由于中央国家资本控股公司存在有股东（大）会这一原始性、基础性的权力机构，因此，其公司董事会、监事会成员中的股东代表均应经股东（大）会选举或推举产生；但是，与一般多元投资主体公司不同的是，由于中央国家资本控股公司中国务院这一特殊出资主体（股东）具有控权地位，使其在股东（大）会这一组织派生、制度创建、重大事项决定、营业监督的权力机构中，掌握着决定权，从而弱化了公司股东（大）会的正常决议机制，因此，无论是其董事会成员，还是监事会成员，其股东代表虽形式上经股东（大）会这一公司内部机构选举或推举产生，但实质上在很大程度上是由国务院授权其履行出资人职责的机构所委派、任免的人员或主要由其所委派、任免的人员构成，其权利与权力的授予形式上是内生的、自治性的，但实质上则是带有明显的外部性特征。

3. 中央国家资本参股公司。习惯上又称中央国有参股公司，是指由国务院代表国家出资或认购股权或股份、由国务院授权国务院履行出资人职责的机构履行出资人职责、国家出资份额在该公司中不占有控制或控股地位的公司。中央国家资本参股公司除有国家资本参与外，与其他一般公司没有什么不同之处，但其国家出资份额所形成的股权的行使则具有特殊性。这些特殊性是下文需要重点分析和解决的。

（二）非公司制的中央国家出资企业

非公司制的中央国家出资企业是以国务院代表国家作为出资股东并作为发起人，不以资本本位进行组织构建、权利（力）配置、治理运行和利润分配，非依《公司法》或公司章程而是按照其他法律所规定的条件和程序设立的国家出资企业。非公司制的中央国家出资企业在我国的典型形式，为我国公司制推行之前设立或依照《全民所有制工业企业法》（1988 年）设立、属中央管理的全民所有制企业。非公司制的中央国家出资企业，即所谓的全民所有制企业，按国家出资的份额又可分为中央国家独家出资的全民所有制企业和非中央国家独家出资的全民所有制企业两类。其中，中央国家独家出资的全民所有制企业，即我国《企业国有资产法》和其他立法文本上所称的国有独资企业；其他中央国家非独家出资的全民所有制企业则为含有集体经济、个体经济、外商投资等成分的混合所有制企业。

1. 中央国家独资的全民所有制企业，即习惯上所称的中央国家独资企业或中央国有独资企业，该类企业具有如下特点：（1）出资人的唯一性。企业的全部资本由国务院代表国家出资构成，且只存在一个特殊的出资主体——国务院（代表国家）。（2）企业形式的非公司性。中央国家独资企业不是公司制企业，其组织建构、权利（力）配置、治理运行、利润分配均不遵循资本本位的原则，而是按照《公司法》之外的其他法律、行政法规来进行构建。（3）企业财产的非资本单位性。中央国家独资企业的财产不划分为股权比例或等额的股份，企业的原始资本和财产不以资本为单位进行计算。（4）内部治理的行政首长负责制。全民所有制性质的中央国家独家出资企业由于是非公司制企业，其内部治理建制不是按照股东（大）会、董事会、监事会的组织形式构建，而是按照《全民所有制工业企业法》的规定，实行厂长（经理）负责制，即所谓的行政首长负责制。（5）企业授权的复合性。全民所有制性质的中央国家独家出资企业的厂长（经理）为企业经营、管理的总负责人，其产生本着由主管政府部门任命和内部职工代表大会选举通过两者结合的程序，从法律文本上，权利（力）的授予与行使、行权与控权具有外部和内部结合的特点；但在具体的企业运行中，全民所有制企业内部职工代表大会选举、通过厂长（经理）的权力又往往被变相剥夺，中央国家独家出资企业的厂长（经理）事实上只由国务院或其授权履行出资人职责的机构任命、委派产生。中央国家独资的全民所有制企业所具有的上述特点，特别是法律文本对其内部治理组织、授权程序的规定与实际运行中的严重冲突，使中央国家独资的全民所有制企业厂长（经理）作为事实上的国家出资代表人的产生路径和方式，成为此类国有企业改革的重点。

2. 非中央国家独家出资的全民所有制企业。非中央国家独家出资的全民所有制企业为有国务院代表国家出资且有其他不同所有制背景、多元投资主体出资或参与，其组织构建、权利（力）配置、治理运行和利润分配不以资本本位为原则的企业类型。非中央国家独家出资的全民所有制企业，在我国尚有不少代表，只是随着我国国有企业改革和调整，其范围和数量越来越少。但是，现行立法文本中，《全民所有制工业企业法》只规定了"企业的财产属于全民所有"，即企业的全部财产均属于全民所有，实质上即为前述的国家独资的全民所有制企业；而《企业国有资产法》（2008 年）第 5 条所规定的国家出资类型中，也只述及"国有独资企业"，也没有提及非国家独家出资的全民所有制企业。因此，现有政策和立法文献，基本忽略了对非国家独家出资的全民所有制企业的调整和规范。笔者认为，下文所论及的中央国家出资企业的出资代表人的委派和任命，自然也包括此类非中央国家独家出资的全民所有制企业。

三、中央国家出资企业的出资人代表

(一) 中央国家出资企业出资人代表的意义厘定

《企业国有资产监督管理暂行条例》和《企业国有资产法》基本的立法精神和制度设计，是把国务院和地方人民政府定位为分别代表国家履行出资人职责的国家出资人代表；国务院国有资产监督管理机构和地方人民政府按照国务院的规定设立的国有资产监督管理机构，或者授权其他部门（如银监会、财政部）、机构（如特定的国家投资公司或大型国有企业），根据本级人民政府的授权，代表本级人民政府对国家出资企业履行出资人职责。履行出资人职责的机构代表本级人民政府对国家出资企业依法享有资产收益、参与重大决策和选择管理者等出资人权利；依照法律、行政法规的规定，制定或者参与制定国家出资企业的章程；对法律、行政法规和本级人民政府规定须经本级人民政府批准的履行出资人职责的重大事项，应当报请本级人民政府批准。[①] 在实务操作层面，上述这些规范性文件所规定的基本精神，被解读为国务院和地方人民政府为国家出资的代表，国务院和地方人民政府的这一出资代表的职能具体是由其专门设立的国有资产监督管理机构，或者授权其他部门、机构来行使。因此，一般政界和业界就把国务院和地方人民政府所专门设立的国有资产监督管理机构或者授权其他部门、机构，视为国家出资人代表。

就学界而言，对国家出资企业之出资人代表的理解也见仁见智。有学者从中共十六大政治报告关于中央、地方政府分级所有和分级代表国家履行出资人职责的改革方略，把国家出资人代表界定

---

① 参见《企业国有资产法》(2008年) 第11条、第12条。

为国务院和地方各级人民政府。① 有学者从所有者层次即产权委托代理结构的角度，把国有资产出资人代表制度界定为将国有资产通过必要的保证措施部分或全部模拟人格化，即在国有资产不能实现全盘私有化或个人无法购买巨大国有资产的条件下，将国有资产与个人或个人群体利益直接挂钩。即由负责国有资产管理的政府部门与作为国有资产出资人代表的个人或个人群体通过签订契约的形式确定彼此的权利和义务。政府在一定的经济周期内把经过评估后的国有资产让渡给国有资产出资人代表管理，这样出资人代表就成为模拟化的国有资产所有者，在契约存续期间，出资人代表则代表股份制改造后的国有企业内的国有产权，在股份制企业内行使国有股股东的一切权力，包括重大经营决策权、选择企业经营者的权力等，把国家出资企业之出资人代表定位为与政府管理国有资产的部门签约的特定自然人。② 有学者针对 2008 年《企业国有资产法》未对我国国有金融资本出资人代表制度做出明确规定，建议从政企分开、职责明确和成本最优等原则出发，建立以中央汇金为代表的营利性出资人代表和以国务院国资委为代表的公益性出资人代表之二元出资人代表并立的格局，在此基础上进一步构建具有我国特色的国有金融资本出资人代表制度，把国家出资企业之出资人代表界定为履行国家出资人职责的特定机构。③ 有学者从完善国有资产出资人制度的角度，把国有资产出资人代表界定为国务院和地方人民政府下设的国资委和国资委自身人员。④ 也有学者从国家所有权主

---

① 参见贾宝和：《地方政府代表国家履行国有资产出资人职责思考》，载《求索》2005 年第 4 期。

② 参见史忠良、刘劲松：《国有资产的出资人代表制度研究》，载《经济与管理研究》2002 年第 4 期。

③ 参见刘如翔：《反思与重构：论我国国有金融资本出资人代表制度的完善》，载《中国证券期货》2010 年第 4 期。

④ 参见郭复初、万立全：《国有资产出资人代表激励与约束机制的构建》，载《国有资产管理》2008 年第 11 期。

体定位上的全民论、国家论、政府论、综合论、缺位论等比较分析中，认为从国家所有权的宪法与相关法律规定来看，社会主义中国的国家所有权的真正主体是全体人民，国家（政府）只是国家所有权的代理人。从人民主体观出发，就需要从法律上建构一个独立的人民代表股东会，以推进国有资产监管和国有企业公司治理的现代化进程，人民代表股东会应由人民单独选举，属于与全国人大、地方人大保持相对独立关系的一个特别执行性机构，不隶属于行政机关，是一种相对独立的、新型的国有资产的行使主体。因此，人民代表股东会及其成员才是真正的国家出资人代表。① 有学者认为国资委是我国新型国有资产管理体制的内核，"管人"是国资委履行出资人职责的关键，管人就是对国有资产产权代表进行管理。其中国有资产产权代表则包括企业类产权代表（全资国有资产经营公司或国有独资、控股公司）和个人产权代表（国家出资企业中的国有股股东代表、董事、监事等）；通过建立企业类产权代表制度，以理顺国资委同国资经营公司、国资集团公司之间的出资人关系和职能关系；通过建立个人产权代表制度，对代表国有资产权益的股东代表、董事、监事的选拔委派、履行职责、激励约束、考核奖惩、能力培养等进行规范。②

不难看出，无论是党的政策性文件、《企业国有资产法》等立法文本，还是学者的观点，对国家出资企业中的国家出资人代表的界定均是模糊的。笔者认为，对我国国家出资企业中国家出资人代表的准确界定，应综合考虑如下几个方面的因素：

1. 从人民、国家与政府之间的关系与投资权利的行使来看

从我国《宪法》所确定的公有制主体经济结构来看，投资于

---

① 参见燕春、史安娜：《从国资委到人民代表股东会——国有资产出资人制度批判与重构》，载《经济体制改革》2008年第3期。

② 参见刘万明：《国资委履行出资人职责框架下的国有产权代表制度构建》，载《社会科学研究》2013年第3期。

企业的国有资产的真正、原始所有人，应为全体人民（在法律上准确的称谓应为公民或国民），但这仅仅是法理和宪法的确认。在国有资产的实际运行中，如由全体人民来直接行使所有权或股权，存在明显的制度技术障碍和市场效益问题，因此，在理论上就必须拟制出由国家这一主权体来代表全体国民，也就是说国家出资实质上就是代表全民投资。但国家也是拟制的主权体，其投资等具体行为的实施，只能通过政府及其设立的具体机构来实现。因此，从一定意义上讲，国家出资是通过政府出资这一具体形式而实现的，虽然从理论上讲，政府与国家之间是一种代表与被代表的关系，但在实际的投资活动中，国家为理论上、名义上的出资人，政府则为行为上、实质上的出资人，立法文本上所描述的政府代表国家出资，只是揭示了国家名义出资与政府实质出资的逻辑关系，但在国家出资企业的设立、运行中，真正履行出资人角色的不是国家，而是政府。因此，在国家出资企业中，国务院和地方各级人民政府就是出资人，而非出资人代表，国务院国有资产监督管理机构和地方人民政府按照国务院的规定设立的国有资产监督管理机构，或者授权其他部门、机构只是履行国务院和地方各级人民政府之出资人职能的特设机构，也非国家出资人代表。

2. 从代表一词的原本词义和真正含义来分析

代表一词可作名词或动词之用。如作名词，其含义有四：一为由行政区、团体、机关等选举出来替选举人办事或表达意见的人，如人大代表；二为受委托或指派代替个人、团体、政府或其他组织办事或表达意见的人，如全权代表；三为显示同一类事物共同特征的人或事物，如代表人物、代表作；四为某种质量或抽象概念的典型体现，如其某是某一现象的主要代表等。此外，代表一词如作动词用，则有代替执行任务、行使权利；担任代表；代替某人；阐明，展示等不同含义①。足见，代表一词如作名词使用，用于指主体的话，是系指特定自然人，而不是指政府、特定机构或组织。而在国家出资人代表的语境中，代表一词是作为名词而非动词出现，代表的原㕚词义决定此处代表的真正含义只能是代表国家（政府或其设立、授权的部门、机构）行使出资人权利的特定自然人，而非作为实际出资人政府或充当出资人职责的政府某一机构或部门。

3. 以代表的词义对现有政策文件和立法文本的解读来看

从我国《宪法》、《民法通则》、《物权法》所规定的国家所有权主体制度安排来看，人民是国家所有权的终极主体，国家是国家所有权的抽象主体，而国务院和地方各级人民政府则是国家所有权的具体行使主体，国务院和地方各级人民政府只是国家所有权的具体行使者，而非一般意义上的代表人。从中共十六大政治报告以来涉及国有资产监督管理体制和国有企业改革的历次重要文献所作的政策宣示来看，也仅仅把国务院和地方各级人民政府表述为代表国家履行出资人职责，而国务院和地方各级人民政府下设的国有资产监督管理机构仅仅是政府代表国家履行出资人职责的具体执行机构或部门，而此处代表之含义为动词，意为"代替执行任务、行使权利"，与名词意义的拟人属性之"代表"含义不可等同。《企业国有资产法》（2008 年）第 4 条规定，国务院和地方人民政府是依照法律、行政法规的规定分别代表国家对国家出资企业履行出资人职责，享有出资人权益。此处"代表"之含义亦为"代替执行任务、行使权利"，而非名词意义之"代表"。同法第 11 条至第 15 条规定，国务院国有资产监督管理机构和地方人民政府按照国务院的规定设立的国有资产监督管理机构或者授权其他部门、机构，根据本级人民政府的授权，代表本级人民政府对国家出资企业履行出资人职责，为履行出资人职责的机构。此处的机构是一个组织体，

---

① 参见中国社会科学院语言所：《现代汉语词典》（第 5 版），商务印书馆 2009 年版，第 260 页。

而非名词意义上"代表"所特指的自然人。由此可见,以代表之词义来解读现有政策文件和国家立法,均不能当然得出国务院和地方人民政府或者国务院和地方人民政府所专门设立的国有资产监督管理机构或者授权其他部门、机构为国家出资人代表这一结论。

4. 从国家出资企业之制度安排与责任分配来看

如果把国务院和地方人民政府,或者国务院和地方人民政府所专门设立的国有资产监督管理机构或者授权其他部门、机构(如国有资产经营公司、国有独资或控股公司)界定为国家出资人代表,则因机构职能的泛化和责任的模糊,难以把国家出资企业中国家出资人代表的权利、义务、责任具体化,从而造成国家出资企业中国家出资人代表和权利主体的虚置,国有资产所有权和国有企业出资人长期以来所存在的主体虚置问题仍然得不到根本解决,其结果是名义上政府或部门、机构作为代表、权利主体,但实际上谁也不是代表、谁也难以有效行使权利的制度尴尬现象。而如果把国家出资企业中的国家出资人代表界定为具体、特定的自然人,则可以通过代理法的基本原理、授权与行权构架、行权与控权的制衡、法律责任的制度框架等逻辑,对特定自然人进行明确授权的同时,赋予其确定的义务与责任,这样就可以在代理法的制度逻辑和善良管理义务这一法律责任的制度安排中,解决长期以来我国国有资产所有权和国有企业出资人所存在的主体虚置、责任不明等问题。

综上,笔者认为,国务院和地方人民政府也好,国务院国有资产监督管理机构和地方人民政府按照国务院的规定设立的国有资产监督管理机构,或者授权其他部门、机构也好,只是具体的国家出资人或国家出资人职责行使的具体机构,而非国家出资人代表,国家出资企业中的国家出资人代表只能是经不同途径授权的特定自然人。

(二)中央国家出资企业中国家出资人代表的基本类型

中央国家出资企业中国家出资人代表,即依照法定程序和特定契约，由国家特定机构（全国人大常委会或国务院）以任命、委派、提名等方式，派驻到中央国家出资企业担任国家出资人代表或国家授权代表人的具体自然人。其形式包括国家股监事、国家股董事或其他非公司制国家独资企业的经营代表人，其基本类型具体分述如下：

1. 国家股监事

国家股监事，又称国家股监事代表，是依照法定程序和特定契约，由国家特定机构（一般为全国人大常务委员会或全国人大国家国资委）以任命、委派、提名等方式，派驻到公司制的中央国家出资企业履行国家股权主体的经营监督职能，专职行使对国有独资公司、国有控股公司或国家参股公司内部董事会、经理等决策、经营机构及其成员进行专门监督的具体自然人代表。国家股监事为中央直辖的国有独资公司、国有控股公司或国家参股公司内部监事会的当然成员，他们和监事会中的其他监事代表（如职工代表）一起，借助监事会这一专设机构，对公司制的中央国家出资企业之经营、管理层进行专门的内部监督。

2. 国家股董事

国家股董事，又称国家股董事代表，是依照法定程序和特定契约，由国家特定机构（一般为国务院或国务院国有资产监督机构、财政部等机构）以任命、委派、提名等方式，派驻到公司制的中央国家出资企业履行国家股权主体的经营、管理职能，并专职行使对国有独资公司、国有控股公司或国家参股公司内部经营决策权、内部管理权的董事会或经理机构之具体自然人人选或代表。国家股董事，作为公司制的中央国家出资企业董事会的当然成员或经理机构的主要负责人（如总经理、财务负责人等），和其他非国家股股东董事、职工董事、独立董事，利用董事会这一决策机构或经理这一经营事务性机构，依法或在授权范围内，对公司制的中央国家出资企业进行独立的经营、管理和营运。

3. 其他非公司制国家独资企业的经营代表人

其他非公司制国家独资企业的经营代表人，是依照法定程序和特定契约，由国家特定机构（一般为国务院及国务院国有资产监督机构、财政部等机构）以任命、委派、提名等方式，派驻到非公司制的中央国家出资企业履行国家出资人参与、经营、管理职能，并专职行使对国有独资企业内部经营决策、管理权的经营者代表人选，具体表现为国有独资企业的厂长（经理）人选。

四、中央国家出资企业中国家股权代表人的委派

如前所述，中央国家出资企业中国家出资人代表的委派包括公司制企业中国家股监事代表、董事代表的任命、委派和非公司制国有独资企业经营代表人的任命、委派。其中，重点是向公司制国家出资企业任命、委派国家股权代表人。

（一）国家股监事代表的任命与委派

1. 国家股监事代表任命与委派的权源与机构

根据我国《企业国有资产法》（2008 年）的规定，国有独资企业的经理、副经理、财务负责人和其他高级管理人员，国有独资公司的董事长、副董事长、董事、监事会主席和监事，出任国有资本控股公司、国有资本参股公司董事、监事的人选，均由履行出资人职责的机构依照法律、行政法规以及企业章程的规定进行任免或者建议任免。[1] 也就是说，现行立法所设计的中央国家出资企业中的国家出资人代表，统一由国务院及其履行出资人职责的机构进行任命或委派。这一制度安排在理论上和实践中存在缺陷。笔者认为，可以以公司制中央国家出资企业之内部授权与行权的构架、行权与控权的制衡这一基本原则和思路，改变目前国家股监事由国务院或国务院下设的国有资产监督管理委员会、财政部委派或任命的

---

① 参见《企业国有资产法》（2008 年）第 22 条。

方式，而改由全国人大下设的国家国有资产委员会提名，由全国人大常务委员会以任命、委派、提名等方式进行委任或任命。

国家股监事改由全国人大常务委员会进行委任、任命，具有如下制度优势：

（1）国家股监事的设置并改由全国人大常务委员会任命或委任是人民主权的具体体现。从我国《宪法》、《民法通则》、《物权法》以及《企业国有资产法》的相关规定可以看出，国有资产的国家所有，实质为全民所有，其终极所有者为全体公民。而在我国的政治制度构架，全国人民代表大会和地方各级人民代表大会不仅为我国的根本政治制度，也是人民行使权力的权力机关，这些权力当然包括经济上、财产上的所有权和经营、管理权。全国人民代表大会及其常务委员会在政治上、经济上、法律上为代表全体国民的最高权力机构，由其代表全体国民行使对国有资产的所有权，不仅为全民所有制的当然之义，也是国家所有权主体的应然之理，更是国有资产出资人权利（力）的授权之源。在我国全民所有制、国家所有权、国有资产出资理论和实践层面，长期以来忽视全国人民代表大会和地方各级人民代表大会这一民意代表机关的存在意义和制度功能，是完全不应该的。基于此，笔者认为，在宏观方面建立由立法授权与主导、行政行权与实施的二元二层国家出资人授权监督结构，是把全民所有制、国家所有权、国有资产出资理论和制度安排落实到实处的必由之策。而在全国人大之下设立国家国有资产委员会负责对国家股监事的提名，由全国人大常务委员会具体以任命、委派、提名等方式负责对国家股监事进行委任、任命，则正是落实《宪法》、《民法通则》、《物权法》以及《企业国有资产法》等对全民所有制、国家所有权、国有资产出资的相关规定，更是体现了国家的主权在民、国家所有权主体为民、国有资产出资之权为民所授的理论和制度逻辑。

（2）有利于公司制国家出资企业中国家股权代表人的监督与经营职能的分设与制衡。我国国有企业经营代表人的委派和任命有一个基本特点，就是无论是计划经济时期国营企业负责人的任命，还是 20 世纪 80 年代至 1992 年之前全民所有制企业厂长（经理）的产生，抑或是 1992 年公司制改革之后国有独资公司、国有控股公司中国有股董事、监事和经理的任命、委派，均以党委政府行政机关为主导，不仅造成全民所有制企业和国有企业的政企不分、政资不分，更为重要的是，由于国家出资企业中的监事代表、董事代表和经理人均由同一授权体、同一个职能机构（2003 年之前由不同的政府主管部门，2003 年之后一般由政府国资委或财政部门）任命或委派，导致其在国家出资企业中不同治理机构功能的模糊和不同职能部门权力制衡作用的抵消。特别如公司制的国有独资公司、国有控股公司中的董事会、监事会成员，因绝大部分为国务院国资委或财政部任命、委派，其权利（力）授予主体的同一，导致董事会、监事会成员的权重、地位、职位、代表之职能与功能的模糊甚至重叠，不仅使国有独资公司、国有控股公司中的董事会、监事会之治理职能难以独立，更因为监事会成员也出于同一授权主体（虽然现行国有企业外派监事会由政府直接任命、派出）所任命或委派，其地位与董事会成员相同，而在其行政级别、实际职位甚至还低于董事会中国家股董事成员的情况下，由国有独资公司、国有控股公司中的监事会监督董事会及其经理机构、由监事会成员监督董事会成员及公司经理人，就只能是一种完全不切实际的一厢情愿。而如果国家股监事改由全国人大常委会任命或委派，则可根本改变既有这一领域的制度颓势。由全国人大国家国有资产委员会提名，由全国人大常委会任命或委派的国家股监事代表，与国务院国有资产监督管理委员会所任命或委派的国家股董事代表，其授权主体与途径不同，就能保证中央国有独资公司、国有控股公司监事会、董事会成员、机构、职能、事权的真正独立，特别是确保中央国有独资公司、国有控股公司监事会成员、机构、职能、事权不受国务院国有资产监督管理委员会和其任命产生的董事会成员的影响，保持其职权的独立行使和强势的监督权利（力），维持中央国有独资公司、国有控股公司内部治理机构权利（力）行使的相互制衡。

（3）有利于提高中央国有独资公司、国有控股公司内部监督机构的应有权威。在现有中央国有独资公司、国有控股公司内部的治理机构中，无论是董事会成员，还是监事会成员，其国家股的董事代表与监事代表均是由国务院国有资产监督管理委员会、财政部或其他被授权的机构任命或委派，授权体的同一性、职位的平行性、产生途径的外部性，加上事实上在授权过程中，国家股监事代表无论是地位、行政级别、人员的选择、事权的范围，国家股监事在公司内部党委会、高层职位排序、享受的待遇均明显低于同一公司的其他国家股董事代表，特别是明显低于董事长、执行董事和总经理，从而使中央国有独资公司、国有控股公司内部监事会具有先天性的地位、权利（力）劣势。在这样一种权利（力）配置下，监事会就缺乏最基础的权威，自然难以胜任其对董事会、经理机构及其成员的有效监督。此外，在现有国有重点企业的外派监事会制度框架下，虽然外派监事会直接由政府委任、派出，其地位比政府国资委系统任命或派出的董事、经理具有超然性，但外派监事会又无法与企业内部监督机构进行有效融合，且其公务员身份和行政序列地位，也使其难以完成或履行专业性的、经常性的内部营业监督职能或职责。而如果国家股监事代表改由全国人大常委会任命或委派，则因全国人大常委会为我国最高权力机关的常设机构，其授权、任命、委派就具有先天的优势，再加上通过改造现有国有独资公司、国有控股公司的内部治理结构，变现有的董事会、监事会二元制或三角形的治理结构为监事会—董事会或股东会—监事会—董事会这一二层治理结构，使国有独资公司、国有控股公司的监事会产生于董事会之先、居于董事会之上，唯其如此，才可保持国有独资公司、国有控股公司中监事会的足够权威和职权，才可胜任其对董事会、经理机构及其成员的监督需要。

（4）有利于充分发挥中央国有独资公司、国有控股公司内部监督机构的监督效应。笔者认为，监督的最终效应取决于监督者本身的地位、监督者对被监督者所掌握信息的充分程度和监督者本身的能力、知识素养、专业背景等多个方面的因素，其中监督者的地位是最基础性的。在实际的监督工作中，如果监督者的地位与职级低于被监督者的情况下，就不要奢谈什么监督效应了，这也是我国目前党内监督、同级行政监督、企业和其他社会团体自治性的内部监督之所以未能显现出制度设计初衷所企盼的效应之根本原因。就现有的国有独资公司、国有控股公司而言，其治理结构的设计是沿用一般公司法，即实现股东（大）会选举产生下的董事会、监事会这一三角形权利（力）授权与控权模式，而这一模式在国有独资公司里，则因股东会的缺失而演变为董事会、监事会这一二元结构模式。由于前述的董事会成员、监事会成员中的国家股代表均由国务院下属的国资委、财政部任命或委派，再加上监事会职位、职级、事权先天就弱于国家股董事代表，尽管在公司内部董事会与监事会处于平行地位，但在权利（力）的实际运行中，董事会和国家股董事代表总是处于职位、职级、权利（力）、信息的强势方，而监事会和国家股监事代表则总是处于劣势方。不仅如此，按照《国有企业监事会暂行条例》（2000 年）、《国有重点金融机构监事会暂行条例》（2000 年）的规定，既有国有重点大型企业、国有重点金融机构所实行的是外派监事会制度，其整个监事会是由"国务院派出，对国务院负责，代表国家对国有重点大型企业的国有资产保值增值状况实施监督"①，根据规定，外派监事会的主要监督方式是"一般每年对企业定期检查 1 至 2 次"②，其监督获取信息的主要方式为"（一）听取企业负责人有关财务、资产状况和经营管理情况的汇报，在企业召开与监督检查事项有关的会议；（二）

---

① 参见《国有企业监事会暂行条例》（2000 年）第 2 条、《国有重点金融机构监事会暂行条例》（2000 年）第 3 条。

② 参见《国有企业监事会暂行条例》（2000 年）第 6 条、《国有重点金融机构监事会暂行条例》（2000 年）第 7 条。

查阅企业的财务会计报告、会计凭证、会计账簿等财务会计资料以及与经营管理活动有关的其他资料；（三）核查企业的财务、资产状况，向职工了解情况、听取意见，必要时要求企业负责人作出说明；（四）向财政、工商、税务、审计、海关等有关部门和银行调查了解企业的财务状况和经营管理情况"；"监事会主席根据监督检查的需要，可以列席或者委派监事会其他成员列席企业有关会议"。① 足见其监督方式是临时性而非经常性，所获取的信息也是极不充分的。况且，此种外派监事会与公司内部的监事会和其他非公司企业的内部监督机构是一种什么关系，2000 年的两个条例均语焉不详。不难看出，此种外派监事会是一种带有巡视性质和临时抽查性质的监督方式，而非常态化的、内在的监督方式。而如果中央国家出资企业中的国家股监事代表改由全国人大常委会任命或委派，借助于全国人大常委会的最高权力机关常设机构的权威背景，加上在国有独资公司、国有控股公司内部二层权利（力）结构的治理模式，可以确保监事会地位居于董事会之上，拥有对董事会成员的选举、罢免权和建议权，其监督的效应就可以显著提高。

2. 国家股监事代表任命与委派的基本程序

（1）全国人大下设的国家国有资产委员会提名。全国人大下设的国家国有资产委员会，除应从立法上对国家财产、国有资产进行顶层规划、设计和制度性安排外，一个重要的职能在全国人大授权下，于全国人大闭会期间在全国人大常委会的领导下，负责对国家财产和国有资产进行监督。其监督的主要任务就是会同中共中央组织部，建立以会计、审计、法律等有国有资产监督管理、企业经营经验等业界背景为主要成员的国家股监事代表人才、专家库，通过审查、考察、答辩、异议、公示等环节，向全国人大常委会提出到特定中央国有独资公司、国有资本控股公司、国有资本参股公司

---

① 参见《国有企业监事会暂行条例》（2000 年）第 7 条、《国有重点金融机构监事会暂行条例》（2000 年）第 8 条。

拟任国家股监事代表的人选。

（2）全国人大常务委员会对全国人大国家国有资产委员会所提名到特定中央国有独资公司、国有资本控股公司、国有资本参股公司拟任国家股监事代表的人选，以会议表决的方式，进行任命或委派，并进行公告。

（3）被任命或委派的国家股监事代表到特定中央国有独资公司、国有资本控股公司、国有资本参股公司监事会中任职。其中，被任命或委派的国家股监事代表可进入特定中央国有独资公司的监事会；而被任命或委派的国家股监事代表，在经股东（大）会必要的选举或表决程序后，则进入特定中央国有资本控股公司、国有资本参股公司的监事会中任职。

（4）被任命或委派的国家股监事代表，与特定中央国有独资公司、国有资本控股公司、国有资本参股公司内部股东（大）会产生的非国家股监事代表、职工代表大会或代表会议所产生的职工监事代表或其他方式所产生监事代表组成监事会。依照《公司法》和国有企业特别法，依照程序表决产生、罢免或建议罢免国家股董事代表、非国家股董事代表，并对董事会、经理机构及其成员的经营、管理进行经常性的、专业性的监督。

（二）　国家股董事代表的任命或委派

1. 国家股董事代表任命或委派的权源与机构

国家股董事代表，其基本的职能和任务是到国有独资公司、国有资本控股公司、国有资本参股公司中的董事会任职，并依法行使经营决策、企业管理等决策、事务性权利（力），其工作性质带有行政事务性。因此，其任命与委派的权力应属于行政事务权限的范畴。笔者认为，国家股董事代表的任命或委派，应维持由国务院及国务院国有资产监督管理机构、财政部等机构以任命、委派、提名等方式而产生，但对此种方式应予以适当的改革。由于中央国家出资企业有相当部分尚不属于国务院国有资产监督管理委员会管辖，特别如金融类的中央国家出资企业，基本上是由财政部、银监会代表国务院履行其出资人职责。考虑到短时期内，我国金融类央企划归国务院国有资产监督管理委员会管辖的可能性比较小，因此，为统一任命和委派的程序流程，规范国家股董事代表的任命、委派权限，建议以后到中央国有独资公司、国有资本控股公司、国有资本参股公司中董事会任职的国家股董事代表，先由国务院国有资产监督机构、财政部或其他授权的部门、机构提名，然后由国务院进行统一任命、委派。

2. 国家股董事代表任命与委派的基本程序

（1）由国务院国有资产监督管理机构、财政部或其他授权的部门、机构提名。其基本任务就是会同中共中央组织部、国务院人力资源与社会保障部，建立以具备国有资产监督管理、企业经营管理、资本营运经验等业界背景为主要成员的国家股董事代表企业家、经理人才库，通过审查、考察、答辩、异议、公示等环节，向国务院提出到特定中央国有独资公司、国有资本控股公司、国有资本参股公司中拟任国家股董事代表的人选。

（2）国务院对国务院国有资产监督管理机构、财政部或其他授权的部门、机构提名到特定中央国有独资公司、国有资本控股公司、国有资本参股公司拟任国家股董事代表的人选，以国务院常务会议表决的方式，进行任命或委派，并进行公告。

（3）被任命或委派的国家股董事代表人选，在国有独资公司内部，依照《公司法》和国有企业特别法的程序，由监事会表决为正式的国家股董事代表；在国有资本控股公司内部，先经股东（大）会进行必要的选举或表决程序，然后再经监事会表决后到董事会正式任职；在国有资本参股公司内部，则经股东（大）会进行必要的选举或表决程序后，到董事会正式任职。

（4）被任命或委派的国家股董事代表，与特定中央国有独资公司、国有控股公司内部股东（大）会产生的非国家股董事代表、职工代表大会或代表会议所产生的职工董事代表或其他方式所产生董事代表（如上市公司的独立董事）组成公司董事会。国家股董事，作为公司制的中央国家出资企业董事会的当然成员或经理机构的主要负责人（如总经理、财务负责人等），和其他非国家股股东董事、职工董事、独立董事，利用董事会这一决策机构或经理这一经营事务性机构，依法或在授权范围内，对公司制的中央国家出资企业进行独立的经营、管理和资本营运。

（5）中央国有独资公司、国有资本控股公司的国家股董事代表，通过行使董事职权和履行董事职责，利用董事会这一公司常设机构，选择公司的职业经理人到公司经理机构中任职，授权其负责中央国有独资公司、国有控股公司的经营管理和资本营运，并对其经营管理和资本营运进行代理监督。

（三）其他非公司制国家独资企业经营代表人的任命与委派

1. 其他非公司制国家独资企业经营代表人的任命或委派的权源与机构

就目前而言，其他非公司制国家独资企业主要表现为未进行公司制改革和依照《全民所有制工业企业法》设立的全民所有制企业，其经营代表人主要表现为全民所有制企业的厂长（经理）。目前，我国全民所有制企业厂长（经理）的任命与委派权限，不同法律和规定存在不一致的规定。如《全民所有制工业企业厂长工作条例》（1986 年）规定，全民所有制企业厂长的产生，应当根据企业的不同情况，分别采取下列方式：（1）按照干部管理权限，由企业主管机关或干部管理机关委派任命；（2）按照企业主管机关的部署，由企业职工代表大会选举或推荐，然后按照干部管理权限由企业主管机关或干部管理机关批准或任命；（3）企业主管机关招聘、提名，经企业职工代表大会同意，按照干部管理权限，由企业主管机关或干部管理机关任命①。《全民所有制工业企业法》（1988 年）则规定，全民所有制企业厂长的产生，除国务院另有规定外，由政府主管部门根据企业的情况决定采取下列一种方式：（1）政府主管部门委任或者招聘。（2）企业职工代表大会选举。其中，政府主管部门委任或者招聘的厂长人选，须征求职工代表的意见；企业职工代表大会选举的厂长，须报政府主管部门批准；而政府主管部门委任或者招聘的厂长，由政府主管部门免职或者解聘，并须征求职工代表的意见；企业职工代表大会选举的厂长，由职工代表大会罢免，并须报政府主管部门批准。② 再如《企业国有资产法》（2008 年）规定，国有独资企业的经理、副经理、财务负责人和其他高级管理人员，由"履行出资人职责的机构"依照法律、行政法规以及企业章程的规定任免。③

相对于 20 世纪 80 年代的《全民所有制工业企业厂长工作条例》（1986 年）和《全民所有制工业企业法》（1988 年），《企业国有资产法》（2008 年）有关非公司制国家独资企业经营代表人任命或委派方式具有如下明显的不同：（1）任命与委派的机关统一由国务院和地方人民政府履行出资人职责的机构（包括国有资产监督管理委员会、财政部门和其他授权的部门或机构）行使，而非原计划经济时期的行政主管部门。（2）20 世纪 80 年代所设计和规定的职工代表大会或代表会议在非公司制国家独资企业经营代表人任命或委派过程中的民主选举、民意表决的制衡功能被取消，代之以政府履行出资人职责的机构完全行政任免。（3）企业内部职工的民主参与和有效监督被忽略且严重退化。《全民所有制工业企业法》（1988 年）对企业内部职工的民主参与有效监督有明确的规定和制度安排。如第 51 条第 1 款规定："职工代表大会是企业实行

---

① 参见《全民所有制工业企业厂长工作条例》（1986 年）第 9 条。
② 参见《全民所有制工业企业法》（1988 年）第 44 条。
③ 参见《企业国有资产法》（2008 年）第 22 条第 1 款第（一）项。

民主管理的基本形式，是职工行使民主管理权力的机构。"其第52条规定："职工代表大会行使下列职权：（一）听取和审议厂长关于企业的经营方针、长远规划、年度计划、基本建设方案、重大技术改造方案、职工培训计划、留用资金分配和使用方案、承包和租赁经营责任制方案的报告，提出意见和建议。（二）审查同意或者否决企业的工资调整方案、奖金分配方案、劳动保护措施、奖惩办法以及其他重要的规章制度。（三）审议决定职工福利基金使用方案、职工住宅分配方案和其他有关职工生活福利的重大事项。（四）评议、监督企业各级行政领导干部，提出奖惩和任免的建议。（五）根据政府主管部门的决定选举厂长，报政府主管部门批准。"① 但这些规定和制度安排在《企业国有资产法》（2008年）中却未见踪影。此外，与其他公司制国有独资公司、国有控股公司的内部治理中硬性规定有职工董事、职工监事代表不同的是，非公司制国家独资企业内部治理因无董事会、监事会（只有国有重点企业有外派监事会机构）机构，也就无职工董事、职工监事代表之说。笔者认为，《全民所有制工业企业厂长工作条例》（1986年）和《全民所有制工业企业法》（1988年）有关全民所有制企业厂长（经理）任命或委派过程中引入企业内部职工的民主选举和民主监督，是企业没有实行公司制改革之前最为有效的制度设计，此举可引入企业发展最具利害关系的职工的积极参与和就近监督，且因其居于企业经营、管理的最基层，具有先天的信息优势和利益关联，其参与和监督的效应要远比现有政府履行出资人职责的机构外部监督直接、明显和有效得多。

2. 其他非公司制国家独资企业经营代表人的任命或委派的基本程序

笔者认为，对非公司制国家独资企业经营代表人的任命或委派，在适用现有《企业国有资产法》（2008年）第22条第1款规

① 参见《全民所有制工业企业法》（1988年）第51条、第52条。

定的同时，应激活《全民所有制工业企业法》（1988 年）第 44 条的规定，引入企业内部职工的民主参与和监督。其方式可作如下选择：

（1）政府履行出资人职责的机构委任或者招聘。政府履行出资人职责的机构委任或者招聘的企业厂长（经理）人选之前，应会同中共中央组织部、国务院人力资源与社会保障部商讨具体人选，并须就其委任或者招聘的厂长（经理）人选，以召开职工代表大会或职工代表会议的形式，广泛征求职工代表的意见。具体而言，拟委任或者招聘的厂长（经理）人选须在职工代表大会或职工代表会议获得多数同意；若职工代表大会或职工代表会议多数职工代表不同意或存在异议，则应中止委任或者招聘，依照程序另定人选。与此同时，政府履行出资人职责的机构委任或者招聘的厂长（经理），若由政府履行出资人职责的机构免职或者解聘，也须征求职工代表的意见。

（2）企业职工代表大会或职工代表会议选举。企业职工代表大会选举产生的厂长（经理），须报政府履行出资人职责的机构批准。同样，企业职工代表大会选举的厂长，由职工代表大会罢免，也须报政府履行出资人职责的机构批准。

此外，为保持公司制的国有独资公司、国有资本控股公司、国有资本参股公司与非公司制的国有独资企业之国家出资人代表任命、委派权限的统一，建议对现有《企业国有资产法》（2008 年）第 22 条有关政府履行出资人职责的机构人事任免权进行必要的修改，由其直接任命或委派修改为提出并确定委任或招聘人选，由国务院或地方人民政府统一任命或委派。

在确定了国有独资企业的厂长（经理）人选之后，企业的副厂长（经理）、财务负责人和其他高级管理人员，则可根据厂长（经理）的提名，选择上述两种方式或程序之一任免。

五、中央国家出资企业中国家股权代表人的具体形式

（一）中央国家出资企业中国家股权代表人的企业类型

在中央国家出资企业中国家出资人代表的任命或委派过程中，只有实现公司制的国有独资公司、国有资本控股公司、国有资本参股公司才涉及国家股权代表人问题。具体情况包括：（1）中央政府出资的国有独资公司之国家股权代表人；（2）中央政府出资的国有资本控股公司之国家股权代表人；（3）中央政府出资国有资本参股公司之国家股权代表人。

（二）中央国家出资企业中国家股权代表人的代表类型

无论是公司制的国有独资公司、国有资本控股公司，还是国有资本参股公司，其国家股权代表人的具体类型均表现为两种：（1）国家股监事代表；（2）国家股董事代表。

第二节　地方政府出资企业的国有股权代表

一、地方政府出资企业的基本范围

（一）地方政府出资企业基本范围的确定依据

1. 政策依据

我国现有政策性文件只笼统规定国有资本投资的重点方向和范围。2013 年 11 月 12 日中共中央十八届三中全会通过的《关于全面深化改革若干重大问题的决定》第 6 条明确指出，"国有资本投资运营要服务于国家战略目标，更多投向关系国家安全、国民经济命脉的重要行业和关键领域，重点提供公共服务、发展重要前瞻性战略性产业、保护生态环境、支持科技进步、保障国家安全"。但地方政府出资企业的范围应限于哪些领域，政策性文件并无具体

规定。

2. 法律依据

《企业国有资产监督管理暂行条例》（2003 年）第 5 条和《企业国有资产法》（2008 年）第 4 条关于地方国家出资企业的限定领域，均使用的是排除法，即国务院履行出资人职责以外的其他国家出资企业，则由地方人民政府代表国家履行出资人职责。这说明现行立法对地方政府出资企业的限定也是比较模糊的。

3. 地方探索

2013 年 12 月，从上海市开始，各地为贯彻中共中央十八届三中全会的精神，在探索国有资产管理和国有企业改革过程中，出台了一系列地方性国资和国企改革的纲领性文件和改革路线图，其中有关地方国家出资企业的限定范围，成为其关注和改革的重点。如 2013 年 12 月 17 日中共上海市委、上海市人民政府发布的《关于进一步深化上海国资改革促进企业发展的意见》，就提出"将国资委系统 80% 以上的国资集中在战略性新兴产业、先进制造业与现代服务业、基础设施与民生保障等关键领域和优势产业"，"重点发展新能源汽车、高端装备、新一代信息技术、新能源等有一定基础和比较优势的战略性新兴产业"。①

2014 年 2 月 23 日贵州省人民政府办公厅印发的《贵州省国资委监管企业产权制度改革三年行动计划》（黔府办发〔2014〕6 号），把其 3 年改革的总体目标定位为"3 户功能性投资运营企业、2 户公共服务性企业，大多数竞争性企业实现产权多元化，发展成为混合所有制企业，具备条件的打造成为投资控股公司。不具备竞争优势的实现国有资本有序退出"。对贵州省级政府履行出资人职责的企业范围作了比较具体的列举。其中，功能性企业 3 户，包括贵州产业投资（集团）有限责任公司、西南能矿集团股份有限公

---

① 参见中共上海市委、上海市人民政府《关于进一步深化上海国资改革促进企业发展的意见》第（四）、（七）条。

司、贵州省黔晟国有资产经营有限责任公司；以承担重要产业和关键领域投资、重要资源开发等全省重大专项任务为主要目标。公共服务性企业2户，包括贵州省机场集团有限公司、贵州盐业（集团）有限责任公司；以提供公共服务和公益性产品、实现社会效益为主要目标。竞争性企业15户，其中包括中国贵州茅台酒厂（集团）有限责任公司、贵州盘江投资控股（集团）有限公司、贵州水矿控股（集团）有限责任公司、贵州开磷控股（集团）有限责任公司4户资源型企业；包括贵州旅游投资控股（集团）有限责任公司、贵州赤天化集团有限责任公司、贵州遵钛（集团）有限责任公司、贵州钢绳（集团）有限责任公司、贵州久联企业（集团）有限责任公司、贵州省盘江化工（集团）有限公司、贵州省建筑设计研究院、贵州省煤矿设计研究院、贵州建工集团有限公司、七冶建设有限责任公司、贵州省物资（集团）有限责任公司11户一般竞争类企业，以市场为导向，以经济效益最大化为主要目标。①

2014年3月1日，中共湖南省委、湖南省人民政府公布的《关于进一步深化国有企业改革的意见》（湘发〔2014〕7号），明确按照功能定位把省属国有企业分为公益、功能、竞争三大类别。其中，公益类国有企业，含城市供水供气、公交管网、市政公用运营资源等重要民生领域企业；功能类国有企业，含政府投融资平台或国有资本投资运营公司以及重要资源开发、重大基础设施建设领域的企业；竞争类国有企业，按照混合所有制经济的要求进行放开，国有资本有进有退。同时明确该省属国有企业的发展方向为"推动国有资本向重要行业和关键领域集中，向优势企业集中，向企业主业集中。重点发展有一定基础和比较优势的战略性新兴产业，推进传统产业创新发展和转型升级，促进服务业企业模式创新

---

① 参见贵州省人民政府办公厅《贵州省国资委监管企业产权制度改革三年行动计划》第一、二部分。

和业态转型，加强基础设施与民生保障领域企业健康发展，加大节能减排力度、大力发展绿色经济"。①

2014 年 4 月 29 日中共重庆市委、重庆市人民政府在《关于进一步深化国资国企改革的意见》中，提出未来 3—5 年改革的主要目标为"加快企业股份制改革，2/3 左右国有企业发展成为混合所有制企业。适宜上市的企业和资产力争全部上市，80% 以上的竞争类国有企业国有资本实现证券化"，"国有资本增量更多投向公共服务和功能要素领域。竞争类企业 80% 以上的国有资本集中在先进装备制造等支柱产业和高技术含量、高附加值的战略性新兴产业、现代服务业"。国有资本重点"围绕重庆民生公益保障、基础设施建设、战略性支柱产业发展，推动国有资本向行业领军企业、产业龙头企业集中"。②

2014 年 6 月 30 日中共山东省委、山东省人民政府在《关于深化省属国有企业改革完善国有资产管理体制的意见》（鲁发〔2014〕13 号）中，提出要"调整优化国有资本布局结构"，"推动国有资本向现代服务业、先进制造业、战略性新兴产业、高新技术产业和重要矿产资源、基础设施、公共服务等产业领域聚集，向具有国际国内竞争力的大公司大集团集中"。③

2014 年 6 月 10 日山西省人民政府在其《关于深化国资国企改革的实施意见》（晋政发〔2014〕17 号）则只原则性规定"进一步巩固完善国有企业股权多元化改革工作"，"优化国有企业股权结构。积极创造条件推动国有企业特别是竞争性领域企业整体上市

---

① 参见中共湖南省委、湖南省人民政府《关于进一步深化国有企业改革的意见》第 9 条、第 14 条。
② 参见中共重庆市委、重庆市人民政府《关于进一步深化国资国企改革的意见》第（二）、（十）条。
③ 参见中共山东省委、山东省人民政府《关于深化省属国有企业改革完善国有资产管理体制的意见》第 21 条。

或核心业务资产上市"，① 而对国资国企的投资方向和范围未作具体规划。

2014 年 6 月 16 日中共江西省委、江西省人民政府在《关于进一步深化国资国企改革的意见》中，明确提出"推动国有资本向关键领域和优势产业集中"，其中包括"推动国有资本向战略性新兴产业集中，重点投向研发环节、产业链关键环节和价值链高端环节；向高端服务业集中，重点发展现代金融、现代物流、健康服务和养老等产业；向传统优势产业集中，重点发展铜、钨、稀土等有色金属优势产业；向基础设施与民生保障领域集中，重点发展高速公路、地方铁路、航空等产业。推动国有资本参与要素市场建设，重点发展粮食、铜、稀有金属等现（期）货市场"。②

2014 年 5 月 12 日中共四川省委、四川省人民政府发布《关于深化国资国企改革促进发展的意见》，提出不断优化国有资本布局，使"80% 的国有资本集中在公共服务、战略性新兴产业等重点行业和关键领域"；"引导国有资本向公共服务、战略性新兴产业、现代服务业、生态环境等重要行业和关键领域集中"；"推动产业转型升级，构建现代产业发展新体系，充分利用高新技术和先进适用技术改造提升传统产业，促进国有企业向价值链、产业链高端发展"。③

2014 年 3 月 24 日中共天津市委、天津市人民政府公布《关于进一步深化国资国企改革的实施意见》，提出"以市场为导向，加大国有资本布局结构战略性调整"，"推动国有资本更多投向重要行业和关键领域。加快国有资本从传统产业向现代制造业、现代物

---

① 参见山西省人民政府《关于深化国资国企改革的实施意见》第（三）条。

② 参见中共江西省委、江西省人民政府《关于进一步深化国资国企改革的意见》第（六）至第（十三）条。

③ 参见中共四川省委、四川省人民政府《关于深化国资国企改革促进发展的意见》第（三）、（四）、（五）条。

流、金融等现代服务业、战略性新兴产业集中。进一步优化国有资本在城市基础设施、能源保障、民计民生等领域的资源配置，重点提供公共服务，保障城市经济安全，保护生态环境。到 2017 年年底，90% 的国有资本聚集到重要行业和关键领域，国有资本布局聚集到 40 个行业左右"。①

从上述几个已公布的省级行政区国资、国企改革方案来看，绝大部分省级行政区把国资、国企的投资领域限定在战略性新兴产业、先进制造业与现代服务业、基础设施与民生保障等关键领域和优势产业。

4. 上位依据

各地政府出资的形成原因、既有存量和具体领域具有很大差异性，这也是相关政策文件、立法只作原则性宣示而不作具体规定的主要原因。因此，在确定地方国家出资企业的范围时，就可以参照中央国家出资企业的范围，以排除的方式对其进行大致划定。

（二）地方政府出资企业的主要范围

关于地方政府出资的范围，有学者从中央与地方的财权与事权的关系分析认为，一般性的资源性国有资产；服务范围辐射本地方行政区范围、关系地方经济安全的行业、自然垄断产业和基础设施与基础产业；受益范围辐射本行政区的公共产品领域；影响本地区产业转型升级的支柱产业、高新技术、战略产业等竞争性领域，应由地方政府出资经营。② 有学者只笼统地以计划经济时期地方国营企业和新时期地方所属国有企业为基本范围。③ 笔者认为，依照地

---

① 参见中共天津市委、天津市人民政府《关于进一步深化国资国企改革的实施意见》第一部分。

② 参见史言信：《国有资产产权：中央与地方关系研究》，中国财政经济出版社 2009 年版，第 128—132 页。

③ 参见盛毅、林彬：《地方国有资产管理体制改革与创新》，人民出版社 2004 年版，第 52—65 页。

方政府代表国家直接投资的性质、功能，根据其事权、财权的范围，地方政府出资企业应控制在如下产业领域与行业范围之内：

1. 因市场竞争失灵而需要国家投资的本行政区域内的公共领域或不具营利性的公益领域。如公共教育、公共医疗、公共福利类产业。

2. 关系国民经济命脉、影响国计民生并涉及本行政区域范围内的基础部门。如本行政区域内石油、天然气分支管道建设与输送，本行政区域内分支电网与电力输送，本行政区域内分支通信、网络、电视广播传输线路建设与运行，本行政区的铁路、公路、车站、港口、机场等交通基础设施的统一规划、建设和营运等。

3. 具有政策性倾向且在本行政区内有垂直业务网络与供给系统、可通过准军事化管理或营运的部门。如地区性政策性银行、地区性政策保险机构、地区性公用事业服务等领域、部门和产业。

4. 具有一定政府引领功能的开发领域，如政府投融资平台、开发区与产业园建设、国有资本投资运营公司、重要资源开发等企业。

5. 具有引领意义和示范意义的战略性新兴产业、先进制造业与现代服务业等竞争性产业。

6. 本行政区域内对社会与经济发展、转型具有引领功能的重大项目或工程等。

（三）地方政府出资企业的层级

关于地方政府出资企业的层级，现有政策性文件或立法文本，只有 2002 年 11 月 8 日中共十六大政治报告提出"中央政府和省、市（地）两级地方政府设立国有资产管理机构"，首次把政府国有资产管理机构设置的地方层级限定在市（地）一级；但十六大政治报告所提的方案只有指导意义，并无强制性约束力。学界更多地侧重于讨论地方政府投资创办企业的消极面,[①] 对地方政府出资企业的行政层级则鲜有讨论。个别学者认为应从中央、省级、市(地)三级国有资产管理体制出发,地方政府出资应限于省级、市(地)二级。[②] 笔者认为,地方政府出资企业除基础设施和公用事业经营可止于市(地)级政府外,其他产业领域应止于省级政府。究其原由,主要在于如下几个方面:(1)计划经济的影响。我国国有经济从某种程度上讲,属于计划经济的产物,在计划经济时期国营经济主要是由地方省一级政府组织的,而地、县、县级市除涉及基础设施和公用事业外,有关竞争性方面的领域和产业就很少投资,这些领域基本属于传统集体所有制经济的范畴。(2)前 20 年国企改革的遗产。自 1992 年国企公司化改制以来,特别是 1998 年国企"抓大放小"的改革政策实施以来,省级政府和行政区以下的中小国有企业通过拍卖、兼并、破产、划转、重组、承包、租赁、变卖等,多数已经退出了竞争性领域或产业。(3)财力因素的制约。政府出资办企业,是需要巨大财力作支撑的,从现有中央与地方的税收和财政收入的分配比例来看,省级以下地方政府除其必须承担的基础设施建设和公用事业的支出外,已鲜有能余出更为庞大的资金用于竞争性领域或产业兴办企业。(4)经营效益难以保障。国有企业特有的产权结构和经营机制,使其难以如一般的民间资本和民营企业灵敏地应对市场,因此,处在竞争性领域或产业的国有企业其经营效益普遍比较低,这也是国资国企为什么改革、最高决策层为什么一再强调要缩小、调整国有经济的宏观布局和国有企业的产业范围的根本原因。(5)不利于监管。如地方政府出

---

① 参见陈守地:《投资体制改革与地方政府投资企业职能浅论》,载《福建学刊》1990 年第 5 期;韦文智:《浅论地方政府投资办企业的弊端》,载《财经问题研究》2000 年第 8 期。

② 参见盛毅、林彬:《地方国有资产管理体制改革与创新》,人民出版社 2004 年版,第 99—136 页。

资涉及的竞争性领域或产业过多、层级过低，就必然会延长地方政府出资企业的代表与管理层级，而层级越多，其信息就越不对称，其监督和管理的成本就越高，其监督和管理就越趋于无效和失灵。

基于以上分析，笔者认为，除少数经济实力比较强的地级市以外，具有引领意义和示范意义的战略性新兴产业、先进制造业与现代服务业等竞争性产业，政府出资企业的设立行政层级应只限于省级政府，省级以下政府出资企业的范围应只限于本行政区内重要的基础设施建设与公用事业经营，且应止于市（地）级政府及所在地市。

（四）地方政府出资企业的适度数额

截至 2014 年 11 月，仅以部分省级政府国资委所管辖的地方国有企业为例，北京市有监管企业 67 家、双管企业 36 家,[1] 上海为 53 家,[2] 辽宁有 24 家,[3] 吉林为 18 家,[4] 广东有 21 家,[5] 湖南有

---

[1]　参见《北京市监管企业、双管企业名录》，载北京市国有资产监督管理委员会网站·企业之窗（http：//www. bjgzw. gov. cn/），2014 年 11 月 20 日访问。

[2]　参见《上海市国资委管理单位名单》，载上海市国有资产监督管理委员会网站·资讯中心·企业之窗（http：//www. shgzw. gov. cn/），2014 年 11 月 20 日访问。

[3]　参见辽宁省人民政府国有资产监督管理委员会网站·国企联报（http：//www. lngzw. gov. cn/），2014 年 11 月 20 日访问。

[4]　参见吉林省人民政府国有资产监督管理委员会网站·出资企业（http：//gzw. jl. gov. cn/），2014 年 11 月 20 日访问。

[5]　参见广东省人民政府国有资产监督管理委员会网站·企业聚焦（http：//www. gdgz. gov. cn/），2014 年 11 月 20 日访问。

33 家,① 贵州有 27 家,② 数量普遍比较多,且绝大部分偏重于资源性国有资产开发与竞争性领域。笔者认为,依据前述地方政府投资设立国家出资企业范围的限定领域,如果考虑到今后地方政府出资企业在大部分竞争性领域的退出,或者通过大幅度减持国家股使国有资本在某些领域和行业不再占有控股地位,则省级地方政府出资企业中独资企业、独资公司、控股公司的数量应控制在 10—15 家为宜;市(地)级政府只应保留 3—5 家公用事业类国有企业。其基本理由如前所述。

二、地方政府出资企业的主要形式

与中央国家出资企业一样,地方政府出资企业的形式也包括公司制和非公司制两种形式。

(一) 公司制的地方政府出资企业

公司制的地方政府出资企业其形式包括地方政府出资的国有独资公司、国有资本控股公司、国有资本参股公司三种情形。

(二) 非公司制的地方政府出资企业

非公司制的地方政府出资企业主要表现为全民所有制性质的国有独资企业和有地方政府投资的混合所有制企业,其中全民所有制性质的国有独资企业是非公司制地方政府出资企业的主要形式。

有关地方政府出资企业的主要形式、具体内容和基本特点,如前节所述,在此不再赘述。

---

① 参见湖南省人民政府国有资产监督管理委员会网站·监管企业(http://www.hngzw.gov.cn/),2014 年 11 月 20 日访问。
② 参见贵州省人民政府国有资产监督管理委员会网站·国资概况·监管企业(http://www.gzsgzw.gov.cn/),2014 年 11 月 20 日访问。

三、地方政府出资企业的国家出资人代表

如前节所述，笔者认为，地方政府出资企业中国家出资人代表，为依照法定程序和特定契约，由特定地方国家机关（地方人大常委会或地方政府）以任命、委派、提名等方式，派驻到地方政府出资企业中担任国家出资人代表或国家股权代表的具体自然人。其形式包括国家股监事、国家股董事或其他非公司制国有独资企业的经营代表人，其基本类型具体分述如下：

（一）地方政府出资企业中的国家股监事

地方政府出资企业中的国家股监事，又称国家股监事代表，是依照法定程序和特定契约，由特定地方国家机关（一般为省级地方人大常务委员会）以任命、委派、提名等方式，派驻到公司制的地方政府出资企业履行国家股权的经营监督职能，专职行使对地方国有独资公司、国有资本控股公司或国有资本参股公司内部董事会、经理等决策、经营机构及其成员进行专门监督的具体自然人代表。地方政府出资企业中的国家股监事为地方国有独资公司、国有资本控股公司或国有资本参股公司内部监事会的当然成员，他们和监事会中的其他监事代表（如职工代表）一起，借助监事会这一专设机构，对公司制的地方政府出资企业之经营、管理层进行专门的内部监督。

（二）地方政府出资企业中的国家股董事

地方政府出资企业中的国家股董事，又称国家股董事代表，是依照法定程序和特定契约，由特定地方国家机关（一般为省级地方政府）以任命、委派、提名等方式，派驻到公司制的地方政府出资企业中履行国家股权的经营、管理职能，并专职行使对地方国有独资公司、国有资本控股公司或国有资本参股公司内部经营决策权、内部管理权的具体自然人人选或代表。地方政府出资企业中的

191

国家股董事，作为公司制的地方政府出资企业董事会的当然成员或经理机构的主要负责人（如总经理、财务负责人等），和其他非国家股股东董事、职工董事、独立董事，利用董事会这一决策机构或经理这一经营事务性机构，依法或在授权范围内，对公司制的地方政府出资企业进行独立的经营、管理和营运。

（三）其他非公司制地方政府独资企业的经营代表人

其他非公司制地方政府独资企业的经营代表人，是依照法定程序和特定契约，由特定地方国家机关（一般为省级地方政府）以任命、委派、提名等方式，派驻到非公司制地方政府出资企业履行国家出资人参与、经营、管理职能，并专职行使对地方国有独资企业内部经营决策、管理权的经营者代表人选，具体为地方国有独资企业的厂长（经理）人选。

四、地方政府出资企业中国家股权代表人的任命与委派

如前节所述，笔者认为，地方政府出资企业中国家出资人代表的任命与委派，也应如中央国家出资企业一样，以国家股权代表人的任命与委派为重点，并以民意机关与政府机关、权力机关与行政机关、立法机关与执行机关职能、权源、职权分途的理论、制度、立法和授权逻辑，本着职能与事权的统一、授权与行权的架构、行权与控权的制衡之基本原则，实行国家股监事代表与国家股董事代表分别任命和委派的方式。具有情形分述如下：

（一）地方政府出资企业中国家股监事代表的任命与委派

1. 由地方人大（主要为省级地方人大）下设的地方国有资产委员会提名。地方人大下设的国有资产委员会，于地方人大闭会期间，在地方人大常委会的领导下和地方人大授权范围内，负责对地

方政府所管辖的国家财产和国有资产进行监督。其监督的主要任务就是建立以具备会计、审计、法律等有国有资产监督管理、企业经营经验等业界背景为主要成员的地方政府出资企业国家股监事代表人才、专家库，通过审查、考察、答辩、异议、公示等环节，向地方人大常委会提出到特定地方国有独资公司、国有资本控股公司、国有资本参股公司拟任国家股监事代表的人选。

2. 地方人大（主要为省级地方人大）常务委员会对地方人大国有资产委员会所提名到特定地方国有独资公司、国有资本控股公司、国有资本参股公司拟任国家股监事代表的人选，以会议表决的方式，进行任命或委派，并进行公告。

3. 被任命或委派的国家股监事代表到特定地方国有独资公司、国有资本控股公司监事会中任职。其中，被任命或委派的国家股监事代表可进入特定地方国有独资公司的监事会；而被任命或委派的国家股监事代表，在经股东（大）会必要的选举或表决程序后，则进入特定地方国有资本控股公司或参股公司的监事会中任职。

4. 被任命或委派的国家股监事代表，与特定地方国有独资公司、国有资本控股公司内部股东（大）会产生的非国家股监事代表、职工代表大会或代表会议所产生的监事代表或其他方式所产生监事代表组成监事会。依照《公司法》和国有企业特别法、地方人大的授权，依照程序表决产生、罢免或建议罢免公司制地方政府出资企业中的国家股董事代表、非国家股董事代表，并对董事会、经理机构及其成员的经营、管理进行经常性的、专业性的监督。

（二）地方政府出资企业中国家股董事代表的任命与委派

1. 由地方政府（主要为省级地方政府）国有资产监督管理机构、财政部门或其他授权的部门、机构提名。其基本任务就是建立以具备国有资产监督管理、企业经营管理、资本营运经验等业界背景为主要成员的地方政府出资企业国家股董事代表企业家、经理人才库，通过审查、考察、答辩、异议、公示等环节，向地方政府提出到特定地方国有独资公司、国有资本控股公司、国有资本参股公司拟任国家股董事代表的人选。

2. 地方政府（主要为省级地方政府）对地方政府国有资产监督管理机构、财政部门或其他授权的部门、机构提名到特定地方国有独资公司、国有资本控股公司、国有资本参股公司拟任国家股董事代表的人选，以政府常务会议表决的方式，进行任命或委派，并进行公告。

3. 被任命或委派的国家股董事代表人选，在地方国有独资公司内部，依照《公司法》和国有企业特别法的程序，由监事会表决为正式的国有资本参股董事代表；在地方国有资本参股公司内部，先经股东（大）会进行必要的选举或表决程序，然后再经监事会表决后到董事会正式任职；在地方国有资本参股公司内部，则经股东（大）会进行必要的选举或表决程序后，到董事会正式任职。

4. 被任命或委派的国家股董事代表，与特定地方国有独资公司、国有资本控股公司内部股东（大）会产生的非国家股董事代表、职工代表大会或代表会议所产生的职工董事代表或其他方式所产生董事代表（如上市公司的独立董事）组成公司董事会。国家股董事，作为公司制的地方政府出资企业董事会的当然成员或经理机构的主要负责人（如总经理、财务负责人等），和其他非国家股股东董事、职工董事、独立董事，利用董事会这一决策机构或经理这一经营事务性机构，依法或在授权范围内容，对公司制的地方政府出资企业进行独立的经营、管理和资本营运。

5. 地方国有独资公司、国有资本控股公司的国家股董事代表，通过行使董事职权和履行董事职责，利用董事会这一公司常设机构，选择公司的职业经理人到公司经理机构中任职，授权其负责地方国有独资公司、国有资本控股公司的经营管理和资本营运，并对其经营管理和资本营运进行代理监督。

（三）其他非公司制地方国有独资企业经营代表人的任命或委派

笔者认为，与前节所讨论的非公司制中央国有独资企业经营代表人任命或委派一样，对非公司制地方国有独资企业经营代表人的任命或委派，在适用现行《企业国有资产法》（2008 年）第 22 条第 1 款规定的同时，应激活《全民所有制工业企业法》（1988 年）第 44 条的规定，引入企业内部职工的民主参与监督。其方式可作如下选择：

1. 地方政府履行出资人职责的机构委任或者招聘

地方政府履行出资人职责的机构委任或者招聘的企业厂长（经理）人选之前，须就其委任或者招聘的厂长（经理）人选，以召开职工代表大会或职工代表会议的形式，广泛征求职工代表的意见。即拟委任或者招聘的厂长（经理）人选须在职工代表大会或职工代表会议获得多数同意；如职工代表大会或职工代表会议多数职工代表不同意或存在异议，则应中止委任或者招聘，依照程序另定人选。与此同时，地方政府履行出资人职责的机构委任或者招聘的厂长（经理），如由地方政府履行出资人职责的机构免职或者解聘，也须征求职工代表的意见。

2. 企业职工代表大会或职工代表会议选举

企业职工代表大会选举产生的厂长（经理），须报地方政府履行出资人职责的机构批准。同样，企业职工代表大会选举的厂长，由职工代表大会罢免，也须报地方政府履行出资人职责的机构批准。

此外，为保持公司制的地方国有独资公司、国有资本控股公司、国有资本参股公司与非公司制的地方国有独资企业之国家出资人代表任命、委派权限的统一，建议对现行《企业国有资产法》第 22 条有关地方政府履行出资人职责的机构人事任免权进行必要的修改，由其直接任命或委派修改为提出并确定委任或招聘人选，由地方人民政府统一任命或委派。

在确定了地方国有独资企业的厂长（经理）人选之后，地方国有独资企业的副厂长（经理）、财务负责人和其他高级管理人员，则可根据厂长（经理）的提名，选择上述两种方式或程序之一任免。

五、地方政府出资企业中国家股权代表人的具体形式

（一）地方政府出资企业中国家股权代表人的企业类型

如前节所述的中央国家出资企业一样，在地方政府出资企业中国家出资人代表的任命或委派过程中，只有实行公司制的地方国有独资公司、国有资本控股公司、国有资本参股公司才涉及国家股权代表人问题。具体情况包括：（1）地方国有独资公司之国家股权代表人；（2）地方国有资本控股公司之国家股权代表人；（3）地方国有资本参股公司之国家股权代表人。

（二）地方政府出资企业中国家股权代表的代表类型

无论是公司制的地方国有独资公司、国有资本控股公司，还是地方国有资本参股公司，其国家股权代表人的具体类型均为两种：（1）国家股监事代表；（2）国家股董事代表。

以上所论为中央国家出资企业和地方政府出资企业之国家出资人代表的分级任命与委派问题。但是，无论是中央国家出资企业，还是地方政府出资企业，有关国家出资人代表，特别是其国家股监事代表和国家股董事代表的任命与委派，均只涉及国家和政府的直接投资（原投资）所设立企业中的国家股监事代表和国家股董事代表的任命与委派问题。但国家和政府直接投资设立的企业（公司），一经登记则为独立的民事、商事主体，其还可以国家或政府直接投资形成的企业（公司）资本、经营中增值的财产和以其他

方式获得的财产以独资、合伙、合股（包括控股或参股）等方式，进行对外投资（转投资），就存在对该投资的企业（公司）任命或委派国有企业法人股董事代表和监事代表问题；而且，被转投资的企业（公司）还可以独资、合伙、合股（包括控股或参股）等方式继续进行转投资。如此一来，就产生国家直接投资和国有企业转投资情形下国家出资人代表，特别是其国家股监事代表和国家股董事代表的任命与委派问题。以下两章将集中讨论这两个议题。

第六章　国家直接投资情形下
国家股权代表的委任

笔者认为，从严格意义上讲，国有企业包括国家直接投资设立的国有企业（包括国有独资企业、国有独资公司、国有资本控股公司）和国有企业或其他国有法人单位转投资设立的国有企业（国有法人独资企业、国有法人独资公司、国有法人控股公司）两种情形。在国家出资人代表的任命与委派中，国家所要重点解决的是国家直接投资情形下向国有企业特别是公司制的国有企业之国家出资人代表的任命与委派。至于国有企业或其他国有法人转投资设立的国有企业之国有法人股股权代表的委派问题，则属于国有企业或其他国有法人单位的内部自治权与经营权范畴，国家应授权由国有企业或其他国有法人单位通过章程自治和内部营业监督予以解决。如此一来，对国家和政府而言，所要着力思考和解决的中心议题，就是国家直接投资情形下国有企业中国家出资人代表的任命与委派问题。

第一节　国家直接投资与国家股权代表的定位

一、国家直接投资与国家出资人代表

（一）国家直接投资与国家出资企业

1. 国家直接投资及其基本形式

我国现行国有企业格局的形成，既有政治体制和经济政策方

面的原因，同时也是属后发型国家的我国在工业化过程中所采取一种见效快的阶段性策略。由于传统工商业没有得到充分的发展，经济结构中农业的比重偏大，加上近代官营官僚经济和外商投资企业100余年对民间的一贯性挤压和持续盘剥，使中国民间资本的力量极其弱小，因此，由民间资本来推进我国工业化进程必然十分缓慢，而且也是20世纪50—70年代我国当时所处的恶劣国际形势所不能允许的。在这种情况下，我国在20世纪50年代以来至20世纪80年代初采取集全国之力，通过国家直接投资的形式，优先发展国有企业，利用国家的力量，加快进行工业资本的积累，应该说是一种比较理性的选择。但由于片面地把社会主义理解为纯粹的公有制，加上政策方面的重大失误，从而使民间资本的自我积累路径被体制所打压，因政策而切断，至20世纪80年代初期，形成国有资本、国有经济在国民经济中唱独角戏的局面。改革开放以来，民间资本的创造力被释放出来，外资的大量涌进、百姓资金积蓄的增加、私营企业与股份制企业的迅速崛起，使民间资本、社会资本的整体力量在不断增强，民间资本的市场竞争优势以及在工业化中扮演的重要角色已成为不争的事实，此时国家鼓励发展民营经济，使国有经济逐步从某些产业领域中退出，让位给民间资本的条件已经成熟。如前所述，笔者认为，就国家投资方面，既有国有企业的存量改革应是国有资本从战略上退出绝大部分竞争性领域和产业，只宜在以下领域保持国有资本的必要支配性地位：（1）国民经济基础性产业如交通、公共设施等公益性企业；（2）具有战略意义及关系国民经济命脉的重要行业；（3）高新技术产业启动的基础性领域；（4）适宜于统一、规范经营的全国性行业如银行、通信等。其他产业领域应完全让位于民间资本，必要时可保留部分国有资本的参股经营。

足见，原生态意义的国有企业、国有资产或国有经济，均是国家直接投资的副产物，其中国有企业又是国家直接营业性投资的营业形式和衍生主体，因国家营业性投资有独资、合伙和合股（控股、参股）等多种方式，从而形成了以不同资本结构和制度本位的企业形式。

2. 国家出资企业及其法律形式

国家出资企业是国家直接投资所衍生出来的营业主体，由于国家营业性投资有独资、合伙和合股（控股、参股）等多方式，从而决定了国家直接投资所设立、衍生和形成的企业，在理论上有非公司制国家出资企业、合伙类国家出资企业和公司制国家出资企业等几种形式，但是由于我国长期以来禁止国家、机关、事业单位法人、企业单位法人和其他非法人组织成为合伙企业的出资人，因此，所谓合伙类的国家出资企业事实上不存在，在我国，如前节所述，国家直接投资设立的企业只有非公司制国家出资企业和公司制国家出资企业，其中非公司制国家出资企业即为传统的全民所有制企业；公司制国家出资企业则包括国有独资公司、国有资本控股公司、国有资本参股公司三种形式。

（二）国家直接投资情形下国家出资人代表的主要形式

如前所述，在国家直接投资情形下，履行国家出资人职能的实质上为中央政府（国务院）与地方政府及其内设的履行出资人职责的机构（如国有资产监督管理委员会、财政部门和其他授权的部门或机构），但政府和政府机构也是组织体，不能如自然人那样以其具体的行为在国家出资企业中代表国家出资人行使其作为出资人应有的各种权利和履行其应尽的各种义务。因此，如前文所论，对国家和政府而言，在政府或政府部门已代表国家完成了直接投资并创设国家出资企业之后，就必须任命或委派特定的自然人作为国家出资人代表，使其进入国家出资企业代表国家或政府，行使国家出资人的各种权利并履行相应的一系列义务。其中，其非公司制的国有独资企业，主要表现为任命或委派厂长（经理）等经营代表人；对公司制的国家出资企业，则表现为向国有独资公司、国有资本控股公司、国有资本参股公司任命或委派国家股监事代表和国家股董事代表。

二、国家直接投资情形下国家股权代表的法律地位与制度功能

(一) 国家直接投资情形下国家股权代表的法律地位

就公司制国家出资企业而言，国家（政府）向企业任命或委派的国家股监事代表和国家股董事代表均属于国家股权代表的范畴，国家股权代表既是国家直接投资情形下国家出资人代表的具体形式，更为国家出资人代表在公司制国家出资企业的具体形式，其法律地位可以从以下几方面进行理解：

1. 国家股权代理人

国家股权代表首先是国家股这一特殊股东的代理人。在国家直接投资情形下，国家出资人与公司制的国家出资企业之间的关系，实质上就是股东与公司的关系，国家股权代表就是国家这一特殊股东的自然代理人，代表国家股东行使其作为国家股东的权利（股权）并承担相应的义务。

2. 公司制国家出资企业的经营者

在国家直接投资情形下，公司制国家出资企业（国有独资公司、国有资本控股公司、国有资本参股公司）为国家直接出资设立的营业平台和独立的营业主体，虽然在名义上，国家直接出资之后的国有资产归属企业，由企业根据市场进行独立经营和管理，但是企业实质上也是一个社会组织体，其行为也必须通过其内部治理机构和代理机制，通过组织构建、权利配置和授权流程，借助于授权与行权的架构，本着行权与控权的平衡，把企业的决定权、决策权、管理权最终落实到具体的机构和自然人，其中国家股权代表中的国家股董事代表，就充当着公司制国家出资企业经营者的角色，通过公司内部股东（大）会的选举和董事会的授权，受托对公司

制国家出资企业进行经营和管理，以实现公司制国家出资企业的经营目标（社会效益与经济效益）。

3. 公司制国家出资企业的交易代理人

在国家直接投资完成设立公司制国家出资企业的转换之后，公司制国家出资企业为了经营，就必然要与企业的交易相对人发生各种交易，就必须得授权特定的自然人去实施和完成。国家股权代表中的国家股董事代表在兼任公司制国家出资企业法定代表人或公司经理的情况下，其地位实质就是公司的对外营业代理人，其依据公司法的规定、公司章程的记载和董事会的授权，有权代表公司制国家出资企业开展对外交易，代理企业与第三人进行业务往来。

4. 公司制国家出资企业的营业监督者

在国家直接投资的情形下，国家股权代表中的国家股监事代表还是代表国家这一特殊出资人（股东）对公司制国家出资企业的经营者（董事会、经理机构及其成员）进行监督的营业监督者。

（二）国家直接投资情形下国家股权代表的制度功能

在国家直接投资的情形下，国家股权代表的上述法律地位，决定其设置具有以下几个方面的基本制度功能：

1. 股权代理

国家股权代表最为重要的功能和职能就是代表国家（政府）行使其因直接投资在公司制国家出资企业中形成的国家资本权益（国家股权），其中国家股董事代表所行使的主要为国家股东的内部参与权、决策权、经营权、控制股和营业性事务的管理权；而国家股监事代表所行使的是国家股东的内部监督权。

2. 组织构建

国家股权代表是组成公司制国家出资企业中内部治理机构股东（大）会、董事会、监事会的逻辑起点和权源基础，也是公司制国家出资企业中内部治理机构股东（大）会、董事会、监事会的当然与主要成员。国家直接投资完成和公司制国家出资企业正式成立之后，国家（政府）向公司制国家出资企业任命和委派国家股权代表，并以之为基本成员或主要成员，会同其他非国家股东或股东代表，组成公司的股东（大）会、董事会和监事会等内部治理机构，并通过国家股董事代表或国家股监事代表的内部参与，使公司制国家出资企业的内部治理机构发挥其应有的制度功能。

3. 内部参与

在公司设立过程中，股东所关注的重心是资本的数额、出资的形式、筹资的期限和股权的比例；而公司成立之后，股东的关注中心和工作主题则为如何通过自己的内部参与权以影响甚至控制公司朝着最有利于自己的目标经营、管理。因此，对股东来说，公司自成立和营业开始，其焦点问题就是影响或争夺对公司的控制权。国家（政府）在以直接投资设立公司制国家出资企业后，其重心就是任命或委派国家股权代表参与到公司内部各个治理机构，通过其与会、提案、选举、表决、任职，以控制（如国有独资公司、国有资本控股公司）或影响（如国有资本参股公司）公司制国家出资企业的投资决策和经营管理。国家股权代表的内部参与功能主要表现为公司受托经营和内部营业监督两个方面，其股权行使的内容涉及股权的方方面面。

4. 营业代理

如前所述，国家股权代表中的国家股董事代表担任公司法定代表人或经理机构成员，或受董事会或经理机构的委托，对外代表公司与第三人进行业务往来，就是典型的营业代理。

三、国家直接投资情形下国家股权代表的制度支撑

在国家直接投资情形下，国家（政府）设定授权主体，通过一定的授权程序，把特定的国家股权代表委派到不同国家出资企业特别是公司制国家出资企业中，以实现国家（政府）投资的经营目的，就必须借助于一定制度机制。笔者认为，这一制度支撑

机制主要表现为国家股宏观管理、公司内部治理和营业代理三个方面。

(一) 人大主导与政府主管的国家股二层二元宏观管理体制

国家财产、国有资产、国家股权的宏观管理体制决定国家股权代表的委任权限、委任机关和委任方式。笔者在前文已经提出，为解决我国长期以来国家所有权代表主体的模糊和实际缺位问题，应当建立起人大主导与政府主管的国家财产、国有资产和国家股权二层二元宏观管理体制，所谓二层即人大及常委会作为主权行使者和权力授予者以主导国家财产、国有资产和国家股权的制度安排、立法规范和权力监督，其权重无疑高于政府；政府则在人大的授权下设立特定机构履行国家出资人的经营、管理职责，并接受人大及常委会的监督。所谓二元即按照其履行国家出资人或国家股东职能、权属的不同实行国家股权代表的分类分别委任，其中国家股监事代表由人大常委会负责委任；国家股董事代表及其他经营代表人则由政府负责委任。在国家直接投资情形下，只有理顺国家财产、国有资产、国家股权的宏观管理体制，才能解决公司制国家出资企业中国家股权代表的职能定位、权利（力）配置、分类委任、授权流程和有效监督等问题，被委任的国家股权代表才能在职位、职权、权限、责任边界和内容比较清晰的基础上，行使其职权，履行其职责，承担其应有的义务和责任。

(二) 股东 (大) 会—监事会—董事会的二层公司内部治理结构

如前所述，被委任的国家股权代表最终是需要到公司制国家出资企业的内部治理机构中担任具体的职务，在公司内部的特定机关中要行使具体的职权、履行特定的职责，因此，公司内部治理机构设置和权利（力）配置的合理、适当与否，直接影响不同类型和职位的国家股权代表的地位、职权、作用和效应。如前所述，由于公司制国家出资企业中国家股东的特殊性，在普通公司中实行的董事会与监事会之成员由同一政府机关委任、实行平行监督的体制，具有内在的逻辑矛盾和先天的制度缺陷，从而导致既有公司制国家出资企业内部监督机构的虚置，其职位的矮化直接导致其权利（力）被严重边缘化。如改造既有公司制国家出资企业内部治理结构，把公司制中的国有独资公司、国有资本控股公司从一般公司法的规定中析分出来，制定单独的《国有资本独资与控股公司法》，变一般公司法中的三角形治理结构为国有独资公司、国有资本控股公司的二层治理结构，即借鉴德国的公司治理模式，把现有的公司制国家出资企业中的董事会、监事会这一二元制内部治理结构（国有独资公司），或者股东（大）会—董事会/监事会三角形内部治理结构（国有资本控股公司、国有资本参股公司），改造为国有独资公司的监事会—董事会或者国有资本控股公司的股东（大）会—监事会—董事会这一二层内部治理结构。此改造后的国有独资公司、国有资本控股公司内部治理结构，使监事会的地位高于董事会，一方面与国家股监事代表由人大常委会委任、国家股董事代表由政府委任的权力关系、授权流程在逻辑上完全吻合和彼此对应；另一方面，也可借助监事会职位、职权上的强势，对国有独资公司、国有资本控股公司的董事会、经理机构及其成员进行有效的、常态化的监督。

（三）授权与行权清晰、行权与控权平衡的营业代理制度

在国有独资公司、国有资本控股公司的经营过程中，国家股权代表中部分成员实际上又是作为公司的营业代理人出现的，而其营业代理权限如何设置，直接关系到国有独资公司、国有资本控股公司经营的安全性和效益性。在现有国有独资公司、国有资本控股公司的内部营业代理授权中，董事会与经理机构之间的授权路径很不清晰，授权范围十分模糊、授权方式比较混乱，最终导致董事会各成员之间、董事会与经理机构之间、董事与经理人之间、经理人之

间的权利（力）边界模糊、权利（力）行使极不规范，导致其对内管理集权或混乱，对外代理的擅权或乱为。在国家直接投资情形下，政府向国有独资公司、国有资本控股公司委任的国家股董事代表，所充当的就是代表政府行使国家股东的内部参与权，并经公司内部治理机构的授权，负责整个公司的经营管理和对外的营业代理。如没有良好的营业代理制度进行授权与制约，国家直接投资的目的和国有独资公司、国有资本控股公司的经营目标就要落空。因此，国家（政府）向国有独资公司、国有资本控股公司委任国家股权代表之先，通过《国有资本独资与控股公司法》，在国有独资公司、国有资本控股公司遵循授权与行权清晰、行权与控权平衡的原则，建立规范、明晰的营业代理制度、代理授权流程、权利（力）行使规则、权利（力）监督方式与手段，是十分必要且紧迫的一项工作。

四、国家直接投资情形下国家股权代表的分类分级委任

笔者认为，在国家直接投资情形下，国家股权代表的具体委任，应本着前文所论，对国家股权代表进行分类分级委任。

首先，从国家股权代表的不同职能把其分设为国家股监事代表和国家股董事代表，并应本着人大主导与政府主管的权力构架与授权逻辑，由人大常委会与政府分别进行委任，其中人大常委会负责对国家股监事代表的委任；政府则负责对国家股董事代表或其他经营者代表的委任。

其次，应按照中央政府与地方政府直接投资设立的不同国家出资企业，由中央与地方分级代表和各自负责其所直接投资和管辖下的国家出资企业中国家股权代表的委任，其中全国人大常委会负责对中央国家出资企业中国家股监事代表的委任；国务院则负责对中央国家出资企业中国家股董事代表或其他经营者代表的委任。地方人大常委会（主要为省级）负责对地方政府出资企业中国家股监事代表的委任；地方政府（主要为省级）则负责对地方政府出资企业中国家股董事代表或其他经营者代表的委任。

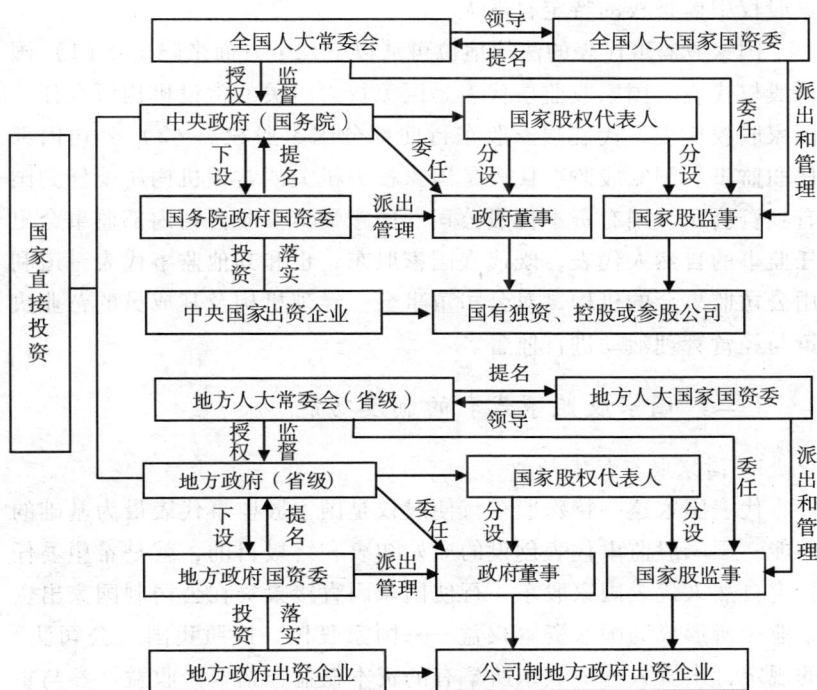

图3 国家直接投资情形下国家股权代表人的委任流程与架构图

第二节 国家直接投资情形下的国家股监事

一、国家股监事代表的界定与制度功能

(一)国家股监事代表的界定与法律地位

国家股监事代表,简称国家股监事,是在国家直接投资的情形下,依据国家投资法、《国有资本独资与控股公司法》、权力机关的权限和特别委托任命契约,由国家权力机关常设机构任命或委派到公司制国家出资企业(国有独资公司、国有资本控股公司、国家资本参股公司)内部监事会任职监事、代表国家股东行使其国

207

家股权中监督权的特定自然人。

国家股监事代表的法律地位可从以下几个方面来限定：（1）国家股权代表。国家股监事代表是国家权力机关的常设机构所委任的国家股权代表，代表国家股东行使部分国家股权。（2）公司内部任职监事。国家股监事代表是国家权力机关的常设机构所委任到国有独资公司、国有资本控股公司、国家资本参股公司内部监事会出任监事的自然人代表，既代表国家股东，也和其他监事代表一道利用公司监事会的机构，对公司董事会、经理机构及其成员的营业决策与经营管理活动进行监督。

（二）国家股监事代表的制度功能

1. 国家股权代表功能

代表国家这一特殊股东行使股权是国家股监事代表最为基础的功能，国家股监事代表创设的原始初衷和终极目的，就是希望委任特定自然人代表国家股东，行使国家因直接投资在公司制国家出资企业中所形成的国家资本权益——国家股权。按照我国《公司法》的规定，出资人——股东所享有的资本权益包括资产收益、参与重大决策、选择管理者和营业监督等多个方面，[①] 其中，国家股监事代表则代表国家股东行使资本权益中的营业监督权。

2. 公司内部营业监督功能

国家股监事代表是公司制国家出资企业内部监事会的当然与主要成员，与其他非国家股监事、职工监事、外部监事，组成公司制国家出资企业内部监事会，其基本职能就是监督公司内部的董事会、经理机构等经营机关及其成员的营业决策与经营管理活动。

3. 特殊情形下代表公司诉讼功能

即当公司制国家出资企业内部的董事、经理人、财务负责人、董事会秘书等高级管理人员违反法律、行政法规和公司章程，给公

---

① 参见《公司法》（2013 年修订）第 4 条、第 53 条、第 118 条。

司造成损失的，国家股监事代表就可通过监事会提议，以公司的名义对公司董事、高级管理人员提起公司代表诉讼和赔偿诉讼。

二、国家股监事代表的基本职能和主要任务

（一）国家股监事代表的基本职能

对于国家股监事代表的具体职能，我国现有法律和行政法规是基本空缺的，其根本原因在于我国相关政策、法律和行政法规在定位国家与企业、国家出资人与国家出资企业、国家股东与公司制国家企业之间关系时，混淆了作为公法意义上的国家公共管理职能与作为私法意义上的国家出资人（股东）资本权益之间的不同身份、地位、职能和权利（力）性质。除财政部于 1995 年 7 月 17 日发布的《财政部门监事选派暂行规定》（财工字〔1995〕275 号，现已失效）中所称财政部门选派的监事比较符合国家股监事代表的内在特征外，其他政策性文件、法律和行政法规，在对待国家股监事代表和公司制国家出资企业上，要么混淆了国家的公私法身份与地位，要么对国家股监事代表不予规定，要么则混淆了外派监事会与公司内部监事会的不同制度功能。如政策性文件中有关"以管资本为主加强国有资产监管"[①] 的规定，国家实则仍然沿用对国有企业的公共管理与股权行使的合一模式。就国家层面的法律而言，我国现行《公司法》第 70 条虽然明确规定监事会属于国有独资公司的内部机构，第 3 款只笼统规定"监事会行使本法第五十三条第（一）项至第（三）项规定的职权和国务院规定的其他职权"，[②] 但对其职能没有规定，且这一规定与我国 2000 年以来对国有重点企业所实施的外派监事会制度严重冲突。根据国务院《国有企业

---

① 参见中共中央《关于全面深化改革若干重大问题的决定》（2013 年 11 月 12 日）第 6 条。

② 参见《公司法》（2013 年修订）第 70 条第 1 款、第 3 款。

监事会暂行条例》和《国有重点金融机构监事会暂行条例》的规定，国有企业的外派监事会之基本职能是以财务监督为核心，根据有关法律、行政法规和财政部的有关规定，对企业的财务活动及企业负责人的经营管理行为进行监督，确保国有资产及其权益不受侵犯；监事会与企业是监督与被监督的关系，监事会不参与、不干预企业的经营决策和经营管理活动。监事会履行下列职责："（一）检查企业贯彻执行有关法律、行政法规和规章制度的情况；（二）检查企业财务，查阅企业的财务会议资料及与企业经营管理活动有关的其他资料，验证企业财务会计报告的真实性、合法性；（三）检查企业的经营效益、利润分配、国有资产保值增值、资产运营等情况；（四）检查企业负责人的经营行为，并对其经营管理业绩进行评价，提出奖惩、任免建议。"① 显然，此一国有企业的外派监事会与《公司法》第70条所规定的内部监事会不是同一概念，国有企业的外派监事会是由国务院负责派出，监督对象为国有企业，与国有企业是一种监督与被监督的关系；而《公司法》第70条所规定的国有独资公司监事会则为履行国家出资人职责的机构所委派的监事、职工兼职监事②所组成，其监督的对象为董事会、经理机构及其成员；与所在公司制国有企业是法人主体与内部治理（监督）机构的关系。由于前述政策性文件、法律与行政法规在有关公司制国家出资企业监督制度的设置上存在冲突，也就无法准确界定既有公司制国家出资企业中到底谁应该是国家股监事代表，其职能也就更不能确定了。

笔者认为，国家股监事代表的基本职能是由其特定的法律地位

---

① 参见《国有企业监事会暂行条例》（2000年）第3条、第5条；《国有重点金融机构监事会暂行条例》（2000年）第5条、第6条。

② 参见《公司法》（2013年修订）第70条第2款；国务院国有资产监督管理委员会《国有企业监事会兼职监事管理暂行办法》（国资发监督〔2008〕126号）第3条、第6条。

与制度功能决定的，综前所述，其基本职能可表述为如下几个方面：（1）代表国家行使国家股东的部分资本权益。（2）代表国家股东对公司经营层进行营业监督。（3）利用监事会机构以维护国家股东利益和公司制国家出资企业的整体利益。

（二）国家股监事代表的主要任务

笔者认为，国家股监事代表设置的主要任务既不是如政策性文件那样从"管资本"的角度，对国有资本进行监督管理（这应该是国家股董事的职责范围），也不是如《国有企业监事会暂行条例》（2000 年）和《国有重点金融机构监事会暂行条例》（2000年）所确定的外派监事会那样以整个国有企业为监督对象；其任务的重心应是以监督公司制国家出资企业的财务为基本手段，对公司制国家出资企业经营者代表（董事特别是国家股董事、高级管理人员）的营业行为进行监督，其监督的对象是动态的人而非静态的资产。特别是在国有独资公司、国有资本控股公司内部，国家股董事代表基本掌控着国有独资公司、国有资本控股公司的经营权、管理权和对外代理权，国家股监事代表设置的主要任务就是为了针对国家股董事代表的营业决策、经营管理和对外代理进行有效的、经常性的监督，其监督更应把国家股董事代表及其经营行为的合法性、合理性和妥当性等作为重中之重。

三、国家股监事代表任职的基本条件

（一）规范性文件对涉及国资背景的监事代表任职条件的规定与评价

我国有关国有企业内部设立监事会缘起于 1992 年公司制改革的试点，1993 年 12 月《公司法》通过后，有关原国企背景的公司如何引入新的监事会被提上了日程，最早对此作出回应的是财政部，其于 1995 年 7 月 17 日下发的《财政部门监事选派暂行规定》

中所规定的监事会应有"从各级财政部门中选派业务骨干作为监事代表"之规定，比较接近国家股监事代表的内涵。该《规定》同时要求，财政部门选派的监事，必须同时具备以下条件：（1）能够维护国有资产所有者权益；（2）坚持原则，清正廉洁，办事公道；（3）熟悉国家财税政策、企业财会制度和国有资产管理等各项法规制度；（4）有大学本科学历并从事5年以上财政、财务管理工作，或有10年以上的从业经历；（5）必须是各级财政部门的正式工作人员（包括财政部驻各地财政监察专员办事机构的正式工作人员）。①

2000年3月15日国务院在《国有企业监事会暂行条例》和《国有重点金融机构监事会暂行条例》中对国有企业外派监事会中的监事提出了具体要求，规定国有企业监事会中的监事应当具备下列条件：（1）熟悉并能贯彻执行国家有关金融、经济的法律、行政法规和规章制度；（2）具有财务、金融、审计或者宏观经济等方面的专业知识，比较熟悉金融机构经营管理工作；（3）坚持原则，廉洁自持，忠于职守；（4）具有较强的综合分析和判断能力，并具备独立工作能力。监事会主席和专职监事、派出监事、专家监事实行回避原则，不得在其曾经工作过的或者其近亲属担任高级管理职务的国有企业的监事会中任职。②

2002年5月23日中国人民银行在《股份制商业银行独立董事和外部监事制度指引》（公告〔2002〕第15号，现已失效）中规定，商业银行的独立董事、外部监事应当具备较高的专业素质和良好信誉，且同时应当满足以下积极条件：（1）具有本科（含本科）以上学历或相关专业中级以上职称；（2）具有5年以上

---

① 参见财政部《财政部门监事选派暂行规定》第2条、第3条、第4条。

② 参见《国有企业监事会暂行条例》（2000年）第18条、第19条；《国有重点金融机构监事会暂行条例》（2000年）第18条、第19条。

的法律、经济、金融、财务或其他有利于履行独立董事、外部监事职责的工作经历；（3）熟悉商业银行经营管理相关的法律法规；（4）能够阅读、理解和分析商业银行的信贷统计报表和财务报表。除此之外，该《指引》还对商业银行的独立董事、外部监事的人员与条件分别设置了禁止性的条款。关于人员范围的禁止，该《指引》规定，下列人员不得担任商业银行的独立董事、外部监事：（1）持有该商业银行1%以上股份的股东或在股东单位任职的人员；（2）在该商业银行或其控股或者实际控制的企业任职的人员；（3）就任前3年内曾经在该商业银行或其控股或者实际控制的企业任职的人员；（4）在该商业银行借款逾期未归还的企业的任职人员；（5）在与该商业银行存在法律、会计、审计、管理咨询等业务联系或利益关系的机构任职的人员；（6）该商业银行可控制或通过各种方式可施加重大影响的其他任何人员；（7）上述人员的近亲属（即夫妻、父母、子女、祖父母、外祖父母、兄弟姐妹）。关于消极条件的禁止，该《指引》规定，有下列情形之一的，不得担任商业银行的独立董事、外部监事：（1）因犯有贪污、贿赂、侵占财产、挪用财产罪或者破坏市场经济秩序罪，被判处刑罚，或者因犯罪被剥夺政治权利的；（2）担任因经营不善破产清算的公司、企业的董事或者厂长、经理，并对该公司、企业的破产负有个人责任的；（3）担任因违法被吊销营业执照的公司、企业的法定代表人，并负有个人责任的；（4）个人所负数额较大的债务到期未清偿的；（5）因未能勤勉尽职被原任职单位罢免职务的；（6）曾经担任高风险金融机构主要负责人且不能证明其对金融机构撤销或资产损失不负有责任的。此外，国家机关工作人员不得兼任商业银行独立董事、外部监事；独立董事、外部监事不得在其他商业银行兼职。[1]

---

[1]　参见中国人民银行《股份制商业银行独立董事和外部监事制度指引》第1—5条。

2006 年 9 月 28 日，国务院国有资产监督管理委员会印发《关于加强和改进国有企业监事会工作的若干意见》（国资发监督〔2006〕174 号），再一次强调加强国有企业外派监事会的队伍建设，特别是要加强"国有资产监管的政策法规和会计审计"方面的学习，提高监事的业务能力。此外，2008 年 8 月 7 日国务院国有资产监督管理委员会还印发《国有企业监事会兼职监事管理暂行办法》（国资发监督〔2008〕126 号），对国有企业监事会中职工兼职监事的任职条件作了规定。

2008 年《企业国有资产法》规定，履行出资人职责的机构任命或者建议任命的董事、监事、高级管理人员，应当具备下列积极条件：（1）有良好的品行；（2）有符合职位要求的专业知识和工作能力；（3）有能够正常履行职责的身体条件；（4）法律、行政法规规定的其他条件。同时，就消极条件方面，该法规定，拟担任董事、监事、高级管理人员不得出现《公司法》规定的不得担任公司董事、监事、高级管理人员情形。不仅如此，该法还对拟任董事、监事、高级管理人员的职务回避作出了规定。①

上述这些规范性文件，虽然均涉及国有企业监事会中监事的任职条件，其任职条件均考虑到其专业背景和业务能力，是值得参考和借鉴的。但这些规定也存在如下一些明显的不足：（1）除财政部《财政部门监事选派暂行规定》（1995 年）和《企业国有资产法》（2008 年）外，其他规范性文件中规定的国有企业监事会中的监事，不具备典型的国家股监事代表意义。（2）对监事任职的积极条件在有关任职经历、任职经验、社会评价方面尚有所欠缺。（3）对监事任职的消极条件规定不够具体和全面。除中国人民银行在《股份制商业银行独立董事和外部监事制度指引》（2002 年）中对外部监事任职的消极条件有详细规定外（当然该外部监事显然也不是专指国家股监事代表，且现在已经失效），其他规范性文

---

① 参见《企业国有资产法》（2008 年）第 23 条、第 25 条。

件均只原则性地涉及消极条件，而没有具体的规定和详细的列举。

（二）国家股监事代表任职基本条件的设置

笔者认为，国家股监事代表的任职条件，应根据其基本职能和任务来设定，综合考虑其基础条件、职业操守、道德修养、工作经历、专业背景、业务能力、既有业绩等多个方面的因素，并从积极条件和消极条件两个方面进行通盘考虑。由于国家股监事代表的主要职能是对公司董事、经理人员特别是对国家股董事代表的经营行为进行监督，而监督的重心又集中在投资、金融、财务、会计、审计等金融会计专业性比较强的领域，因此，其工作经历、专业背景、业务能力、既有业绩也应重点考虑这一方面的基本素养和能力。以下从积极条件与消极条件两个方面进行分析：

1. 国家股监事代表任职的积极条件

关于国家股监事代表任职的积极条件，建议考虑如下几个方面：（1）符合国家公务员选拔的政治标准和基础学历条件；（2）坚持原则，廉洁自持，具有良好的职业操守和道德修养；（3）对所从事的事业与曾任职的单位有忠诚感与责任意识；（4）具有较强的综合分析和判断能力，并具备独立工作能力；（5）熟悉并能贯彻执行国家有关金融、经济的法律、行政法规和规章制度；（6）具有财务、金融、审计或者宏观经济等方面的专业知识，能够阅读、理解和分析企业、商业银行的各种会计、统计和财务报表；（7）有8年以上的法律、经济、金融、财务、企业管理或经营经验；（8）有比较突出的管理或经营业绩；（9）通过基础的专业测试，具备履行国家出资人代表职责所需的各项技能和素质；（10）其他特定国家出资企业所要求的特殊条件。

2. 国家股监事代表任职的消极条件

关于国家股监事代表任职的消极条件，建议立法作出如下规定，凡具有如下情形的人选，不得成为国家股监事代表备选库人选或被委任为国家股监事代表：（1）有《公司法》（2013 年修订）

第 146 条规定的情形之一者："（一）无民事行为能力或者限制民事行为能力；（二）因贪污、贿赂、侵占财产、挪用财产或者破坏社会主义市场经济秩序，被判处刑罚，执行期满未逾五年，或者因犯罪被剥夺政治权利，执行期满未逾五年；（三）担任破产清算的公司、企业的董事或者厂长、经理，对该公司、企业的破产负有个人责任的，自该公司、企业破产清算完结之日起未逾三年；（四）担任因违法被吊销营业执照、责令关闭的公司、企业的法定代表人，并负有个人责任的，自该公司、企业被吊销营业执照之日起未逾三年；（五）个人所负数额较大的债务到期未清偿。"公司违反前述规定选举、委派董事、监事或者聘任高级管理人员的，该选举、委派或者聘任无效。董事、监事、高级管理人员在任职期间出现前述所列情形的，公司应当解除其职务。（2）曾因担任国有企业负责人或代理人，因经营不善而被撤职或受过行政处罚、处分的，或者因未能勤勉尽职被原任职单位罢免职务的；或者曾经担任高风险企业或金融机构主要负责人且不能证明其对企业或金融机构撤销或资产损失不负有责任的。（3）个人社会评价与社会声誉较差，或曾经因道德、作风等问题造成很坏社会影响的。（4）在单位和群众民主测评中有明显否定性评价的。（5）配偶、子女均移民国外或在境外设立有个人独资、合伙、有限责任公司等人合型企业的。（6）个人社会信誉较差或在银行有不良记录的。（7）其他不宜担任国家股监事代表的情形。

（三）关于国家股监事代表的任职回避

关于国家股监事代表的任职回避，建议通过立法作出规定，下列人员不得被委任或担任国家股监事代表：（1）在国家机关（包括人大、政府、军事机关、法院、检察院等）中任现职。（2）持有被派驻所在公司制国家出资企业 1% 以上股份的股东或在股东单位任职的人员。（3）在被派驻所在公司制国家出资企业或其控股或者实际控制的企业任职的人员。（4）就任前 3 年内曾经在被派驻所在公司制国家出资企业或其控股或者实际控制的企业任职的人员。（5）在被派驻所在公司制国家出资企业借款逾期未归还的企业的任职人员。（6）在与被派驻所在公司制国家出资企业存在法律、会计、审计、管理咨询等业务联系或利益关系的机构任职的人员。（7）该被派驻所在公司制国家出资企业可控制或通过各种方式可施加重大影响的其他任何人员。（8）上述人员的近亲属（配偶，父母，配偶的父母，子女及其配偶，兄弟姐妹及其配偶、子女，配偶的兄弟姐妹）。

此外，根据公司内部任职回避的要求和营业监督的需要，已被委任为被派驻所在公司制国家出资企业的国家股监事代表，不得再被委任或担任该公司的国家股董事代表和高级管理人员；同样，已被委任或担任被派驻所在公司制国家出资企业的国家股董事代表和高级管理人员，也不得再被委任为该公司制的国家股监事代表。

四、国家股监事代表的分级委任与就职

（一）国家股监事代表的分级委任

如前所述，国家股监事代表应按照中央与地方投资的限定领域和管辖范围，由中央与地方分级委任。

1. 中央国家直接出资企业中国家股监事代表的委任与职位数

中央国家直接出资企业中国家股监事代表应由全国人大下设的国有资产委员会提名，由全国人大常务委员会对全国人大国有资产委员会所提名到特定中央国有独资公司、国有资本控股公司、国有资本参股公司中拟任国家股监事代表的人选，以会议表决的方式，进行任命或委派，并进行公告。

中央国家直接出资企业中国家股监事代表以每家央企 3 名为限，以其中一人作为中央企业监事会主席人选，被派驻的中央企业应当为监事会主席人选配备足够的工作辅助人员。如果有关中央企业数量控制在 30—50 家，则由全国人大常务委员会负责委任的国

家股监事代表人数为 90—150 人，从管理的对象和绩效来看，是完全可以做到的。

2. 地方政府直接出资企业中国家股监事代表的委任

地方政府直接出资企业中国家股监事代表则由地方人大（主要为省级地方人大）下设的地方国有资产委员会提名，地方人大（主要为省级地方人大）常务委员会对地方人大国有资产委员会所提名到特定地方国有独资公司、国有资本控股公司、国有资本参股公司拟任国家股监事代表的人选，以会议表决的方式，进行任命或委派，并进行公告。

地方政府出资企业中国家股监事代表以每家企业 3 名为限，以其中一人作为派驻企业监事会主席人选，被派驻的地方政府企业应当为监事会主席人选配备足够的工作辅助人员。如果有关省级地方政府企业数量控制在 10—15 家，则由省级人大常务委员会负责委任的国家股监事代表人数为 30—45 人，从管理的对象和绩效来看，是完全可以做到的。至于市（地）级如果只有 3—5 家公用事业类国有企业，则市（地）级人大常务委员会负责委任的国家股监事代表人数则为 9—15 人，其管理对象更加纯粹，管理起来就更具针对性和有效性。

（二）国家股监事代表的就职与工作机构

按前述方式由中央和地方分级任命或委派的国家股监事代表，依照一定的程序和时限，到特定中央国家出资或地方政府出资的国有独资公司、国有资本控股公司、国有资本参股公司的监事会中就职。其中，被任命或委派的国家股监事代表可进入特定中央国家出资或地方政府出资的国有独资公司监事会；而被任命或委派的国家股监事代表，在经股东（大）会必要的选举或表决程序后，则进入特定中央国家出资或地方政府出资的国有资本控股公司、国有资本参股公司监事会中任职。

被任命或委派的国家股监事代表，与特定中央国家出资或地方政府出资的国有独资公司或国有资本控股公司、国有资本参股公司内部股东（大）会产生的非国家股监事代表、职工代表大会或代表会议所产生的职工监事代表或其他方式所产生监事代表组成监事会。依照《公司法》和国有企业特别法，按照法定或章程规定的程序，对董事会、经理机构及其成员的经营、管理进行经常性的、专业性的监督。

五、国家股监事代表的主要职权

国家股监事代表的主要职权包括两个方面：一是行使《公司法》所规定监事的一般职权；二是作为国家股监事身份所应当享有和行使特殊权利（力）。

（一）行使《公司法》有关监事的一般职权

国家股监事代表在具体的国有独资公司、国有资本控股公司、国有资本参股公司内部，是监事会的成员，其职权的行使则必须借助于监事会这一常设机构，并通过一定的程序和工作方式，行使由《公司法》和公司章程所规定或赋予的职权，这些职权包括如下内容：

1. 对公司董事会、经理机构及公司董事、高级管理人员进行监督

我国《公司法》（2013 年修订）第 53 条规定，监事会、不设监事会的公司的监事行使下列职权：（1）检查公司财务；（2）对董事、高级管理人员执行公司职务的行为进行监督，对违反法律、行政法规、公司章程或者股东会决议的董事、高级管理人员提出罢免的建议；（3）当董事、高级管理人员的行为损害公司的利益时，要求董事、高级管理人员予以纠正；（4）提议召开临时股东会会议，在董事会不履行本法规定的召集和主持股东会会议职责时召集和主持股东会会议；（5）向股东会会议提出提案；（6）依照《公司法》第 151 条的规定，对董事、高级管理人员提起诉讼；（7）公司章

程规定的其他职权。

2. 列席公司内部各种会议的权利（力）

我国《公司法》（2013 年修订）第 54 条规定，监事可以列席董事会会议，并对董事会决议事项提出质询或者建议。同法第 110 条第 1 款规定，董事会每次会议应当于会议召开 10 日前通知全体董事和监事。国务院国有资产监督管理委员会《关于加强和改进国有企业监事会工作的若干意见》（国资发监督〔2006〕174 号）规定，中央企业要积极支持和配合监事会工作，自觉接受监事会的监督检查；企业召开的董事会会议、党委（党组）会议、总经理办公会议、党政联席会议、年度工作会议等有关会议，要提前通知监事会；企业的战略规划、重大投融资、产权转（受）让、重大并购、利润分配等重大事项，要及时向监事会报告；企业的财务会计资料和有关经营管理资料，要及时向监事会提供。①

3. 提议召开董事会临时会议

根据《公司法》（2013 年修订）第 110 条第 2 款的规定，代表 1/10 以上表决权的股东、1/3 以上董事或者监事会，可以提议召开董事会临时会议；董事长应当自接到提议后 10 日内，召集和主持董事会会议。

4. 对董事会决议事项提出质询或者建议

根据《公司法》（2013 年修订）第 54 条第 1 款的规定，监事可以列席董事会会议，并对董事会决议事项提出质询或者建议。

5. 对公司经营情况异常的特别调查权

根据《公司法》（2013 年修订）第 54 条第 2 款的规定，监事会、不设监事会的公司的监事发现公司经营情况异常，可以进行调查；必要时，可以聘请会计师事务所等协助其工作，费用由公司承担。

---

① 参见国务院国有资产监督管理委员会《关于加强和改进国有企业监事会工作的若干意见》第 3 条。

6. 代表诉讼权

根据《公司法》（2013年修订）第151条第1款的规定，董事、高级管理人员有《公司法》第149条规定的情形的，有限责任公司的股东、股份有限公司连续180日以上单独或者合计持有公司1%以上股份的股东，可以书面请求监事会或者不设监事会的有限责任公司的监事向人民法院提起诉讼；监事有《公司法》第149条规定的情形的，前述股东可以书面请求董事会或者不设董事会的有限责任公司的执行董事向人民法院提起诉讼。

（二）作为国家股监事身份所应当享有和行使的特殊权利（力）

1. 选举、建议罢免国家股董事和表决、建议罢免非国家股董事代表

在国有独资公司、国有资本控股公司的二层治理结构里，其董事会成员须通过公司监事会的选举或表决，这样对国家股监事代表而言，就实质性地享有对中央政府和地方政府提名的国家股董事和其他非国家股董事人选的选举、表决和建议罢免权。此一特别权利（力）就是为了建立起国家股监事对国家股董事更有效的监督机制。

2. 向政府提出国家股董事罢免和其他监督建议

由于国家股监事代表最主要的任务在于监督由政府委任到公司制国家出资企业中任职的国家股董事代表及其经营行为，因此，当国家股董事代表、高级管理人员在其经营过程中，存在有违反法律、行政法规、公司章程，造成所在公司或国家股损失的，应及时向其委任的政府提出国家股董事罢免和其他监督建议。

3. 向人大常委会提出监督议案

国家股监事代表为人大常委会所委任，自然应对人大常委会负责并报告工作，特别是涉及国家股董事代表、高级管理人员在其经营过程中，存在有违反法律、行政法规、公司章程等情形，造成所

在公司或国家股损失的，应及时向人大常委会报告，并提出具体的监督性处理建议案。

4. 代表国家股东提起代表诉讼与损害赔偿之诉

在公司制国家出资企业中，国家应是大股东，如出现《公司法》第 151 条所规定的情形，在公司董事会及其成员不能履行起诉职责，国家股监事代表就应当代表国家股东的利益，提起诉讼，以维护国家股所在公司和国家股的合法权益。

此外，《公司法》（2013 年修订）第 152 条规定，董事、高级管理人员违反法律、行政法规或者公司章程的规定，损害股东利益的，股东可以向人民法院提起诉讼。在此情形下，国家股监事代表也应当从国家股东的合法权益出发，代表国家股东提起诉讼，以追究公司制国家出资企业中具体的国家股董事和其他董事、高级管理人员的损害赔偿责任。

六、国家股监事代表的主要职责及工作机制

（一）经常性的内部监督及其工作方式

1. 主持并参加监事会会议

国家股监事代表最重要的职责就是代表国家这一特殊股东，依法对在公司制国家出资企业中任职的董事、高级管理人员特别是国家股董事代表的任职及经营行为进行监督，而监督工作开展的组织保障就是所在公司的监事会，监事会的工作方式之一就是召开监事会会议并作出工作监督决议。不仅如此，在国有独资公司、国有资本控股公司内，国家股监事代表往往还是这类监事会的主席，对这类公司监事会会议有召集与主持之责。因此，对国家股监事代表来说，主持或参加监事会会议，是其最基本的职责及义务。我国《公司法》（2013 年修订）第 55 条第 1 款和第 119 条第 1 款规定，有限责任公司的监事会每年度至少召开一次会议，监事可以提议召开临时监事会会议；股份有限公司监事会每 6 个月至少召开 1 次会

议，监事可以提议召开临时监事会会议。对一般公司而言，监事会很少开会，就难以发挥其应有的监督功能。[1] 而对于国有独资公司、国有资本控股公司来说，监事会不经常开会和监督效益低下也是一个老生常谈的制度性顽症。[2] 这样一方面会降低监事会机构本身的独立性和应有功能；另一方面也会因监事会长期不开会和工作，使监事成员之间缺乏必要的联系和信息沟通，同样会降低监事的责任感和工作的主动性。因此，为提高国有独资公司、国有资本控股公司监事会的监督绩效，就必须保证监事会会议召开的适度频率，笔者认为，一般应每 2 个月召开一次。而作为国家股监事代表，及时主持和积极、准时参加监事会会议，不仅是其基本职权，更是其基本职责和主要义务。

2. 及时、全程列席参加公司各种重要会议

国家股监事代表应当在无缺席状态下，全程列席参加所在公司股东（大）会、董事会会议、党委（党组）会议、总经理办公会议、党政联席会议、年度工作会议、职工代表会议等一切与公司、国家股权损益、发展有关的重要会议，以积极地、及时地、全面地、深入地、准确地获取所在公司、公司董事、高级管理人员的经营动向、经营行为等方面的信息，为其对公司董事、高级管理人员进行监督提供信息支撑。

3. 在监事会的组织与分工范围内以适当工作方式履行其应承担的监督工作

公司监事会的监督方式是监事会的会议监督与监事个人的职务监督彼此互为依赖、相互促进。对国家股监事而言，作为所在公司

---

[1]　参见姚德年：《我国上市公司监事会制度研究》，中国法制出版社 2006 年版，第 236 页。

[2]　参见李建伟：《国有独资公司前沿问题研究》，法律出版社 2002 年版，第 276 页；郑海航、戚聿东、吴东梅：《国有资产管理体制与国有控股公司研究》，经济管理出版社 2010 年版，第 218—219 页。

监事会重要成员，应充分发挥其应有的监督职能，在监事会这一组织机制下，依照法律、行政法规、公司章程和人大常委会委任时的特别授权，与其他监事代表配合，共同或独立以如下监督方式完成其监督任务：（1）通过其合法、谨慎、理性的表决，让监事会作出各种有利于公司整体发展、国家股权利益维护及针对公司董事、高级管理人员监督的各种监督性决议。（2）通过其合法、谨慎、理性的表决，形成监事会决议，向股东（大）会提出各种监督性议案。（3）在监事会分工的范围内，负责经常性地检查公司财务、账簿，包括查阅企业的财务会议资料及与企业经营管理活动有关的其他资料，验证企业财务会计报告的真实性、合法性；并针对其检查中发现的问题，提出具体的监督性处理建议。（4）通过其合法、谨慎、理性的表决，形成监事会决议，提议召开或召集临时股东（大）会。（5）通过其合法、谨慎、理性的表决，形成监事会决议，提议召开董事会。（6）其他经常性的监督工作。

4. 在列席董事会时对其决议事项提出质询或建议

国家股监事应依据《公司法》（2013年修订）第54条第1款规定，在列席董事会会议期间，对涉及公司整体发展、国家股权利益维护、董事与高级管理人员经营异常行为、董事会决议事项和其他与监督有关的事项，及时地、有针对性地提出质询或者建议。

5. 积极组织并参与公司经营情况异常的特别调查

国家股监事应依据《公司法》（2013年修订）第54条第2款规定，在公司出现经营情况异常的情形下，主动、及时提议监事会开会作出启动特别调查程序的监督决议。在监事会决定对公司经营情况异常启动特别调查程序后，国家股监事还应主动、积极、全程参与调查，并及时作出调查结论，提出有针对性的监督、处理建议。

6. 代表公司或国家股东提起诉讼

如前所述，根据《公司法》（2013年修订）的规定，国家股监事应依法及时、主动代表公司或国家股东，提起针对董事、高级管理人员的诉讼，以追究董事、高级管理人员的损害赔偿责任。

（二）落实各项日常监督职责及主要监督手段

关于国有企业监事会的日常监督，2006 年 9 月 28 日国务院国有资产监督管理委员会印发的《关于加强和改进国有企业监事会工作的若干意见》提出了原则性的改进意见。为落实这一《意见》的精神，国务院国有资产监督管理委员会国有企业监事会工作办公室于 2006 年 11 月 2 日印发了《监事会当期监督工作实施办法（试行）》、《监事会分类监督工作实施办法（试行）》、《监事会利用会计师事务所审计结果实施办法（试行）》三个配套实施办法（国监办发〔2006〕4 号），对监事会的当期监督、分类监督和专业监督，提出了具体要求。2007 年 4 月 27 日、2009 年 12 月 25 日国务院国有资产监督管理委员会先后印发《关于支持配合监事会依法开展当期监督工作有关事项的通知》（国资厅发监督〔2007〕45 号）和《中央企业支持配合监事会依法开展当期监督工作规则（试行）》（国资发监督〔2009〕337 号），对国有企业监事会的当期监督提出了更高的要求。尽管这些规定针对的是国有企业的外派监事会，但笔者认为，这些规定对明确国家股监事代表和所在公司监事会的职责，对规范其监督行为，提高其监督效应，具有重要的参考意义。以下参照这三个规范文本的规定，对国家股监事代表和所在监事会的日常监督职责和工作，提出具体的建议。

1. 当期监督

国家股监事代表和所在监事会的当期监督，是指以监督所在国有企业上年度情况调整为监督检查当年情况，通过国家股监事代表和监事会日常监督和集中检查，及时了解和报告该企业当年的投资建设、财务会计、现金流向、资产处理等重大情况和董事、高级管理人员经营行为是否异常的监督方式。当期监督包括日常监督和集中检查。

（1）日常监督，其内容包括：第一，通过列席所在公司股东

（大）会、董事会会议、党委（党组）会议、总经理办公会议、党政联席会议、年度工作会议、职工代表会议等有关会议，分析所在公司月度财务快报，查阅所在公司生产经营相关资料，以访谈座谈等多种方式，关注所在公司决策机制和决策行为，掌握所在公司会计报表重要项目增减变动及重大异常变化，把握所在公司经营管理和改革发展动态。第二，关注所在公司董事、高级管理人员的投资决策与经营行为是否存在异常。第三，监督和追踪所在公司的转投资和重要子公司的转投资决策、重大事项及主要经营管理情况。

（2）集中检查。具体应以日常监督为基础，制订集中检查方案，明确检查重点，开展集中检查工作；集中检查时间与所在公司年度财务决算相衔接。集中检查的内容包括：第一，以财务监督为核心，将财务检查与会计师事务所的年度决算审计结合起来；对无法实施会计师事务所审计的所在公司转投资与涉密子公司，国家股监事代表和监事会应强化其内部财务检查和审计，及时出具审计结果。第二，国家股监事代表和监事会应结合所在公司报送的年度工作报告，综合分析所在公司总体运营情况，重点验证所在公司资产、效益的真实性；检查所在公司经营管理和改革发展情况，客观分析所在公司持续发展能力和潜在风险；评价所在公司董事、高级管理人员的工作业绩及存在问题或不足，研究提出相关建议。第三，所在公司董事、高级管理人员的投资决策与经营行为出现异常情况时，启动特别调查程序进行调查。第四，对所在公司的转投资和重要子公司的转投资决策、重大事项及主要经营管理情况进行追踪调查。第五，在人大常委会的授权范围内进行特别调查，开展深入检查。

国家股监事代表和所在监事会应就上述监督工作，及时提交年度监督检查报告，于当年6月底前提交上年度监督检查报告。同时，还应建立所在公司重大事项快速反应机制，加大专项报告力度。特别是在监督检查中发现有可能危及国家股权安全的经营行为、重大决策不合规、生产经营中的重大风险，以及监事会认为应当立即报告的其他情况，应及时提交专项报告。

2. 重点监督

笔者认为，对国家股监事代表而言，其监督的重点应放在出任所在公司经营要职的国家股董事代表和其他高级管理人员的经营行为是否异常上，这是国家股监事代表的性质、地位和职能所要求的。因此，其监督的重点内容包括：第一，所在公司董事会制度的建设及完善情况，重点应关注董事会与经理层职责划分、董事会议事规则和重大事项决策机制等制度的落实。第二，董事会成员和经理人员的履职情况，重点关注董事会决策行为及程序、国家股董事的是否尽职尽责、经理层执行董事会决策情况。第三，对所在公司董事会、经理机构经营管理评价。重点评价会计师事务所审计质量和企业会计信息质量，分析所在公司经营业绩、管理水平和内控制度的有效性，反映所在公司执行国有资产监管有关政策规定情况，关注所在公司持续发展能力和潜在风险。第四，对所在公司重大事项揭示并提出处理意见。重点揭示涉及国家股权、所在公司资产安全、转投资情况和董事、高级管理人员违法违规的重大问题，监事会主席认为需揭示的其他问题，以及所在公司其他经营、管理中的重大问题，并提出明确处理意见。第五，对所在公司董事特别是国家股董事代表、高级管理人员业绩评价及奖惩任免建议。结合所在公司重大决策行为和经营管理改革举措实施效果，对所在公司经营领导班子作出总体评价，对所在公司主要负责人进行个别评价并提出明确的奖惩、任免建议，对领导班子和个人存在的问题及不足应如实反映。

国家股监事代表应当就上述重点监督工作及时出具监督报告，并提出具体的监督性建议。

3. 专业监督

国家股监事代表与所在公司监事会的监督应以财务监督为核心，把对所在公司的财务检查与会计师事务所的专业审计结合起来，在充分参考和利用会计师事务所专业审计结果的基础上，有重点地开展检查。根据《公司法》（2013 年修订）第 54 条的规定，国家股监事及所在公司的监事会必要时可聘请会计师事务所对所在公司钓、财务、会计进行审计。国家股监事代表与所在公司监事会的专业监督包括如下内容：（1）应积极地、全程参加所在公司财务预算、决算、核算布置会，监督所在公司财务预算、决算、核算报告的编制，对所在公司的财务状况、经营管理情况进行调查摸底。（2）必要时聘请会计师事务所进行专业审计，并确定专人跟踪审计全过程。第一，确定专人与会计师事务所保持联系，定期了解审计进度及发现的问题，及时掌握审计情况。第二，对监事会关注的列入审计计划的重点事项，安排专人跟踪审计进展情况，敦促会计师事务所按审计计划开展工作。第三，对会计师事务所在审计中发现的重大问题及时予以关注；对会计师事务所受审计手段限制等原因难以查清的问题线索，作为重点进行追踪检查，必要时另行聘请其他会计师事务所开展专项审计。（3）分析复核问题。第一，查验会计报表合并范围的完整性，合并抵销的充分性，审计调整事项的准确性，以及期后事项或有事项披露的全面性，发现问题及时与有关职能机构沟通。第二，复核会计师事务所审计报告中披露的以及在审计工作底稿中反映但未予披露的重大事项和重大问题，分析其性质及对报表真实性的影响程度。（4）评价和利用专业审计结果。第一，国家股监事代表与所在公司监事会在监督检查报告中对会计师事务所审计质量作出评价，对审计结果的真实性、披露问题的充分性作出评估。第二，对审计中存在舞弊行为或重大错漏情况的会计师事务所，国家股监事代表与所在公司监事会可建议有关职能机构或有关部门予以处理。第三，国家股监事代表与所在公司监事会对事务所审计报告中披露的重大问题，复核查证后在监督检查报告中反映。第四，国家股监事代表与所在公司监事会以复核后的报表数据对所在公司及董事、高级管理人员的经营业绩作出评价。

（三）向人大常委会负责并依照法定程序及时、准确报告工作

国家股监事代表是接受人大常委会特别委托，代表国家这一特

殊股东到国家股所在公司监事会中任职，其监督的绩效和履职情况如何，应当向委任其的人大常委会负责并报告工作。笔者认为，其工作报告应分年度报告和专项报告两种。

1. 国家股监事代表的年度报告

国家股监事代表的年度报告，是由特定国家股所在公司任职的国家股监事代表所出具的、对其年度内所在公司国家股权的行使、国家股收益、所在公司董事特别是国家股董事代表和高级管理人员的经营行为等监督工作进行总结性的报告与说明。国家股监事代表的年度报告应包括如下内容：（1）国家股所在公司年度的基本情况；（2）所在公司董事会制度的建设及完善情况，重点应总结董事会与经理层职责划分、董事会议事规则和重大事项决策机制等制度的落实；（3）董事会成员和经理人员的履职情况，重点总结董事会决策行为及程序，国家股董事是否尽职尽责，经理层执行董事会决策情况；（4）对所在公司董事会、经理机构经营管理评价，重点评价会计师事务所审计质量和企业会计信息质量，分析所在公司经营业绩、管理水平和内控制度的有效性，反映所在公司执行国有资产监管有关政策规定情况，关注所在公司持续发展能力和潜在风险；（5）所在公司当年的投资建设、财务会计、现金流向、资产处理等重要事项以及附属的会计报表、财务情况报表、审计报告的总结与评价；（6）对所在公司重大事项总结并提出处理意见，重点应总结揭示涉及国家股权、所在公司资产安全、转投资情况和董事、高级管理人员违法违规的重大问题，以及所在公司其他经营、管理中的重大问题，并提出明确处理意见；（7）国家股的年度变动、持股比例、收益、亏损情况与附属损益表的总结与评价；（8）对所在公司董事特别是国家股董事代表、高级管理人员业绩评价及奖惩任免建议；（9）对国家股监事任职情况的总结、评价与反思；（10）其他法律、行政法规和人大常委会特别委托书中载明须报告的事项。

国家股监事代表的年度报告，应于前一会计年度终了之日起

30 日内完成，由国家股监事代表中的监事会主席负责向人大常委会提交、陈述，并接受人大常委会和人大国有资产委员会的质询和监督。人大常委会应在人大国有资产委员会作出初步审查的基础上，于年度报告提交的当年 2 月 20 日前召开国家股监事代表年度报告会，报告会应设置国家股监事代表年度报告陈述—人大国有资产委员会初步审查意见—常委会成员提问、质询和答辩—年度报告的表决、通过与具体的改进建议等议程和环节。人大常委会完成国家股监事代表年度报告会的各项日程后，由人大国有资产委员会根据会议表决情况，出具《国家出资企业中国家股收益与国家股监事年度报告》，由人大常委会提交到每年 3 月中旬召开的人大例会讨论、表决通过。其中《中央国家出资企业中国家股收益与国家股监事年度报告》由全国人大讨论、表决通过；地方政府出资企业的则由地方人大（主要为省级）讨论、表决通过。

2. 国家股监事代表的专项报告

国家股监事代表的专项报告，是指国家股监事代表所在公司的投资建设、财务会计、现金流向、资产处理、国家股减持、重大转投资决策、财务会计情况及公司董事特别是国家股董事代表、高级管理人员的经营行为出现异常的情况下，由国家股监事代表中的监事会主席负责向人大常委会提交的报告和监督性建议。国家股监事代表的专项报告属应急性报告，应及时出具和提交，同样也应接受人大常委会和人大国有资产委员会的质询和监督。

第三节　国家直接投资情形下的政府董事

一、对我国现行公司制国有企业国家股董事制度的检讨及其改革路径的构想

（一）对我国现行公司制国有企业国家股董事制度的检讨

我国自 1992 年启动国有企业公司制改革、特别是 1993 年《公

司法》通过以后，逐步在国有企业引入了董事会制度。但有关国家股董事的设置却一直未在规范、清晰的道路上运行。究其原由，综合分析，我国现行公司制国有企业中有关国家股董事的制度安排与立法设计，存在如下明显缺陷：

1. 国家股董事代表的缺位

既然在公司制国有企业中，国家的地位就是出资人（股东），国家股就应有自己的董事代表人选。但是由政府或政府履行国家出资人职责的机构所任命和委派到国有企业任职的董事，或称为外部董事，或称为非执行董事，或与一般非国家股董事毫无区别，并无独立的制度设计与立法规定。如国务院国资委《董事会试点中央企业专职外部董事管理办法（试行）》就把其国资委任免的董事称为专职外部非执行董事①；如《企业国有资产法》（2008 年）涉及由履行国家出资人职责的机构任免、提名的董事，也没有加以特别限定②。

2. 法律定位上的外部性

理论界普遍认为由政府委任董事的权力产生于公司之外，所以把国家股董事代表归类为外部董事的范畴。理论上的误读导致我国国有企业制度和立法上的混乱，因此，立法上也一再把本属股东董事范畴的国家股董事代表划入外部董事。如国务院国资委于 2004 年 6 月 7 日发布的《关于中央企业建立和完善国有独资公司董事会试点工作的通知》（国资发改革〔2004〕229 号），把建立所谓"外部董事制度"（其实应为国家股董事制度）解读为制度的创新，进而在《董事会试点中央企业专职外部董事管理办法（试行）》中对国资委任免的董事作出不妥当的规定。

---

① 参见国务院国有资产监督管理委员会《董事会试点中央企业专职外部董事管理办法（试行）》（2009 年）第 3 条。

② 参见《企业国有资产法》（2008 年）第 22 条。

3. 委任主体的庞杂与混乱

目前在公司制国有企业董事委任中，其委任主体比较庞杂与混乱，既有由政府委任的，也有由政府履行国家出资人职责的机构任免和委派的；更有授权特定的政府投资机构负责委任的。委任主体的不统一，导致其隶属关系、管辖事权、委任路径、监管内容的各自为政，造成如今经营性国有资产和国有企业到底有多少家底都不清楚。

4. 职能定位上的模糊

国家股董事代表本为代表国家股东行使权利（力）、履行义务的董事代表，他属于股东董事代表的范畴乃当然之理、应有之义，但现行公司制国有企业董事会也好，在其中任职的董事也好，其到底是代表股东在行使权利（力）、执行业务，还是代表公司或其他股东的利益，或是代表社会的公共利益，并不是十分清晰。职能上的模糊，导致现有公司制国有企业中董事的职权与职责、权利与义务、风险与责任极不明晰。试想由国资委和其他机构委任到现有公司制国有企业中任职的董事，若不知道是在为谁服务、对谁负责、应承担什么样的责任，而只被笼统地要求其保证国有资产的保值、增值，现实吗？

5. 授权路径极不清晰

国家股董事代表与一般股东出任或委派的董事代表一样，也存在股东的委任权在公司内部治理机制契合下向公司内部权利（力）转换的过程，这其中经过多次授权与行权转换、行权与控股的制衡。但由于国资委和其他机构委任到现行公司制国有企业任职的董事没有定位为国家股董事代表，从而导致国资委和其他机构委任到现有公司制国有企业任职的董事的法律地位的模糊和职权性质的不清；源头性授权的不清晰，导致其后续授权的不规范，因此，整体而言，从董事的委任、就职、行权、执业、代理等不同阶段、不同层面的董事任职履历，其授权路径均是不清晰、不规范的。

6. 权利（力）配置上的严重失衡

现有公司制国有企业中董事会的集权和内部人控制现象十分普遍，究其原因在于国有独资公司、国有资本控股公司内部治理结构中董事会与监事会、董事会内部、政府机构委任的董事与其他董事、政府机构委任的董事之间权利（力）配置严重失衡，而失衡又缺乏监督的权利（力），极易导致集权、腐败。

7. 内部监督机制设置不合理

如前所述，在现行国有独资公司、国有资本控股公司内部治理结构的制度安排和立法设计中，负责监督董事会的监事会及监事地位、权威、权力先天就比董事会低一等；此外，在董事会内部，权力又集中在政府机构任命的董事身上，这样的制度安排和立法设计，极易导致公司内部监督乏力和失效。

（二）我国公司制国有企业国家股董事制度的改革路径

笔者认为，解决的路径为：一方面，必须把公司制国有企业从一般公司法中抽出来，对其单独立法，引入前面所述的双层制公司治理结构；另一方面，就是旗帜鲜明地亮明国家股东和国家股权的身份，把政府委任代表国家股东行使职权的董事代表确定为政府董事，建立以政府董事为核心的全新公司制国有企业董事会制度。

二、政府董事的界定与分类

（一）政府董事的界定与法律意义

1. 政府董事的概念界定

如前文所述，在国家直接投资情形下，在公司制国家出资企业的制度框架内，本着国家股权代表中的国家股监事代表和国家股董事代表分别由权力机关与行政机关分层分级委任的制度构想，国家股董事代表由中央政府和地方政府分级任命或委派。笔者认为，由于国家股董事代表均是以政府的名义委任到所在公司中任职，我们可以更为直接地把其称为政府董事。因此，政府董事的准确含义应是：在国家直接投资情形下，作为具体履行国家出资人职责的政府及其所设立或授权的履行国家出资人职责的机构，依照法律、行政法规、公司章程和其他特别授权，委任特定的自然人代表到国家股所在公司董事会担任董事并行使公司经营管理决策权或执行公司具体营业事务的国家股董事代表。

在公司实践层面，最典型的是德国大众汽车公司中的政府董事。德国大众汽车公司为德国下萨克森州政府持有国家股并占全部公司股权20%的"混合公司"，国家股东为该公司最大股东，由下萨克森州政府2名官员代表国家股东进入大众汽车公司监事会和董事会。① 又如，在美国，由联邦全资拥有的公司，董事会中的董事成员也大部分甚至全部由联邦雇员担任；而在诸如联邦年金利益保证公司等混合股权公司里，也有近40%的董事由联邦雇员担任。② 我国台湾地区"公司法"对"政府指派之董事"有明确规定，即在"政府或法人为股东时，得当选为董事或监察人。但须指定自然人代表行使职务"；"政府或法人为股东时，亦得由其代表人当选为董事或监察人。代表人有数人时，得分别当选，但不得同时当选或担任董事及监察人"；"政府或法人股东一人所组织之股份有限公司"之董事、监察人，"由政府或法人股东指派"。③

笔者所提出的政府董事与某些学者所论的所谓"政府董事"不是同一概念。如有学者把2005年国务院国资委向宝钢等7家中央企业派驻的5位以央企退休人员为主的外部董事界定为"政府

---

① 参见赵景华主编：《公司治理结构与现代企业制度》第十章，南海出版公司1994年版。

② 参见赵旭东：《美国的国有企业——联邦公司》，载《中外法学》1996年第2期。

③ 参见我国台湾地区"公司法"（2013年）第9条、第27条、第128-1条。

董事"。① 有学者认为，"政府董事"应从狭义和广义上区分，狭义上的"政府董事"主要是进入国有企业董事会中具有一定级别的、由政府支付其薪酬的外部董事；广义上的"政府董事"主要是指政府选派的国有企业董事会人员，包括企业董事长、部分董事等。② 有学者认为"政府董事"是国务院国资委及地方各级国资委派到国有独资企业或国有控股企业董事会的董事，其职责是代表国资委行使股东权利，防止国有资产流失，促进国有资产保值增值，监督国有企业经理人员经营行为，③ 其内涵相当于国家股与国有企业的监督者。有学者则从 2009 年 6 月 23 日华伦集团向四川金顶"空降"董事这一案例，把"政府董事"阐释为有"政府背景"的董事。④ 有学者认为"政府董事"在本质上属于外部董事的范畴，是政府供给主导型董事的一种制度安排。⑤ 也有学者认为"政府董事"是由作为出资人代表的政府直接向国有公司董事会派出的董事，这类董事虽然进入国有公司管理机构，但在身份上仍然是公务员，为使其不被公司管理层所"俘获"，他们不从国有公司领取报酬，对其奖罚措施完全依照公务员标准进行，是相对于独立董事、内部董事、执行董事和职工董事之外的董事类型，属非执行董事的范畴。⑥

---

① 参见郭大鹏、杜亮：《央企董事会革命》，载《中国企业家》2006 年第 4 期。

② 参见王树文：《完善我国大型国有企业政府董事制度建设的途径》，载《中国行政管理》2008 年第 11 期。

③ 参见温丛岭、董昭江：《完善国有企业政府董事制度的思考》，载《商场现代化》2008 年第 18 期。

④ 参见林喆：《政府背景董事"空降"四川金顶》，载《中国证券报》2009 年 6 月 25 日第 B1 版。

⑤ 参见冯梅：《国有独资企业外部董事、外派监事会制度：一种政府供给主导型的制度安排》，载《生产力研究》2006 年第 3 期。

⑥ 参见胡改蓉：《国有公司董事会法律制度研究》，北京大学出版社 2010 年版，第 78—79 页。

从我国国有企业实践层面而言，政府董事在我国现行董事会试点中央企业中也被称为专职外部董事和非执行董事。如国务院国有资产监督管理委员会于 2009 年 10 月 13 日发布的《董事会试点中央企业专职外部董事管理办法（试行）》（国资发干二〔2009〕301号）第 3 条就规定："专职外部董事，是指国资委任命、聘用的在董事会试点企业专门担任外部董事的人员。专职外部董事在任期内，不在任职企业担任其他职务，不在任职企业以外的其他单位任职。"

笔者所定义的政府董事，其本质意义为政府委任的国家股董事代表，与上述学者的观点相比较，具有以下特点：（1）政府董事首先是国家股权的代表。政府董事产生于国家直接投资情形下，在国家直接投资设立国家出资企业后，国家与企业的关系为出资人（股东）与企业（公司）的关系，国家就是该公司的股东，国家出资的权益即为由国有资产出资转换而来的国家股权。又由于国家的具体投资均是由政府代表国家履行国家出资人职责，为更具体地行使国家出资权益，使国家股权得到实现，政府就必须通过委任特定自然人代表作为董事人选到该国家股所在公司中任职，名义上是代表政府、实质上是代表国家以具体地行使国家这一特殊股东在公司内部的一系列权利。（2）政府董事并非一般意义上的外部董事。政府董事虽为政府外派，但它是国家股东通过政府委任的具体实现，除国有独资公司外，其作为公司正式董事的资格与身份，须经公司内部股东（大）会、监事会等机构的选举或表决确认，其合法性和有效性必须符合公司内部的组织构建和治理制度的基本程序。因此，政府董事是典型的公司内部董事，而并非外部董事。（3）政府董事是典型的股东董事。政府董事是国家股的董事代表人选，其提名、委派、产生和任命的法理逻辑依据是股东有权被当选为公司董事。国家既然为公司的直接出资人，当然就是公司的原始股东，就应当委任特定的自然人作为公司的董事人选。由于国家只是一个主权的拟制体，其具体权利（力）只能通过其具体的国家机关来行使，其中其绝大部分权利（力）是由其行政机关即政府来行使的。因此，政府委任的董事人选，实质就是国家股东委任的董事人选；自然政府董事就是国家股董事，是典型的股东董事。（4）政府董事并不一定就是非执行董事。一般认为，执行董事（Executive Director）和非执行董事（Non-Executive Directors）的区分标准是其是否在公司经理层担任职务。政府董事在经法定程序得到正式任命和确认后，就必须在国家股所在公司中任职，在其任职时，如果有一部分政府董事在董事会的委托授权下，继续在公司经理机构中任职，就应为执行董事；只有部分不在经理机构中任职的政府董事，才是非执行董事。（5）政府董事更非政府官员。政府董事是政府委任进入国家股所在公司董事会中任职的董事，为典型的公司经营管理人员，与政府公务员应该实行严格的任职回避。

足见，政府董事与前文所述的国家股董事、国家股董事代表，实质是同一概念和意思，笔者为了更直观地反映其委任的权利（力）逻辑关系，把其称为政府董事而已。

2. 政府董事概念提出的法律意义

政府董事概念的提出与边界的厘清，具有重要的理论意义和实践价值：

（1）有利于厘清国家直接投资与国家出资企业的法律关系。如前所述，原生意义上的国有企业，是国家直接投资的副产物，是国家股东发起设立的营业主体，国有企业成立后，国家与企业的关系则由成立前的国有资产所有关系转变为国家股东与公司的关系。国家就是该企业或公司的唯一（国有独资企业、国有独资公司）控股（国有资本控股公司）、参股（国有资本参股公司）出资人或股东。但在现有国有企业特别是公司制国有企业里，政府外派董事和国资委系统、财政部门所委派的董事，前者为外派董事，给人一种与公司资本权益完全无关的印象；后者虽然本质上为国家股董事代表，但因表征意义不强，给人与其他普通董事无异的感觉。而政府董事概念的提出，本着国家对国有资产的所有权→国家直接出资→国家拥有因国有资产转化而来的国家股权→国家通过政府行使其在公司制国家出资企业中的国家股权→政府通过委任特定自然人代表担任政府董事参与公司内部事务以具体行使国家股权并维护、实现其资本权益这一理论逻辑和实践流程，则可完全厘清国家直接投资与公司制国家出资企业之间的各种法律关系，使目前理论上、政策上、立法上有关国家投资、政府代表、企业自主、股东权益等问题上的模糊认识和一头雾水的混乱关系正其本而清其源。

（2）有利于标志国家股董事代表的身份。如前所述，既有理论和规范性文本中的外派董事、国有股背景的董事代表均不能亮明其国家股董事代表的身份，而政府董事系由政府代表国家委任，其为国家这一特殊出资人（股东）的代表，则名正言顺，理所当然。因此，提出政府董事这一概念，恰恰使公司制国家出资企业中国家股东、国家股权回归其权利原本意义上的状态，这既是对实然事实与法律关系状态的回归，更是国家直接投资与公司制国家出资企业关系的理性回归。

（3）有利于弄清国家股所在公司的真正权源。权利（力）源是公司内部权利（力）配置与运行的逻辑起点，以往我国政策性文件和立法把国家授权国有企业自主经营视为国有企业享有独立经营权的政策依据与法理依据，其实这是一种莫大的误读。从法人主体的独立性和意思的自治性角度看，法人企业包括国有企业法人，只要依法成立并获得法人资格，就享有独立的民事权利能力和民事行为能力，其行为就不受政府、其他法人主体甚至其出资股东的管辖、干预、约束和控制，因此，法人型企业享有独立的经营自主权乃应然之权、当然之理、法权之义，它与政府是否授权无关。过去包括法人型企业在内的所有企业之所以没有经营自主权，不是因为政府没有授权，而是因为政策、立法没有定位政府的职能，摆正政府的位置，把本该属于市场主体的自主经营权截留和限制了。现在由于民间资本发起设立的企业与公司，其享有独立的自主经营权已经没有人再有疑问了，但国有企业特别是公司制国有企业的自主经营权的逻辑依据何在，如何在解决企业经营自主权与国家、政府在企业运行中的必要角色，则长期令人困惑。而提出政府董事这一概念并使制度化，就可廓清公司制国家出资企业的真正权源。

笔者认为，企业特别是公司制企业的主要权利（力）源于其出资人的权利①，就公司而言，公司的主要权利（力）源为股东的股权，股东之股权的契合，构成公司股东（大）会的最高权力机关，公司在股东（大）会的基础上通过资本民主与资本表决的选举、授权，产生董事会、监事会，分别授权其负责公司经营管理与营业监督，董事会则代表公司，依法和依照章程行使对公司的自主经营管理权，并代理公司对外营业。这样，通过公司内在的治理机制、组织构建和授权流程，单一的股东权利就契合为公司内部机构的权力，并转化为公司集中的权力和对外的代理能力，股权与公司法人财产权、经营自主权之间的关系就这样合乎逻辑地定位、转换和行使着。就公司而言，最终权利（力）的末端受托人就是公司权利（力）的实际行使者或经营者，他可能是股东或股东代表，也可能是股东之外的职业经理人，但不管是谁，这个时候他们代表的已不是股东或股东代表或者职业经理人自己，而是公司，所代表的已不是作出决策或执行事务的某一股东或股东代表或者职业经理人自己的利益，而是整个公司、全体股东的利益。

可见，若把国家股董事代表界定为政府董事，则政府此时所行使的是资本私权利，而非管理性的公权力，其委任董事在公司董事会或经理机构中任职，又完成了政府资本私权利向公司内部治理机构权力的契合与转换，进而政府董事无论是作为非执行董事在董事

① 参见肖海军：《企业法原论》，湖南大学出版社 2006 年版，第 171—176 页。

会中进行决策，还是作为执行董事在公司经理机构执行营业事务，均不仅仅是代表国家股东的利益，而是代表整个公司、公司全体股东的利益。这样一来，作为代表国家履行出资人职责的政府与政府设立、授权的机构，其管理思维就必须由之前的管事向之后的选人、管人转变。如此，国有资产所有权→国家直接投资→国家出资企业→国家股权之关系才能理顺，国家出资企业内部权利（力）配置与运行才合乎法理与逻辑。

（4）有利于构建规范的国家股所在公司内部治理机制。明确了国家直接投资与公司制国家出资企业的上述法律关系和权利（力）逻辑之后，把国家股董事代表定位为政府董事，更有利于处理好政府与公司制国家出资企业之间的关系。政府通过委任政府董事而非通过截留、限制企业事权的方式，使政府董事内化为公司董事会、经理机构的主要成员，从而实现政府对公司制国家出资企业的影响。而政府董事被委任到国家股所在公司后，其地位已不纯粹是国家股东代表，更非政府官员，而是国家股所在公司内部治理机构董事会和经理机构的核心成员，在保持其国家股权代表身份的同时，其处事思维、权利（力）范围、行权程序和表决方式，必须受公司法、公司章程的制约。政府董事的这一双重身份和内置化的制度安排，无疑有利于国家股所在公司内部治理结构的建立和公司内部权力规范、有序运行。

（5）有利于明确担任国家股董事代表的职位性质与法律责任。目前国有企业中最大的问题是其法定代表人、经营者的地位不明与权利（力）配置的严重失衡，这是导致国企领导人腐败、渎职的根本原因。如引入政府董事这一概念，则国企领导人相对于国家政府而言，是代表国家股东的政府董事；相对于公司而言，则为接受股东（大）会授权的董事会核心成员和公司的决策者、经营者。政府董事这一双重代理的身份，使其既应对国家、政府尽谨慎代理之职，也应对公司和其他股东尽善良管理义务，无论哪一方面的违法、渎职、擅权、贪腐，均属未尽代理之职或滥用代理权，其无论是给国家股权还是对公司、其他股东造成损失，均须对国家、政府、公司、其他股东负损害赔偿责任。

（二）政府董事的分类

1. 政府执行董事。政府执行董事是由政府委任到国家股所在公司董事会任职董事，同时在公司经理机构任职并具体执行公司营业事务的董事。典型的如政府董事兼任公司总经理、副总经理、部门经理、分公司经理或财务负责人等。

2. 政府非执行董事。政府非执行董事是由政府委任到国家股所在公司董事会任职董事，但不在公司经理机构任职或具体执行公司营业事务的董事。政府非执行董事虽然不具体执行公司营业事务，但因为是公司董事会的当然成员，有权并应当出席董事会会议并行使表决权，事实上对公司经营决策的作出会产生不同程度的影响。

三、政府董事的法律地位与制度功能

（一）政府董事的法律地位

政府董事的法律定位，应从两个方面加以考察。其一，必须从国家直接投资的角度，把政府董事定义为国家股东董事代表；其二，从公司内部治理和委托经营的角度，董事是国家股所在公司董事会的主要成员，接受包括国家股东在内的全体股东共同委托，对公司重要经营事项进行决策，并在董事会的授权下执行公司营业员事务。不难看出，政府董事具有既代表国家股东利益又代表国家股所在公司利益的双重代理人地位。

1. 政府董事是国家股权代表人

政府董事与国家、政府之间的关系，不是公权力意义上的上级与下级、机构与成员的隶属关系，而是一种基于国家直接投资而形成的国家股权和依据特别委托授权契约（委任书）而产生的国家股权委托与代理关系，是一种典型的商事契约和股权代理关系。

2. 政府董事是国家股所在公司董事会的成员

如前所述，政府董事虽然具有国家、政府出资的背景，其理所当然要代表国家股权的利益，维护国家股权的权益；但是，在政府董事一旦进入了公司董事会，所接受的是公司和全体股东的委托，其所代表的就不仅仅是国家股权的利益，而应是公司和全体股东的利益，其在董事会的表决行为和经理机构的事务性工作，就应当遵循公司利益和全体股东利益最大化原则，严格按照法律、行政法规、公司章程和特别委托契约所规定的权限范围、规范程序、行事方式，履行其忠实于公司利益、勤勉于公司事务的义务。因此，相对于公司、公司全体股东而言，政府董事仅仅是公司董事会成员，其职位和职责决定了他们同时属于公司的代理人。

（二）政府董事的制度功能

政府董事的上述法律地位，决定了其制度功能为双重代表或者代理。

1. 作为国家股权代表人代理国家股东行使和维护国家股权各种权益

国家股权是国家直接投资后在公司制国家出资企业中的财产、资产、权益转换形式，其权利标的已不是原来具体的财产或资产，而是表现为一定资本份额，并按照此资本份额享有对公司的内部参与、资本表决、被推选为公司内部常设治理机构成员（如董事、监事）、执行公司事务（如经理、财务负责人）、按照资本份额分配公司利润以及其他一系列权利。与自然人投资人（股东）不同的是，国家股东、法人股东均须通过委任其自然人代表，代理其行使所持的股权。对国家这一特殊的股东而言，其股权的代理人就是笔者所主张设立的国家股监事代表和国家股董事代表（即政府董事），他们均是国家股东的自然人代表，其中前节所述的国家股监事代表所代理行使的是国家股东的监督性权利（力）；而本节所讨论的政府董事，所行使的是国家股东实质性地参与、决策、执行公司内部事务的权利，具体表现为参与公司经营决策的表决、公司日常事务的执行、对外营业交易的代理和国家股权利润的分享等。

2. 作为公司代理人受托决策公司重大经营事项、执行营业事务

政府董事自其正式任职公司董事会之后，其身份和地位就具有双重性，但董事职位决定其接受公司和全体股东的委托后，就必须依照法律（公司法和国有公司特别法）、行政法规、公司章程和特别委托契约所规定的组织构架、权限范围、会议程序、议事规则、表决方式、行事程式，正当地、谨慎地行使其表决权、决策权、执行权和代理权，理性地、妥当地对公司经营事项进行决策，努力提高公司的管理效益和市场竞争力，使公司生产、经营、利润、收益达到最大化。

四、政府董事的基本职能和主要任务

（一）政府董事的基本职能

在我国现有关于国有企业董事会的规范性文件中，只有国务院国有资产监督管理委员会《关于国有独资公司董事会建设的指导意见（试行）》、《董事会试点中央企业董事会规范运作暂行办法》、《董事会试点中央企业专职外部董事管理办法（试行）》等涉及具有政府董事性质的专职外部董事的委任、产生与聘请，但对处于政府董事地位的专职外部董事之职能则没有更为具体的规定。

笔者认为，政府董事的基本职能应从两个方面来分析：一是作为国家股权代表的政府董事所应当负有的基本职能；二是作为国家股所在公司董事会成员的政府董事所应当负有的基本职能。但不管从哪一角度来分析，政府董事只能是一个个体，而政府董事只有借助于董事会，才能发挥其应有的制度功能，因此，分析政府董事的

基本职能，就必须结合董事会来进行综合考察。

政府董事的基本职能可归纳为如下几个方面：

1. 股权代理职能。即代表国家股东参与公司内部事务，行使由国家股东应当行使的各项股东权利，维护国家股权的合法权益。

2. 受托经营职能。政府董事虽由政府委任，除国有独资公司外，须经公司内部股东（大）会选举、表决等法定程序后，方可任职；即使如国有独资公司，政府董事的委任无须公司内部确认程序，但只有和职工董事、其他外部董事一起，在董事会的机制下才可正式开展履行职务或开展工作。因此，政府董事与公司、公司全体股东的关系就是一种委托经营关系，政府董事是最主要的受托经营者，接受公司与全体股东的委托，借助董事会与经理机构负责公司的经营管理。

3. 参与决策职能。公司董事会最为重要的职能就是对公司经营事务进行决策，政府董事作为国家股所在公司董事会最为重要的成员，参加董事会会议并谨慎地行使表决权，使董事会作出合理、妥当、有效的各种投资、经营和交易决策，形成各种有利于公司利润、股东利益最大化的经营方略。

4. 交易代理职能。政府董事中的执行董事如董事长、总经理，在法律、公司章程和董事会授权的范围内，代表公司对外开展营业活动，与其他商事主体进行交易。

（二）政府董事的主要任务

在上述各项职能中，政府董事的主要任务应是通过经常性的内部参与，保证国家股所在公司经营决策的正确、理性和管理效益的最大、最优，通过确保公司收益、利润的最大化以实现国有资产、国家股权的保值增值。

五、政府董事任职的基本条件

（一）规范性文件对有关国有企业董事会成员任职条件的规定与评价

我国最早关于行政机关的董事任命始于 1985 年 2 月 19 日国务院下发的《关于光大实业公司成立董事会的批复》（国函〔1985〕28 号），任命王光英等 15 人为光大实业公司董事会的董事。1993年《公司法》虽然对国有独资公司董事会有规定，但国有企业引入规范的董事会制度总是差强人意。国有企业董事会建设受到高度重视，始于 2003 年 3 月国务院新成立的国有资产监督管理委员会。为实现党的十六大报告所提出的"国家所有、分级代表"这一新型国有资产监督管理体制之制度构想，以国务院于 2003 年 5 月 27日新颁布的《企业国有资产监督管理暂行条例》为契机，国务院国有资产监督管理委员会开始着手开展中央企业的董事会规范与试点工作，并相继制定并发布一系列规范性意见，如 2004 年 6 月 7日《关于中央企业建立和完善国有独资公司董事会试点工作的通知》和《关于国有独资公司董事会建设的指导意见（试行）》（国资发改革〔2004〕229 号）、2006 年 3 月 3 日发布的《国有独资公司董事会试点企业职工董事管理办法（试行）》（国资发群工〔2006〕21 号）、2007 年 4 月 28 日印发的《董事会试点企业董事会年度工作报告制度实施意见（试行）》（国资发改革〔2007〕71号）、2009 年 3 月 20 日下发的《董事会试点中央企业董事会规范运作暂行办法》（国资发改革〔2009〕45 号）、2009 年 3 月 25 日印发的《董事会试点中央企业外部董事履职行为规范》（国资发干一〔2009〕50 号）、2009 年 3 月 30 日下发的《董事会试点中央企业职工董事履行职责管理办法》（国资发群工〔2009〕53 号）、2009 年 10 月 13 日印发的《董事会试点中央企业专职外部董事管理办法（试行）》（国资发干二〔2009〕301 号）等，对中央国有独资公司董事会的组成及一般董事、职工董事、专职外部董事的任职条件作出了原则性的规定，其中对类似于政府董事的专职外部董事除有原则的要求外，还有具体的规定。如《董事会试点中央企业专职外部董事管理办法（试行）》（2009 年）规定，专职外部董事应当具备下列基本条件：（1）具有较高的政治素质，遵纪守法，诚信勤勉，职业信誉良好；（2）具有履行岗位职责所必需的专业知识，熟悉国家宏观经济政策及相关法律法规，熟悉国内外市场和相关行业情况；（3）具有较强的决策判断能力、风险管理能力、识人用人能力和开拓创新能力；（4）具有 10 年以上企业经营管理或相关工作经验，或具有战略管理、资本运营、法律等某一方面的专长，并取得良好工作业绩；（5）初次任职年龄一般不超过 55 周岁；（6）一般具有大学本科及以上学历或相关专业高级职称；（7）具有良好的心理素质，身体健康；（8）《公司法》和公司章程规定的其他条件。①

　　除此之外，自 2001 年以来，中国人民银行、中国证监会、中国保监会、中国银监会还发布一系列金融类公司董事任职的规范性文件，如中国人民银行《股份制商业银行独立董事和外部监事制度指引》（公告〔2002〕第 15 号）、中国证监会《证券公司董事、监事和高级管理人员任职资格监管办法》（〔2006〕第 39 号令）、中国证监会《上市公司董事、监事和高级管理人员所持本公司股份及其变动管理规则》（证监公司字〔2007〕56 号）、中国保监会《保险公司独立董事管理暂行办法》（保监发〔2007〕22 号）、中国证监会《期货公司董事、监事和高级管理人员任职资格管理办法》（〔2007〕第 47 号令）、中国保监会《保险公司董事、监事及高级管理人员培训管理暂行办法》（保监发〔2008〕27 号）、中国保监会《保险公司董事、监事和高级管理人员任职资格管理规定》

---

　　① 参见国务院国有资产监督管理委员会《董事会试点中央企业专职外部董事管理办法（试行）》（2009 年）第 4 条、第 10 条。

（〔2010〕第 2 号令）、中国银监会《融资性担保公司董事、监事、高级管理人员任职资格管理暂行办法》（〔2010〕第 6 号令）、中国银监会《商业银行董事履职评价办法（试行）》（〔2010〕第 7 号令）、中国证监会《证券公司董事、监事和高级管理人员任职资格监管办法（2012 年修订）》（〔2012〕第 88 号令）、中国银监会《银行业金融机构董事（理事）和高级管理人员任职资格管理办法》（〔2013〕第 3 号令）、中国保监会《保险公司董事、监事和高级管理人员任职资格管理规定（2014 年修改）》（〔2014〕第 1 号令）等。这些文件普遍规定了在金融类公司担任董事的专业知识背景、专业经营能力和一定的执业经历要求，此外还对任职回避与任职禁止有比较具体的规定。以证券公司的董事任职条件为例，《证券公司董事、监事和高级管理人员任职资格监管办法》（2012年修订）规定，取得证券公司董事任职资格，应当具备以下基本条件：（1）正直诚实，品行良好；（2）熟悉证券法律、行政法规、规章以及其他规范性文件，具备履行职责所必需的经营管理能力；（3）从事证券、金融、法律、会计工作 3 年以上或者经济工作 5 年以上；（4）具有大专以上学历。其中取得证券公司独立董事任职资格，除应当具备上述基本条件外，还应当具备以下条件：（1）从事证券、金融、法律、会计工作 5 年以上；（2）具有大学本科以上学历，并且具有学士以上学位；（3）有履行职责所必需的时间和精力。该《监管办法》还规定，有下列情形之一的，不得担任证券公司董事：（1）《证券法》第 131 条第 2 款（重大违法行为）、第 132 条（因违法行为被证券类机构或国家机关开除的）、第 133 条（禁止证券兼职人员）规定的情形；（2）因重大违法违规行为受到金融监管部门的行政处罚，执行期满未逾 3 年；（3）自被中国证监会撤销任职资格之日起未逾 3 年；（4）自被中国证监会认定为不适当人选之日起未逾 2 年；（5）中国证监会认定的其他情形。该《监管办法》规定，证券公司独立董事不得与证券公司存在关联关系、利益冲突或者存在其他可能妨碍独立客观判断的情形，下列人员不得担任证券公司独立董事：（1）在证券公司或其关联方任职的人员及其近亲属和主要社会关系人员；（2）在下列机构任职的人员及其近亲属和主要社会关系人员：持有或控制证券公司5%以上股权的单位、证券公司前5名股东单位、与证券公司存在业务联系或利益关系的机构；（3）持有或控制上市证券公司1%以上股权的自然人，上市证券公司前10名股东中的自然人股东，或者控制证券公司5%以上股权的自然人，及其上述人员的近亲属；（4）为证券公司及其关联方提供财务、法律、咨询等服务的人员及其近亲属；（5）最近1年内曾经具有前四项所列举情形之一的人员；（6）在其他证券公司担任除独立董事以外职务的人员；（7）中国证监会认定的其他人员。[①]

2008年《企业国有资产法》规定，履行出资人职责的机构任命或者建议任命的董事、监事、高级管理人员，应当具备下列积极条件：（1）有良好的品行；（2）有符合职位要求的专业知识和工作能力；（3）有能够正常履行职责的身体条件；（4）法律、行政法规规定的其他条件。同时，就消极条件方面，该法规定，拟担任董事、监事、高级管理人员不得出现《公司法》规定的不得担任公司董事、监事、高级管理人员情形。不仅如此，该法还对拟任董事、监事、高级管理人员的职务回避作出了规定，即"未经履行出资人职责的机构同意，国有独资企业、国有独资公司的董事、高级管理人员不得在其他企业兼职。未经股东会、股东大会同意，国有资本控股公司、国有资本参股公司的董事、高级管理人员不得在经营同类业务的其他企业兼职"，"未经履行出资人职责的机构同意，国有独资公司的董事长不得兼任经理。未经股东会、股东大会同意，国有资本控股公司的董事长不得兼任经

---

① 参见中国证监会《证券公司董事、监事和高级管理人员任职资格监管办法》（2012修订）第7—12条。

理"。①

分析上述规定，不难发现我国国有企业国家股董事代表的委任，尚存在如下缺陷：（1）相关规定只涉及国有独资公司，而对国有资本控股公司、国有资本参股公司则无涉及。（2）相关规定只涉及外部董事、独立董事的任职条件，而没有针对国家股董事代表设置对应的任职条件。（3）除金融类公司对董事任职有比较具体规定外，其他规范性文件对董事任职特别是董事任职的消极条件规定过于原则，不具有操作性。

（二）政府董事任职基本条件的设置

由于政府董事的主要职能是股权代理、受托经营、参与决策、交易代理等几个方面，应重点从其经营能力、从业经历和经营业绩方面进行考察。以下从积极条件与消极条件两个方面进行分析：

1. 政府董事任职的积极条件

关于政府董事任职的积极条件，建议设置如下条件：（1）符合国家公务员选拔的政治标准和基础学历条件，一般具有大学本科及以上学历或相关专业高级职称；（2）坚持原则，廉洁自持，具有良好的职业操守和道德修养；（3）对所从事的事业与曾任职的单位有忠诚感与责任意识；（4）具有良好的心理素质，身体健康，初次任职年龄一般不超过 55 周岁；（5）具有较强的综合分析和判断能力，并具备独立工作能力；（6）具有履行岗位职责所必需的专业知识，熟悉国家宏观经济政策及相关法律法规，熟悉国内外市场和相关行业情况；（7）具有较强的决策判断能力、风险管理能力、识人用人能力和开拓创新能力；（8）具有 10 年以上企业经营管理或相关工作经验，或具有战略管理、资本运营、法律等某一方面的专长，并取得良好工作业绩；（9）有比较突出的管理或经营业绩；（10）通过基础的专业测试，具备履行国家股权代表人职责

---

① 参见《企业国有资产法》（2008 年）第 23 条、第 25 条。

所需的各项技能和素质；（11）其他公司法、公司章程、特定国家出资企业（如金融类公司）所要求的特殊条件。

由于政府董事要参与国家股所在公司内部的决策和经营管理，因此，要求其应具有公司治理、战略管理、资本运营等企业经营方面的专业知识；特别是需要明确政府董事须有企业的任职或经营经历。

2. 政府董事任职的消极条件

关于政府董事任职的消极条件，参照前述的国家股监事代表的消极任职条件，建议立法作出如下规定，凡具有如下情形的人选，不得被委任为政府董事：（1）有《公司法》第146条规定的情形之一者。（2）曾因担任国有企业负责人或代理人，因经营不善而被撤职或受过行政处罚、处分的；或者因未能勤勉尽职被原任职单位罢免职务的；或者曾经担任高风险企业或金融机构主要负责人且不能证明其对企业或金融机构撤销或资产损失不负有责任的。（3）个人社会评价与社会声誉较差，或曾经因道德、作风等问题造成很坏社会影响的。（4）在单位和群众民主测评中有明显否定性评价的。（5）配偶、子女均移民国外或在境外设立有个人独资、合伙、有限责任公司等人合型企业的。（6）个人社会信誉较差或在银行有不良记录的。（7）其他不宜担任国家股董事代表的情形。

（三）政府董事的任职回避

关于政府董事的任职回避，参照前述的国家股监事代表的消极任职条件，建议通过立法作出规定，下列人员不得被委任或担任政府董事：（1）在国家机关（包括人大、政府、军事机关、法院、检察院等）中任现职的人员。（2）持有被派驻公司制国家出资企业1%以上股份的股东或在股东单位任职的人员。（3）在被派驻公司制国家出资企业或其控股或者实际控制的企业任职的人员。（4）就任前3年内曾经在被派驻公司制国家出资企业或其控股或者实际控制的企业任职的人员。（5）在被派驻公司制国家出资企业借款逾期未归还的企业的任职人员。（6）与被派驻所在公司制国家出资企业存在关联交易的人员。（7）在与被派驻公司制国家出资企业存在法律、会计、审计、管理咨询等业务联系或利益关系的机构任职的人员。（8）在与被派驻公司存在同业竞争关系的企业或与公司有业务关系的单位兼职的人员。（9）该被派驻所在公司制国家出资企业可控制或通过各种方式可施加重大影响的其他任何人员。（10）上述人员的近亲属（配偶，父母，配偶的父母，子女及其配偶，兄弟姐妹及其配偶、子女，配偶的兄弟姐妹）。

此外，根据公司内部任职回避的要求和营业监督的需要，已被委任或担任被派驻所在公司制国家出资企业的政府董事，也不得再被委任为该公司制的国家股监事代表；同样，已被委任为被派驻所在公司制国家出资企业的国家股监事代表，不得再被委任或担任该公司的政府董事。另外，为了防止公司内部权力过分集中，使公司决策与管理适度分离，担任公司董事长的政府董事不应再兼任公司的总经理。

（四）政府董事的免职条件

为强化对政府董事的监督，建议以后立法参照国务院国资委《董事会试点中央企业专职外部董事管理办法（试行）》（2009 年）的有关规定，设立政府董事的免职条件。即凡政府董事有下列情形之一的，应予以免职或解聘：（1）达到任职年龄界限的；（2）年度评价或任期评价结果为不称职，或者连续两个年度评价结果为基本称职的；（3）履职过程中对政府及政府设立、授权的机构或任职公司有不诚信行为的；（4）在执行公司营业事务过程中，给公司造成重大损失的；（5）未尽善良管理义务，玩忽职守，给国家股权造成重大损失的；（6）因董事会决策失误导致公司利益受到重大损失，本人未投反对票的；（7）因健康原因长期不能坚持正常工作的；（8）交流担任其他中央企业负责人职务的；（9）因其他原因需要免职的。政府董事提出辞职的，按程序批准后办理辞职手续。未批准前，政府董事应当继续履行职责。①

六、政府董事的分级委任与就职

（一）对既有国有企业国家股董事委任的评价

根据国务院国资委 2010 年在中央国家出资企业大力推行的董事会规范与试点工作中对其委任董事的界定，可以推定国务院国资委所委任的董事即为非执行专职外部董事。如国务院国资委《董事会试点中央企业专职外部董事管理办法（试行）》（2009 年）规定，专职外部董事的选拔和任命一般经过组织推荐、人选考察、国资委党委会议讨论、由国资委任命或聘任等方式和程序。其中组织推荐、任命专职外部董事一般经过下列程序：（1）沟通酝酿人选；（2）确定考察对象；（3）与考察对象就外部董事的职责、权利和义务等相关事项进行沟通，听取意见；（4）组织考察；（5）征求有关方面意见；（6）提出建议人选；（7）提交国资委党委会议讨论决定；（8）办理任用手续。而聘用专职外部董事一般经过下列程序：（1）对董事会试点企业董事会进行结构分析，提出专职外部董事需求；（2）按照董事会试点企业董事会需求，考虑专职外部董事的专业结构等因素，提出建议人选；（3）提交国资委党委会议讨论决定；（4）办理聘用手续（推荐到股份公司担任董事的，需要按照规定履行相关法律程序）。专职外部董事在董事会试点企业任职实行任期制，在同一企业任职时间最长不超过 6 年。②

笔者认为，应从构建全新的政府董事制度入手，按照前述的中央与地方分级代表权限，由国务院与地方政府（一般限于省级）分级委任。

---

① 参见《董事会试点中央企业专职外部董事管理办法（试行）》（2009年）第 22 条。
② 参见《董事会试点中央企业专职外部董事管理办法（试行）》（2009年）第 12—14 条。

（二）政府董事的分级委任

如前所述，政府董事应按照中央与地方投资的限定领域和管辖范围，由中央与地方分级委任。

1. 中央国家直接出资企业中政府董事的委任与职位数

首先由国务院国有资产监督管理委员会、财政部或其他授权的部门、机构提名到特定中央国有独资公司、国有控股公司、国家参股公司拟任政府董事的人选，国务院以常务会议表决的方式，进行任命或委派，并进行公告。

中央国家直接出资企业中政府董事以每家国有独资公司或国有资本控股公司 5 名为限，其中政府非执行董事 3 人；政府执行董事 2 人，政府执行董事中 1 人作为中央企业董事长，1 人出任总经理，被派驻的中央企业应当为政府执行董事配备足够的工作辅助人员。如果有关中央企业数量控制在 30—50 家，则由国务院负责委任的政府董事人数为 150—200 人，从管理的对象和绩效来看，是完全可以做到的。

2. 地方政府直接出资企业中政府董事的委任

首先由地方政府（一般为省级）国有资产监督管理机构、财政部门或其他授权的部门、机构提名到特定地方国有独资公司、国有控股公司、国家参股公司拟任政府董事的人选，地方政府（一般为省级）以常务会议表决的方式，进行任命或委派，并进行公告。

地方政府出资企业中政府董事以每家国有独资公司或国有资本控股公司 5 名为限，其中政府非执行董事 3 人；政府执行董事 2 人，政府执行董事中 1 人作为地方政府出资企业董事长，1 人出任总经理，被派驻的地方政府企业应当为政府执行董事配备足够的工作辅助人员。如果结合前章有关省级地方政府企业数量控制在 10—15 家的话，则由省级政府负责委任的政府董事人数为 50—75 人，从管理的对象和绩效来看，是完全可以做到的。至于市（地）

级政府如果只有 3—5 家公用事业类国有企业，则市（地）级政府负责委任的政府董事人数为 15—25 人，其管理对象更加纯粹，管理起来就更具针对性和有效性。

（三）政府董事的就职与工作机构

被任命或委派的政府董事人选，在国有独资公司内部，依照《公司法》和国有企业特别法的程序，由监事会表决为正式的政府董事；在国有控股公司内部，先经股东（大）会进行必要的选举或表决程序，然后再经监事会表决后到董事会正式任职；在国家参股公司内部，则经股东（大）会进行必要的选举或表决程序后，到董事会正式任职。

被任命或委派的政府董事，与特定国有独资公司、国有控股公司内部股东（大）会产生的非国家股董事代表、职工代表大会或代表会议所产生的职工董事代表或其他方式所产生董事代表（如上市公司的独立董事）组成公司董事会（以 9 人为限）。政府董事作为公司制国家出资企业董事会的当然成员或经理机构的主要负责人（如总经理、财务负责人等），和其他非国家股股东董事、职工董事、独立董事，利用董事会这一决策机构或经理这一经营事务性机构，依法或在授权范围内容，对公司制国家出资企业进行独立的经营、管理和资本营运。

国有独资公司、国有控股公司的政府董事，通过行使董事职权和履行董事职责，利用董事会这一公司常设机构，选择公司的职业经理人到公司经理机构中任职，授权其负责国有独资公司、国有控股公司的经营管理和资本营运，并对其经营管理和资本营运进行代理监督。

（四）政府董事内部的适度分工

笔者认为，5 名政府董事按照其职能的需要，之所以设置为 3 名政府非执行董事和 2 名政府执行董事，是使政府非执行董事和政府执行董事相互之间有适当的分工，其中政府非执行董事主要侧重于公司经营决策，而政府执行董事则侧重于公司的经营管理。在董事会闭会期间，政府执行董事应与政府非执行董事保持经常性的联系，以沟通信息，并接受政府非执行董事的质询与监督。在涉及重要问题产生争议时，政府董事之间可以通过协商或表决等方式，作出初步决议。政府董事的职位、职数、职能、分工如此定位，既能明确其国家股权代表的职责，又能在适度分工中彰显出政府非执行董事和政府执行董事的不同价值和功能，并达到既相互配合又有一定程度的制约、监督效应。

七、政府董事的主要职责及工作机制

（一）作为一般董事的基本职责与义务

1. 忠实于国家股所在公司的利益

政府董事作为国家股所在公司董事会的成员，首先必须履行公司高管的忠实义务。所谓忠实义务是指政府董事在行使其职权或执行公司业务时所应承担的以公司利益作为自己行为和行动的最高准则，不得追求自己和他人非法或法外利益的义务。我国《公司法》（2013年修订）第147条规定，董事、监事、高级管理人员应当遵守法律、行政法规和公司章程，对公司负有忠实义务和勤勉义务。董事、监事、高级管理人员不得利用职权收受贿赂或者其他非法收入，不得侵占公司的财产。又如我国《公司法》（2013年修订）第148条第1款规定，公司高管不得违反其忠实义务，实施下列行为：（1）挪用公司资金；（2）将公司资金以其个人名义或者以其他个人名义开立账户存储；（3）违反公司章程的规定，未经股东会、股东大会或者董事会同意，将公司资金借贷给他人或者以公司财产为他人提供担保；（4）违反公司章程的规定或者未经股东会、股东大会同意，与本公司订立合同或者进行交易；（5）未经股东会或者股东大会同意，利用职务便利为自己或者他人谋取属于公司的商业机会，自营或者为他人经营与所任职公司同类的业务；（6）接受他人与公司交易的佣金归为已有；（7）擅自披露公司秘密；（8）违反对公司忠实义务的其他行为。

2. 为公司利益最大化而勤勉地执业

政府董事特别政府执行董事，应在董事会授权的范围内勤勉地工作，忠于职守，严格履行自己的职责，不得偷懒，不得玩忽职守。根据国务院国有资产监督管理委员会《董事会试点中央企业董事会规范运作暂行办法》（2009 年）的规定，董事特别是政府董事，应当遵守法律、行政法规和公司章程，对公司负有下列勤勉义务：（1）投入足够的时间和精力履行董事职责，除不可抗力等特殊情况外，政府董事一个工作年度内在同一任职公司履行职责的时间应当达到国资委规定的时间；（2）出席公司董事会会议、所任职专门委员会会议，参加董事会的其他活动，除不可抗力等特殊情况外，董事一个工作年度内出席董事会定期会议的次数应当不少于总次数的 3/4；（3）在了解和充分掌握信息的基础上，独立、客观、认真、谨慎地就董事会会议、专门委员会会议审议事项发表明确的意见；（4）熟悉和持续关注公司的生产经营和改革管理情况，认真阅读公司的财务报告和其他文件，及时向董事会报告所发现的、董事会应当关注的问题，特别是公司的重大损失和重大经营危机事件；（5）自觉学习有关知识，积极参加政府及政府设立、授权的履行国家出资人职责的机构、公司组织的有关培训，不断提高履职能力；（6）如实向政府及政府设立、授权的履行国家出资人职责的机构提供有关情况和资料，保证所提供信息的客观性、完整性；（7）法律、行政法规和公司章程规定的其他勤勉义务。[①]

3. 自觉、主动接受公司内部监督

根据《公司法》第 150 条的规定，结合前述国家股监事制度

[①] 参见国务院国有资产监督管理委员会《董事会试点中央企业董事会规范运作暂行办法》（2009 年）第 63 条。

的设计，政府董事应在股东会或者股东大会、董事会上接受股东、国家股监事代表的质询。应当如实向监事会、国家股监事代表提供有关情况和资料，不得妨碍监事会、国家股监事代表行使职权。

政府董事违反上述规定，就应承担如下民事责任：（1）非法所得归入公司。如根据《公司法》第148条第2款规定，董事（包括政府董事）、高级管理人员违反忠实义务所得的收入应当归公司所有。（2）公司股东（大）会、监事会启动罢免、撤销程序。（3）对公司、国家（股东）承担损害赔偿责任。如我国《公司法》第149条、第151条、第152条的规定，董事、监事、高级管理人员执行公司职务时违反法律、行政法规或者公司章程的规定，给公司造成损失的，或者损害股东利益的，应当向公司、股东（包括国家股东）承担赔偿责任。

（二）政府董事特有的职责与义务

政府董事特有的职责包括两个方面：（1）对国家股东应负的忠实义务与勤勉义务，应恪尽职守，保证国家股权保值、增值。（2）对国家股所在公司应尽的职责。关于政府董事对国家股所在公司应尽的职责，参照国务院国资委《董事会试点中央企业董事会规范运作暂行办法》（2009年）的有关规定[①]，建议立法作如下安排，即政府董事在国家股所在公司任职期间享有并应当行使好如下权利：（1）主动获得履行董事职责所需的公司信息；（2）按时、全程出席董事会会议，充分发表意见，对表决事项行使表决权；（3）对提交董事会会议的文件、材料应从维护国家股权、公司利益的角度提出补充、完善的要求；（4）必要时提出召开董事会临时会议、缓开董事会会议和暂缓对所议事项进行表决的建议；（5）按时、全程出席任职的专门委员会会议并发表意见；（6）根

---

① 参见国务院国有资产监督管理委员会《董事会试点中央企业董事会规范运作暂行办法》（2009年）第61—62条。

据董事会或者董事长的委托，检查董事会决议执行情况，并要求公司有关部门和人员予以配合；（7）根据履行职责的需要，经常到公司进行工作调研，向公司有关人员了解情况；（8）按照政府及政府设立、授权的履行国家出资人职责的机构关于公司董事报酬管理的有关规定领取报酬、津贴；（9）严格按照有关规定在履行董事职务时享有办公、出差等方面的待遇；（10）必要时，应以书面或者口头向政府及政府设立、授权的履行国家出资人职责的机构、监事会反映和征询有关情况和意见；（11）法律、行政法规和公司章程规定的其他职责。

此外，政府董事还应当遵守法律、行政法规和公司章程，对公司、国家股权负有下列忠实义务：（1）保护公司资产的安全，维护公司和国家股东等出资人的合法权益；（2）保守公司商业秘密；（3）不得利用职权收受贿赂或者其他非法收入，不得侵占公司的财产；（4）不得利用职务便利，为本人或者他人谋取利益；（5）不得经营、未经政府及政府设立或授权的履行国家出资人职责的机构同意也不得为他人经营与公司同类或者关联的业务；（6）不得违反政府及政府设立、授权的履行国家出资人职责的机构有关规定接受受聘公司的报酬、津贴和福利待遇；（7）不得让公司或者与公司有业务往来的企业承担应当由个人负担的费用，不得接受公司、与公司有业务往来的企业的馈赠；（8）遵守国有企业领导人员廉洁从业的规定；（9）法律、行政法规和公司章程规定的其他忠实义务。

（三）向政府负责并依照法定程序及时、全面述职和报告工作

政府董事是接受国务院和地方政府及设立、授权的履行国家出资人职责的机构特别委托，代表国家（政府）这一特殊股东到国家股所在公司董事会中任职，其经营、管理的绩效和董事履职的情况如何，应当向委任其的国务院和地方政府及政府履行国家出资人

职责的机构负责并报告工作。笔者认为，其工作报告应分年度报告和专项报告两种。

1. 政府董事的年度述职与报告

在我国，国家股董事述职报告制度始于 2004 年推广的中央企业试点董事会年度工作报告制度。国务院国资委在《董事会试点企业董事会年度工作报告制度实施意见（试行）》（2007 年）中，对试点企业董事会年度工作报告制度有比较具体的规定。笔者认为，现行试点企业董事会年度工作报告制度与政府董事述职报告制度，其功能是完全不同的，前者是国有企业董事会工作业绩的总结和报告，而后者则是政府董事就其代表行使国家股权、参与公司决策、执行营业事务、对外交易代理等方面所作的履职总结与报告。政府董事年度述职与报告是政府董事对其前一年度履行国家股权代表和所在公司董事职务的业绩、不足所进行的总结性陈述、检讨和分析。政府董事年度述职与报告不仅是政府董事团队的年度工作总结，有利于其总结经验、反思失误；更重要的是通过政府董事的年度述职与报告，可以让政府及设立、授权的履行国家出资人职责的机构及时了解其委任的政府董事的品德、操守、忠诚度、能力、业绩和所在企业经营、资产、财务、损益等基本情况，为其有针对性的监督提供必要的、有效的信息支撑。因此，在完善和推广目前正在试点的公司制国有企业董事会年度工作报告制度的同时，应尽快引入和创设政府董事年度述职与报告制度。

参照《董事会试点企业董事会年度工作报告制度实施意见（试行）》（2007 年）的有关规定，笔者就完善公司制国有企业董事会年度工作报告制度、引入和创设政府董事年度述职与报告制度提出一些建议。

第一，完善公司制国有企业董事会年度工作报告制度。

关于公司制国有企业董事会年度工作报告的报告主体，建议明确由担任国有独资公司、国有资本控股公司董事长的政府执行董事负责。

关于公司制国有企业董事会年度工作报告的内容，笔者建议应包括如下几个方面：（1）董事会制度建设及运转情况。董事会第一次报告年度工作的，应当报告董事会制度建设情况，包括董事会、董事会专门委员会、董事长、总经理的职权与责任；董事会会议制度；董事会专门委员会及董事会秘书工作制度；向董事提供公司信息和配合董事会、董事会专门委员会工作制度等。董事会运转的基本情况包括董事会、董事会专门委员会召开会议次数和董事会决议涉及范围；董事出席董事会、董事会专门委员会会议次数，董事履行职务时间与尽职情况；董事之间、董事会与经理层之间沟通情况；董事会决议执行情况；经验和存在的问题；董事会对公司重大事项的关注与应对措施等。（2）公司发展情况。主要包括公司发展战略与规划的制订、滚动修订、实施情况；公司核心竞争力（其中包括技术创新投入、产出、能力建设等）培育与提升情况；董事会通过的公司投资计划和重大投融资项目及其完成和效益情况，其中包括现任董事长任职以来各年度董事会通过的重大投融资项目的效益情况；公司未来发展潜力与面临的主要风险。（3）公司预算执行情况和其他生产经营指标完成情况及其分析。主要包括销售收入、主导产品市场占有率、利润总额、净利润、净资产收益率、所有者权益增值率、现金流、成本、资产负债率等。指标分析主要包括重要影响因素分析、与本公司往年指标对比分析、在国内同行业中所处位置分析等；主要指标居国内同行业前列的，还应分析在国际同行业中所处位置。（4）公司经理人员的经营业绩考核与薪酬情况。主要包括考核的各项指标与指标值，薪酬制度或办法；各项考核指标完成情况和薪酬兑现情况；从本公司执行情况和国内同行业情况（公司主要指标已居国内同行业前列的，还包括国际同行业情况）分析考核指标设置和指标值的确定及其与薪酬挂钩的科学性、合理性，对经理人员的激励与约束的实际效果。（5）经理人员的选聘情况。主要包括制度建设情况，如选聘标准与条件、方式、程序及其执行情况；后备人才队伍建设情况。若董事会已聘任了经理人员的，应包括所聘人员的能力、表现以及各有关方面对其评价或反映。（6）企业改革与重组情况。主要包括董事会通过的下列方案、措施及其实施情况——公司及其子企业股份制改革；主辅分离辅业改制；分离企业办社会职能；公司内部收入分配、劳动用工、人事制度改革；公司内部资产、业务重组；公司与其他企业间的并购重组等。（7）企业职工收入分配等涉及职工切身利益事项。主要包括董事会决定的职工收入分配政策、方案等涉及职工切身利益事项；企业工资总额调控情况及分析；企业职工收入水平增长变化情况分析。（8）全面风险管理或内部控制体系建设情况。主要包括董事会通过的有关全面风险管理或内部控制体制建设的方案、措施及其实施情况；加强内部审计，防范财务报告和向股东提供其他信息的失真、失实的措施及效果；加强投融资管理，防范重大失误的措施及效果；加强财务与资金管理，防范财务危机和资金流失的措施及效果。（9）董事会决定的公司内部管理机构的设置及其调整，以及公司的基本管理制度的制定和修改情况。（10）股东（大）会或国资委要求董事会落实事项以及监事会要求整改事项的完成情况。（11）公司本年度预算方案中的主要指标和董事会主要工作设想。（12）政府及政府履行国家出资人职责的机构要求董事会和董事会认为需要报告的其他事项。①

关于公司制国有企业董事会年度工作报告的编制程序，建议由任职国有独资公司、国有资本控股公司董事长的政府执行董事负责编制，并经所在公司董事会、股东（大）会通过，由董事长签署并加盖公章，方可提交书面报告。

关于公司制国有企业董事会年度工作报告的提交时限，应限定为每一会计年度终了之日 30 日内将书面报告提交给政府履行国家出资人职责的机构。

---

① 参见国务院国有资产监督管理委员会《董事会试点企业董事会年度工作报告制度实施意见（试行）》（2007 年）第 2 条。

关于公司制国有企业董事会年度工作报告专题会，建议由政府履行国家出资人职责的机构每年召开一次专题会议，听取公司制国有企业董事会报告上一年度工作。董事会年度工作报告专题会应于该公司提交书面年度报告之日起 30 日内召开；特殊情况可延期，但最迟应于书面年度报告提交之日起 45 日内召开。公司制国有企业董事会年度工作报告专题会可以单一企业为单元召开，也可以组织多个企业同时召开，但同时召开时，应保证每一企业有不少于 2 个小时的陈述和质询时间。董事会年度工作报告专题会应按如下程序进行：（1）公司制国有企业董事长代表董事会报告年度工作。（2）公司制国有企业其他董事、董事会秘书补充发言。（3）政府履行国家出资人职责的机构、其他股东和监事会主席对年度工作报告发表意见、提出质询，董事长和其他董事、董事会秘书予以说明、解释。（4）政府履行国家出资人职责的机构负责人或代表对该国有企业董事会年度工作作总体评价。（5）该国有企业董事长就政府履行国家出资人职责的机构和其他股东对年度工作报告的评价作表态发言。

第二，引入和创设政府董事年度述职与报告制度。

关于政府董事年度述职与报告的报告主体，建议明确由在国有独资公司、国有资本控股公司、国有资本参股公司中出任政府非执行董事负责。

关于政府董事年度述职与报告的内容，建议重点应就政府董事在上年度内行使国家股权、参与公司决策、执行营业事务、对外交易代理等方面所作的履职进行总结、检讨和分析，主要应包括如下几个方面：（1）政府董事的基本情况、任职与具体分工。（2）政府董事对国家股东、政府委任者、公司和其他股东的忠诚度及忠实义务、勤勉义务的履行情况。（3）政府董事年度履职概况，包括是否按时、全程出席董事会会议，充分发表意见，对表决事项行使表决权；是否对提交董事会会议的文件、材料应从维护国家股权、公司利益的角度提出补充、完善的要求；必要时是否提出召开董事会临时会议、缓开董事会会议和暂缓对所议事项进行表决的建议；是否按时、全程出席任职的专门委员会的会议并发表意见；是否根据董事会或者董事长的委托，完成检查董事会决议执行情况；根据履行职责的需要，是否经常到公司进行工作调研，向公司有关人员了解情况等。（4）政府董事年度履职重点关注事项的情况，包括是否主动获得履行董事职责所需的公司信息；对公司重大投资、决策事项、资产转让、股权变动、人事任免、关联交易、财务会计、利润分配、风险管控等重要事项的参与、关注、态度、表决情况。（5）政府董事年度的薪金与补贴，包括按照政府及政府设立、授权的履行国家出资人职责的机构关于公司董事报酬管理的有关规定领取报酬、津贴情况；严格按照有关规定在履行董事职务时享有办公、出差等方面的待遇情况；在被派驻公司领取的其他报酬、津贴、补贴情况。（6）政府董事在被派驻公司所持有股份的情况、关联交易、内幕交易等情况。（7）政府董事及其近亲属的廉洁履职和其他从业、兼职情况。（8）政府董事之间的合作、监督情况。（9）法律、行政法规、公司章程规定和政府及政府履行国家出资人职责的机构要求政府董事报告的其他事项。

关于政府董事年度述职与报告的编制程序，建议由任职国有独资公司、国有资本控股公司的政府非执行董事负责编制，并经所在公司任职的全体政府董事表决通过，由全体政府董事签名后，方可提交书面报告。

关于政府董事年度述职与报告的提交时限，应限定为每一会计年度终了之日 30 日内将书面报告提交给政府履行国家出资人职责的机构。

关于政府董事年度述职与报告专题会，建议由政府履行国家出资人职责的机构每年召开一次专题会议，听取政府董事报告上一年度工作。政府董事年度述职与报告专题会应于该公司政府董事提交书面年度报告之日起 30 日内召开；特殊情况可延期，但最迟应于书面年度报告提交之日起 45 日内召开。政府董事年度述职与报告专题会，应与所在公司董事会年度工作报告专题会一并召开，应保证在每家国有企业任职的政府董事有不少于 2 个小时的陈述和质询时间。政府董事年度述职与报告专题会应按如下程序进行：（1）由被推举的政府非执行董事代表全体政府董事述职并报告年度工作。（2）其他政府董事补充发言。（3）政府履行国家出资人职责的机构、监事会主席、其他国家股监事代表和其他股东董事对年度工作述职与报告发表意见、提出质询，政府董事予以说明、解释。（4）政府履行国家出资人职责的机构负责人或代表对该国有企业任职的政府董事年度述职与工作报告作总体评价。（5）该国有企业中被推举的政府非执行董事、董事长就政府履行国家出资人职责的机构、监事会主席、其他国家股监事代表和其他股东董事对年度工作述职与报告的评价作表态发言。

政府履行国家出资人职责的机构完成政府董事年度报告会的各项日程后，由政府履行国家出资人职责的机构根据会议表决情况，出具《国家出资企业中政府董事履职年度报告》，特别是涉及"重大决策、重要人事任免、重大项目安排和大额度资金运作"即"三重一大"事项①的履职情况，提交国务院或地方政府常务会议讨论通过。国务院或地方政府常务会议讨论通过后，由政府履行国家出资人职责的机构提交全国人大或地方人大国家国有资产委员会，接受其审查与监督；并代表国务院或地方政府向每年召开的人大例会述职并报告工作，接受人大代表质询与监督，由人大讨论、表决通过。其中《中央国家出资企业中政府董事履职年度报告》由全国人大讨论、表决通过；《地方政府出资企业中政府董事履职年度报告》由地方人大（主要为省级）讨论、表决通过。

2. 政府董事的专项报告

政府董事的专项报告，是指政府董事所在公司的投资建设、财

---

① 参见中共中央办公厅、国务院办公厅《关于进一步推进国有企业贯彻落实"三重一大"决策制度的意见》（2010 年）第 2 条、第 3 条。

务会计、现金流向、资产处理、国家股减持、重大转投资决策、财务会计情况及公司董事特别是政府董事、高级管理人员的经营行为出现异常的情况下，由在该公司任职的政府董事中的政府非执行董事负责向政府履行国家出资人职责的机构、监事会出具的报告，并提出建设性建议。政府董事专项报告属应急性报告，应及时出具和提交，同样也应接受政府履行国家出资人职责的机构、监事会主席、其他国家股监事代表的质询和监督。

第七章　国有企业转投资情形下国有法人股权代表的构架

前章所论述的是国家直接投资情形下国家股权代表的委任，这是国家需要重点考虑和解决的问题。但是在国家直接投资设立中央和地方国家出资企业后，原生态意义上的国家出资企业（以下简称国有企业）就是具有独立法人资格的企业法人。这些具有独立法人资格的国有企业在其经营的过程中，以国家直接投资形成的企业财产和企业经营过程中增值的财产进行再投资，既是企业经营管理、资本营运的重要方式，也是企业业务发展和市场拓展的需要。在国有企业转投资过程中，以独资、控股、参股等设立子企业（公司）或参股其他公司①，则是国有企业转投资的必然之举，更是企业转投资的衍生产物。由此就产生国家出资企业因转投资与其所设立的子企业（公司）或参股公司之间的资本控制、参与关系，相对于因转投资而设立的子企业（公司）或参股的公司而言，国家出资企业是出资人、股东；因转投资而设立的子企业（公司）或参股公司还可以进行转投资，依次设立二级子企业（公司）或参股其他公司；如此，只要法律不禁止和市场、业务需要，转投资

---

① 从严格意义上讲，国有企业转投资的方式有独资、合伙、合资（独股、控股、参股）三种典型形式，但由于我国《合伙企业法》禁止国有企业成为普通合伙人，因此，在实践中，国有企业转投资很少选择合伙方式，尽管国有企业可以成为有限合伙企业的有限合伙人。参见《合伙企业法》（2006年）第3条。

就可以无限制地进行下去。在国有企业转投资情形下，其中心问题是要解决作为出资人（股东）的国有企业，如何通过委任其出资人（股权）代表，实现其在子企业（公司）或参股公司中的资本权益，并参与、影响或控制其经营管理活动。这就是本章所要讨论的国有法人出资人（股权）代表问题。由于转投资中公司制已成常态，故以下所论如无特别说明，均以国有法人股权代表称之。

第一节　国有企业转投资与国有法人股权代表的定位

一、国有企业转投资中国有企业范围的界定

（一）国有企业的概念与特征

1. 国有企业的意义厘定

国有企业是在理论界最具争议的命题，学界对其解释因视角不一而存在较大分歧，其代表性观点有：（1）生产资料或资产所有论，即从企业生产资料或财产的所有主体来定义国有企业。如认为"国有企业即全民所有制企业，全民所有制企业的生产资料归全体劳动人民所有，即每一位公民都是全民所有制企业的财产的权利主体"；① 或者说"国有企业，应当是指企业的资本全部或部分属于国家所有，并为国家直接或间接地控制的企业"；② 或者认为"国有企业是指企业资产所有权属于国家的，依照法定程序设立，能自主经营、自负盈亏、独立核算的商品生产者和商业经营者，是具有

---

① 参见张士元主编：《企业法》，法律出版社 2005 年版，第 283 页。

② 参见史际春：《国有企业法论》，中国法制出版社 1997 年版，第 15 页。

一定权利和义务的法人组织"①。（2）经营权控制论，即从企业内部经营管理被国家或政府所控制来定义国有企业。如有学者认为国有企业原则上应包括"国家或政府可以根据资本联系对其实施控制性影响的各种企业"②；或者认为"国有企业不仅是指资产完全属于国家的企业，而且还应当包括国家控股的企业"③。（3）制度功能论，即从经济或制度功能的角度来定义国有企业。如有学者认为，国有企业作为一个营利性组织，"是为国有资产保值、增值进行市场化竞争的一种经济组织"④；或者认为国有企业是"公共产品和社会福利"的提供者、"市场缺陷的弥补者"，即"国有企业在社会主义市场经济中是克服系统性市场失灵和政府失灵的协调器，在后赶超时代作为技术模仿、技术移植、技术赶超和技术扩散的中心，在过渡和转型时期它作为保证宏观经济效率的稳定器，在渐进制度变迁中作为国家控制改革速度、改革路径以及改革效率的控制器"⑤。（4）投资主体论，即从国家或政府投资的角度定义国有企业。如有学者认为"国有企业是指由中央或地方政府投资，并对其拥有所有者权益的企业"⑥；或者认为"国有企业是指一定比例的资本由国家投入，国家因此能对其进行较稳定的控制的所有

① 参见甘培忠：《企业与公司法》，北京大学出版社 2001 年版，第 72 页。

② 参见史际春、温烨、邓峰：《企业和公司法》，中国人民大学出版社 2001 年版，第 295 页。

③ 参见徐晓松：《公司法与国有企业改革研究》，法律出版社 2000 年版，第 190 页。

④ 参见乔均：《国有企业改革研究》，西南财经大学出版社 2002 年版，第 5 页。

⑤ 参见杨瑞龙主编：《国有企业治理结构创新的经济学分析》，中国人民大学出版社 2001 年版，第 53 页。

⑥ 参见董学立：《商事组织法》，北京大学出版社 2004 年版，第 267 页。

企业"①。

就立法来看，国外对国有企业的界定存在国家优势所有论、国家投资论和国家控制论三种较为典型的模式。（1）国家所有论强调企业财产或资本的 50% 以上为国家所有，典型的如法国、韩国、瑞士、芬兰、印度、巴西、墨西哥等。如韩国 1984 年的《国有企业管理法》第 2 条规定，国有企业包括政府投资和"政府投资达到或超过 50% 的企业"②。又如在印度，在制造业、农业等经营性活动中，可确认政府是从事此类活动的主要所有者的企业，即可称为国有企业或"公营企业"。在瑞士、芬兰、巴西、墨西哥，凡国家资本占企业资本的 51% 以上的所有企业则被称为国有企业③。（2）国家投资论则强调国家对企业的投资关系，凡国家投资于特定企业之中的企业均属于国有企业的范畴，典型的如英国、德国等。在英国，凡具备以下条件即为国有企业：这些企业完全归国家所有或者国家拥有能够对它实现控制的足够股份；企业是按照这样一种方式经营，即它们收入的大部分不是依靠国会直接拨款或财政部的补贴；它们由董事会进行管理。④ 在德国，凡政府参股 25% 以上，其他股东均为小股东的大企业，视为国有企业。⑤（3）国家控制论则强调国家对企业经营的控制，典型的如美国和部分欧共体国家。如美国 1935 年的《公用事业控股公司法》规定，任何公司已

---

① 参见漆多俊主编：《中国经济组织法》，中国政法大学出版社 2003 年版，第 43 页。

② 参见史际春：《国有企业法论》，中国法制出版社 1997 年版，第 11 页。

③ 参见王天义：《国有企业制度模式比较》，中国经济出版社 1994 年版，第 4 页。

④ ［英］M．H．派斯顿：《英国的国有化工业》，载［美］莫里斯·博恩斯坦主编：《比较经济体制》，中国财政经济出版社 1988 年版，第 89 页。

⑤ 张仲福：《联邦德国企业制度》，中国法制出版社 1990 年版，第 87 页。

发行的有表决权股票中如果有 10% 以上为政府、公共管理部门掌握时，则适用母子公司、控股公司的规定，该公司即具有公用事业控股公司的性质。① 在欧共体，欧共体委员会于 1980 年制定的《关于企业透明度条例》（1985 年修改）第 2 条规定，凡"政府当局可以凭借它对企业的所有权、控股权或管理条例，对其施加直接或间接的支配性影响"的企业，即应视为公共企业。②

我国对国有企业的定义，经历了从国营企业、全民所有制企业、国有企业到国家出资企业的转变。（1）国营企业阶段（1949—1984 年）。其中最典型的为宪法。如 1954 年《宪法》第 6 条规定："国营经济是全民所有制的社会主义经济，是国民经济中的领导力量和国家实现社会主义改造的物质基础。国家保证优先发展国营经济。"1982 年《宪法》第 7 条规定："国营经济是社会主义全民所有制经济，是国民经济中的主导力量。国家保障国营经济的巩固和发展。"第 16 条规定："国营企业在服从国家的统一领导和全面完成国家计划的前提下，在法律规定的范围内，有经营管理的自主权。国营企业依照法律规定，通过职工代表大会和其他形式，实行民主管理。"与之相对应是中共中央或国务院所发布的规范性文件，如 1961 年中共中央制定并发布了《国营工业企业工作条件（草案）》（即《工业七十条》）、1983 年 4 月 1 日国务院发布的《国营工业企业暂行条例》、1984 年 5 月 10 日国务院发布的《关于进一步扩大国营工业企业自主权的暂行规定》等，均使用国营企业。（2）全民所有制企业时期（1984—1993 年）。1984 年 10 月 20 日中共中央十二届三中全会通过的《关于经济体制改革的决定》指出："增强企业的活力，特别是增强全民所有制的大、中型企业的活力，是以城市为重点的整个经济体制改革的中心环节。'"

---

① 张忠军：《国有公司的法理学思考》，载《法律科学》1995 年第 5 期。
② 欧共体文件 1980L195/35、1985L229/20，布鲁塞尔和卢森堡。转引自史际春：《国有企业法论》，中国法制出版社 1997 年版，第 13 页。

明确提出"确立国家和全民所有制企业之间的正确关系，扩大企业自主权"，认为国家财产"所有权同经营权是可以适当分开的"。此后有关国家法律和行政法规也作了相应改变。如 1986 年 4 月制定的《民法通则》第 48 条规定，"全民所有制企业法人以国家授予它经营管理的财产承担民事责任"。第 82 条规定："全民所有制企业法人以国家授予它经营管理的财产依法享有经营权，受法律保护。"1986 年 12 月全国人民代表大会常务委员会通过的《企业破产法（试行）》第 2 条更明确规定："本法适用于全民所有制企业。"1988 年 4 月全国人民代表大会常务委员会通过的《全民所有制工业企业法》，为我国第一部专门性的国有企业法律，其第 2 条规定："全民所有制工业企业是依法自主经营、自负盈亏、独立核算的社会主义商品生产的经营单位。企业依法取得法人资格，以国家授予其经营管理的财产承担民事责任。"（3）国有企业阶段（1993—2008 年）。1993 年 3 月 29 日全国人民代表大会第一次会议通过的宪法修正案，把宪法中的国营经济、国营企业相应地改为国有经济、国有企业，自此以后，国有企业之概念在立法和各种规范性文件中被确定下来。如 1993 年 11 月 14 日中共中央十四届三中全会通过的《关于建立社会主义市场经济体制若干问题的决定》就明确提出"转换国有企业经营机制，建立现代企业制度"。（4）国家出资企业阶段（2008 年以来）。2008 年 10 月 28 日由十一届全国人大常委会第五次会议通过的《企业国有资产法》正式提出了国家出资企业这一概念，其第 5 条规定："本法所称国家出资企业，是指国家出资的国有独资企业、国有独资公司，以及国有资本控股公司、国有资本参股公司。"

通过对上述界定的分析，笔者认为，以投资主体为切入点来界定国有企业，更具有针对性。其一，国有企业的设立源于国家资本的投资活动。其二，国有企业与一般企业的特殊之处集中表现在其投资主体的特殊性。其三，国家投资的方式决定了国有企业的法律形态。其四，国家投资的份额决定了国有企业范围的划定。其五，国家投资还是解读国有企业内部治理结构的源头性因素。其六，国家投资还有助于了解国有企业存在的正当性和应当具有的独特制度功能。基于此，国有企业的定义可作如下表述：国有企业是指国家通过其政府或政府履行国家出资人职责的机构以全资或控股的方式设立的营利性法人。[①] 这一概念包含了以下内容：（1）国有企业是营利性法人，其基本的组织职能是经营国有资产并使之保值增值或达到某一特定经济目的，它与其他国有单位如国家机关、国有事业单位等不同。（2）国有企业是国家投资设立的营利性法人。（3）国家投资的机构可以是政府，也可以是政府授权的国有资产监督管理委员会或特定的投资机构，还可以是国有法人单位全资或控股转投资设立的企业。（4）国家投资的方式可以是全资即独资，也可以是控股的方式，且控股既可以是绝对控股，也可以是相对控股。（5）国有企业具有独立的法人资格，能独立进行营业并以其经营、管理的全部财产为限承担债务责任。

（二）国有企业转投资中国有企业范围的限定

严格说来，国有企业是一个十分宽泛的定义，在此定义之上更为准确、清晰的概念应是国家出资企业。而在国家出资企业中，因国家直接投资的形式不同，其投资设立的企业就包括公司制国家出资企业和非公司制国家出资企业，其中公司制国家出资企业则包括国有独资公司、国有资本控股公司、国有资本参股公司；非公司制国家出资企业主要为包括全民所有制性质的国有独资企业和有国有资本成分的非公司制混合所有制企业。依据前述笔者对国有企业性质的认定和范围的界定，在国家出资企业这一新的概念之下，能纳入具有政策性调整和改革主题范围的国有企

---

① 参见肖海军：《企业法原论》，湖南大学出版社 2006 年版，第 351 页。

业，只应包括公司制国家出资企业中的国有独资公司、国有资本控股公司和非公司制国家出资企业中属全民所有制性质的国有独资企业。也就是《企业国有资产法》（2008 年）第 5 条所列举的国有独资企业、国有独资公司和国有资本控股公司这三种企业形式，属于国有企业的范畴；其他国家资本参与企业（公司）则应视为一般企业，不再纳入本章讨论的范畴。因此，下文所讨论的国有企业转投资系指国有独资企业、国有独资公司和国有资本控股公司的转投资。

二、国有企业转投资情形下国有资本权益的行使方式

（一）国有企业转投资的主要方式与衍生企业的形式

1. 国有企业转投资的主要方式

国有企业转投资，又称国有企业的对外投资，是指具有独立法人资格的国有企业在其经营过程中，以国家直接投资形成的企业财产和企业在经营过程中增值的财产进行再投资，设立子企业（公司）或参股其他公司而使自己成为其出资人或股东的资本营运行为。国有企业转投资，是相对于国家直接投资设立的国家出资企业而言，而对国有企业与其子企业（公司）或参股公司而言，则又是直接投资。需要特别说明的是，此处和下文所讨论的投资，是特指股权投资，而非投资学上广义的投资，自然不包括债权投资、信贷投资等间接投资方式。

企业（公司）转投资，为企业（公司）以依法取得其他商事主体的股份或财产份额的方式成为其成员的法律行为，[①] 其对发展业务、拓展市场、分散经营风险、调整产业结构、节约交易成本有着重要意义；因而多数国家对其不加任何限制。如《美国标准公

---

① 参见李飞：《法解释论视角下的公司转投资行为》，载《法学》2007年第 11 期。

司法》（2002 年修订版）第 3.02（8）条、第 3.02（9）条规定，除公司章程另有规定外，所有公司以其公司名义永久存续，并有权像自然人一样进行"贷款、以其基金投资或再投资，以及接受和持有不动产和动产作为还款的担保"；可以"成为任何合伙、联营、信托或者其他实体的发起人、合伙人、成员、会员或者管理者"[①]。又如美国《特拉华州普通公司法》第 122 条（10）、（11）项目规定，公司可以"成为任何其他类型或种类公司的设立人、发起人或者管理人"；"无论是否涉及共享控制权或者将控制权委托于他人，都可以与他人一起加入公司、合伙、有限合伙、合营、或者其他任何形式的社团，或者参与权力单独行事的交易、任务，或者安排"[②]。然而，转投资必须要析分出企业（公司）的部分或全部财产或权利，投入（实质上是转入）到新设立的子企业（公司）或参股公司门下，虽然该部分或全部财产因投资而转换成股权等资本权益，仍然还是属于该企业（公司）的财产或权利，其本质"无非是一种公司资产置换：以公司资产或股权置换其他公司的股权"[③]；但转投资转出去的部分或全部财产的占有、控制、管领、营运之权则属于子企业（公司）或参股公司，作为股东的企业（公司）毕竟丧失对其直接占有、控制、管领、营运之权，就有可能存在经营上的、道德上的各种风险，自然对原企业（公司）的股东和债权人均存在一定程度的负面效应。因此，部分国家或地区对企业（公司）转投资有限制性规定。如我国台湾地区的学者们普遍认为公司转投资只应限于公司以出资、认股或受让出

---

① 参见沈四宝：《最新美国标准公司法》，法律出版社 2006 年版，第 30—31 页。

② 参见徐文彬等译：《特拉华州普通公司法》，中国法制出版社 2010 年版，第 24—25 页。

③ 参见傅穹：《公司转投资、保证、借贷、捐赠规则》，载《政法论坛》2004 年第 3 期。

资额或股份等方式，成为他公司之股东等情形①，而不得为他公司无限股东或合伙事业之合伙人②。我国台湾地区对转投资有明确的限制性规定，其"公司法"第 13 条规定："公司不得为他公司无限责任股东或合伙事业之合伙人；如为他公司有限责任股东时，其所有投资总额，除以投资为专业或公司章程另有规定或经依左列各款规定，取得股东同意或股东会决议者外，不得超过本公司实收股本百分之四十：一、无限公司、两合公司经全体无限责任股东同意。二、有限公司经全体股东同意。三、股份有限公司经代表已发行股份总数三分之二以上股东出席，以出席股东表决权过半数同意之股东会决议。"

我国《公司法》曾在《公司法》（1993 年）第 12 条中规定："公司可以向其他有限责任公司、股份有限公司投资，并以该出资额为限对所投资公司承担责任"，"公司向其他有限责任公司、股份有限公司投资的，除国务院规定的投资公司和控股公司外，所累计投资额不得超过本公司净资产的百分之五十，在投资后，接受被投资公司以利润转增的资本，其增加额不包括在内"。但这一转投资的限制性规定在 2005 年修订时被修改为，"公司可以向其他企业投资；但是，除法律另有规定外，不得成为对所投资企业的债务承担连带责任的出资人。"（第 15 条）其中的但书部分，是考虑到当时我国《合伙企业法》尚未修改，该法所规定的合伙人只能是自然人，无疑就阻断了公司成为合伙企业出资人的可能性。《合伙企业法》在 2006 年修订时取消了法人和非法人组织成为合伙企业出资人的限制，《公司法》（2005 年修订）第 15 条但书部分的规定也算是完成了它的历史使命。

---

①　参见柯芳枝：《公司法论》，中国政法大学出版社 2004 年版，第 22—27 页。

②　参见王文宇：《公司法论》，中国政法大学出版社 2004 年版，第 88—90 页。

在理论上，国有企业转投资的形式包括独资、合伙、合资，其中合资，又称合股，包括独股、控股、参股三种股权控制模式。但是，我国《合伙企业法》（2006年修订）第3条规定，"国有独资公司、国有企业、上市公司以及公益性的事业单位、社会团体不得成为普通合伙人"。此一规定表明，对包括国有独资公司在内的国有企业而言，其转投资的方式只有独资和合股两种形式，不存在普通合伙转投资的可能性。

此外就转投资企业与子企业（公司）资本关系产生的原因事实而言，转投资方式可以分为新设企业、股权收购和资产收购三种典型方式。（1）新设企业，即国有企业以财产部分或全部作为发起资本，另行设立新的子企业（公司）的投资行为。（2）股权收购，即国有企业以财产部分或全部作为交换对价，收购、受让另一公司的全部或部分股权，从而控制、控股或参股另一公司的投资行为。（3）资产收购，即国有企业以财产部分或全部作为交换对价，收购、受让另一公司的全部或部分资产，从而达到控制、控股或参股另一公司的投资行为。资产收购属于营业转让的范畴，一般适用全资收购，其方式既可以是在收购转让方全部资产的同时，完成该企业（公司）的内部重组，实现受让方企业对转让方企业的实际控制；也可以是以从转让方受让的资产，另行新设子企业（公司）。

2. 国有企业转投资衍生企业的具体形式

不同国有企业转投资的方式决定其衍生企业的具体形式，其中国有企业单独投资设立的全资子企业，为非公司制的国有企业独资企业，属传统的全民所有制企业的范畴，其子企业资产不划分为股权比例，不以资本为计算单位，其内部治理则仍然实行厂长（经理）负责制。

国有企业以合资形式转投资而衍生的企业则为公司制企业，包括国有企业独资公司（即国有法人一人公司）、国有企业控股公司和国有企业参股公司。

（二）国有企业转投资情形下国有资本权益的主要形式为国有法人股权

关于转投资财产的属性，对国家（政府）而言，由于国有企业（国有独资企业、国有独资公司和国有资本控股公司）转投资的财产来源于或主要来源于国有企业的财产，虽然国家（政府）对该财产已不再直接占有、控制、管领、营运，其直接占有、控制、管领、营运之权属于国有企业，但该国有企业的财产最初还是源于国家的直接投资，且其后在经营中增值的财产之利润分享权和最终分配权，也应属国家，因此，严格说来，转投资的财产仍应属于国有资产的范畴。

对转投资主体国有企业而言，其转投资的财产属于其企业财产的部分或全部，通过转投资完成之后，该转投资财产则成为新设子企业（公司）和参股公司的财产，构成新设子企业（公司）和参股公司财产的部分或全部，基于子企业（公司）和参股公司主体资格的独立性，其直接占有、控制、管领、营运之权属于子企业（公司）和参股公司，而转投资主体国有企业对已成为新设子企业（公司）和参股公司财产部分或全部的原转投资财产，已不再拥有直接占有、控制、管领、营运的权利。此时，转投资主体国有企业所享有的权利是由因转投资财产投入子企业（公司）和参股公司而转换的资本权益，该资本权益即为转投资主体国有企业以出资人（股东）身份拥有参与子企业（公司）和参股公司内部投资决策、选择管理者、分享营业成果等一系列权利。这一系列权利在绝大多数情况下由转投资主体国有企业转投资财产所占子企业（公司）和参股公司全部注册资本中的比例、份额来决定的，其中在独资、控股性子企业（公司）中，转投资主体国有企业拥有对子企业（公司）内部投资决策、管理者选择、营业成果分享的绝对决定权和支配权，而对参股公司则只能依照其转投资份额享有其相对份额、比例的权利。因此，在国有企业转投资的情形下，国有企业所享有的权利则为由转投资财产转换而来的国有企业法人资本权益，而在转投资对象为公司制企业的常态制度环境下，这一资本权益又主要表现为其对子公司或参股公司的国有企业法人股权。为论述方便，以下简称国有法人股权。

（三）国有法人股权行使的主要方式就是国有企业委任国有法人股权代表

对转投资主体国有企业而言，其对应的权利为该转投资财产转换而来的资本权益，即转投资主体国有企业以出资人（股东）的身份拥有的参与子企业（公司）或参股公司内部投资决策、选择管理者、分享营业成果等一系列权利。而这一资本权益又因其新设子企业（公司）和参股公司的不同性质而存在比较大的差异。

对非公司制的全资子企业，即全民所有制性质的国有企业独资企业，转投资主体国有企业通过直接任命或委派经理等经营管理人员，对该全资子企业进行直接控制。在这样的情形下，作为转投资主体的国有企业与其全资子企业之间的财产、权利（力）、利益分配、对外交易的关系和权利（力）、责任边界，是比较模糊的。

而对公司制的全资子公司、控股子公司或参股公司而言，由于转投资主体国有企业的资本权益主要表现为国有法人股权，其资本权益的行使方式是通过任命或委派国有法人股权代表，由其代表国有企业参与全资子公司、控股子公司或参股公司内部的投资决策、管理者选择、营业成果分享，以实现其投资、营业和收益的目的。

三、国有法人股权代表的法律地位与制度功能

（一）国有法人股权代表的法律地位

就全资子公司、控股子公司或参股公司而言，国有企业向其转投资企业任命或委派的国有法人股董事代表和国有法人股监事代表均属于国有法人股权代表的范畴。国有法人股权代表既是国有企业

转投资情形下国有企业出资人代表的具体形式，更为国有企业出资人代表在公司制国有企业转投资企业的具体形式，其法律地位可从以下几方面进行理解：

1. 国有法人股权代理人

国有法人股权代表首先是国有法人股这一特殊股东的代理人。在国有企业转投资情形下，国有企业转投资主体与全资子公司、控股子公司或参股公司之间的关系，实质上就是股东与公司的关系，国有法人股权代表就是国有企业这一特殊股东的自然代理人，代表国有法人股东行使其作为国有法人股东的权利（股权）并承担相应的义务。

2. 子公司或参股公司的经营者

在国有企业转投资情形下，全资子公司、控股子公司或参股公司为国有企业转投资设立或借助的营业平台和独立的营业主体，虽然在名义上，国有企业转投资后的财产、资产由全资子公司、控股子公司或参股公司根据市场进行独立经营和管理，但是该全资子公司、控股子公司或参股公司实质也是一社会组织体，其行为也必须通过其内部治理机构和代理机制，把企业的决定权、决策权、管理权最终落实到具体的机构和自然人。其中，国有法人股权代表中的国有法人股董事代表，就充当着全资子公司、控股子公司或参股公司经营者的角色，通过公司内部股东（大）会的选举和董事会的授权，受托对全资子公司、控股子公司或参股公司进行经营和管理，以实现全资子公司、控股子公司或参股公司的投资、经营、营利目标。

3. 子公司或参股公司的交易代理人

在国有企业转投资完成设立或参股全资子公司、控股子公司或参股公司的转换之后，子公司或参股公司为了经营，就必然要发生各种交易，就必须得授权特定的自然人去实施和完成。国有法人股权代表中的国有法人股董事代表在兼任子公司或参股公司法定代表人或公司经理的情况下，其地位实质就是该子公司或参股公司对外的营业代理人，其依据《公司法》的规定、公司章程的记载和董事会的授权，有权代表该子公司或参股公司开展对外交易，代理企业与第三人进行业务往来。

4. 子公司或参股公司的营业监督者

在国有企业转投资的情形下，国有法人股权代表中的国有法人股监事代表还是代表国有企业这一特殊出资人（股东）对子公司或参股公司的经营者（董事会、经理机构及其成员）进行监督的营业监督者。

（二）国有企业转投资情形下国有法人股权代表的制度功能

在国有企业转投资的情形下，国有法人股权代表的上述法律地位，决定其设置具有以下几个方面的基本制度功能：

1. 股权代理

国有法人股权代表最为重要的功能和职能就是代表转投资主体国有企业行使其因转投资在子公司或参股公司中形成的国有企业资本权益（国有法人股权），其中国有法人股董事代表所行使的主要为国有法人股东的内部参与权、决策权、控制股和营业性事务的管理权；而国有法人股监事代表所行使的是国有法人股东的内部监督权。

2. 组织构建

国有法人股权代表是组成子公司或参股公司中内部治理机构股东（大）会、董事会、监事会的逻辑起点和权源基础，也是子公司或参股公司中内部治理机构股东（大）会、董事会、监事会的当然与主要成员。国有企业转投资完成和子公司或参股公司正式成立之后，国有企业向子公司或参股公司任命和委派国有法人股权代表，并以之为基本成员或主要成员，会同其他非国有法人股东或股东代表，组成子公司或参股公司的股东（大）会、董事会和监事会等内部治理机构，并通过国有法人股董事代表或国有法人股监事代表的内部参与，使子公司或参股公司的内部治理机构发挥其应有的制度功能。

3. 内部参与

在公司设立过程中，股东所关注的重心是资本的数额、出资的形式、筹资的期限和股权的比例；而公司成立或参股之后，股东的关注重心和工作主题则为如何通过自己的内部参与权以影响甚至控制公司朝着最有利于自己的目标经营、管理。因此，对股东来说，公司自成立和营业开始，其焦点问题就是影响或争夺对公司的控制权。与前文所述的国家直接投资一样，国有企业在以转投资设立子公司或参股其他公司后，其重心就是任命或委派国有法人股权代表参与到子公司或参股公司内部各个治理机构，通过其与会、提案、选举、表决、任职，以控制子公司或参股公司的投资决策和经营管理。国有法人股权代表的内部参与功能主要表现为公司受托经营和内部营业监督两个方面，其股权行使的内容涉及股权的方方面面。

4. 营业代理

如前所述，国有法人股权代表中的国有法人股董事代表担任子公司或参股公司法定代表人或经理机构成员，或受董事会或经理机构的委托，对外代表子公司或参股公司与第三人进行业务往来，就是典型的营业代理。

四、国有法人股权代表的表现形式与职位配置

（一）国有法人股权代表的表现形式

如前所述，在国有企业转投资情形下，对国有企业而言，在其转投资并创设子公司或参股其他公司之后，就必须任命或委派特定的自然人作为国有法人股权代表，使其进入子公司或参股公司内部代表转投资主体国有企业，行使国有企业的各种股东权利并履行相应的一系列义务。该国有法人股权代表主要表现为国有法人股董事代表和国有法人股监事代表。

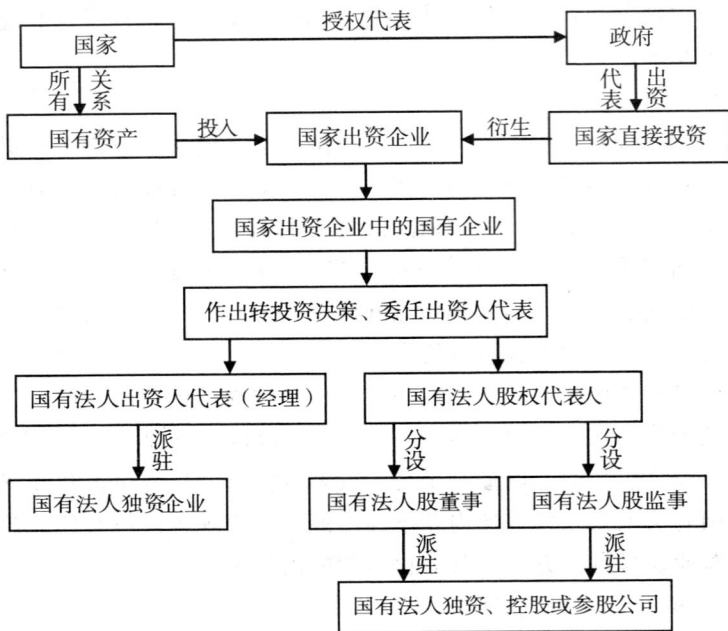

图 4　国有企业转投资情形下国有法人股权代表人的委任流程与架构图

1. 国有法人股董事代表

国有法人股董事代表，又称国有法人股董事，是依照法定程序和特定契约，由转投资主体国有企业以任命、委派、提名等方式，派驻到子公司或参股公司履行国有法人股的经营、管理职能，并专职行使对子公司或参股公司内部经营决策权、内部管理权的董事会或经理机构之具体自然人人选或代表。国有法人股董事代表，作为子公司或参股公司董事会的当然成员或经理机构的主要负责人（如总经理、财务负责人等），和其他非国有法人股东董事、职工董事、独立董事，利用董事会这一决策机构或经理这一经营事务性机构，依法或在授权范围内，对子公司或参股公司进行独立的经营、管理和营运。

2. 国有法人股监事代表

国有法人股监事代表，又称国有法人股监事，是依照法定程序和特定契约，由转投资主体国有企业以任命、委派、提名等方式，派驻到子公司或参股公司履行国有法人股权的经营监督职能，专职行使对子公司或参股公司内部董事会、经理等决策、经营机构及其成员进行专门监督的具体自然人代表。国有法人股监事代表为子公司或参股公司内部监事会的当然成员，他们和监事会中的其他监事代表（如职工代表）一起，借助监事会这一专设机构，对子公司或参股公司之经营、管理层进行专门的内部监督。

（二）　国有法人股权代表的职位配置

笔者认为，国有企业对其转投资子公司或参股公司委任的国有法人股权代表，应按照职能和工作的需要，实行国有法人股董事代表和监事代表分别委任的方式。

1. 国有法人股董事代表的职位设置

由于国有企业转投资在子公司或参股公司中的持股情况存在比较大的差异，因此，其委任的国有法人股董事代表也就存在比较大的差异。（1）对转投资全资子公司，建议国有企业向其委任的国有法人股董事代表控制在3—5人，其中1—2人设置为国有法人股非执行董事，其他为国有法人股执行董事。（2）对转投资控股子公司，建议国有企业向其委任的国有法人股董事代表也控制在3—5人，其中至少1人设置为国有法人股非执行董事，其他为国有法人股执行董事。（3）对转投资参股公司，建议按照国有企业在该参股公司的持股比例，决定向其委任的国有法人股董事代表数，但至少应有1人，该委任的国有法人股权董事代表，既可以设置为非执行董事，也可以是执行董事。至于全民所有制性质的国有企业独资企业，其出资人代表集中体现为经营负责人，不属于国有法人股权代表的范畴，在此不再讨论。

2. 国有法人股监事代表的职位设置

与国有法人股董事代表职位设置一样，由于国有企业转投资在子公司或参股公司中的持股情况存在比较大差异，因此，其委任的国有法人股监事代表也就存在比较大的差异。（1）对转投资全资子公司，建议国有企业向其委任的国有法人股监事代表控制在1—3人，其中1人为监事会主席人选。（2）对转投资控股子公司，建议国有企业向其委任的国有法人股监事代表也控制在1—3人，其中1人为监事会主席人选。（3）对转投资参股公司，建议按照国有企业在该参股公司的持股比例，决定向其委任的国有法人股监事代表数，但至少应有1人。

第二节　国有法人股权代表的委任与监督

一、国有法人股权代表委任权限的设置

（一）现行政策性文件与立法文本对国有企业转投资出资人代表委任的规定与评析

严格来说，国有企业转投资出资人代表委任属国有企业内部人事任免权的范畴，在国有企业改革之前，我国国有企业内部的人事权均被政府主管部门控制和截留，企业没有自主权；直到1988年4月13日第七届全国人大第一次会议通过《全民所有制工业企业法》，全民所有制企业才享有"依照法律和国务院规定录用、辞退职工"和"决定机构设置及其人员编制"的部分内部人事权。[①] 1992年7月23日国务院发布的《全民所有制工业企业转换经营机制条例》，从转换国有企业经营机制的角度，赋予全民所有制企业14项明确的权利，其中就包括"劳动用工权"和"人事管理权"，但其权限也仅及于一般劳动用工与专业技术人员的聘用，而"企

---

① 参见《全民所有制工业企业法》（1988年）第31条、第32条。

284

业中层行政管理人员，由厂长按照国家的规定任免（聘任、解聘）。副厂级行政管理人员，由厂长按照国家的规定提请政府主管部门任免（聘任、解聘），或者政府主管部门授权，由厂长任免（聘任、解聘），报政府主管部门备案"①，企业基本没有自主权和决定权。

我国政策性文件和立法文本对国有企业内部人事任免权的尊重，是从 1992 年国有企业公司制改革开始的。1992 年 5 月 15 日国家经济体制改革委员会（以下简称国家体改委）发布《股份制企业试点办法》，开始在全民所有制企业推行股份制企业试点工作，国有股权代表的管理问题被纳入到有关规范性文件的视野。1992年 7 月 27 日时国务院国家国有资产管理局、国家体改委联合发布《股份制试点企业国有资产管理暂行规定》（已失效），本着"谁投资、谁管理"的原则决定股权代表的委派，并接受国有资产管理部门的指导和监督。即"国有资产管理部门可以委托控股公司、投资公司、企业集团的母公司、经济实体性总公司及某些特定部门行使国家股权和依法定程序委派股权代表。经国务院或省、自治区、直辖市人民政府批准，国有资产管理部门也可以按法定程序向有国家股的企业委派股权代表。国家股权代表的委派办法由国有资产管理部门和人事部门另行制定。国有法人股代表由投资入股的法人单位委派"，而涉及"选聘公司董事会成员及董事会主要负责人"等企业一系列重大经营决策时，国有股权代表应事前向委派单位进行书面请示报告。② 1992 年 9 月 17 日时国务院人事部、国家体改委联合发布《股份制试点企业人事管理暂行办法》规定，股份制试点企业的董事由股东会选举和罢免，国家股由代表国家投

---

① 参见《全民所有制工业企业转换经营机制条例》（1992 年）第 17条、第 18 条。

② 参见国务院国家国有资产管理局、国家体改委《股份制试点企业国有资产管理暂行规定》（1992 年）第 12—15 条。

资的部门或机构委派股权代表参加选举，进入董事会董事的名额可根据国家股占企业全部股份的比例和企业章程对董事会组成所规定的董事总数确定；董事长和副董事长由董事担任，并由全体董事选举和罢免；经理由董事会决定任免（聘任、解聘）；副经理及其他高级管理人员，可由董事会直接任免（聘任、解聘），也可由经理提名，经董事会同意后，经理任免（聘任、解聘）①。但上述规定仅适用于原全民所有制企业改组为公司的情况，未涉及国有企业转投资中有关国有法人股代表的委任问题。

1992 年 10 月 12 日通过的中共十四大政治报告，首次提出"围绕社会主义市场经济体制的建立"，"理顺产权关系，实行政企分开，落实企业自主权"；1993 年 10 月 14 日中共中央十四届三中全会通过的《关于建立社会主义市场经济体制若干问题的决定》提出，国有企业改革作为"以公有制为主体的现代企业制度"的核心，要被放在"社会主义市场经济体制的基础"这一高度来对待，并提出对"实行公司制的企业，要按照有关法规建立内部组织机构"。根据这些政策，1994 年 3 月 11 日国务院国家国有资产管理局发布了《股份制试点企业国有股权管理的实施意见》（已失效），但其规定也只涉及具有国家直接投资关系的股份制试点企业中国家股股权代表；国家股东单位通过出席股东会的代表提名董事、监事候选人或提出罢免董事、监事的动议；国家股东直接委派的董事（即"直派董事"）；国家独资公司董事的直接委派和董事长、副董事长的直接指定等内容，② 也没有涉及国有企业转投资中国有法人股权代表的委任问题。

1999 年 9 月 22 日中共十五届四中全会审议通过的《关于国有

---

① 参见国务院人事部、国家体改委《股份制试点企业人事管理暂行办法》（1992 年）第 5—8 条。

② 参见国务院国家国有资产管理局《股份制试点企业国有股权管理的实施意见》（1994 年）第（六）条。

企业改革和发展若干重大问题的决定》要"对国有大中型企业实行规范的公司制改革"，正式提出建立和健全公司制国有企业的法人内部治理结构。2003 年 10 月 14 日中共十六届三中全会通过的《关于完善社会主义市场经济体制若干问题的决定》，继续提出"完善国有资产管理体制，深化国有企业改革"，"完善公司法人治理结构"，特别强调要"按照现代企业制度要求，规范公司股东会、董事会、监事会和经营管理者的权责，完善企业领导人员的聘任制度。股东会决定董事会和监事会成员，董事会选择经营管理者，经营管理者行使用人权，并形成权力机构、决策机构、监督机构和经营管理者之间的制衡机制。企业党组织要发挥政治核心作用，并适应公司法人治理结构的要求，改进发挥作用的方式，支持股东会、董事会、监事会和经营管理者依法行使职权，参与企业重大问题的决策"。

上述政策性文件尽管对公司制国有企业内部治理结构的组织建设、制度健全与规范运作有指导意义，但也只考虑到国有企业本身的内部治理，对转投资以及由此而产生的人事任免问题，则没有顾及。

此外，在同一时期，国务院《企业国有资产监督管理暂行条例》（2003 年）和《企业国有资产法》（2008 年）涉及"国家出资企业管理者的选择与考核"和"关系国有资产出资人权益的重大事项"的相关规定①，除涉及"进行重大投资"决策包含有转投资内容外，对国有企业转投资没有更具体的规定。

由于在国有企业公司化改革过程中，政府对公司制国有企业管理与监督的软化，致使国有企业在公司制改革后有效地释放其市场效应的同时，也伴生着公司制国有企业内部决策擅断、管理失范和贪腐严重等问题。为此，2009 年 12 月 30 日中共中央办公厅、国

---

① 　参见国务院《企业国有资产监督管理暂行条例》（2003 年）第三章、第四章；《企业国有资产法》（2008 年）第四章、第五章。

务院办公厅联合印发《中央企业领导人员管理暂行规定》，对中共中央管理和中央企业工委管理的国有重要骨干企业（含国有控股企业）领导人员的任职回避、公务回避进行了规定。但也只涉及到中央国家出资企业层面，未考虑到中央国家出资企业转投资和向转投资企业委任股权代表等问题。2010 年 7 月 15 日中共中央办公厅、国务院办公厅又联合发布《关于进一步推进国有企业贯彻落实"三重一大"决策制度的意见》，把原属党政决策中的"三重一大"决策制度推广到国有企业内部的决策过程，对国有企业经营管理中涉及"重大决策、重要人事任免、重大项目安排和大额度资金运作"即"三重一大"事项，规定必须由领导班子集体作出决定。该《意见》首次把国有企业转投资和向转投资企业委任的股东代表纳入规范、整顿的范畴。如其中的重大决策事项就包括有"产权转让、对外投资"；重要人事任免事项就包括"企业中层以上经营管理人员和下属企业、单位领导班子成员的任免、聘用、解除聘用和后备人选的确定，向控股和参股企业委派股东代表，推荐董事会、监事会成员和经理、财务负责人，以及其他重要人事任免事项"等。[①] 这是迄今为止我国政策性文件中涉及国有企业转投资和向转投资企业委任股权代表最为具体的规定，无疑具有重要的参考价值。但是该《意见》对国有企业转投资和向转投资企业委任股东代表的决策权、决定权和审批权分配则没有给予更多的答案。

通过上述分析，不难发现，相关政策性文件和立法文本在涉及国有企业转投资和向转投资企业委任股权代表问题上，尚存在如下明显的缺陷：（1）普遍性地只关注国家或政府直接出资设立的国有企业的内部治理结构建设和领导班子配备，而对国有企业转投资和向转投资企业委任股权代表则不予顾及。（2）未从国家或政府直接出资设立的国有企业和国有企业转投资企业之内部治理结构之

---

① 参见中共中央办公厅、国务院办公厅《关于进一步推进国有企业贯彻落实"三重一大"决策制度的意见》（2010 年）第 2 条。

间的衔接，对国有企业转投资和向转投资企业委任国有法人股权代表进行整体性的制度构建。（3）对党组织、政府、政府履行国家出资人职责的机构、国有企业内部治理机构之间在涉及国有企业转投资和向转投资企业委任的决策权、决定权、复决权、审批权和监督权，没有进行合理、有效的配置，其结果不是党组织、政府、政府履行国家出资人职责的机构对国有企业应有决策权的大量截留、限制，就是对国有企业领导人集权和擅断的放任不管。因此，把国有企业转投资和向转投资企业委任股权代表纳入立法视野，并对党组织、政府、政府履行国家出资人职责的机构、国有企业内部治理机构之间在涉及国有企业转投资和向转投资企业委任的决策权、决定权、复决权、审批权和监督权的权力配置进行顶层制度设计，是十分必要的。

（二）国有法人股权代表的委任机关

笔者认为，相对于国家直接投资设立的国家出资企业来说，国家和政府管理与监督的重点，已不再是对具体事项决策、具体国有法人股权代表的委任问题，这些事项本质上属于国有企业内部自治权和自主经营权的范畴，国家和政府不能干预太多；国家和政府所要解决的核心问题应是对国有企业转投资和向转投资企业委任股权代表的决策机关、决策程序和股权代表的任职条件、禁止情形、监督机制进行顶层制度设计，在顶层制度设计完善后，国有企业转投资和向转投资企业委任股权代表应完全交由国有企业内部治理机关通过自治性监督与制约去自行解决，政府和履行国家出资人职责的机构就只需进行必要的备案、审查、监督，只有在特殊情况下才保留必要的审批权。

1. 转投资和向转投资企业委任股权代表之事权的性质

要弄清楚转投资和向转投资企业委任股权代表之事权的属性，就必须厘清转投资的事权属性。如前所述，转投资系国有企业以析分企业财产之部分和全部进行再投资，设立子企业（公司）或参股其他公司而使自己成为其出资人或股东的资本营运行为。从转投资这一行为的概念中,可以发现转投资具有如下基本含义:(1)转投资属于典型的公司重大事项。转投资虽然本质上属于以资产换股权的行为,企业财产并非由此丧失,而只是价值形态发生了转换。但对析分出去的这部分或全部财产,转投资主体企业毕竟已不能再进行直接占有、控制、管领和经营,由于其直接占有、控制、管领和经营之权属于子企业(公司)和其他参股公司,就必然存在巨大的道德与市场风险,其对转投资主体企业和企业的出资人(股东),具有极大的利益关联,应属于企业或公司的重大事项范围。(2)转投资应属于投资计划的范畴。转投资是向他主体的投资行为,而非企业(公司)内部重大的投资或经营项目,其事权范围是需要改变公司投资的基本方向,所要改变的是企业(公司)的主业范围。而有关企业(公司)投资的基本方向和主业范围,一般是由企业(公司)章程予以规定,属公司章程的必要记载事项"经营范围"的范畴①。这是因为出资人(股东)在设立企业(公司)之初,所预期的投资收益和可控制的经营风险是在出资人(股东)比较熟悉的投资领域和主业范围之内,投资计划所涵盖的投资领域和主业范围,意味着出资人(股东)及股东(大)会对董事会、经理机构代理权限范围的锁定。(3)转投资本质上属于企业(公司)的派生分立。转投资中以析分企业财产之部分和全部进行再投资所设立子企业(公司)的行为,事实上就是一种企业(公司)派生分立行为,其对企业(公司)及出资人(股东)的利益影响极大。因此,无论从哪一方面分析,转投资均属于公司重大事项,或涉及对公司章程所必要记载事项的修改。而由转投资所衍生的向转投资企业委任股权代表,毫无疑问也应属于此一事项的范畴。

---

① 参见《中华人民共和国公司法》(2013 年修订)第 25 条第 1 款第(二)项、第 81 条第 1 款第(二)项。

2. 转投资和向转投资企业委任股权代表之决策权与决定权的配置

虽然转投资主体国有企业包括了非公司制的国有独资企业，但考虑到公司制国有企业为现有国有企业的常态，以下只讨论公司制国有企业关于转投资和向转投资企业委任股权代表之决策权与决定权的配置问题。以我国《公司法》对公司内部的权利（力）配置来看，公司股东（大）会为公司的权力机构，其基本职能为：（1）公司权力源与机构的派生职能；（2）创制公司的基本制度；（3）决定公司的重大事项；（4）监督与制衡公司经营者。根据我国《公司法》（2013 年修订）第 37 条、第 99 条规定，股东（大）会行使下列职权：（1）决定公司的经营方针和投资计划；（2）选举和更换非由职工代表担任的董事、监事，决定有关董事、监事的报酬事项；（3）审议批准董事会的报告；（4）审议批准监事会或者监事的报告；（5）审议批准公司的年度财务预算方案、决算方案；（6）审议批准公司的利润分配方案和弥补亏损方案；（7）对公司增加或者减少注册资本作出决议；（8）对发行公司债券作出决议；（9）对公司合并、分立、解散、清算或者变更公司形式作出决议；（10）修改公司章程；（11）公司章程规定的其他职权。从前面的分析中不难发现，转投资属于典型的公司重大事项、投资计划的修改、本质上属于企业（公司）的派生分立，涉及投资领域和主业范围的改变，需要对公司章程所必要记载事项的修改。对照《公司法》有关公司股东（大）会职权的设置则可以看出，有关公司经营方针和投资计划、分立、涉及投资领域和主业范围的改变因而需要对公司章程所必要记载事项进行修改的，均属于公司股东（大）会职权的范围。

而公司董事会作为公司的常设机关、决策机关和营业事务执行机关，其基本职能为：（1）接受全体股东的委托负责公司日常经营管理；（2）依据公司法与公司章程，在股东（大）会授权的范围内对公司具体经营事项作出决策；（3）代表公司与其他商事主

体进行交易。根据我国《公司法》（2013 年修订）第 46 条、第
108 条第 3 款的规定，董事会对股东（大）会负责，行使下列职
权：（1）召集股东会会议，并向股东会报告工作；（2）执行股东
会的决议；（3）决定公司的经营计划和投资方案；（4）制订公司
的年度财务预算方案、决算方案；（5）制订公司的利润分配方案
和弥补亏损方案；（6）制订公司增加或者减少注册资本以及发行
公司债券的方案；（7）制订公司合并、分立、解散或者变更公司
形式的方案；（8）决定公司内部管理机构的设置；（9）决定聘任
或者解聘公司经理及其报酬事项，并根据经理的提名决定聘任或者
解聘公司副经理、财务负责人及其报酬事项；（10）制定公司的基
本管理制度；（11）公司章程规定的其他职权。对照公司董事会的
职权范围，有关公司经营方针和投资计划、分立、涉及投资领域和
主业范围的改变因而需要对公司章程所必要记载事项进行修改的，
董事会只有决策权、提案权，而无决定权。

（三）国有法人股权代表委任机关的权限

通过以上分析，以转投资和向转投资企业委任股权代表之事权
的性质为切入点，对照公司内部治理机构的权利（力）配置与职
权范围，国有企业转投资和向转投资企业委任股权代表之决策权、
决定权在国有企业内部应作如下分配：

1. 转投资主体为国有资本控股公司。该国有资本控股公司董
事会依照法律、行政法规和公司章程，行使对该国有资本控股公司
转投资和向转投资企业委任股权代表之决策权；股东（大）会则
行使决定权。股东（大）会就该转投资和向转投资企业委任股权
代表之事项或议案进行表决形成决议后，由该国有资本控股公司董
事会提交政府或政府履行出资人职责的机构备案后，直接组织实施
或任免。

2. 转投资主体为国有独资公司。由于国有独资公司没有股东
（大）会这一权力机构，而鉴于其股东（大）会的职能和职权是由

政府或政府履行出资人职责的机构和该国有独资公司董事会共同行使，则该国有独资公司董事会依照法律、行政法规和公司章程，行使对该国有资本控股公司转投资和向转投资企业委任股权代表之决策权；再就其决策形成的议案提交履行股东（大）会部分职权的政府或政府履行出资人职责的机构，进行审批。政府或政府履行出资人职责的机构审批后，由转投资主体国有独资公司董事会直接任命。

3. 转投资主体为全民所有制性质的国有独资企业。由于该国有独资企业既没有股东（大）会这一权力机构，也没有董事会这一机构。而鉴于其国家出资人的职能和职权是由政府或履行出资人职责的机构和该国有独资企业经理机构共同行使，则该国有独资企业厂长（经理）机构及管理委员会依照法律、行政法规和公司章程，行使对该国有独资企业转投资和向转投资企业委任股权代表之决策权；再就其决策形成的议案提交履行国家出资人职权的政府或政府履行出资人职责的机构，进行审批。政府或政府履行出资人职责的机构审批后，由转投资主体国有独资企业经理直接任命。

二、国有法人股权代表的任职条件与任职回避

（一）国有法人股权代表的任职条件

由于国有法人股权代表中的董事代表的主要职能是股权代理、受托经营、参与决策、交易代理等几个方面，其工作经历、专业背景、业务能力、既有业绩也应重在经营能力、从业经历和经营业绩方面进行考察；而国有法人股权代表中的监事代表的主要职能是对公司董事、经理人员特别是对国有法人股董事代表的经营行为进行监督，而监督的重心又集中在投资、金融、财务、会计、审计等金融会计专业性比较强的领域，其工作经历、专业背景、业务能力、既有业绩也应重点考虑这一方面的基本素养和能力。具体可以参照国家股权代表的基本要求和任职条件。

（二）国有法人股权代表的任职回避

关于国有法人股权代表的任职回避，可参照 2009 年 12 月 30 日中共中央办公厅、国务院办公厅联合印发的《中央企业领导人员管理暂行规定》的有关规定，① 设定在国有企业转投资子公司或参股公司任职国有法人股董事或监事代表的回避情形，包括任职回避与公务回避两种情形。

1. 任职回避

凡拟在国有企业转投资子公司或参股公司任职国有法人股董事或监事代表的人选，其近亲属（包括配偶，父母，配偶的父母，子女及其配偶，兄弟姐妹及其配偶、子女，配偶的兄弟姐妹）有下列情形的，应当实行任职回避：（1）在转投资主体国有企业中现任职董事、监事、经理或主要负责人的；（2）在该子公司或参股公司现任职董事、监事、经理或主要负责人的；（3）在该转投资主体国有企业、转投资子公司或参股公司有直接隶属、管理关系的领导班子中任主要领导职务的；（4）在主管或分管该转投资主体国有企业、转投资子公司或参股公司的政府部门中担任主要领导职务的；（5）该转投资子公司或参股公司的下属（包括独资、控股公司和管理分公司）企业、境内外驻外机构及工程、投资项目中担任主要负责人的；（6）其他法律、行政法规、政府履行出资人职责的机构和转投资主体的国有企业章程中规定需要任职回避的其他情形。

此外，根据公司内部任职回避的要求和营业监督的需要，已被委任或担任被派驻所在子公司或参股公司的国有法人股董事代表，也不得再被委任为该子公司或参股公司的国有法人股监事代表；同样，已被委任为被派驻所在子公司或参股公司的国有法人股监事代

---

① 参见中共中央办公厅、国务院办公厅《中央企业领导人员管理暂行规定》（2009 年）第二章、第三章。

表，不得再被委任或担任该公司的国有法人股董事。另外，为了防止公司内部权力过分集中，使公司决策与管理适度分离，担任子公司或参股公司董事长的国有法人股董事不应再兼任公司的总经理。

国有法人股董事或监事代表的任职回避应当由本人提出回避申请，或者由国有企业董事会成员、监事会或国家股监事、政府履行出资人职责的机构或其他政府有关管理部门提出回避建议；转投资主体国有企业董事会对该回避申请或建议，应及时召开董事会会议进行审核并作出决议，然后按照国有法人股权代表委任机关的权限，作出决定或履行审批程序；对需要任职回避的，由转投资主体国有企业董事会作出正式的任职回避调整。

2. 公务回避

拟担任国有法人股董事或监事代表的人选，除应当遵循上述任职回避的规定外，如正式任职后，在其履行子公司或参股公司的职务或执行业务过程中，应自觉地回避以下事项：（1）不得与其近亲属所从事的生产经营活动直接发生经济关系；如因专利、特许经营等原因具有经营项目的独占性，子公司或参股公司必须与其发生经济往来的，其经营的项目及项目所涉及的重要指标应当公开，且需经子公司或参股公司董事会会议决定，在表决此项内容议程时该国有法人股董事应回避，不能参加表决。（2）未经子公司或参股公司董事会决议，不得与其近亲属个体、独资、控股或担任主要经营管理管理负责人的企业（公司）进行关联交易。（3）在子公司或参股公司纪检监察、仲裁、组织处理、出国审批、人事考核、任免、奖惩、录用、聘用、调配、专业技术职务评聘、专家选拔、发展党员、调资、安置复转军人、毕业生分配等公务活动中，涉及本人和亲属时，不得参加有关调查、讨论、审核、决定，也不得以任何方式施加影响。（4）子公司或参股公司与其在党政机关任职的近亲属发生直接公务关系时，应回避，不得影响亲属公正执行公务。（5）其他法律、行政法规、政府履行出资人职责的机构和转投资主体的国有企业章程中规定需要公务回避的其他情形。

国有法人股董事或监事代表在履行子公司或参股公司的职务或执行业务过程中，严禁利用职权为其近亲属及其他亲属或关系密切的个人从事下列活动：（1）为其经商办企业提供场地、设备、备品备件及其他生产资料等（含无偿提供、有偿使用、暂时使用）；（2）为其经商办企业挪用、拆借资金，提供贷款抵押、质押、担保等；（3）向其批售或授意批售本企业物资、产成品，提供加工产品、备品备件或批购其推销的原材料及产品；（4）将本企业的项目或下属企业、单位以委托、承包、租赁、转卖等方式给其经营或与其合作、联营；（5）为其承揽本企业工程或参加自己主管、参与的工程施工、物资采购、加工制作等方面的招投标业务；（6）企业改制重组时，在处理物资设备、发行股票和企业内部债券等业务中，向其提供便利和优惠条件；（7）为其提供商标、品牌、专利、非公开信息、客户市场等方面的便利；（8）其他侵害企业利益的行为。

（三）国有法人股权代表的免职条件

为强化对国有法人股权代表的监督，建议以后立法参照国务院国资委《董事会试点中央企业专职外部董事管理办法（试行）》（2009年）的有关规定，设立国有法人股权代表的免职条件。即凡国有法人股权代表有下列情形之一的，应予以免职或解聘：（1）达到任职年龄界限的；（2）年度评价或任期评价结果为不称职，或者连续两个年度评价结果为基本称职的；（3）履职过程中对转投资主体国有企业或任职公司有不诚信行为的；（4）在执行子公司或参股公司营业事务过程中，给公司造成重大损失的；（5）董事代表未尽善良管理义务，或监事代表未尽严格监督职责的，玩忽职守，给国有法人股权造成重大损失的；（6）因董事会决策失误导致子公司或参股公司利益受到重大损失，董事代表本人未投反对票的；或者监事代表缺席董事会会议或未尽监督义务的；（7）因健康原因长期不能坚持正常工作的；（8）因职务调整或交

流担任其他企业负责人职务的；（9）因其他原因需要免职的。① 国
有法人股董事或监事代表提出辞职的，按有关程序批准后办理辞职
手续。未批准前，国有法人股权代表应当继续履行职责。无故擅自
离职，给所在子公司或参股公司、国有法人股权造成损失的，应当
承担赔偿责任。

三、国有法人股权代表的委任程序

（一）国有企业的内部决定程序

国有法人股权代表的委任为转投资主体国有企业的内部治理事
务，因此，首先应依照法律、行政法规、公司章程和其他特别授
权，完成其内部决定程序。

参照中共中央办公厅、国务院办公厅《关于进一步推进国有
企业贯彻落实"三重一大"决策制度的意见》（2010 年）的有关
规定，笔者认为，国有企业对国有法人股权代表委任的内部决定程
序应作如下安排：

1. 转投资与国有法人股权代表委任事项提交董事会会议集体
决策前应当认真调查研究，经过必要的研究或论证程序，充分吸收
各方面意见。特别是转投资项目和方式，应当事先充分听取有关专
家的意见；而有关国有法人股权代表委任等重要人事任免，应当事
先征求国有企业监事会、纪检监察机构和履行国有资产出资人职责
的机构及纪检监察机构的意见；如转投资涉及国有企业职工的切身
利益，还应当听取企业工会的意见，并通过职工代表大会或者其他
形式听取职工群众的意见和建议。

2. 转投资与国有法人股权代表委任事项在完成上述前期论证、
征询意见之后，先交由转投资主体国有企业党委（党组）讨论，

---

① 参见国务院国有资产监督管理委员会《董事会试点中央企业专职外
部董事管理办法（试行）》（2009 年）第 22 条。

形成倾向性意见。转投资与国有法人股权代表委任事项，除涉及国家秘密或商业秘密外，待讨论的决策事项应当提前告知所有的参与决策的人员，并为其提供相关材料；必要时，可事先听取反馈意见。

3. 在转投资主体国有企业党委（党组）形成倾向性意见后，按照转投资主体国有企业的不同形式和不同决策、决定权限，完成其内部事项的决定：（1）转投资主体国有企业如属国有独资公司的，应及时按照程序召集并召开董事会，董事会须有全体董事 2/3 以多数出席方可召开；董事会按照一人一票的合议规则，以全体董事会过半数通过决议，形成转投资与国有法人股权代表委任事项的决策议案。（2）转投资主体国有企业如是国有资本控股公司的，应及时按照程序召集并召开董事会，董事会须有全体董事 2/3 以上多数出席方可召开；董事会按照一人一票的合议规则，以全体董事会过半数通过决议，形成转投资与国有法人股权代表委任事项的决策议案。董事会形成决策议案后，应及时按照程序召集并召开股东（大）会。其中，国有资本控股公司为有限责任公司的，应经全体股东所持表决权过 2/3 以上多数通过决议案；国有资本控股公司为股份有限责任公司的，应经出席股东大会的股东所持表决权过 2/3 以上多数通过决议案。（3）转投资主体国有企业如为非公司制的国有独资企业，应及时召开厂长（经理）办公会议或党政联席会议，并以会议决议的方式作出转投资与国有法人股权代表委任事项的决定议案。

（二）政府与政府履行出资人职责的机构必要的审查与监督程序

从国家出资企业与政府及其履行出资人职责的机构之间的权利（力）配置来看，政府及其履行出资人职责的机构尚保留有本应属于国有企业独立行使的一些权利（力）：（1）任免或者建议任免国家出资企业的高级管理人员。如《企业国有资产法》（2008 年）

第 22 条规定，履行出资人职责的机构依照法律、行政法规以及企业章程的规定，有权任免国有独资企业的经理、副经理、财务负责人和其他高级管理人员；有权任免国有独资公司的董事长、副董事长、董事、监事会主席和监事；有权向国有资本控股公司、国有资本参股公司的股东会、股东大会提出董事、监事人选。第 25 条规定，未经履行出资人职责的机构同意，国有独资企业、国有独资公司的董事、高级管理人员不得在其他企业兼职。未经履行出资人职责的机构同意，国有独资公司的董事长不得兼任经理。未经股东会、股东大会同意，国有资本控股公司的董事长不得兼任经理。（2）国家出资企业章程制定或审定权。（3）国家出资企业重大事项的决定权或审核权。包括国家出资企业一般性重要事项决定权或审核权、国家出资企业改制决定权或审核权、国家出资企业关联交易决定权或审核权、国家出资企业资产评估审核权、国家出资企业国有资产转让决定权或审核权、国有资本经营预算建议草案编制权等。（4）企业国有资产保值与增值的监督与管理权。其中有关转投资和对转投资子企业（公司）、参股公司委任国有法人股权代表之事项，应属对外投资的重大事项，第 35 条也只是原则性规定"国家出资企业发行债券、投资等事项，有关法律、行政法规规定应当报经人民政府或者人民政府有关部门、机构批准、核准或者备案的，依照其规定"，没有进一步的具体、明确规定。

《企业国有资产法》（2008 年）之所以存在如上模糊不清的制度安排，究其原因，主要为：（1）传统计划经济时期政府与国有企业模糊不清的权利（力）关系的惯性使然。（2）由于政府及国资委、财政部门等机关被界定为代表国家履行出资人的机构，作为出资人自然应保留部分国家出资人应享有的权利（力）。（3）混淆了作为公共管理机构的政府与国家出资企业、作为代表国家履行出资人职责的政府与国家出资企业之间的两种完全不同法律关系，从而使政府的公共监管权力与作为国家出资人的资本权利没有很好地区别开来。

笔者认为，正确界定政府与政府履行出资人职责的机构在国有企业转投资与国有法人股权代表委任事权的范围，就必须别除其公共管理权，而从纯粹的代表国家履行出资人职责之角度，赋予政府与履行出资人职责的机构必要的国有企业出资人（股东）权利（力），对国有资本控股公司、国有独资公司、全民所有制性质的国有独资企业之转投资与国有法人股权代表委任事权作不同的分配和限制：

1. 转投资主体为国有资本控股公司。转投资和委任股权代表之事权完全属于该公司股东（大）会的职权范围，在该公司股东（大）会召开和表决过程中，由国家或政府所委任的国家股权代表人代表国家或政府行使其作为国家股东所持份额的表决权。因此，政府与履行出资人职责的机构不必再次行使其出资人（股东）的权利（力）。该国有资本控股公司股东（大）会就其转投资和委任股权代表之事项或议案进行表决形成决议后，则由该国有资本控股公司董事会提交政府或政府履行出资人职责的机构备案后，即可直接组织实施或建议任免。

2. 转投资主体为国有独资公司。由于国有独资公司没有股东（大）会这一权力机构，其股东会的职能和职权是由政府或政府履行出资人职责的机构和该国有独资公司董事会共同行使。因此，该国有独资公司董事会在对转投资和向转投资企业委任股权代表形成决策会议案后，须就该决策议案提交履行股东会部分职权的政府或政府履行出资人职责的机构，进行审批。政府或政府履行出资人职责的机构审批后，由转投资主体国有独资公司董事会直接任命。

3. 转投资主体为全民所有制性质的国有独资企业。由于该国有独资企业既没有股东（大）会这一权力机构，也没有董事会这一机构。鉴于其国家出资人的职能和职权是由政府或政府履行出资人职责的机构和该国有独资企业经理机构共同行使，则该国有独资企业经理机构在对转投资和向转投资企业委任股权代表作出决策决定后，应就其决定提交履行国家出资人职权的政府或政府履行出资人职责的机构，进行审批。政府或政府履行出资人职责的机构审批后，由转投资主体国有独资企业经理直接任命。

（三）转投资子公司或参股公司内部的选举、确认与登记程序

在转投资和向转投资企业委任国有法人股权代表的任免完成政府与政府履行出资人职责的机构必要的审查与监督程序后，被委任到转投资子公司或参股公司担任国有法人股权代表，还须获得转投资子公司或参股公司内部的选举、确认与登记程序。

1. 被任命或委派到转投资子公司或参股公司出任国有法人股监事人选，可进入转投资全资子公司中的监事会直接任职；在经股东（大）会必要的选举或表决程序后，则进入转投资控股子公司或参股公司中的监事会中任职。

2. 被任命或委派到转投资子公司或参股公司出任国有法人股董事人选，在转投资全资子公司里，依照《公司法》和国有企业特别法的程序，由监事会表决为正式的全资子公司董事；在转投资控股子公司里，先经股东（大）会进行必要的选举或表决程序，然后再经监事会表决后到控股子公司董事会正式任职；在其他参股公司内部，则经股东（大）会进行必要的选举或表决程序后，到该参股公司董事会正式任职。

四、国有法人股权代表的履职及其监督机制

（一）国有法人股权代表的履职

在转投资子公司或参股公司出任国有法人股监事或董事的国有法人股权代表，应当依照《公司法》、国有企业特别法、行政法规、转投资子公司或参股公司的章程和转投资主体国有企业的特别授权契约，忠实转投资主体国有企业和转投资子公司或参股公司的利益，勤勉地为转投资子公司或参股公司工作，严格地履行各项职

责和义务，正确地、适当地行使各项权利（力）和职权，谨慎地、理性地作出各种决策和执行营业事务。

1. 国有法人股董事履职的主要内容。主要包括：（1）忠实于转投资主体国有企业和转投资子公司或参股公司的利益。（2）准时参加并全程出席各种情形下召开的董事会，并正当地、合法地、有效地行使表决权。（3）为转投资子公司或参股公司风险和成本最小化而谨慎地、理性地决策。（4）为转投资子公司或参股公司利益最大化而勤勉地执业。（5）自觉、主动接受公司监事会和国有法人股监事的内部监督。（6）《公司法》、国有企业特别法、行政法规、转投资子公司或参股公司的章程和转投资主体国有企业的特别授权契约要求其履行的其他职责。

2. 国有法人股监事履职的主要内容。主要包括：（1）忠实转投资主体国有企业和转投资子公司或参股公司的利益。（2）主持或参加并全程出席各种情形下召开的监事会会议，并正当地、合法地、有效地行使表决权。（3）及时、全程列席参加公司董事会会议、经理工作会议等各种重要会议。（4）在监事会的组织与分工范围内以适当工作方式履行其应承担的监督工作。（5）在列席董事会会议时对其决议事项提出质询或者建议。（6）积极组织并参与公司经营情况异常的特别调查。（7）代表转投资子公司或参股公司、转投资主体国有企业（股东）提起诉讼。（8）《公司法》、国有企业特别法、行政法规、转投资子公司或参股公司的章程和转投资主体国有企业的特别授权契约要求其履行的其他职责。

有关在转投资子公司或参股公司出任国有法人股监事或董事代表的具体职责，可以参照前章有关国家股监事或董事代表具体职责的阐述。

（二）国有法人股权代表的述职

为有效地督促在转投资子公司或参股公司出任国有法人股监事或董事代表忠实、勤勉地履职，就有必要建立常态化、制度化、程序化的国有法人股权代表述职报告制度。有关国有法人股监事或董事的述职报告制度的设计和运行，可参见前章国家股监事或董事代表述职报告制度的有关论述，在此不再赘述。

（三）对国有法人股权代表履职的监督机制

对转投资主体国有企业来说，在其委任国有法人股监事或董事代表到转投资子公司或参股公司任职后，其重心就是对其进行严格的、经常性的监督。其监督的主要对象还是出任子公司或参股公司的董事代表；其监督的主要内容是围绕国有法人股董事代表在涉及子公司或参股公司"重大问题决策、重要干部任免、重大项目投资决策、大额资金使用"中的决策和执行情况；监督的重心是子公司或参股公司的资产转让、财务状况、资金流向和损益动态等。其监督机制可以综合运用如下几种手段：

1. 子公司或参股公司内部监事会与国有法人股监事代表的专职、专业监督。

2. 把在子公司或参股公司董事会出任董事的国有法人股董事代表分设为非执行董事与执行董事，使其既相互合作又彼此监督。

3. 切实推行国有法人股董事代表的经常性、制度化、程序化的述职报告工作制度，督促其忠实、勤勉履职。

4. 强化转投资主体国有企业特别是董事会对出任子公司或参股公司的董事代表的检查与监督。

此外，对国有法人股监事代表也需建立对应的监督机制，其中最为重要的制度安排是：（1）建立子公司或参股公司监事会、国有法人股监事代表向转投资主体国有企业监事会、国家股监事代表的对应述职、汇报和报告制度。（2）建立转投资主体国有企业监事会、国家股监事代表对子公司或参股公司监事会、国有法人股监事代表的经常或定期工作检查、巡视、监督。

第八章　国有企业经营者的选择

第一节　国有企业经营者的选择

一、国有企业经营者的界定与范围

(一)　国有企业经营者的界定

关于国有企业经营者的选择、激励与监督，理论界、政界和业界虽然对此讨论、争议已达近 30 年，然而让人感到不可思议的是，究竟什么是国有企业经营者？国有企业经营者的范围到底包括哪些在国有企业任职的具体自然人？理论界、政界和业界从未给出一个明确的概念和答案。

就理论界而言，对国有企业经营者的定义分歧比较大，如《中国企业管理百科全书》就把企业经营者定义为"以企业获得生存和发展为己任、担负企业整体经营领导职务、并对企业经营成果负有最终责任、具有专门知识技能为企业制造出较高绩效的经营管理人才"。[①] 国外学者有人把企业经营者定义为"正式承担对公司业务和资产行使支配责任的一批人"，即从事企业经营活动和执行企业决策的个人或集团，包括董事和经理人员;[②] 也有人把企业经营者定义为现代企业中一组"支薪的高层经理人员"，即委托代理

① 参见中国企业管理百科全书编辑委员会:《中国企业管理百科全书》，企业管理出版社 1990 年版。
② 参见［美］伯利、米恩斯:《现代公司与私有财产》，甘华鸣、罗锐韧、蔡如海译，商务印书馆 2005 年版，第70—71 页。

制中的高级代理人。① 我国学者有的从《全民所有制工业企业法》有关全民所有制企业经营管理体制的规定，把国有企业经营者界定为"以厂长为主任的企业管理委员会"这一国有企业经营者团体。② 有学者从企业的委托代理理论出发，认为国有企业的经营者具体是作为企业代理人的经理人员。③ 有学者从经营者与管理者适度分离的理论出发，把公司董事会最高执行者的董事长界定为经营者，把经理人员界定为管理者。④ 有学者认为国有企业经营者并不是企业的一般经营管理者，而是以经营企业为职业，对企业的生产发展、经营效益负有直接责任的最高管理者或者高级管理人员。⑤ 有学者从国家出资企业日常经营管理活动的组织者、董事会各项任务的执行者、连接员工与董事会的中间层，把国有企业经营者界定为管理者。⑥ 有学者从国外经济学、管理学文献的比较中，把国有

---

① 参见〔美〕小艾尔弗雷德·D.钱德勒：《看得见的手——美国企业的管理革命》，重武译，王铁生校，商务印书馆1987年版，第3页。

② 参见杨公朴、孙海鸣：《国有企业所有者与经营者责任和义务的界定》，载《财经研究》1993年第6期。

③ 参见戴秦：《我国国有企业经营者的显性激励分析》，载《财经研究》1998年第7期。

④ 参见马连福：《公司内部治理机制研究——中国的实践与日本的经验》，高等教育出版社2005年版，第50页；彭真明、方妙：《国有企业经营者薪酬的法律规制——一个程序视角的分析》，载《法律科学》2011年第1期。

⑤ 参见刘银国、杨善林、李敏：《国有企业经营者选择机制探讨》，载《经济体制改革》2005年第4期；王丽娜：《中国国有企业经营者选择及其改革——基于公司治理和继任理论的研究》，上海财经大学出版社2009年版，第406页；杨晨光：《对国有企业高管薪酬失衡问题的分析》，载《经济研究导刊》2012年第24期。

⑥ 参见文宗瑜、袁媛：《经营性国有资产管理》，经济科学出版社2010年版，第271—276页。

企业经营者的范围界定为企业家、经理人或首席执行官、经营管理者①。更有学者把国有企业经营者泛化为国有企业管理人员②。

有关政策性文件对国有企业经营者的界定也是模糊的。如1999年9月22日中共十五届四中全会审议通过的《关于国有企业改革和发展若干重大问题的决定》则提出要建立和健全公司制国有企业的法人内部治理结构，其中就提到"董事会对公司的发展目标和重大经营活动作出决策，聘任经营者，并对经营者的业绩进行考核和评价"。2003年10月14日中共十六届三中全会通过的《关于完善社会主义市场经济体制若干问题的决定》，继续提出"完善公司法人治理结构"，同样也强调"按照现代企业制度要求，规范公司股东会、董事会、监事会和经营管理者的权责，完善企业领导人员的聘任制度。股东会决定董事会和监事会成员，董事会选择经营管理者，经营管理者行使用人权，并形成权力机构、决策机构、监督机构和经营管理者之间的制衡机制"。2013年11月12日中共中央十八届三中全会通过的《关于全面深化改革若干重大问题的决定》则在"推动国有企业完善现代企业制度"条文中，提到要"健全协调运转、有效制衡的公司法人治理结构。建立职业经理人制度，更好发挥企业家作用"。"国有企业要合理增加市场化选聘比例，合理确定并严格规范国有企业管理人员薪酬水平、职务待遇、职务消费、业务消费。"这些政策性文件所指的经营者似乎是特指具体的经营管理人员或职业经理人。

至于立法文本上，对国有企业经营者则只有一般的罗列，而无统一的概念。如《全民所有制工业企业法》（1988年）规定，全民所有制实现厂长（经理）负责制，该法只对厂长、以厂长为首

① 参见杨水利：《国有企业经营者激励与监督机制》，科学出版社2011年版，第9页。

② 参见李舒桃：《国有企业经营者责任缺失问题研究——基于委托代理理论视角的分析》，载《中外企业家》2014年第22期。

的管理委员会、副厂级行政领导干部、企业中层行政领导干部等经营管理人员作出规定①。《企业国有资产法》（2008 年）第四章有关"国家出资企业管理者的选择与考核"中的企业管理者范围则包括国有独资企业的经理、副经理、财务负责人和其他高级管理人员；国有独资公司的董事长、副董事长、董事、监事会主席和监事；国有资本控股公司、国有资本参股公司的董事、监事人选等三个方面②。2009 年 12 月 30 日中共中央办公厅、国务院办公厅联合印发的《中央企业领导人员管理暂行规定》中有关"国有重要骨干企业（含国有控股企业）领导人员"则只笼统规定为"列入中共中央管理和中央企业工委管理的职务名称表的企业领导人员"，而具体范围则不甚清楚。相对而言，2009 年 12 月 28 日国务院国有资产监督管理委员会发布的《中央企业负责人经营业绩考核暂行办法》，对中央企业负责人范围有明确的列举，即包括经国务院授权由国务院国有资产监督管理委员会履行出资人职责的国家出资企业的下列人员：（1）国有独资企业的总经理（总裁）、副总经理（副总裁）、总会计师；（2）国有独资公司的董事长、副董事长、董事，列入国资委党委管理的总经理（总裁）、副总经理（副总裁）、总会计师；（3）国有资本控股公司国有股权代表出任的董事长、副董事长、董事，列入国资委党委管理的总经理（总裁）、副总经理（副总裁）、总会计师。③ 2012 年 12 月 29 日国务院国有资产监督管理委员会又修订发布了新的《中央企业负责人经营业绩考核暂行办法》，其考核的对象包括经国务院授权由国务院国有资产监督管理委员会履行出资人职责的国家出资企业的下列人员：（1）国有独资企业的总经理（总裁、院长、局长、主任）、副总经

---

① 参见《全民所有制工业企业法》第 7 条、第 44 条、第 45 条。

② 参见《企业国有资产法》（2008 年）第 22 条。

③ 参见国务院国有资产监督管理委员会《中央企业负责人经营业绩考核暂行办法》（2009 年）第 2 条。

理（副总裁、副院长、副局长、副主任）、总会计师；（2）国有独资公司的董事长、副董事长、董事（不含外部董事和职工董事），列入国资委党委管理的总经理（总裁、院长、局长、主任）、副总经理（副总裁、副院长、副局长、副主任）、总会计师；（3）国有资本控股公司国有股权代表出任的董事长、副董事长、董事，列入国资委党委管理的总经理（总裁、院长、局长、主任）、副总经理（副总裁、副院长、副局长、副主任）、总会计师。① 范围更为具体。我国现行《公司法》（2013 年修订）有关于公司股东依法享有"选择管理者"的权利等规定，而该处"管理者"，又常常被替换成"公司高级管理人员"，并界定为"公司的经理、副经理、财务负责人，上市公司董事会秘书和公司章程规定的其他人员"②。可见，企业经营者，或者国有企业经营者，或者公司经营者，其概念和范围，从上述规定来看，也不十分清晰。

笔者认为，对企业经营者的界定，应考虑如下因素：（1）企业的经营涉及经营决策和日常管理两个方面，其考虑就不能只顾及负责日常管理的经理人员，也必须考虑到企业决策机构中的决策人员，因此，企业经营者不应仅仅限定于经理人员；（2）必须是参与企业的经营决策与管理活动，而非企业中的出资人；（3）必须对企业的经营决策与管理活动产生实质影响的人员，而非一般的经营管理事务性人员；（4）必须是对企业的经营管理、投资收益、资产损益负有责任的企业决策层、高级管理层，一般不包括企业的中层管理人员；（5）必须是在企业的决策机构和管理机构中担任实际领导职务，而不包括参与决策但在企业决策机构和管理机构中不任实职的企业党委会（组）成员等；（6）必须是在企业的决策机构和管理机构中任现职，而不包括临时巡视或离任经营管理人

---

① 参见国务院国有资产监督管理委员会《中央企业负责人经营业绩考核暂行办法》（2012 年）第 2 条。

② 参见《公司法》（2013 年修订）第 4 条、第六章、第 216 条。

员；（7）应当是特定范围内人员的集合，而非特指一人或二人。综合以上因素，可把企业经营者界定为对企业经营决策和日常管理负有责任、具有实质的影响力并在该企业决策机构和管理机构中担任领导职务的现职人员。以此类推，所谓国有企业经营者则特指对国有企业经营决策和日常管理负有责任、具有实质的影响力并在该国有企业决策机构和管理机构中担任领导职务的现职人员。

（二）国有企业经营者的范围

根据上述对国有企业经营者的定义，我们可以给出对国有企业经营者的广义与狭义范围。从广义来看，国有企业经营者则包括在国有企业中行使企业内部经营、管理、决策和事务执行之权的具体自然人之总称，包括对决策、管理机构及人员负有监督职责的监事会成员，其范围应包括在国有企业中任职的厂长（总经理）、副厂长（总经理）、董事、董事长、副董事长、经理、副经理、财务负责人、监事会主席、监事和其他高级管理人员。如从狭义来看，国有企业经营者则仅包括对国有企业经营决策和日常管理负有责任、具有实质的影响力并在该国有企业决策机构和管理机构中担任领导职务的现职人员，不包括对国有企业决策、管理机构及人员负有监督职责的监事会成员。其具体范围包括国家出资企业和国有企业转投资企业中的下列人员：（1）国有独资企业的总经理（总裁、院长、局长、主任）、副总经理（副总裁、副院长、副局长、副主任）、财务负责人、总会计师和企业章程规定的其他高级管理人员；（2）国有独资公司的董事长、副董事长、董事（不含独立董事和职工董事），列入国资委党委管理的总经理（总裁、院长、局长、主任）、副总经理（副总裁、副院长、副局长、副主任）、财务负责人、总会计师、上市公司董事会秘书和公司章程规定的其他高级管理人员；（3）国有资本控股公司国家股权代表或国有法人股权代表出任的董事长、副董事长、董事，列入国资委党委管理的总经理（总裁、院长、局长、主任）、副总经理（副总裁、副院

309

长、副局长、副主任)、财务负责人、总会计师、上市公司董事会秘书和公司章程规定的其他高级管理人员。可见,在国有企业公司制改革中,广义意义上的国有企业经营者的范围大致相当于前述的国有股权代表人;而狭义意义上的国有企业经营者中的相当部分也是由前述国有股权代表人兼任的,因此,国有企业经营者与国有股权代表人存在着一定的对应关系。以下如无特别说明,国有企业经营者为狭义的国有企业经营者。

二、国有企业与经营者关系的一般分析

(一) 国有企业中的国家出资人与履行国家出资人职责的机构

我国现行《公司法》第二章第四节和《企业国有资产法》的有关规定,在经营性国有资产所有者和经营者的定位上,则本国有资产的所有者→所有者代表→政府→政府履行国家出资人职责的机构这一基本思路和制度构架,在明确国家为国有资产所有者的前提下,授权国务院和地方政府分级代表国家行使经营性国有资产的所有权、国务院和地方人民政府分别代表国家对国家出资企业履行出资人职责、国务院和地方人民政府下设的国有资产监督管理机构,或者授权的其他部门、机构(以下统称政府履行国家出资人职责的机构)分别代表国务院和本级人民政府对国家出资企业履行出资人职责。如《企业国有资产法》第 2 条规定,国有资产属于国家所有即全民所有;国务院代表国家行使国有资产所有权。又如《企业国有资产法》第 4 条规定,国务院和地方人民政府依照法律、行政法规的规定,分别代表国家对国家出资企业履行出资人职责,享有出资人权益;国务院确定的关系国民经济命脉和国家安全的大型国家出资企业,重要基础设施和重要自然资源等领域的国家出资企业,由国务院代表国家履行出资人职责;其他的国家出资企业,由地方人民政府代表国家履行出资人职责。同法第 11 条规定,

国务院国有资产监督管理机构和地方人民政府按照国务院的规定设立的国有资产监督管理机构，根据本级人民政府的授权，代表本级人民政府对国家出资企业履行出资人职责；国务院和地方人民政府根据需要，可以授权其他部门、机构代表本级人民政府对国家出资企业履行出资人职责；代表本级人民政府履行出资人职责的机构、部门，在法律上统称履行出资人职责的机构，或称为国家出资人代表机构。此外，在前述的国有企业转投资关系中，作为转投资主体国有企业与转投资子企业（公司）、参股公司之间，又形成基于国家出资企业之下的出资人（股东）与企业（公司）之间的关系，国家出资企业中的转投资主体国有企业即为转投资子企业（公司）、参股公司新的出资人（股东）。

（二）国有企业中经营者的多重代理关系

如前所述，在国家直接投资法律关系中，国家出资人的职能一般要通过政府及政府履行出资人职责的机构来具体行使；而在国有企业转投资法律关系中，其出资人职责则由国有企业直接通过委任其国有法人股权代表来行使，因此，在制度运行的实然层面，在国家直接投资法律关系中，国家出资人与国家出资企业经营者的关系实质上主要通过政府履行出资人职责的机构与国家股权代表人中的国家出资企业经营者之间的多重关系表现出来；而在国有企业转投资法律关系中，作为出资人的国有企业与转投资子企业（公司）、参股公司经营者的关系实质就是国有法人股权代表与转投资子企业（公司）、参股公司经营者之间的多重授权与代理关系，其内容集中表现在如下几个方面：（1）政府履行出资人职责的机构与国家股权代表、转投资主体国有企业与国有法人股权代表的股权代理关系和由此而派生的人事任免关系；（2）国家出资企业内部治理机构与国家股权代表、转投资子企业（公司）或参股公司内部治理机构与国有法人股权代表之间的授权与行权、行权与控权的内部代理关系；（3）由国家股权或国有法人股权具体行使而产生的资本参与关系、权利（力）分配关系；（4）作为国家出资企业或者转投资子企业（公司）、参股公司内部治理机构与其经营者之间的授权与行权、行权与控权的内部代理关系；（5）国家股或国有法人股股权代表与国家出资企业、转投资子企业（公司）、参股公司经营者之间的授权与行权、行权与控权的内部代理关系；（6）国家出资企业或者转投资子企业（公司）、参股公司经营者的对外代理关系。

由于国有企业转投资中有关转投资子企业（公司）、参股公司经营者，应严格按照《全民所有制工业企业法》和《公司法》所规定的流程进行选择，国家和政府应尊重转投资主体国有企业的自主权，把转投资子企业（公司）、参股公司经营者的选择权完全赋予转投资主体国有企业及其内部治理机构，国家、政府只须保留必要的备案、复审和监督权。对国家和政府而言，所应重点解决的是在国家直接投资中有关国家出资企业经营者的选择问题。以下主要从国家直接投资的情形探讨国家出资企业经营者的选择机制。

根据《企业国有资产法》第5条的规定，国家出资企业按其组织形式，可以是公司企业，也可以是非公司企业。在我国，由于计划经济时期尚遗留下一大批未经公司制改革的非公司型企业，这些企业在1993年前一般称为全民所有制企业，也就是《企业国有资产法》第5条所称的国有独资企业。而《企业国有资产法》第5条所列举的国有独资公司、国有资本控股公司和国有资本参股公司，则均属于公司类的国家出资企业。尽管我国《企业国有资产法》对国家出资人、国家出资人代表（国家股权代表）和企业经营者之间的关系有比较明确的定位和原则性的规定，但由于公司类企业与非公司企业尚存在内部制度构架上重大差异，反映在不同类型的国家出资企业的关系中，则表现为国家出资人代表（国家股权代表）的职能、企业经营者的产生和法律地位、国家出资人代表（国家股权代表）与企业经营者关系所存在的实质性差异。以下将从股权代表关系和股权行使关系两个视角，对不同情形下的国家出资企业中国家出资人与经营者的关系作出具体分析。

三、不同类型国家出资企业中企业经营者的选择与内部治理关系的定位

如前所述，由国家直接投资形成的资本权益或股权利益，须通过政府及政府履行出资人职责的机构、国家股权代表人或代理机制予以落实，而这一落实的过程就是一个由投资权益或股权代表具体化需要而产生的不同企业内部经营者选择和人事任免过程，其主要目的就是通过企业经营者的人事任免而组建企业内部的经营决策机关和营业事务管理机关，以期通过企业内部治理机构的理性决策和有效的日常管理，实现国家投资营利目标和社会效益最大化。因此，可以这样说，国家出资企业中政府履行出资人职责的机构与经营者之间的关系定位，首要的就是解决不同类型国家出资企业中企业经营者选择问题，并进而建立企业内部的有效治理结构。

（一）国有独资企业中经营者的选择与内部治理结构

如前所述，对于国有法人（企业、事业）独资企业而言，由于履行出资人职责的主体是具体的国有法人单位（特定国有企业或事业单位），其企业经营者的选择与确定，属于二级国有出资人代表或国有股权代表人的范畴。对于国家来说，在现有政治和法律环境中，所要重点解决的是以政府和政府机关作为出资人直接投资设立的国家独资企业中政府履行出资人职责的机构与企业经营者的关系问题。

根据我国《企业国有资产法》第 22 条第 1 款第 1 项的规定，国有独资企业的经营者为企业的经理、副经理、财务负责人和其他高级管理人员。其中，国有独资企业经理的选择、产生和确定是国有独资企业经营者选择的核心。

由于国有独资企业为非法人型企业，其内部治理机构不适用《公司法》的有关规定，除应适用现行《企业国有资产法》的有关规定外，还应符合《全民所有制工业企业法》（1988 年）的有关

规定。①

我们知道，全民所有制企业作为非公司制国有企业，是特定历史时期的产物。我国《全民所有制工业企业法》（1988 年）第 7 条规定，全民所有制企业实行厂长（经理）负责制。这表明，经营者首长负责制是全民所有制企业内部治理结构的基本制度模式。经营者首长负责制的基本特点是：（1）经理为企业的法定代表人。（2）经理作为企业的负责人处于居于权力中心的地位，企业所有的副经理、财务负责人、总工程师、总经济师、总会计师、法律顾问和各部门负责人，均在经理的领导下进行工作，并对经理负责。（3）经理全权代表国家行使对国有企业的经营决策、日常管理权。（4）经理作为国有出资人代表和企业法定代表人，既要向国家负责，也要向企业职工负责。

关于国有独资企业经理的产生。《全民所有制工业企业法》（1988 年）和《企业国有资产法》（2008 年）的规定是有明显差异的。如《全民所有制工业企业法》第 44 条规定，厂长的产生，除国务院另有规定外，由政府主管部门根据企业的情况决定采取下列一种方式：（1）政府主管部门委任或者招聘。（2）企业职工代表大会选举。政府主管部门委任或者招聘的厂长人选，须征求职工代表的意见；企业职工代表大会选举的厂长，须报政府主管部门批准。政府主管部门委任或者招聘的厂长，由政府主管部门免职或者解聘，并须征求职工代表的意见；企业职工代表大会选举的厂长，由职工代表大会罢免，并须报政府主管部门批准。这说明，在《全民所有制工业企业法》所设定的制度框架里，国有独资企业的职工代表大会对作为企业经营者的经理的选择与产生具有一定的决定权和建议权，这充分体现了国有企业职工对企业的实质参与权和人事任免监督权。这种尊重劳动民主、管理民主来选择并监督企业经营者的理念，虽然带有那个时代的局限性，而且在其具体的制度

---

① 参见罗群辉、吴昊：《国有独资企业中的双重治理结构》，载《生产力研究》2007 年第 4 期。

运行中也从来没有切实地落实过，但其理论意义和现实价值却是不容否定的。

相反，根据《企业国有资产法》（2008 年）第 22 条的规定，国有独资企业的经理、副经理、财务负责人和其他高级管理人员等企业经营管理者则由政府履行出资人职责的机构依照法律、行政法规以及企业章程的规定任免。在此种任免的制度设计中，就没有顾及国有独资企业职工代表大会的作用。也就是说，《企业国有资产法》（2008 年）第 22 条对企业经营者选择所作的规定，实质上等于否定了职工代表大会对企业经理的选举权和复决权，而把政府履行出资人职责的机构与企业经营者之间的关系确定为新的任免与受聘关系。此举虽然有利于强化政府履行出资人职责的机构履行出资人职能和职责，明确作为出资人的国家与企业、政府履行出资人职责的机构与国有独资企业经营者之间的权利与义务关系，但因职工参与权与监督权的缺失，则为新制度方案的明显不足。这是因为：（1）信息对称与充分是对企业经营者理性选择的基本前提，对被选择者的能力判断、品行德性和业绩评定的充分、全面、正确与否，对选择适当的经营者至为关键。相对来说，由于国有独资企业的职工比身处企业、市场之外的政府及政府履行出资人职责的机构要对企业经营者的有关信息和情况有更为全面的掌握和了解，由其参与对国有企业经营者的选择，有利于推选出更适合企业经营的合格人选。（2）职工参与权是现代企业治理的基本趋势，而"坚持和完善以职工代表大会为基本形式的企业民主管理，切实维护职工合法权益"①，也是党中央对国有企业改革的基本态度；但由于国有独资企业的非公司性质，没有如公司企业董事会、监事会等组织制度构架，使职工不能如公司制的国有独资公司、国有控股公司那样，可以通过诸如职工董事、职工监事的选举和推举来解决职工的内部参与问题。为解决国有独资企业内部的职工参与问题，就应当

---

① 参见中共中央《关于国有企业改革和发展若干重大问题的决定》（1999 年 9 月 22 日）第二部分第（九）条。

赋予企业职工代表大会以选择经营者的适当权力。（3）由职工参与国有独资企业经营者的选择，可以有效地调动职工的积极性。赋予企业职工代表大会以选择经营者的适当权力，就可以使对国有企业经营者的监督内部化和经常化，从而有效弥补政府与政府履行出资人职责的机构对国有企业经营者监督的不足。

可见，在构建有效的政府履行出资人职责的机构与国有独资企业经营者之间关系，就应对现有《企业国有资产法》第22条之规定进行必要的完善。在具体适用和实施《企业国有资产法》第22条时，应当注意对《全民所有制工业企业法》第44条之规定作合理的继承和糅合，使政府履行出资人职责的机构的任免权与企业职工代表大会的选举权、复决权能在国有独资企业经营者选择、产生环节上实现有效的对接，并借此以建立政府履行出资人职责的机构和企业职工代表大会对国有独资企业经营者的双重监督机制。其中，政府履行出资人职责的机构行使出资人的监督职能，而企业职工代表大会则行使劳动者和相关利害关系人的监督职能，如此，国有独资企业之国家出资人和经营者的法律关系才能授权清晰、权责明确。

（二）国有独资公司中经营者选择与内部治理结构

按照我国《公司法》（2013年修订）第64条第2款的规定，所谓国有独资公司，是指国家单独出资、由国务院或者地方人民政府授权本级政府履行出资人职责的机构（如国资委、财政部门）履行出资人职责的有限责任公司。

国有独资公司与前面所述的国有独资企业不同之处，在于其组织构架和内部治理结构是依照资本本位和公司制度模式建立起来的。其内部治理结构是董事会（包括经理机构）、监事会常设机构组成的二元制度范式。（1）董事会。根据我国现行《公司法》（2013年修订）第66条的规定，国有独资公司不设股东会，由国有资产监督管理机构行使股东会职权。国有资产监督管理机构可以授权公司董事会行使股东会的部分职权，决定公司的重大事项。

《公司法》（2013年修订）第67条规定，国有独资公司设董事会，依照《公司法》第46条、第66条的规定行使职权。董事每届任期不得超过3年。董事会成员中应当有公司职工代表。董事会成员由国有资产监督管理机构委派；但是，董事会成员中的职工代表由公司职工代表大会选举产生。董事会设董事长1人，可以设副董事长。董事长、副董事长由国有资产监督管理机构从董事会成员中指定。《公司法》（2013年修订）第69条还规定，国有独资公司的董事长、副董事长、董事、高级管理人员，未经国有资产监督管理机构同意，不得在其他有限责任公司、股份有限公司或者其他经济组织兼职。（2）监事会。《公司法》（2013年修订）第70条规定，国有独资公司监事会成员不得少于5人，其中职工代表的比例不得低于1/3，具体比例由公司章程规定。监事会成员由国有资产监督管理机构委派；但是，监事会成员中的职工代表由公司职工代表大会选举产生。监事会主席由国有资产监督管理机构从监事会成员中指定。监事会行使《公司法》第53条第1—3项规定的职权和国务院规定的其他职权。（3）经理机构。经理机构从属于董事会，《公司法》（2013年修订）第68条规定，国有独资公司设经理，由董事会聘任或者解聘。经理依照《公司法》第49条规定行使职权。经国有资产监督管理机构同意，董事会成员可以兼任经理。

　　从这些规定不难发现，在我国，以选择和监督经营者为中心的国有独资公司内部治理表现为由董事会和监事会这两个机构所构成的二元权力型结构。这一二元权力型治理结构与前述的国有独资企业（全民所有制企业）的经营者首长负责制治理结构、一般公司的三角形权力治理结构相比较，具有如下特点：（1）国有独资公司存在两个地位平行、相对独立的权力机构，即董事会和监事会，其中董事会负责企业的经营管理，监事会则专司对企业经营管理的监督。（2）董事会和监事会均为权力来源于企业外部的外置机关，而非依企业章程和内部治理程序由企业内生的公司自治机关。（3）董事会是企业的权力中心，一方面，由于国有独资公司不设股东会，董事会因公司法授权获得行使股东会的部分职权，如前述的

《公司法》（2013 年修订）第 66 条之规定；另一方面，依我国现行公司制度的权力配置格局，董事会行使公司的决策权，由于营业信息的不对称，使国家投资主体和政府履行出资人职责的机构难以对其进行有效的监督。（4）职工参入权的残缺。在传统全民所有制企业里，职工代表大会享有对企业重大问题与营业事项的决定权、审查审议权，对厂长（经理）的选举权或罢免权，对厂长（经理）经营管理的监督权等，可以说职工参入权还是比较广泛的；而在国有独资公司里，职工参入权则仅限于选举或推举比例、人数极少的职工董事或职工监事，在政府任命的董事和监事占绝对比例优势的情况下，职工参入权的有效性难以发挥其应有的作用或产生必要的影响。（5）内部人控制十分明显。由于国有独资公司的董事会和监事会成员，特别是董事长、总经理均由政府或者政府履行出资人职责的机构任免，传统国有企业职工代表大会对国有企业经营者的民主选举功能由此萎缩；同时又由于国有独资公司本身的独立法人人格足以对抗政府对企业的干预，因此，国有独资公司特别是原全民所有制企业转制而来的国有独资公司，普遍存在内部人控制现象。①

对国有独资公司来说，其经营者的选择集中表现在公司董事会成员的产生。根据《企业国有资产法》第 22 条的规定，国有独资公司的董事长、副董事长、董事、监事会主席和监事，由政府履行出资人职责的机构任免。但是，由于国有独资公司的董事会、监事会组成人员中还包括一定比例的职工代表，因此，根据现行《公司法》（2013 年修订）第 67 条、第 68 条、第 70 条和《企业国有资产监督管理暂行条例》（2003 年）、《国有企业监事会暂行条例》

---

① 参见青木昌彦：《对内部人控制的控制：转轨经济中的公司治理结构若干问题》，转引自青木昌彦、钱颖一主编：《转轨经济中的公司治理机构》，中国经济出版社 1995 年版；杨瑞龙、周业安：《相机治理与国有企业监控》，载《中国社会科学》1998 年第 3 期；银晓丹：《论国有独资企业的内部治理结构》，载《法学杂志》2009 年第 11 期。

（2000 年）的有关规定，国有独资公司的董事会、监事会的组建与董事长、经理等经营者的选择、产生，一般包括如下几个程序：（1）政府履行出资人职责的机构对拟任免或者建议任免的国家股权代表、专职外派董事、外派监事会及其他高级管理人选进行考察。（2）任免或者建议任免国家股权代表、专职外派董事、外派监事会及其他高级管理人员。（3）党组织部门或政府批准国家股权代表、专职外派董事、外派监事会及其他高级管理人员的任命。（4）由国有独资企业的职工（代表）大会选择或推举由职工出任的兼职董事、监事代表。（5）由专职外派董事、外派监事会与职工董事、职工监事分别组成董事会与监事会（其中董事长、副董事长、监事会主席由政府履行出资人职责的机构从董事会、监事会成员中指定）。（6）由董事会提议任命经理机构成员，其中经理、副经理、财务负责人等高级管理人员或董事长兼任经理，由政府履行出资人职责的机构决定任命或须取得其同意。

需要特别说明的是，如前所述，在现行国有独资公司治理机构的构建过程中，存在如下严重的缺陷：（1）由于对政府委任的董事定位模糊，其任命和委派的董事并非如笔者所主张的政府董事，而是专职非执行外部董事；（2）现有监事会是一个纯粹的外派机构，而非代表国家出资人履行营业监督职能的国家股监事代表；（3）总体而言，无论是国有独资公司的专职非执行外部董事，还是其外派监事会，均由政府履行出资人职责的机构任免，特别是外派监事会因其授权路径与权源同一，难以保证其足够的监督权威与效力。这些均是需要进行大幅度改革和调整的，笔者在前几章已有具体分析和阐述。

（三）国有资本控（参）股公司中企业经营者选择与内部治理结构

与前述的国有独资企业和国有独资公司相比较，国有资本控（参）股公司的内部治理结构则以三角形结构为基本形式，无论是国有资本控股公司，还是国有资本参股公司，均必须按照《公司法》和公司章程建立起股东（大）会、董事会、监事会和经理机构等组织机构，其内部权力是本着股东（大）会、董事会、监事会之间的三角制约模式进行配置。根据《公司法》（2013 年修订）第 37 条、第 49 条、第 99 条、第 113 条和《企业国有资产法》第 22 条第 1 款第 3 项的规定，现行国有资本控（参）股公司企业经营者选择和人事任免的具体流程是：（1）由政府或者通过政府履行出资人职责的机构提出拟任的国家股权代表、国家股董事、国家股监事及其他高级管理人员的具体人选；（2）国有资本控（参）股公司的职工依照有关法律、行政法规的规定，以职工代表大会（会议）等形式，以民主选举或推举等方式产生国有资本控（参）股公司中应当由职工代表出任的职工董事、职工监事代表；（3）国有资本控（参）股公司通过股东（大）会的形式，选举并确认代表国家股和非国家股的董事（包括国家股董事）、监事（包括国家股监事），并与职工民主选举产生的职工董事、职工监事和其他独立董事或监事，组成国有资本控（参）股公司的董事会、监事会；（4）国有资本控（参）股公司董事会、监事会通过内部选举与合议程序，分别产生公司董事长、副董事长和监事会主席，其中董事会以会议合议的形式决定聘任或者解聘经理、副经理、财务负责人和其他高级管理人员。

需要说明的是，在一般的国有资本参股公司，上述经营者选择的方式和程序应该不会有太大的问题。但是，在国有资本控股公司里，虽然有其他多元投资主体（股东）的参与和制约，但由于国家股的控制性地位和国家股权代表的行政任免方式所决定，前述在国有独资公司中存在的制度性缺陷，在国有资本控股公司中也同样会存在。

第二节 从国有企业经营者的职位获得
方式看国有企业改革的绩效

政企分开、产权明晰，把国有企业改造成为能自主适应市场竞争并有持续发展后劲的独立法人主体，是我国企业改革的主要目标。自 1992 年我国实行国有企业公司制改革以来，以公司制度为基本制度框架，企图通过股份制或治理结构的改造，把传统国有企业改造为一个具有内部治理结构规范、股权结构合理、财产关系明确、管理民主科学的现代企业。那么，运行 20 余年以后，其效果到底如何？笔者以此为切入点，通过一组有关国有企业和其他企业负责人产生方式的统计数据，对此予以分析和说明。

一、企业经营者的产生方式是企业内部权源结构形成的基础

现代企业管理的核心是企业控制权产生方式到底是基于何种制度背景和程序。在"资本本位主义"的企业时代，基于股权绝对决定主义而产生的投资者权利——股权，是公司制企业一切权力的源泉和逻辑起点，公司之控制权则基于股权多数决定原则、以股东（大）会以及股东（大）会选举、产生的董事会为基本形式，它具体体现为在股东大会中对董事职位的获得以及对董事会决策的影响，因而大股东往往在获取控制权中占有明显优势。在"管理本位主义"或"经理本位主义"的当代企业领域，由于企业经营的专业性和企业家职位的职业性，经理、管理层事实上掌握着企业的控制权，尽管企业决策权在形式上仍由公司董事会控制，但董事会更多的时候是充当一个橡皮图章和程序式地对经理管理层之既定决策予以复决的作用。可见，研究企业控制权应是现代管理学、经济学、法学的重点，而对掌管企业控制权的企业经营者进行研究，则是透视企业管理本质和对不同权利进行考量的关键。

之所以把企业经营者职位获得方式作为透视企业管理与企业控制权本质的关键，就在于破解企业经营者职位获得方式，可以较全面地了解企业内部权源结构形成的真正原因与动力，从而提出相应对策。因为，任何组织体的权力构建和运行有三个不可忽略的因素：一是权力源，即权力来自何处，权力是从哪一权力源逻辑地、合乎规律地展开；二是既定的权力以何种方式、何种原则进行有效的配置，使不同利益主体获得比例相称、能量相当、权利与义务平

衡的权力以及由权力派生的一系列权力性资源；三是权力分配之后在动态运行中的变型与异化，权力所有者无限地自我扩张既有权力，侵蚀、限制他人权力，从而导致权力滥用、权力失衡以及权力的不公平归属。要弄清国有企业治理结构的运作规律，我们必须首先分析出在国有企业经营者职位之权力基础即权力源在哪里。

传统国有企业一个重要的特征是政企不开，而政企不分又表现为政府、企业职能的不分和政府、企业职位的不分，其中又以政府与企业的职位不分最具本质意义。在计划体制时期，企业作为政府的一个生产车间和部门，决定了企业经营者只能是管理企业之政府官员的一种形式。虽然，1988 年颁布的《全民所有制工业企业法》规定全民所有制的厂长、经理可以通过职工代表大会选举和上级任命两种方式而产生，但是职代会选举的厂长、经理须报上级主管部门批准，因此企业经营者由政府和党组织直接派遣和任命则是最为常态的做法，企业经营者之职位不是企业家性质的职业岗位，而更多的是一象征特定职阶、权力、待遇的官衔。因此，这种由政府任命且具有官衔职位的企业经营者，只依赖、服从、服务于政府而不必听从于市场、服务于职工，则是十分正常的一种制度现象，传统国有企业体制僵化、管理官僚化、竞争力不强、效率低下、分配不公等痼疾则自然见怪不怪。

建立现代企业制度，其核心层面是建立现代企业内部的治理结构，依据市场的基本准则、在现代企业的制度框架内来选择企业经营者。因此，我国从 1992 年开始推行的国有企业公司化改制，要重点突破的一个层面就是企业经营者产生方式的变革。1993 年 12 月制定的《公司法》，明确规定公司的董事长为公司的法定代表人，而董事长则是由产生于公司股东会的董事会选举或推举产生，这和传统意义上的政府直接任命厂长和经理具有根本的不同。如下表所示：

表现 类型	传统国有企业	国有独资公司	国有控股、参股公司
股权结构	无	一元	多元
机构类型	厂长、经理负责制	二元机构	三角形结构
权力来源	政府	政府	股东与政府
法定代表人	厂长、经理	董事长	董事长
经营者产生方式	政府任命与职工选举	政府任命	股东会/董事会选举
经理地位	权力中心	权力中心	执行机构

这两种国企经营者的职位获得方式，代表了两种不同的权源结构和权力运行方式。计划经济体制下由政府任命产生的国企经营者之权力源自政府，它是一种外在的、自上而下的权力结构，其运行带有行政性质，是一种准行政性权力，自然不能与高度市场化、专业化、技术化的企业管理相容。而按市场体制设计的、由股权决定并由股东大会、董事会依选举或表决程序产生的国有企业经营者，其权力源自股权，它是一种内在的、自下而上的权力结构，其权力运行具有自治和民主性质，是一种自治性权力，它与企业的专业化、民主化管理相容。可见，国有企业公司化改革，是否能够实现这一目标，即实现由传统政府或党组织直接任命国企经营者的方式向由企业内部自主地通过公司民主程序选举或表决产生的方式之转变，则是评价国有企业改革绩效的重要指标之一。

二、国有企业经营者职位获得方式的统计数据与基本结论

（一）不同企业经营者职位获得方式的基本统计数据

自 1992 年开始，一个由众多学者牵头和组织的"中国企业家调查系统"课题组，对中国企业经营者的成长及其生成机制进行了较为长期的追踪调查，每年出具了有关企业家成长和发展的专题

调查报告。其中有关企业经营者①职位和产生方式的统计数据有：

1.1993—1994 年企业厂长（经理）产生方式②

数据（%） 方式	总体情况		国有企业		集体企业		三资企业	
	1993 年	1994 年	1993 年	1994 年	1993 年	1994 年	1993 年	1994 年
上级主管部门任命	85.8	75.3	92.2	86.0	75.3	58.4	48.6	33.3
职代会选举，上级任命	6.3	9.0	4.4	7.4	16.8	21.4	2.2	5.0
投标	3.1	2.4	2.7	2.2	5.2	3.1	2.2	1.5
董事会任命	3.8	11.1	0.1	2.5	1.0	14.0	44.9	58.3
其他	0.8	2.2	0.6	1.9	1.7	3.1	2.2	2.8

数据（%） 方式	总体情况	国有企业	集体企业	三资企业
上级主管部门任命	− 10.5	− 6.2	− 16.9	− 15.3
职代会选举，上级任命	+ 2.7	+ 3.0	+ 4.6	+ 2.8
投标	− 0.7	− 0.5	− 2.1	− 0.7
董事会任命	+ 7.3	+ 2.4	+ 13.0	+ 13.4
其他	+ 1.4	+ 1.3	− 1.4	− 0.6

注："－"号表示减少的百分点，"＋"号表示增加的百分点。

---

① 需要说明的是，以下引用数据所反映的企业经营者只包括国有企业的董事长、经理、厂长等企业经营负责人，与笔者对企业经营者界定的范围尚有不同。

② 中国企业家调查系统：《现阶段我国企业家队伍的行为特征调查分析——1995 年中国企业家成长和发展专题调查报告》，载《管理世界》1995 年第 3 期。

2. 1995—1996 年企业经营者获得企业领导岗位的方式①

方式 ＼ 数据（％）	总体情况	国有企业	集体企业	三资企业	私营企业
组织安排，自己也有意愿	39.9	41.4	33.6	42.7	6.7
组织安排，自己勉为其难	26.3	29.9	15.9	18.5	0.0
自己才能使然	25.4	23.0	33.4	25.9	53.3
自己努力争取	8.4	5.7	17.1	12.9	40.0

3. 1997 年企业经营者任职方式②

方式 ＼ 数据（％）	主管部门任命	董事会任命	职代会选举	企业内部招标竞争	社会人才市场配置	其他
总体	75.1	17.2	4.3	1.3	0.3	1.8
国有企业	90.9	4.4	2.2	1.2	0.3	1.0
集体企业	73.3	11.7	11.7	1.2	0.3	1.8
私营企业	27.6	37.9	3.5			31.0
联营企业	47.1	47.1	2.9	2.9		
股份制企业	27.2	60.8	8.1	1.5	0.3	2.1
外商投资企业	31.3	62.7	1.5	1.5		3.0
港澳台投资企业	17.1	80.5	2.4			

---

① 中国企业家调查系统：《当前我国企业经营者对鼓励与约束问题看法的调查——1997 年中国企业家经营者成长和发展专题调查报告》，载《管理世界》1997 年第 4 期。

② 中国企业家调查系统：《素质与培训：变革时代的中国企业经营管理者——1998 年中国企业经营者管理者成长与发展专题调查报告》，载《管理世界》1998 年第 4 期。

4.1998年不同所有制、规模企业经营者任命方式①

数据 (%) 方式	企业所有制性质						企业规模		合计
	国有	集体	私营	股份制	外商投资	港澳台投资	大型	中小型	
主管部门任命	89.0	60.9	—	20.5	14.3	16.4	65.0	39.9	48.2
董事会任命	5.9	22.1	59.5	68.3	81.1	78.2	30.1	45.3	40.2
竞争与招聘	3.7	14.5	12.5	5.9	2.6	2.7	2.8	7.8	6.2
其他方式	1.4	2.5	28.0	5.3	2.0	2.7	2.1	7.0	5.4
合计	100.0	100.0	100.0	100.0	100.0	100.0	100.0	100.0	100.0
(n)	(1161)	(281)	(329)	(665)	(294)	(183)	(1006)	(1930)	(2973)

5.1993—1998年企业经营者任命方式

数据 (%) 方式	1998年		1993年		1994年		1997年	
	国有	总体	国有	总体	国有	总体	国有	总体
主管部门任命	85.9	92.2	75.3	86.0	75.1	90.9	48.2	89.0
董事会任命	3.8	0.1	11.1	2.5	17.2	4.4	40.2	5.9
竞争与招聘	9.4	7.1	11.4	9.6	5.9	3.7	6.2	3.7
其他方式	0.9	0.6	2.2	1.9	1.8	1.0	5.4	1.4
合计	100.0	100.0	100.0	100.0	100.0	100.0	100.0	100.0

---

① 中国企业家调查系统：《迎接知识经济挑战：世纪之交的中国企业经营者》，载《管理世界》1999年第4期。

6. 1999—2000 年企业经营者任职方式①

(%) 方式	总体		国有企业		非国有企业		上市公司	
	期望	现状	期望	现状	期望	现状	期望	现状
组织任命	80.7	0.9	28.9	1.0	59.2	2.0	56.4	0.9
市场双向选择	0.6	24.3	4.1	35.5	6.3	36.1	2.3	29.6
组织选择与市场选择相结合	11.9	58.0	14.2	30.3	21.1	53.7	12.9	45.0
自己创业	1.1	7.6	32.9	19.2	4.2	3.4	16.1	13.0
职业选举	4.8	8.8	17.2	12.8	3.5	4.1	10.5	10.6
其他	0.9	0.4	2.7	1.3	5.6	0.7	1.8	0.8

7. 2001—2002 年企业经营者职位获得途径②

途径 (%) 企业	组织任命		市场双向选择		组织选择与市场选择相结合		自己创业		职业选举		其他	
	2002年	2000年	2002年	2000年	2002年	2000年	2002年	2000年	2002年	2000年	2002年	2000年
总体	45.9	56.4	3.3	2.3	11.1	12.9	24.5	16.1	13.2	10.5	2.2	1.8
东部地区企业	41.6	53.1	3.9	2.9	11.5	13.0	28.4	0.2	12.4	8.2	1.9	2.1
中部地区企业	49.7	60.4	2.3	1.2	10.1	13.0	21.7	10.8	14.3	13.2	1.9	1.4
西部地区企业	50.5	59.6	3.3	1.8	11.3	11.5	19.1	12.3	14.1	13.1	1.7	1.7
大型企业	66.2	74.0	3.3	2.1	13.5	13.1	9.1	5.9	6.0	3.1	1.9	1.8

---

① 中国企业家调查系统:《企业创新:现状·问题及对策——2001 年中国企业经营者成长和发展专题调查报告》,载《管理世界》2001 年第 4 期。

② 中国企业家调查系统:《中国企业家队伍成长现状与环境评价——2003 年中国企业经营者成长与发展专题调查报告》,载《管理世界》2003 年第 7 期。

续表

途径(%) \ 企业	组织任命		市场双向选择		组织选择与市场选择相结合		自己创业		职业选举		其他	
	2002	2000	2002	2000	2002	2000	2002	2000	2002	2000	2002	2000
中型企业	44.4	55.6	3.7	2.2	11.3	13.5	24.0	15.9	13.9	11.0	2.7	1.8
小型企业	36.2	40.7	2.8	2.5	9.6	11.8	33.6	26.2	16.7	17.0	1.1	1.8
国有企业	90.0	88.1	0.3	0.5	6.3	7.5	0.7	0.9	2.5	2.7	0.2	0.3
其中：大型	93.4	91.5	0.4	5.5	5.6	0.7	0.6	0.4	1.5	–	–	0.4
中型	90.8	87.7	0.4	0.4	6.1	8.0	0.6	1.1	2.1	2.7		0.1
小型	85.2	82.4	0.4	0.4	7.7	10.3	0.7	0.9	5.3	5.5	0.7	–
私营企业	2.6	4.2	3.5	3.3	2.6	4.2	86.3	84.2	3.1	2.8	1.8	1.4
股份有限公司	30.8	42.1	4.2	2.8	22.4	22.1	20.2	12.9	19.1	16.3	3.3	3.8
有限责任公司	23.2	35.1	4.2	2.1	12.9	17.6	34.6	23.0	21.7	19.5	3.4	2.7
外商及港澳台投资企业	30.3	37.5	15.2	11.2	14.1	18.1	34.4	24.8	2.0	2.4	4.0	6.0
35 岁及以下	29.4	36.4	5.5	5.5	10.3		45.2	31.6	6.8	10.3	2.7	1.2
36—46 岁	38.0	51.5	5.0	2.5	11.6	14.3	31.8	19.9	11.8	10.2	1.8	1.8
46—55 岁	50.6	61.5	2.4	1.8	11.1	12.1	19.6	11.9	14.7	10.9	1.6	1.8
56 岁及以上	50.4	59.0	2.7	2.3	10.8	11.2	19.6	15.4	13.3	9.8	3.2	2.3

（二）分析及结论

从我国不同所有制和规模企业的企业经营者（董事长、厂长、经理）的职位获得和产生方式来看，国有企业经营者职位由上级主管部门任命这一方式获得和产生的比例1993年为92.2%、1994年为86%、1995—1996年为94.3%、1997年为90.9%、1998年为89.0%、1999—2000年为80.7%—88.1%、2001—2002年为90%，而由董事会选举或任命这一方式获得和产生的比例1993年为0.1%、1994年为2.5%、1995—1996年为5.7%、1997年为4.4%、1998年为5.9%、1999—2000年为7.5%—11.9%、

2001—2002 年为 6.3%。2003 年以后，中国企业家调查系统课题组继续进行追踪调查，调查中有关企业经营者由政府主管部门任命方式占全部被调查企业的比例，2003 年为 38.3%，2004 年为 32.9%，2005 年为 25.7%，2006 年为 19.9%，2007 年为 18%，2008 年为 14.5%，2009 年为 14.3%，2010 年为 12.7%，2011 年为 11.3%，2012 年为 10%，2013 年为 11.1%；而同时期企业经营者由董事会方式任命的比例占全部被调查企业的比例，2003 年为 38.6%，2004 年为 39.2%，2005 年为 40.5%，2006 年为 41.6%，2007 年为 42.9%，2008 年为 44.7%，2009 年为 41.3%，2010 年为 44.6%，2011 年为 39.2%，2012 年为 36.7%，2013 年为 38.4%①。虽然由政府或政府主管部门任命的企业比例大幅度下降，但因调查对象包括所有类型的企业，并不说明国有企业经营者任命的方式有显著的改变；相反，由企业内部董事会任命方式所占企业比例变化不大。

从统计数据的分析中可以得出以下结论：

1. 目前国有企业经营者的产生方式与 1992 年公司制改革之前相比，并无显著变化，真正由公司董事会选举方式的企业经营者比例较低。可见，国有企业公司制改革单从企业经营者的产生方式这一层面来分析，是远远没有达到预定目标。

2. 国有企业经营者职位获得方式的比例不同年度有较大的波动，这说明在政策、行政法规的制定和执行过程中，带有较大的不稳定性，也从另一个角度说明改革目标和策略上的模糊导致改革过程行为方向的摇摆。但 2003 年以后，随着政府履行国家出资人职责的机构职能的转变，由政府或政府履行国家出资人职责的机构直

---

① 参见中国企业家调查系统：《企业经营者对宏观形势及企业经营状况的判断、问题和建议——2011·中国企业经营者问卷跟踪调查报告》，载《管理世界》2011 年第 12 期；中国企业家调查系统：《中国企业家成长 20 年：能力、责任与精神——2013·中国企业家队伍成长二十年调查综合报告》，载《经济界》2014 年第 2 期。

接任命国有企业经营者的方式还是有一定程度的变化。

3. 1992—2014 年 20 余年的改革，政府和党组织尚保持对占绝对比率的国企经营者之任命和委派，其中 2003 年以前高达 89%—90%；2003 年比例虽然逐年下降，但到 2013 年仍然还有 11.1%，且这是全部被调查企业的比例；如果单纯考虑到国有企业经营者的任命方式，则远远要高于此比例。这说明改革的难点和焦点不仅在于企业本身，而更在政府管理体制和执政方式的变革。这也说明《公司法》所负载的改革功能是十分有限的，在《公司法》之外寻求改革途径应是今后的主要选择。

三、实现国有企业经营者职位获得方式转变的对策

（一）改政府和党组织直接任命制为推荐提名制

即改现有上级党政机关对国有企业经营者的任命或指定制为提名制，国有企业经营者人选须经股东会、董事会选举程序产生后，方可正式任命，使国有企业经营者职位从形式、程序上符合公司法的一般规则。

（二）建立国有资产（国有股权）代表人，完善国有企业内部治理结构

即以国有资产所有权行使的委托代表法理为基本理论依据，通过创设国有资产（国有股权）代表人，以国有股董事代表与国有股监事代表两种形式，由其分别行使国有资产（国有股权）的经营管理和营业监督的相应职能，以保证国有资产出资人主体到位、监管有力的新型国有资产（国有股权）经营、监管制度。为此，在国有资产（国有股权）代表人内部结构的制度安排上应注意以下几个方面：（1）把国有资产（国有股权）代表人分设为国有资产（国有股权）之经营代表人（国有股董事）和监管代表人（国有股监事），通过国有股董事与国有股监事的分级分类委派和互相制约，以建立国有资产（国有股权）代表人之间的彼此监督和相

互制约的内部监督体制，以督促具不同职能之国有资产（国有股权）代表人的互相监督与自觉自律。（2）强化国有股监事对国有股董事的监督职能，变现有的外派监事会为国有股监事，通过国有股监事进驻企业内部监督机构，使国有股监事之监督行为内部化、经常化、职业化，从而可以契合国有股监事与国有企业内部的其他监督力量，提高对国有股董事监督的有效性。（3）通过法律和特殊契约安排，强化国有资产（国有股权）代表人的职责和违法、违约责任，严格国有资产（国有股权）代表人的奖惩，通过国有资产（国有股权）代表人自身权利与义务的平衡机制，督促其不断自律和自勉。把国有股董事之经营管理行为列为国有企业监管的重点，可以明确监管主体的监管职责和委派监管代表的目的性，从而合理收缩监管的范围，提高监管效率。

（三）充分发挥国有企业职工在选举职工董事、职工监事的作用，提高职工对国有企业和公司的参入度

关于职工董事，我国2005年之前的《公司法》只规定国有独资公司的董事会成员中应当有公司职工代表。我国2005年修改《公司法》时扩大了职工董事的适用范围。《公司法》（2013年修订）第67条规定国有独资公司的董事会成员中应当有公司职工代表；第44条第2款规定，两个以上的国有企业或者两个以上的其他国有投资主体投资设立的有限责任公司，其董事会成员中应当有公司职工代表，其他有限责任公司董事会成员中可以有公司职工代表；第108条第2款规定，股份有限公司董事会成员中可以有公司职工代表。为保证职工兼职董事的代表性，董事会中的职工代表由公司职工通过职工代表大会、职工大会或者其他形式民主选举产生，而不可由公司任命。

第三节　完善国有企业经营者选择的制度构架

由于前述的现行《公司法》、《企业国有资产法》和《企业国

有资产监督管理暂行条例》没有对国有企业经营者选择这一核心问题作出根本性解决，本着国有资产所有者→国家出资人（国有股权）代表人→国家出资企业→国有企业经营管理者这一经营性国有资产事实关系，在国家直接投资情形下，以国有财产的原始所有者→概括所有者→实质代表所有者→名义代表所有者→国家出资人代表或国有股权代表人→国有资产经营者这一逻辑递进关系，对国有财产的所有者与经营者进行法律定位。

一、建立人大与政府的二级分类代表授权宏观体制

（一）明确国家权力机关为国有财产所有者的最高代表，建立"人大主导，行政主管"的分级国有资产监督与管理机构

笔者认为，在法律上确认全体国民是国有财产的原始所有者、国家是宪法确认的国有财产概括意义上的所有者的前提下，应明确规定全国人民代表大会和地方各级人民代表大会及其常设机构为代表全体国民行使国有财产所有权的最高代表机关，国务院和地方各级人民政府则为宪法、法律确认并在全国人民代表大会和地方各级人民代表大会及其常设机构授权、以国家名义具体行使国有财产所有权的各项职能，国务院和地方各级人民政府在代表国家行使国有财产所有权的时候，应接受全国人民代表大会和地方各级人民代表大会及其常设机构的监督，并依法向其报告工作。

在明确国家权力机关为国有财产所有者的最高代表地位后，鉴于我国现行国有资产管理体制尚存在以下问题：（1）就人大层面，权力机关与立法部门对国有资产管理与配置尚缺乏通盘考虑和必要的监督，易使国有资产的行政监管处于无目的、无责任的状态；（2）就政府层面，现有国有资产仍处于多头部门管理之下，国有资产监督管理部门的事权事实上被分割，行政性的国有资产监管难以形成整体效应；（3）行政性的国有资产监督管理机构本身的事权范围广泛且过分集中，而管理职能却不能实际到位；（4）对

拥有广泛事权范围与权力高度集中的行政性国有资产监督管理机构可能存在的权力滥用和制度风险没有配套的制度性对策方案；（5）行政性的国有资产监督管理机构内部配套机构设置难以适应新形势的基本要求。对此，笔者认为，建立和健全国有资产分级监督管理体制应当从权力、立法的监督和行政性的管理两个层面进行整体考虑：

1. 建立人大"顶层设计、权力监督、立法主导"的国家层面国有资产监督体系

具体方案为：在全国人大设立国家国有资产委员会（简称国家国资委），其成员由专职委员、学者专家、社会贤达各1/3构成。国家国有资产委员会为全国人大下设的专门委员会，接受全国人大领导，向全国人大负责并报告工作。在全国人大闭会期间，接受全国人大常委会领导，向全国人大常委会负责并报告工作。

设立全国人大国家国有资产委员会的主要目的，就是通过实行统一立法调研、加强国有资产立法的步伐，提高国有资产立法的权威性和统一性，[1] 并代表国家依法行使对国家国有资产管理、使用、经营、收益的最高监督权。其具体职权和职责可作如下安排：（1）通过统一立法调研，对国家资源性、行政事业性、经营性国有资产的管理、使用、经营、收益进行整体性、系统性、通盘性的顶层制度设计；（2）从建立系统性的国家国有资产法律体系的角度提出立法草案；（3）代表国家依法行使对国家国有资产管理、使用、经营、收益的最高监督权，授权向中央国家出资企业委任国家股监事代表人选的人才库建设、考察、提名、公示，并在全国人大及全国人大常委会授权的范围对在中央国家出资企业任职的国家股监事代表进行常态化的监督；（4）负责组织、召集并召开在中央国家出资企业任职的国家股监事代表的年度述职与工作报告会，并负责出具《国家国有资产管理、使用、经营、收益的年度监督

---

[1]　龙瑞锋：《十万亿国资义利之辩》，载《南方周末》2002年12月19日第B13版。

情况与中央国家出资企业任职国家股监事代表的年度履职、工作报告》；（5）就国家国有资产管理、使用、经营、收益的监督情况和中央国家出资企业任职国家股监事代表的年度履职、工作情况，向全国人大及全国人大常委会，作《国家国有资产管理、使用、经营、收益的年度监督情况与中央国家出资企业任职国家股监事代表的年度履职、工作报告》，并接受全国人大代表或全国人大常委会委员的质询、监督；（6）启动特别调查程序，对涉及国家国有资产管理、使用、经营、收益和中央国家出资企业、任职国家股监事代表有关的重大事项和案件进行调查，并提出立法、监督建议案；（7）其他法律、全国人大或全国人大常委会特别授权的职权与职责。

地方人大或人大常委会（一般以省级行政区为限）也可参照全国人大国家国有资产委员会的建制与职能，设立地方人大国家国有资产委员会。

2. 建立"具体落实、权利行使、管理为主"的政府层面国有资产管理体系

具体方案为：在国务院之下整合尚分散在国有资产监督管理委员会、银监会、财政部和其他党政机构的国有资产监督管理、履行国家出资人职责的机构的职能、职权和职责，设立统一的政府国有资产管理委员会，简称政府国有资委。政府国有资产管理委员会为国务院下设的专门职能机构，接受国务院领导和全国人大及全国人大常委会的监督，除应向国务院负责并报告工作外，还须向全国人大报告工作；在全国人大闭会期间，向全国人大常委会报告工作并接受其监督。

设立统一的政府国有资产管理委员会的目的，是统一政府代表国家管辖下所有国有资产，组织国有资产的管理、使用、经营、收益的具体实施。其基本职权和职责，可作如下安排：（1）通过统一调研，落实全国人大与全国人大常委会对国家资源性、行政事业性、经营性国有资产的管理、使用、经营、收益进行整体性、系统性、通盘性的顶层制度设计，制定具体、可行的实施方案；

（2）提出国家国有资产法律实施的行政法规草案，或者在法律、行政法规授权范围内制定涉及国有资产的管理、使用、经营、收益方面的部门规章和实施指导性意见；（3）在法律、行政法规和国务院授权下，依法组织实施国家国有资产管理、使用、经营、收益；代表政府依法履行国家出资人的职责；授权向中央国家出资企业委任国家股董事（即政府董事）代表人选的人才库建设、考察、提名、公示，并在法律、行政法规和国务院授权的范围对在中央国家出资企业任职的国家股董事（即政府董事）代表进行常态化的监督；（4）负责组织、召集并召开在中央国家出资企业任职的国家股董事（即政府董事）代表的年度述职与工作报告会，并负责出具《国家国有资产管理、使用、经营、收益的年度实施情况与中央国家出资企业任职国家股董事（即政府董事）代表的年度履职、工作报告》；（5）就国家国有资产管理、使用、经营、收益的年度实施情况和中央国家出资企业任职国家股董事（即政府董事）代表的年度履职、工作情况，向国务院并代表国务院向全国人大及全国人大常委会，作《国家国有资产管理、使用、经营、收益的年度实施情况与中央国家出资企业任职国家股董事（即政府董事）代表的年度履职、工作报告》，并接受国务院、全国人大代表或全国人大常委会委员的质询、监督；（6）启动特别调查程序，对涉及国家国有资产管理、使用、经营、收益实施过程中和中央国家出资企业、任职国家股董事（即政府董事）代表有关的重大事项和案件进行调查，并提出处理和监督建议案；（7）其他法律、行政法规、国务院特别授权的职权与职责。

地方政府（一般以省级行政区为限）也可参照国务院政府国有资产管理委员会的建制与职能，设立地方政府国有资产管理委员会。

（二）建立人大国家国有资产委员会与政府国有资产管理委员会之间的对应监督关系

如依照前述国家国有资产委员会与政府国有资产管理委员会之

二层组织建构与制度框架，则国家国有资产委员会负责制度安排、所有权代表、监督等比较抽象的所有者职权，而政府国有资产管理委员会则负责国有资产的具体管理和营运，两者既有明确的分工，事权与责任比较清晰。同时，人大的地位高于政府，其在制度、立法、监督方面的安排，有利于克服政府部门和地方保护的利益纠葛，对国家国有资产进行高屋建瓴的制度安排和立法设计，既为政府在国有资产方面的管理提供了立法、制度方面的依据，也为政府行使职权和履行职责设定既定轨迹和事权边界，更为政府与政府国资委授权和行权提供高于行事者的权威性监督。而这一权威性监督的关键就是建立人大国家国资委与政府国资委之间的对应监督关系。

建立人大国家国有资产委员会与政府国有资产管理委员会之间的对应监督关系，就是要求政府国资委除应向政府负责并报告工作外，还须向人大报告工作；在人大闭会期间，向人大常委会报告工作并接受其监督。建立并健全政府国有资产管理委员会对人大、人大常委会及人大国家国有资产委员会的工作报告与监督制度，既可保证政府国有资产管理委员会的管理、行权到位，又可防止政府及政府国有资产管理委员会的权力滥用。

二、从国有资产（国有股权）代表人的角度选择国有企业经营者

（一）企业经营与企业治理的内部逻辑关系

1. 企业经营的概念与内涵

企业经营是指企业通过一定的组织规则和程序流程选择具体的经营管理者，由其全面负责、代理企业之营业活动的具体营业运行范式。企业经营所要解决的问题有两个：（1）企业经营者的选择，即企业以一定的组织规则和程序流程选择具体的经营管理者。（2）企业经营方式的选择，即企业选择何种具体的经营方式来实现企业营利的最大化。

企业经营的基本内涵包括：（1）企业经营本质上属于企业管理的范畴。（2）企业经营的核心为企业资本的营运方式。（3）企业经营的具体内容为对企业财产的实质处分。（4）企业经营中的权力包括企业营业决策权和企业人、财、物的管理权两个层面。（5）企业经营者与企业之间的关系为一种特定的代理契约关系。

2. 企业经营与企业治理的关系

企业经营与企业治理之间的关系极为密切。首先，企业治理是企业经营的基础，而企业经营则为企业治理所要解决的中心议题。其次，企业治理过程本身就包含有企业经营的内容，如企业内部组织机构的设置就包括有企业决策机构和企业经营管理机构。在企业事务型决策中就有企业经营方式、投资方式等关于企业经营事务方面的决定。最后，企业经营与企业治理之间相互影响。一方面，企业治理结构模式的确定影响企业经营方式的选择，如公司企业的委托、授权型内部治理结构，决定了公司一般采取内部委托经营的方式进行；另一方面，企业的经营方式有时制约着企业的治理结构，如采用承包、租赁经营方式的企业，其内部治理结构也就必然有鲜明的经营者权利本位痕迹。因此，一般认为，企业经营属广义的企业治理范畴。正因为如此，在目前所能看到的相关企业法著作中一般只涉及企业的治理或组织结构，而鲜有专门论及企业经营者。

笔者认为，尽管企业经营与企业治理之间存在极为密切的联系，但其区别还是相当明显的。（1）法律制度的内容不同。企业治理的内涵为企业内部通过一定的权力构架和职能定位，合理配置企业内部权力以决定企业内部事务的组织机构及其权力运行关系；而企业经营则是选择具体的经营管理者，由其全面负责、代理企业之营业活动的具体营业运行范式。（2）法律制度的主要功能不同。企业治理的主要制度功能在于企业的内部权力配置和组织构架，所要解决的中心问题是企业内部的权力配置和运行问题；而企业经营的主要制度功能在于企业经营管理的法律形式和具体营运方式的选择，所要解决的中心问题为企业内部的资本营运方式问题。（3）法律制度的目标不同。企业治理的制度目标为通过一定的内部制度机制产生代理机构和企业经营者并对其进行必要的监督，其侧重点在于企业内部经营代理人的选择；而企业经营的制度目标则为以何种方式来管理企业财产、营运企业资本，其侧重点在于企业经营方式的选择。（4）经营者在其中的法律地位不同。企业经营与企业治理均涉及经营者问题，但企业治理在解决经营者选择时主要是从企业内部权力配置和内部组织制度的角度，以明确企业经营者的产生规则和程序流程，经营者在其中始终居于企业内部人的地位；而企业经营在确定企业经营管理方式时虽也涉及企业经营者的选择问题，然而，除出资人自行经营和内部委托经营以外，经营者在绝大多数情况下是与企业、企业代理机关处于平行法律地位的独立主体，为企业经营性契约的独立当事人，居于企业外部特殊债权人的地位，对外可独立地代表或代理企业从事经营活动。（5）受规范调整的类型不同。企业治理一般受企业法和企业章程所调整；而企业经营除受企业法和企业章程所调整之外，更多的是受企业或企业代理机构与企业经营者之间所签订的特定经营契约调整。（6）法律责任的承担。在企业治理的条件下，因企业内部治理机关的成员所为之经营行为，应视为企业之行为，其法律责任当然由企业承担；而在企业经营的条件下，除出资人自行经营和内部委托经营以外，企业经营者的行为具有相对独立性，其经营所产生的法律责任应由企业经营者和企业承担连带责任。综上分析，企业经营与企业治理属两个不同法律制度范畴的问题，不能简单等同。

（二）国有资产（国有股权）代表人的确定是国有企业经营者选择的前提

如前所述，在现代企业的制度构架中，企业经营者的产生与企业出资人代表的确定，具有内在的关联性。企业出资人代表的确定问题是企业内部治理问题，而企业经营者选择问题则是企业经营必须解决的首要问题。其中企业出资人代表的确定问题又具有基础性。以公司企业为例，这是因为：（1）公司出资人（股东）代表是组成公司内部治理机构中最基础的权力机关的基础，公司中的股东（大）会就是公司出资人——股东之集合的产物；而董事会、监事会等常设机构又是基于股东（大）会的选举、推举、表决而产生。（2）作为公司决策和经营管理执行的授权机关——董事会，其组成成员绝大部分为公司出资人（股东）代表，即所谓股东董事。这些在董事会占绝大多数职位的股东董事，不仅要参与公司的经营决策，更重要的是通过其授权，委任、推举经理机构和公司高级管理人员，授权其负责执行公司的日常经营管理事务与对外代理业务。可见，公司经营者是公司出资人（股东）代表借助董事会机构合议而产生的。（3）在公司经营者的团队中，不仅有参与公司决策的股东董事，更有参与公司具体经营管理事务执行的股东董事，如董事长、股东董事兼任总经理和其他高级管理人员等。（4）公司出资人（股东）代表还决定着对公司经营者的监督方式、监督强度和监督效果。

可见，在现代企业的制度构架中，出资人代表的确定是企业经营者选择的前提。同样，在国家直接投资情形下，国家出资人（国家股权）代表人的确定，也是国有企业经营者选择的前提。因此，要实现国有企业经营者的理性选择，就必须先理顺国家出资人（国家股权）代表人的委任路径、方式和程序。

（三）建立国家股权代表人的分级分类授权委任机制

就国家直接投资这一情形下的国家出资企业而言，其国家股权代表人的委任直接与国家出资企业经营者的选择有关。结合前几章有关国家直接投资情形下国家股权代表委任的路径、方式、形式，可分述如下：

1. 在国家直接投资情形下，国家股权代表按其履职的性质不同，可具体分解为国家股监事代表和国家股董事代表。其中，国家股董事代表代表国家出资人（股东）具体行使股权及代表国家出资人（股东）履行公司内部参与、经营决策、日常事务和对外代理等具体权能；而国家股监事代表则代表国家出资人（股东）履行其对股权行使与公司经营管理的监督权能。

2. 国家股监事代表由国家国资委考察、提名，由人大常委会任命；国家股董事代表，即政府董事，则由政府国资委考察、提名，由政府任命。

3. 政府国资委考察、提名，由政府任命的政府董事，到国家出资企业内部治理机构董事会中任职董事，其中政府执行董事通过董事会的授权或任命机制，被推举、任命、担任公司的董事长、总经理或其他高级管理人员；或者公司通过董事会的授权或任命机制，推举、任命其他非董事会成员担任总经理或其他高级管理人员。如此，国家出资企业中的经营者选择就得以完成。

4. 在国家股权代表人的分级分类授权委任机制中，由于国家出资企业经营者是由政府国资委考察、提名，由政府任命，而对其进行监督的监事会中的国家股监事代表则由国家国资委考察、提名，由人大常委会任命，其授权来源高于政府授权，其权重、地位、权威也就高于政府董事或国家出资企业经营者，这样就解决了长期以来监督者地位、权威、权重均低于、弱于被监督者的尴尬局面，无疑有利于国家出资企业内部监事会、国家股监事代表监督职能的发挥和监督效应的提高。

三、从尊重国有企业法人主体的独立性与自主权的角度选择国有企业经营者

（一）完善企业法人财产权制度以明确国家出资人与国企经营者的权责关系

企业法人财产权，是中国法律的一项创造①，这一概念在立法上最早出现于 1993 年《公司法》②；但我国法律对其内涵和外延并没

---

① 参见史际春：《国有企业法论》，中国法制出版社 1997 年版，第203 页。
② 1993 年《公司法》第 4 条第 2 款规定："公司享有由股东投资形成的全部法人财产权，依法享有民事权利，承担民事责任。"

有明确，学术界对其性质存在不同看法①，而争议的焦点在于企业法人财产权是否包括法人所有权以及法人所有权与国家所有权的关系问题。由于企业法人财产权在理论上与传统的民法理论存在一些冲突，在立法上也存在一些矛盾之处，有的学者进而主张以"企业法人所有权"取代"企业法人财产权"。② 笔者认为，从严格的法律意义上来看，法人所有权只是法人财产权的一个类型而已，因此，构建企业法人财产权理论，必须明确以下几点：（1）包括国家在内的企业出资者，以实物形态出资财产的所有权让渡予企业，然后换取对企业的股权，其权利属于价值形态性质的资本权益。出资者通过股东权中的内部参与权对企业法人进行间接管理，对其出资财产从实物形态的管理转化为以资本份额为单元的参与式、表决式、控制式管理。（2）企业法人的财产包括出资者出资的财产和在此财产基础上所增值的财产所构成全部法人财产，企业法人对全部法人财产享有包括法人所有权在内的企业法人财产权，即占有、使用、收益和处分的权利。（3）出资者作为股东对其出资财产的支配和管理，不能进行直接行使，而只能通过建立法人治理结构并通过其股权的行使来间接实现，运用股权参与公司的决策，通过选择经营者并对其进行监督或者出任经营要职，影响或控制公司的内部经营管理活动，以保证企业法人财产权的营运朝着更有利于股东自己的利益和目标发展，并通过公司的经营活动和对外交易，实现出资者权益。

笔者认为，在明确国有企业对企业全部法人财产享有法人财产权的基础上，应以股东权和法人财产权的权利结构构建国家与国家出资企业之间的关系以及所有者与经营者的关系。在国有企业股份制改革过程中，国家作为出资人将其财产投入企业，以其实物形态

---

① 主要有用益权说、经营权说、结合权说、双重所有权说、综合权利说或权利束说等。参见郭广辉、王利军：《我国所有权制度的变迁与重构》，中国检察出版社 2005 年版，第 236—238 页。

② 郭广辉、王利军：《我国所有权制度的变迁与重构》，中国检察出版社 2005 年版，第 264—272 页。

财产的所有权换取对国家出资企业的股权，以股东身份参与企业的治理，行使对国家出资企业经营者的选拔、监督和激励之权，以股权收益来实现国家财产的保值增值；企业则自成立之日享有独立的企业法人财产权，对包括国家在内所有出资人（股东）投资形成的全部法人财产享有包括法人所有权在内的企业法人财产权，并通过其内部治理结构的运行和特定的程序机制选聘经营者，以组织企业的生产经营活动。这样，国家以股东的身份通过公司这一组织形式与经营者发生联系，在民事法律关系上，国家、企业和经营者之间的关系就简化为国家出资人→法人财产所有者（国家出资企业）→经营者的关系，而三者的关系可以通过科学合理的企业（公司）治理结构来明晰。

（二）通过经营者市场化选拔机制以明晰国家出资人与经营者的身份关系

我国现行《公司法》明确规定，股东（大）会行使选举和更换非由职工代表担任的董事、监事的职权，董事会决定聘任或者解聘公司经理。由于国有企业经营者行政化选拔方式不符合《公司法》的规定，并造成了国有企业出资人及出资人代表与经营者在身份上的含混不清，因此应当由政府及政府履行国家出资人职责的机构依照法定的权限和程序，以市场化、程序化的方式，通过公司的股东（大）会和董事会选举或聘任经营者，从而实现经营者与出资人（原出资财产的所有者）代表在身份上各行其道、各司其责。

1. 完善"党管干部"的方式。"党管干部"原则在国有企业经营者的选拔上，主要体现在对选任标准和选任程序的领导，而不是直接负责国有企业经营者的选任。党组织可以通过监督和保障《公司法》、《企业国有资产法》等法律或行政法规中有关企业经营者选择规定的实施，并通过领导有关国家机关制定国有企业经营者选任标准和选拔程序等法规来实现"党管干部"的原则。

2. 在国有企业经营者的选拔标准上要突出经营者在实现利税、

国有资产保值增值、为国家和社会创造财富方面的要求，突出经营者的经营管理能力和业绩水平。

3. 在国有企业经营者选聘方式上，变"行政委任制"为"选聘制"。将国有企业经营者的选拔引入市场竞争机制，在平等竞争的基础上选择经营者。要充分发挥市场中介机构在企业经营者评价中的作用，借鉴国内外各种先进测评方法，设计出适合岗位需求和企业组织特性、能够较准确体现企业经营者基本素质的评价体系。

4. 推行企业经营者职业化，培育经营者、经理人市场。经营者职业化即指经营者的专门化、专业化、独立化，即企业经营者作为一种相对独立的职业类型。为此，应采取如下措施加快经营者的职业化进程：（1）摒弃"官本位"和"重官轻商"的观念；（2）废除赋予企业及其经营者一定行政级别的做法，截断国企经营者进入仕途的渠道；（3）充分运用企业家中介组织和市场中介机构在经营者评价与选拔上的作用；（4）建立经营者任职资格制度，提高经营者的准入门槛；（5）建立完善的企业经营者培训机制和科学合理的经营者激励机制，促进我国经营者队伍的成长。

四、从重构国有企业内部治理结构来选择国有企业经营者

（一）完善国有企业法人治理结构以重塑国家出资人与经营者的制衡关系

1. 实现出资主体多元化以解决公司治理中所有者"虚位"问题

加快国有企业资本结构和混合所有制的改革步伐，积极引入有能力和有动力并能够承担所有者角色的非国家或非国有法人出资人，实现非垄断行业国有企业出资主体多元化。通过产权的多样化，为国有企业寻找确实关心资本效率的投资人，缓解国有企业所有者虚位的程度。

2. 以股权为中心构建完善的公司内部监管机制

在股权与企业法人财产权的二重权利结构下，股东运用股权对

经营者进行监督，在法人治理结构中发挥着极其重要的作用。相对于独立董事和外部监事，股东更具有关心公司经营效益、监督经营者的动力。因此，我国国有资产的监督应以股权为中心，强化股东对经营者的监督。我国现行《公司法》明确规定公司股东依法享有资产收益、参与重大决策和选择经营者等权利，并新设了股东的查账权、异议退股权、解散公司诉权、对公司瑕疵决议的诉权、派生诉权、积累投票权和质询权等权利。同时现行《公司法》降低了股东提议召开股东（大）会临时会议的门槛，并强化了提议召开股东（大）会临时会议的规定，还增设了股东向股东大会的提案权。这些规定对于强化股权在公司治理结构中的地位，发挥股东对经营者的监督作用，明晰国家出资人与国家出资企业经营者关系，都具有重要意义。

在国有企业深化改革进程中，应切实落实现行《公司法》的立法精神和法律规范，充分重视和发挥国家股权或国有法人股权代表的监督作用，明晰国家出资人与国家出资企业经营者之间的营业监督关系，以股权为中心构建完善的公司内部监管机制，解决国家出资人"虚位"和国家出资企业经营者"越位"的问题。

3. 强化国家股权或国有法人股权代表在国有企业内部的监督职能

（1）确立国家股权或国有法人股权代表在国有企业经营者选拔和激励上的主导地位。在国有企业经营者选聘上，党委部门要改变直接选拔和管理企业经营者的做法，把选拔和管理企业经营者的任务交给各级政府及政府履行国家出资人职责的机构，由各级政府及政府履行国家出资人职责的机构按照产权关系和规范的公司治理结构，确定国有企业的董事长或总经理的选拔标准和选聘方式。同样，在国有企业经营者激励上，要淡化行政主管部门的职务晋升等行政性激励，以国家股权或国有法人股权代表的物质激励和精神激励为主导。

（2）发挥董事会和监事会对经营者的监督和制约作用。我国《公司法》（2013 年修订）第 53 条新增了监事会的几项职权，包括对违反法律、行政法规、公司章程或者股东会决议的董事、高级管理人员提出罢免的建议；提议召开临时股东会会议，在董事会不履行公司法规定的召集和主持股东会会议职责时召集和主持股东会会议；向股东会会议提出提案；对违反诚信义务的董事、高级管理人员提起诉讼。第54条规定，监事会、不设监事会的公司的监事发现公司经营情况异常，可以进行调查；必要时，可以聘请会计师事务所等协助其工作。第149条规定，董事、监事、高级管理人员执行公司职务时违反法律、行政法规或者公司章程的规定，给公司造成损失的，应当承担赔偿责任。这些规定对于保证监事会履行监督职能、缓解监事会"形骸化"等问题无疑具有积极意义。

现行《公司法》对董事会制度也作了较大的改造，如为革除董事长职权过于集中的弊端，消除董事长滥用职权的制度根源，现行《公司法》删除了1993年公司法关于董事会授权董事长在董事会闭会期间行使董事会的部分职权的规定；取消了董事长"签署公司股票、公司债券"的权力；改变了董事长为公司当然的和唯一的法定代表人的规定，公司法定代表人依照公司章程的规定，由董事长、执行董事或者经理担任；还规定上市公司设立独立董事和董事会秘书制度等。这些改革措施，对于解决董事长权力过于集中问题，克服董事会为内部经理人所控制的流弊，发挥董事会的集体决策作用等都具有重要意义。但是，笔者认为，如下一些问题仍有待解决：（1）在董事会中应安排一定数量的政府非执行董事，进一步完善国有独资公司、国有资本控股公司董事会的成员结构①，提高董事会的独立性。（2）建立总经理定期向董事会述职和报告工作等日常工作制度，设立财务、投资等专门委员会等日常工作机构，以克服董事会虚化的问题。（3）应当明确规定国有企业的董事长不得兼任总经理。现行《公司法》第50条允许股东人数较少或者规模较小的有限责任公司的执行董事兼任公司经理，实质上并

---

① 我国《公司法》、《企业国有资产法》仅规定上市公司设立独立董事，对政府非执行董事没有作出规定。

未禁止董事长兼任总经理或经理。但我国《企业国有资产法》第25条第2款规定，未经履行出资人职责的机构同意，国有独资公司的董事长不得兼任经理；未经股东会、股东大会同意，国有资本控股公司的董事长不得兼任经理。这一规定应当作为一项基本制度得到切实的执行。

4. 建立科学合理的国有企业经营者激励与责任机制

有效的国有企业经营者激励机制是确保吸纳优秀的经营者、经理人进入国有企业的重要条件，但激励与约束必须双管齐下。（1）在激励方式上，应当以突出薪金、期股等经济性激励，淡化职务晋升等行政性激励，要建立短期刺激与长期刺激相结合、物质刺激与精神奖励相结合的经营者激励机制，对经营者以高额薪金、利润分成等方式实现短期激励，以股份、股票期权等方式实现长期激励，并辅之以授予荣誉称号等精神奖励。（2）要完善国有企业经营者责任制度。我国现有的经营者责任只有行政责任和刑事责任，而没有相应的民事责任。应当建立董事、经理重大过失赔偿制度等民事责任制度，并辅之以董事、经理责任保险制度，适当分化董事、经理的经营风险。

（二）改造国有企业内部权力结构以有效地监督国有企业经营者

国有企业经营者权力的变型运作，是直接导致国有资产的流失、严重影响国有独资公司、国有资本控股公司的市场形象和市场竞争力的主要原因。因此，经营性国有资产监督管理体制的创新就必须以改造国有企业的内部权力结构、规范经营者权力的行使等微观制度建设为突破口。

国有企业经营者权力的变型运作，一则源于其权力授予机制的不合理安排；二则源于现行公司法对国有独资公司、国有资本控股公司治理结构的粗线条设计；三则源于现行国有企业普遍存在的有效监督机制的缺失。在国有企业经营者拥有绝对权力且只享有权力而又不能受到有效监督，因而无须承担义务和责任的情况下，国有企业经营者是否专权、擅权和滥用权力，则完全视国有企业经营者个人的爱好与道德自制力的有无①。正因为如此，笔者认为，规范国有企业经营者的权力运行，必须从以下几个方面入手，在法律制度层面进行整体设计。②

1. 改变国有股董事的结构

在国家直接投资情形下，向国有独资公司、国有资本控股公司委任的政府董事（即国家股董事）应分设为政府非执行董事和政府执行董事两类；在国有企业转投资情形下，向转投资子公司、参股公司委任的国有法人股董事，应分设为国有法人股非执行董事和国有法人股执行董事。把国有股董事分设为非执行董事和执行董事，有利于他们之间的相互合作和彼此监督。

2. 变现有国有独资公司、国有资本控股公司二元、三角形权力结构为双层权力结构

现行监督机构无论是外派监事会还是内生监事会，均在形式上处于与董事会相对独立的地位，由于董事会的权力过分集中，居于劣势的监事会被权力边缘化或在信息严重不对称的情势下，根本起不到监督董事会的作用。如果借用德国公司双层制的治理结构，即先成立国有独资公司、国有资本控股公司之监事会，在监事会选举机制上产生公司董事会，使董事会之权力出自监事会，向监事会负责，则可为监事会进行后续监督奠定权力基础。监事会代行股东会的部分权力，使一般公司中的股东会职能与监事会职能合二为一，这样监事会就取得了重大的内部人事决定权、董事会成员之选举权与罢免权、后续监督权等。此一制度设

<hr>

① 肖海军：《大陆国有企业公司化改制后引发的现代公司治理结构变型运作及立法对策》，载《台北大学法学论丛》2001年第48期，第221—246页。

② 关于国有独资公司治理结构，目前有学者提出设立股东会、董事会、监事会三机构；2000年4月国务院法制办提出的《公司法修改建议讨论稿》则主张"国有独资公司不设股东会与董事会"。参见李建伟：《国有独资公司前沿问题研究》，法律出版社2002年版，第177—178页。

计不仅根本改变了国有独资公司、国有资本控股公司内部权力结构，从而有利于强化对董事会的监督力度；而且也与我国人民代表大会的政治制度兼容，有较强的可操作性。

3. 改善监事会的内部结构，并使之内置化

具体做法为：第一，取消现行的外派监事会制度[1]，统一改为向国有独资公司、国有资本控股公司委派国有股（国家股或国有法人股）监事[2]；使之与聘请的外部监事和由职工代表大会推荐或选举的职工监事，共同组成国有独资公司、国有资本控股公司监事会。第二，监事会内置于企业内部，为常设机构，以加强对董事会、国有股董事、董事长的经常性监督。

---

[1] 参见《国有企业监事会暂行条例》（2000 年）、《国有重点金融企业监事会暂行条例》（2000 年）。

[2] 肖海军：《新型经营性国有资产监督体制的构建》，载《中国法学》2001 年专号；肖海军：《国有股权法律制度研究》，中国人民公安大学出版社 2001 年版，第 148—149 页。

第九章　国有股权代表人代表权的行使

第一节　国家出资企业的治理结构

国有资产出资人（股权）代表之代表权行使一个最为重要的条件，是必须借助国有企业内部的治理结构和特定治理机构，这是因为国有资产出资人（股权）代表的职权与职责，只有通过特定的国有企业内部治理机构，才能具体、充分地得到发挥。因此，研究国有资产出资人（股权）代表之代表权行使，就必须要考察其行使权利（力）的内部治理制度环境。在国家出资企业内部治理结构的制度构建中，又以国有独资企业和国有独资公司的治理结构最具特质，其他如国有资本控股公司、国有资本参股公司，其治理结构、具体运行与一般公司没有太大的差异。而只有国有独资企业和国有独资公司的内部治理结构，不同于一般公司和企业，其对国有资产出资人（股权）代表之权利（力）范围、行使方式、表现形式和监督效果，均具有实质的影响。以下重点对国有独资企业和国有独资公司的内部治理结构进行考察。

一、经营者首长负责制：国有独资企业的内部治理模式

（一）首长负责制是国有独资企业内部治理结构的基本特点

国有独资企业，又称为全民所有制企业。作为非公司制国有企业，全民所有制企业是特定历史时期的产物。目前我国国有独资企业的有关内部治理和制度安排，均适用 1988 年颁发的《全民所有

制工业企业法》。我国《全民所有制工业企业法》第 7 条规定，全民所有制企业实行厂长（经理）负责制。厂长依法行使职权，受法律保护。这表明，经营者首长负责制是全民所有制企业内部治理结构的基本制度模式。首长负责制的基本特点是：（1）厂长（经理）为企业的法定代表人。（2）厂长（经理）作为企业的负责人处于居于权力中心的地位，企业的副厂长、总工程师、总经济师、总会计师、法律顾问和各部门负责人，均在厂长的领导下进行工作，并对厂长负责。（3）厂长（经理）全权代表国家行使对国有企业的经营、管理权。（4）厂长（经理）作为国有出资人代表和企业法定代表人，既要向国家负责，也要向企业职工负责。

（二）厂长、经理与厂长、经理负责制

1. 厂长（经理）的任职条件与产生方式

根据 1986 年 9 月 16 日中共中央、国务院发布的《全民所有制工业企业厂长工作条例》第 8 条的规定，厂长应当具备以下条件：（1）有从事社会主义建设事业的革命精神，能坚持企业的社会主义经营方向；（2）熟悉本行业生产业务，懂得有关的经济政策和法律、法规，善于经营管理，有组织领导能力；（3）廉洁奉公，联系群众，有民主作风；（4）大中型企业的厂长一般应当具有大专以上文化水平，小型企业的厂长一般不应低于中等文化水平，或者通过国家厂长考试，成绩及格；（5）身体健康，能适应工作的需要。

《全民所有制工业企业法》第 44 条规定，厂长的产生，除国务院另有规定外，由政府主管部门根据企业的情况决定采取下列一种方式：（1）政府主管部门委任或者招聘。（2）企业职工代表大会选举。政府主管部门委任或者招聘的厂长人选，须征求职工代表的意见；企业职工代表大会选举的厂长，须报政府主管部门批准。政府主管部门委任或者招聘的厂长，由政府主管部门免职或者解聘，并须征求职工代表的意见；企业职工代表大会选举的厂长，由职工代表大会罢免，并须报政府主管部门批准。

2. 厂长（经理）的法律地位

《全民所有制工业企业法》第 45 条规定，厂长是企业的法定代表人。企业建立以厂长为首的生产经营管理系统。厂长在企业中处于中心地位，对企业的物质文明建设和精神文明建设负有全面责任。第 47 条规定，企业设立管理委员会或者通过其他形式，协助厂长决定企业的重大问题。管理委员会由企业各方面的负责人和职工代表组成。厂长任管理委员会主任。《全民所有制工业企业厂长工作条例》第 11 条规定，企业设立管理委员会，就企业经营管理中的重大问题协助厂长决策。管理委员会由厂长、副厂长、总工程师、总经济师、总会计师，党委会书记、工会主席、团委书记和职工代表大会选出的职工代表组成。职工代表（包括工会主席）人数一般应当为管理委员会全体成员的1/3。其中参加企业管理委员会的职工代表，由职工代表大会推选产生。参加企业管理委员会的职工代表要向职工代表大会汇报工作，接受职工代表大会监督。职工代表大会有权撤换参加管理委员会的职工代表。根据这这些规定，全民所有制企业厂长（经理）的法律地位可概括为以下几个方面：（1）厂长（经理）是企业的法定代表人，有权代表企业从事营业活动和签订各种协议。（2）厂长（经理）是企业的负责人，全面负责全民所有制企业的经营管理。（3）作为企业管理委员会主任，厂长（经理）是企业经营决策机构的决定者，有权在民主协商和广采众长的基础上，对企业各种经营、管理方面的事务作出决策。

应当指出的是，厂长（经理）在对下列重大问题进行决策之前，应当提交企业管理委员会讨论：（1）经营方针、长远规划和年度计划、基本建设方案和重大技术改造方案，职工培训计划，工资调整方案，留用资金分配和使用方案，承包和租赁经营责任制方案。（2）工资列入企业成本开支的企业人员编制和行政机构的设置和调整。（3）制订、修改和废除重要规章制度的方案。

需要说明的是，由于《全民所有制工业企业法》制定于计划经济时期，当时对国家（政府）与企业之间的关系定位依据的是授权经营理论，而没有把国家（政府）界定为出资人，因此，在《全民所有制工业企业法》的制度框架下，厂长（经理）仅为国家（政府）授权经营企业的负责人。但是，在 2008 年《企业国有资产法》的制度框架中，国家（政府）与国有独资企业之间的关系则为出资人与企业的关系，此时作为国有独资企业的经理则已不仅是国有独资企业的经营负责人，而更应是国家（政府）委任到国有独资企业中任职、代表国家（政府）行使国家出资人权利（力）的国家出资人代表。

3. 厂长（经理）的职权

根据《全民所有制工业企业法》第 45 条和《全民所有制工业企业厂长工作条例》的有关规定，厂长领导企业的生产经营管理工作，行使下列职权：（1）依照法律和国务院规定，决定或者报请审查批准企业的各项计划。（2）企业经营管理工作的决策权和生产指挥权。厂长同管理委员会的多数成员对经营管理中的重大问题意见不一致时，厂长有权作出决定。（3）决定企业行政机构的设置。企业根据规模大小和生产经营的需要，可设总工程师、总经济师、总会计师等厂级经济技术负责人。厂长可以设置专职或聘请兼职的法律顾问。行政职能科（室）科长（主任）和车间主任，在厂长或分管的厂级负责人的直接领导下进行工作，并对厂长或分管的厂级负责人负责。（4）提请政府主管部门任免或者聘任、解聘副厂级行政领导干部。企业是否设副厂长以及副厂长的名额，由厂长提出方案，报企业主管机关决定。厂长暂时不能履行职责时，由厂长指定一名厂级负责人代理其职务。（5）任免或者聘任、解聘企业中层行政领导干部。副厂长和厂级经济技术负责人，以及中层行政干部的人选方案由厂长负责提出，并征求企业党委会意见。中层行政干部由厂长决定任免；厂级行政副职按干部管理权限上报审批。厂长用人必须坚持德才兼备、任人唯贤的原则。人选方案，厂长应当倾听各方面意见，经充分酝酿后提出。法律另有规定的除外。（6）提出工资调整方案、奖金分配方案和重要的规章制度，提请职工代表大会审查同意。提出福利基金使用方案和其他有关职工生活福利的重大事项的建议，提请职工代表大会审议决定。
（7）依法奖惩职工；提请政府主管部门奖惩副厂级行政领导干部。
除经营亏损企业外，厂长对确有特殊贡献的职工可按国家规定予
以晋级。厂长对违纪职工，有权予以行政处分，直至辞退；辞退
职工应征求本企业工会的意见。厂长对厂级干部的奖惩、调资、
晋级和对中层行政干部的奖惩、调资、晋级应按照干部管理权限
上报审批。（8）厂长有权拒绝企业外部任何组织和个人抽调、借
用企业的人员，无偿占用企业的资金和物资，对企业摊派劳务、费
用。（9）厂长在领导企业完成计划、提高产品质量和服务质量、
提高经济效益和加强精神文明建设等方面成绩显著的，由政府主管
部门给予奖励。厂长按照法律规定行使职权时，受国家法律保护，
任何组织和个人不得威胁、压制、阻挠和打击报复。

4. 厂长（经理）的职责

根据《全民所有制工业企业法》第46条和《全民所有制工业
企业厂长工作条例》的有关规定，厂长（经理）应当履行下列职
责：（1）厂长必须依靠职工群众履行法律规定的企业的各项义务，
支持职工代表大会、工会和其他群众组织的工作，执行职工代表大
会依法作出的决定。（2）厂长应当根据国家计划和市场需求，结
合任期责任目标，提出企业的年度经营目标和发展方向，经管理委
员会讨论和职工代表大会审议后组织实施。（3）厂长应当组织企
业各方面的力量，保证完成国家计划，组织实施国家下达给企业的
各项任务，严格履行经济合同。（4）厂长应当注重市场信息，不
断开发新产品，降低成本和费用，增强企业的应变力、竞争力。
（5）厂长应当通过严格的质量管理，保证产品质量达到国家规定
的标准或合同的要求。（6）厂长应当不断改善企业的劳动条件，
高度重视安全生产，认真搞好环境保护。厂长应当在发展生产、提
高经济效益的基础上，逐步改善职工的物质文化生活条件。厂长应
当组织职工群众切实做好企业的治安保卫工作。（7）厂长应当采
取切实措施，推进企业的技术进步和企业的现代化管理，提高经济
效益，增强企业自我改造和自我发展能力。（8）厂长应当采取切

实措施，进行智力投资和人才开发，加强对职工的思想、文化、业务教育，组织职工进行技术革新，支持合理化建议，做好思想政治工作，充分发挥职工参加社会主义建设的主动性、积极性和创造性。（9）厂长应当按照法律、法规规定，保障企业职工代表大会和工会行使其职权；在决定同广大职工切身利益有关的问题时，应当征求企业工会的意见。厂长应当支持企业共青团和科协等群众组织的工作，充分发挥其在社会主义建设中的积极作用。

5. 厂长（经理）的任期

根据《全民所有制工业企业厂长工作条例》的有关规定，厂长每届任期3—5年，可以连任。厂长任期内，实行任期目标责任制。厂长应当根据国家要求、社会需要，结合企业实际，提出企业的长远发展目标和实现长远发展目标的任期责任目标，经管理委员会和职工代表大会讨论并报企业主管机关批准后组织实施。任期责任目标的实施，应当作为对厂长考核、监督和决定可否连任的主要依据之一。厂长任期届满前，原任命或批准机关应当根据厂长在任期内的实绩，在听取职工代表大会意见的基础上作出连任或离任的决定。

厂长在任期内申请辞职，必须向企业主管机关提出书面报告，经原任命或批准机关同意后方可离职。职工代表大会提出要求罢免厂长的建议时，企业主管机关应当在30天内调查处理完毕。在调查处理期间，厂长是否继续履行职责，应当由企业主管机关决定。厂长在任期内因为不胜任或有严重失职行为，企业主管机关有权免除其职务。厂长在任期内，企业主管机关和干部管理机关一般不调动厂长工作。厂长离任前，企业主管机关（或会同干部管理机关）可以提请审计机关对厂长进行经济责任审计评议。

6. 对厂长（经理）的奖惩

根据《全民所有制工业企业法》和《全民所有制工业企业厂长工作条例》的有关规定，厂长在工作中成绩显著，具有下列情形之一者，给予荣誉奖励、一次性物质奖励或晋级奖励：（1）主要经济技术指标达到国际先进水平，或在全国同行业、同类企业中达到先进水平；（2）产品进入国际市场、有竞争能力，为国家创汇做出较大贡献；（3）产品销售额、实现利润、上交税利连续3年以上有较大幅度增长，职工收入有所增加；（4）创优质名牌产品，社会经济效益显著；（5）推行技术改造和技术进步成绩显著，有重大技术突破，或为企业创造了自我发展的条件；（6）推行现代化管理取得显著效果。

由于厂长工作上的过错，发生下列情形，应当区别情节轻重，给予处分：（1）违反法律、法规和规章制度，损害国家、企业、职工、用户或消费者利益；（2）没有不可克服的外部原因，连续两年完不成国家指令性计划；（3）有条件履行而未履行经济合同，造成重大经济损失；（4）忽视产品质量，多次发生重大质量事故；（5）在物质、技术条件许可的条件下，忽视环境保护，造成严重污染；（6）由于指挥不当，管理不善，企业发生重大安全事故，使国家财产、人民生命财产遭到重大损失；（7）犯有其他严重错误。厂长以权谋私，违法乱纪，弄虚作假，骗取荣誉或经济利益，应当区别情况，给予处分；触犯刑律的，依法追究刑事责任。对厂长的奖惩和调资、晋级，由企业主管机关决定；或由企业主管机关提出，按照干部管理权限报上级机关决定。

（三）职工代表大会与工会委员会

1. 职工代表大会的法律地位

我国《全民所有制工业企业法》第 9 条规定，国家保障职工的主人翁地位，职工的合法权益受法律保护。第 10 条规定，企业通过职工代表大会和其他形式，实行民主管理。第 11 条规定，企业工会代表和维护职工利益，依法独立自主地开展工作。企业工会组织职工参加民主管理和民主监督。企业应当充分发挥青年职工、女职工和科学技术人员的作用。根据这些规定，职工代表大会的法律地位概括如下：（1）职工代表大会是由全民所有制企业职工通过选举或推举的方式产生职工代表所组成的会议体机关。（2）职工代表大会是协助厂长（经理）进行民主管理的一种重要的组织形式。（3）职工代表大会是企业实行民主管理的基本形式，是职工行使民主管理权力的机构。（4）职工代表大会是维护企业职工合法权益的机构。（5）职工代表大会是对企业经营、管理实行民主监督的机构。（6）职工代表大会接受企业党的基层委员会（含不设基层委员会的党总支部委员会、支部委员会）的思想政治领导。

2. 职工代表大会的职权

根据《全民所有制工业企业法》和《全民所有制工业企业职工代表大会条例》（1986年9月15日）的有关规定，职工代表大会行使下列职权：（1）听取和审议厂长关于企业的经营方针、长远规划、年度计划、基本建设方案、重大技术改造方案、职工培训计划、留用资金分配和使用方案、承包和租赁经营责任制方案的报告，提出意见和建议。（2）审查同意或者否决企业的工资调整方案、奖金分配方案、劳动保护措施、奖惩办法以及其他重要的规章制度。（3）审议决定职工福利基金使用方案、职工住宅分配方案和其他有关职工生活福利的重大事项。（4）评议、监督企业各级行政领导干部，提出奖惩和任免的建议。对工作卓有成绩的干部，可以建议给予奖励，包括晋级、提职。对不称职的干部，可以建议免职或降职。对工作不负责任或者以权谋私，造成严重后果的干部，可以建议给予处分，直至撤职。（5）根据政府主管部门的决定选举厂长，报政府主管部门批准。主管机关任命或者免除企业行政领导人员的职务时，必须充分考虑职工代表大会的意见。职工代表大会根据主管机关的部署，可以民主推荐厂长人选，也可以民主选举厂长，报主管机关审批。

3. 职工代表大会的组织制度

根据《全民所有制工业企业法》和《全民所有制工业企业职工代表大会条例》的有关规定，车间（分厂）可以根据具体情况，采取职工大会或职工代表大会、职工代表组等形式，对本单位权限范围内的事务行使民主管理的权力。车间（分厂）通过职工大会、职工代表组或者其他形式实行民主管理。工人直接参加班组的民主管理。车间（分厂）民主管理的日常工作，由车间（分厂）工会委员会主持。班组的民主管理，由职工直接参加，在本班组的工会组长和职工代表的主持下开展活动，也可以根据需要推选若干民主管理员，负责班组的日常民主管理。

职工代表大会可根据需要，设立若干精干的临时的或经常性的专门小组（或专门委员会），完成职工代表大会交办的有关事项。其主要工作是：审议提交职工代表大会的有关议案；在职工代表大会闭会期间，根据职工代表大会的授权，审定属本专门小组分工范围内需要临时决定的问题，并向职工代表大会报告予以确认；检查、督促有关部门贯彻执行职工代表大会决议和职工提案的处理；办理职工代表大会交办的其他事项。专门小组进行活动需要占用生产或者工作时间，有权按照正常出勤享受应得的待遇，但需经厂长同意。各专门小组的人选，一般在职工代表中提名；也可以聘请非职工代表，但必须经职工代表大会通过。各专门小组对职工代表大会负责。

4. 职工代表大会的工作制度

根据《全民所有制工业企业法》和《全民所有制工业企业职工代表大会条例》的有关规定，职工代表大会作为会议体机关，其基本工作方式是开会。职工代表大会选举主席团主持会议。主席团成员应有工人、技术人员、管理人员和企业的领导干部。其中工人、技术人员、管理人员应超过半数。

职工代表大会至少每半年召开 1 次。每次会议必须有 2/3 以上的职工代表出席。遇有重大事项，经厂长、企业工会或 1/3 以上职工代表的提议，可召开临时会议。

职工代表大会实行民主集中制。职工代表大会进行选举和作出决议，必须经全体职工代表过半数通过。职工代表大会应当围绕增强企业活力、促进技术进步、提高经济效益，针对企业经营管理、分配制度和职工生活等方面的重要问题确定议题。职工代表大会在其职权范围内决定的事项，非经职工代表大会同意不得修改。

5. 工会委员会

根据《全民所有制工业企业法》和《全民所有制工业企业职工代表大会条例》的有关规定,职工代表大会的工作机构是企业的工会委员会。企业的工会委员会负责职工代表大会日常工作,承担下列工作:(1)组织职工选举职工代表;(2)提出职工代表大会议题的建议,主持职工代表大会的筹备工作和会议的组织工作;(3)主持职工代表团(组)长、专门小组负责人联席会议;(4)组织专门小组进行调查研究,向职工代表大会提出建议,检查督促大会决议的执行情况,发动职工落实职工代表大会决议;(5)向职工进行民主管理的宣传教育,组织职工代表学习政策、业务和管理知识,提高职工代表素质;(6)接受和处理职工代表的申诉和建议,维护职工代表的合法权益;(7)组织企业民主管理的其他工作。

职工代表大会闭会期间,需要临时解决的重要问题,由工会委员会召集职工代表团(组)长和专门小组负责人联席会议,协商处理,并向下一次职工代表大会报告予以确认。联席会议可以根据会议内容邀请企业党政负责人或其他有关人员参加。

6. 职工代表大会与厂长(经理)的关系

职工代表大会与厂长(经理)的关系可以从两个方面予以概括:(1)合作关系。一方面,职工代表大会应当支持厂长依法行使经营管理决策和统一指挥生产活动的职权。另一方面,厂长(经理)应当维护职工与职工代表大会的合法权益,执行职工代表大会所作出的各种决议。此外,在职工代表大会上,可以由厂长代表行政、工会主席代表职工签订集体合同或共同协议,为企业发展的共同目标,互相承担义务,保证贯彻执行。(2)监督关系。职工代表大会有权对由厂长(经理)所提出各种决议案、工作报告进行审议、审查,有权对厂长(经理)的工作和业绩进行评议和监督。职工代表大会对厂长在其职权范围内决定的问题有不同意见时,可以向厂长提出建议,也可以报告上级工会。厂长对职工代表大会在其职权范围内决定的事项如有不同意见,可以提请复议。复议后仍有不同意见的，厂长应当按决定执行，同时报告上级主管机关。

（四）企业党组织

1. 企业党组织的法律地位

根据《全民所有制工业企业法》第 8 条的规定，中国共产党在企业中的基层组织，对党和国家的方针、政策在本企业的贯彻执行实行保证监督。根据中共中央、国务院发布的《中国共产党全民所有制工业企业基层组织工作条例》（1986 年 9 月 15 日）的规定，中国共产党在企业中的基层组织特别是党委会的法律地位可作以下概括：（1）中国共产党在企业中的党委会是企业的政治领导机关。企业中党的基层委员会对企业实行思想政治领导，即保证、监督党和国家各项方针、政策的贯彻执行，支持群众组织独立负责地开展工作，认真做好思想政治工作，发挥党组织的战斗堡垒作用和党员的先锋模范作用，以保证企业沿着社会主义方向发展。（2）中国共产党在企业中的党委会是企业党员干部的组织管理机关。企业党委会应当按照党的干部路线和干部政策，对企业各级干部进行教育、培养、考察和监督。对厂长提出的副厂长和经济技术负责人以及中层行政干部的人选方案，企业党委会应当积极提出意见和建议。（3）中国共产党在企业中的党委会是团结企业各种积极性力量的思想政治领导机关。党委会对职工代表大会实行思想政治领导，保障职工代表大会行使规定的权力；向职工代表大会宣传党的路线、方针、政策，通过党员职工代表的先锋模范作用，把党的方针、政策变成群众的自觉行动；教育职工不断提高主人翁责任感，支持、引导职工代表正确地行使权利和履行义务。发挥工会和共青团的作用，同心协力，共同努力办好社会主义企业。（4）中国共产党在企业中的党委会是企业的保证监督机关。保证和监督是企业党委会的重要职责。党委会应当以积极态度，把保证和监督贯穿于企业经济活动的全过程，党委会对厂长在企业生产经营重大问题上的决策，应当积极支持，保证实现。对厂长的决策，党委会有不同意见，应当及时提出，必要时应当报告上级主管机关或上级党组织。

2. 企业党组织的主要任务

企业党组织的主要任务是：（1）保证和监督党和国家各项方针、政策的贯彻实施；（2）搞好企业党的思想建设、组织建设、改进工作作风；（3）支持厂长实现任期目标和生产经营的统一指挥；（4）做好职工思想政治工作；（5）加强对群众组织的思想政治领导，做好群众工作。

3. 企业党组织的基本职能

（1）政治领导。企业党组织贯彻民主集中制的原则，党内应当充分发扬民主，建立和健全健康的政治生活，加强组织性和纪律性。党委会书记主持日常工作，组织贯彻党委会决议并检查决议的执行情况，带头执行民主集中制和党的纪律，搞好党委会领导班子的建设，深入基层及时发现和解决问题。

（2）思想教育与作风建设。企业党委会应当着重从以下几个方面改进工作方法和工作作风：坚持改革，转变观念，积极探索如何发挥保证、监督作用；敢讲真话，坚持原则，多做实事，讲求工作实效；深入实际，调查研究，不断了解新情况，解决新问题，总结推广新经验；发扬党的优良传统和作风，艰苦奋斗，联系群众，以身作则，公私分明，自觉抵制各种不正之风。车间的党组织在党委会的领导下，认真贯彻党的方针，政策，正确执行党委会的决议和厂部的指令，加强对党员的教育和管理，加强对本车间的工会、共青团组织的思想政治领导，做好职工的思想政治工作，同行政负责人密切配合，加强团结，充分发挥保证、监督作用。科室的党组织对党员干部进行教育和监督，做好思想政治工作，保证各项任务的完成。企业党委会对在工作中作出显著成绩的党员，应当给予表彰和奖励，对工作失职造成损失的，应当给予批评；违反党纪的，应当严肃处理。

（3）组织建设。企业党组织应当经常了解和研究党员的思想情况，帮助党员解决思想问题和实际困难；做好发展党员的工作；

认真培养和考察积极分子，坚持党员条件，按照党章规定履行入党手续，保证新党员的质量；健全党的组织生活制度；党委会成员除参加所在党小组的活动外，每半年开一次民主生活会；党支部每季度至少开一次党员大会，开一次组织生活会，进行一次党课教育；党员领导干部应当以普通党员身份带头参加党的活动。

（4）保证与监督。企业党组织保证和监督的主要内容包括：企业生产经营的社会主义方向；企业职工能够充分享有民主权利；企业正确处理好国家、企业和职工三者利益关系；企业遵纪守法，维护国家利益和企业的合法权益；企业和厂长正确执行党的各项方针、政策。

企业党组织应当采取以下方法使保证和监督工作落实：组织党员、干部认真学习党和国家的方针、政策、法律、法规，发挥党员的先锋模范作用；定期听取厂长的工作报告，提出意见和建议；加强纪律检查工作；健全党的组织生活制度，开展批评与自我批评；通过各种形式监督干部。

（五）国有独资企业的决策机制与经理的事权范围

1. 党委会领导下的经理负责制被进一步强化

自 1999 年 9 月 22 日中共十五届四中全会审议通过《关于国有企业改革和发展若干重大问题的决定》以来，在国有独资企业实行党委会领导下的经理负责制被一再强调。近年来，该制度进一步强化，国有独资企业党委（组）在对企业重大问题的经营决策作用越来越发挥着集体制约的作用，经理集中性的经营性权力相对受到一定的限制。

2. 重大事项的集体决定制

2010 年 7 月 15 日中共中央办公厅、国务院办公厅联合发布的《关于进一步推进国有企业贯彻落实"三重一大"决策制度的意见》，把原属党政决策中的"三重一大"决策制度推广到国有企业内部的决策过程，对国有企业经营管理中涉及"重大决策、重要人事任免、重大项目安排和大额度资金运作"即"三重一大"事项，规定必须由领导班子集体作出决定。所谓"三重一大"事项的主要范围包括：（1）重大决策事项，即指依照《公司法》、《全民所有制工业企业法》、《国企业国有资产法》、《商业银行法》、《证券法》、《保险法》以及其他有关法律法规和党内法规规定的应当由股东大会（股东会）、董事会、未设董事会的经理班子、职工代表大会和党委（党组）决定的事项。主要包括企业贯彻执行党和国家的路线方针政策、法律法规和上级重要决定的重大措施，企业发展战略、破产、改制、兼并重组、资产调整、产权转让、对外投资、利益调配、机构调整等方面的重大决策，企业党的建设和安全稳定的重大决策，以及其他重大决策事项。（2）重要人事任免事项，即指企业直接管理的领导人员以及其他经营管理人员的职务调整事项，主要包括企业中层以上经营管理人员和下属企业、单位领导班子成员的任免、聘用、解除聘用和后备人选的确定，向控股和参股企业委派股东代表，推荐董事会、监事会成员和经理、财务负责人，以及其他重要人事任免事项。（3）重大项目安排事项，即指对企业资产规模、资本结构、盈利能力以及生产装备、技术状况等产生重要影响的项目的设立和安排。主要包括年度投资计划，融资、担保项目，期权、期货等金融衍生业务，重要设备和技术引进，采购大宗物资和购买服务，重大工程建设项目，以及其他重大项目安排事项。（4）大额度资金运作事项，即指超过由企业或者履行国有资产出资人职责的机构所规定的企业领导人员有权调动、使用的资金限额的资金调动和使用。主要包括年度预算内大额度资金调动和使用，超预算的资金调动和使用，对外大额捐赠、赞助，以及其他大额度资金运作事项。① 凡属以上所列"三重一大"范围的事项，均须由国有独资企业的党委（党组）、经理班子以会议的形式作出集体决策，不得以个别征求意见等方式作出决策。这些规定在一定程度上严格限制了原有经理的事权范围。

---

① 参见中共中央办公厅、国务院办公厅《关于进一步推进国有企业贯彻落实"三重一大"决策制度的意见》（2010年）第2条。

3. 政府与政府履行国家出资人职责的机构和国有独资企业的事权范围得到较大调整

2008 年《企业国有资产法》出台后，政府及政府履行国家出资人职责的机构的绝大部分权力被锁定在国家出资人权利（力）的范畴，相对而言，原授权经营体制政府下放、授予全民所有制企业所享有的一部分权利（力），部分得到了充实，但国有独资企业"合并、分立，增加或者减少注册资本，发行债券，分配利润，以及解散、申请破产"、"企业改制"、"与关联方的交易"等重大事项的决定权，却被收归政府及政府履行国家出资人职责的机构①。也就是说，国有独资企业及经理的经营事务性权利范围扩大了，对国有独资企业财产、资产、资本、组织变更等实质性处分的权利（力）被压缩了。

4. 监督权的引入与监督机构的外置

为了强化对国有独资企业经营者的监督，我国自 20 世纪 90 年代开始，就尝试建立对国有企业及经营者的监督制度，其中代表性制度模式有 1998 年 7 月启动并实施近 3 年的国务院稽察特派员制度和 2000 年 3 月开始实施的国有重点企业的外派监事会制度，其中又以国有重点企业的外派监事会制度最具稳定性。在国有独资企业内部没有常设监督机构的情形下，由国务院或地方政府外派的监事会机构和监事，因其代表政府，比由政府履行国家出资人职责的机构委任、派出的经理等经营管理人员地位要高、职权更重，对国有独资企业经营者的营业监督发挥着比较大的监督效应。但是，由于外派监事会机构或监事的监督具有检查、巡视等性质，其监督尚不具有经常化和制度化，不能成为现有国有独资企业内部监督制度的有机组成部分，因而其营业监督的效应被大打折扣。

5. 职工参与权开始被重视

应该说，1988 年《全民所有制工业企业法》赋予企业职工比较广泛的内部参与权和监督权，但事实上，该法这一良好的制度设

① 参见《企业国有资产法》（2008 年）第 31 条、第 40 条、第 45 条。

计却从未得到过认真、有效的实施。近年来相关政策性文件开始重视国有独资企业内部的职工参与，但离 1988 年《全民所有制工业企业法》的制度安排仍相去甚远。

二、二元权力结构：国有独资公司的内部治理模式

（一）二元权力结构是国有独资公司内部治理结构的基本形式

我国《公司法》（2013 年修订）第 65 条规定，国有独资公司不设股东会，由国家授权投资的机构或者国家授权的部门，授权公司董事会行使股东会的部分职权。第 66 条规定，国有独资公司监事会主要由国务院或者国务院授权的机构、部门委派的人员组成，并有公司职工代表参加；监事会行使公司法规定的职权和国务院规定的其他职权。从这些规定，不难发现，我国国有独资公司之内部治理属于由董事会和监事会这两个机关所构成的二元权力型结构。其基本特征如前文所述。

（二）国有股董事与董事会

1. 国有股董事

所谓国有股董事，是指国有股持股主体（国家或政府、国有企业法人）依照公司法和公司章程直接委派的行使董事权利的代表（如国有独资公司或控股公司）以及推荐的并经过股东大会选举确定的担任董事的代表，其形式包括国家股董事代表和国有法人股董事代表。对于国有股董事之定位，即究竟属于国有股东之代表，还是属于国有股所在公司之代理人或代表人，学术界以及立法上意见不一。笔者认为，国有股董事是国有股持股主体之代表与公司之代表的集合，首先，国有股董事是一种具典型的股东董事性质的董事，自然应是国有股东的代表。其次，由于国有股董事必须经过公司股东大会的选举程序方可进入公司内部机构，而董事会是公司之代表机构而非仅为股东（即便是控股股东也不例外）之决策

经营机构，故国有股董事之决策经营行为又应是公司之决策经营行为，国有股董事又应为公司之代表。

如前所述，由于国有股董事本身产生的特殊性，使其具有股东董事的属性，在其职权行使过程中，形成了以下三种法律关系：（1）国有股董事与国有股持股主体之间的代表关系。即国有股董事是基于持股主体的委派、推荐、选举而产生的正式董事或董事候选人，无疑应代表国有股持股主体的利益；同时国有股董事本身的身份，使其也不得不或强或弱地受到国有股持股主体的约束或控制。（2）国有股董事与公司其他股东之间的委托代理关系。除国有独资公司外，国有股董事的合法性必须经公司股东（大）会的选举予以确认，即使国有股绝对地控股，这种法定程序在形式上也是必要的，否则国有股董事就无法以合法身份进入董事会。国有股董事产生的这一程序机制，所体现的是所有公司股东的共同意志与集体愿望，是公司股东基于对国有股董事的信任，委以具体决策公司事务的重任，试图通过其卓越的工作以实现全体股东股份利益的最大与利润的按份均沾，这就决定了国有股董事一方面必须履行其谨慎、注意的责任，勤勉尽责地完成全体股东委托的事务；另一方面必须承担受托责任，不能使自己代表的国有股东利益跟公司的利益发生冲突，遵循有关竞业禁止的规定。①（3）国有股董事与公司法人的代理关系。董事会作为公司对外的代表机关，国有股董事仅是这一机关成员，即使国有股董事充当公司董事会之董事长，其对外之代表名义也必是公司而不应是国有股股东，因而国有股董事必须服从公司法与公司章程之约束，而不能拥有超越公司章程规定之例外权利，也不能无视公司章程规定之程序而行使权利，这样国有股股东对国有股董事的约束在公司制度的制衡下必然有所削弱。②

---

① 参见黄来纪：《董事禁止竞业义务论》，载《上海社会科学院学术季刊》1999 年第 3 期。

② 参见汪进元、贺航洲、王立亚：《股份制企业国有股法律问题研究》，载《法学评论》1995 年第 1 期。

国有股董事这种比较矛盾的身份属性，是国有企业公司制改革之后的必然结果，是其他股权与公司自治权对国有股权制衡的产物，也是公司自治机构能否正常发挥作用所必需。如国务院原国家国有资产管理局、国家经济体制改革委员会联合发布的《股份有限公司国有股权管理暂行办法》（1994 年）① 第 23 条规定："非经法定程序，国有股持股单位不得直接指定任何人担任公司董事，也不得要求任何董事只代表国有股持股单位的利益行使或事先单方面向国有股持股单位报告应当向全体股东同时披露的重要信息。公司的全体当选董事，无论是否由国家股持股单位提名，均应代表全体股东的利益，对全体股东负责。"其立意也在于此。

2. 国有独资公司董事会的构成

我国《公司法》（2013 年修订）第 67 条规定，国有独资公司设立董事会，依照公司法有关规定行使职权。董事会每届任期为 3 年。公司董事会成员为 3 人至 9 人，由国家授权投资的机构或者国家授权的部门按照董事会的任期委派或者更换。董事会成员中应当有公司职工代表。董事会中的职工代表由公司职工民主选举产生。董事会设董事长 1 人，可以视需要设副董事长。董事长、副董事长，由国家授权投资的机构或者国家授权的部门从董事会成员中指定。董事长为公司的法定代表人。国有独资公司设经理，由董事会聘任或者解聘。经理依照公司法的有关规定行使职权。经国家授权投资的机构或者国家授权的部门同意，董事会成员可以兼任经理。

国有独资公司的董事长、副董事长、董事、经理，未经国家授权投资的机构或者国家授权的部门同意，不得兼任其他有限责任公司、股份有限公司或者其他经营组织的负责人。

3. 国有独资公司董事会的职权

国有独资公司董事会的职权包括两个方面：（1）在国家授权投资的机构或者国家授权的部门的授权下行使股东会的部分职权，

---

① 该《暂行办法》已被 2008 年 1 月 31 日财政部发布的《关于公布废止和失效的财政规章和规范性文件目录（第十批）的决定》废止。

决定公司的重大事项，但公司的合并、分立、解散、增减资本和发行公司债券，必须由国家授权投资的机构或者国家授权的部门决定。（2）依法行使公司法规定应当由董事会行使的一系列职权。

（三）　国有股监事与监事会

1. 国有股监事

国有股监事是指国有股持股主体依法定程序委派的监事代表或者由其推举的候选人经过股东会选举担任监事的代表。国有股监事是否为国有股权代表，国内学者以及我国立法均无论及，使其地位处于不确定状态。笔者认为，国有股监事是一种履行某一特定职能并行使国有股持股主体的监督职权的国有出资人代表，是国有股权代表人的一种。（1）从国有股监事的产生来看，国有股监事是由国有股持股主体委派或者推举的候选人经股东大会选举产生，具有委托授权属性；（2）从国有股监事的设立目的来看，国有股监事的委派或候选人的推举，是国有股持股主体为了实现对包括国有股董事在内的公司董事会和经理机构进行监督，以维护国有股和所在公司的合法权益；（3）从国有股监事本身的职能来看，国有股监事既履行代表国有股持股主体对国有股董事进行监督，同时又受公司全体股东的委任和其他监事共同对包括国有股董事在内的公司董事会和公司经理机构进行监督，在公司自治机构的运作中发挥着权力制衡作用。可见国有股监事是国有股权代表人中不可或缺的一种。

根据《国有企业监事会暂行条例》（2000 年 3 月 15 日）第 18 条规定，国有股监事应当具备下列条件：（1）熟悉并能够贯彻执行国家有关法律、行政法规和规章制度；（2）具有财务、会计、审计或者宏观经济等方面的专业知识，比较熟悉企业经营管理工作；（3）坚持原则，廉洁自持，忠于职守；（4）具有较强的综合分析、判断和文字撰写能力，并具备独立工作能力。监事会主席和专职监事、派出监事实行回避原则，不得在其曾经管辖的行业、曾经工作过的企业或者其近亲属担任高级管理职务的企业的监事会中任职。需要说明的是，《国有企业监事会暂行条例》所规定的监事会与监事，不是严格意义上的国有股监事，而是政府向国有大型国有企业外派的监事会与监事，但其设定条件和派出程序对国有股监事的设置有一定的参考意义。

2. 国有独资公司监事会的构成与组织制度

根据我国《公司法》（2013 年修订）、《企业国有资产监督管理暂行条例》和《国有企业监事会暂行条例》的有关规定，国有独资公司监事会主要由国务院或者国务院授权国有资产监督管理机构任免或者建议任免的人员组成，并有公司职工代表参加。其中，国有重点大型企业监事会由国务院派出，对国务院负责，代表国家对国有重点大型企业的国有资产保值增值状况实施监督。监事会中的企业职工代表由企业职工代表大会民主选举产生，报监事会管理机构批准。企业负责人不得担任监事会中的企业职工代表。可见，现有国有独资公司监事会是一个纯粹的外派监督机构，属外派监事会的范畴。

监事会由主席 1 人、监事若干人组成。监事会的成员不得少于3 人。监事会行使公司法规定的职权和国务院规定的其他职权。监事分为专职监事和兼职监事，从有关部门和单位选任的监事，为专职；监事会中国务院有关部门、单位派出代表和企业职工代表担任的监事，为兼职。监事会可以聘请必要的工作人员。监事列席董事会会议。董事、经理及财务负责人不得兼任监事。监事会成员每届任期 3 年，其中监事会主席和专职监事、派出监事不得在同一企业连任。监事会主席和专职监事、派出监事可以担任 1—3 家企业监事会的相应职务。

监事会主席人选按照规定程序确定，由国务院任命。国有重点大型企业的监事会主席由副部级国家工作人员担任，为专职，年龄一般在 60 周岁以下。专职监事由监事会管理机构任命。专职监事由司（局）、处级国家工作人员担任，年龄一般在 55 周岁以下。监事会主席应当具有较高的政策水平，坚持原则，廉洁自持，熟悉经济工作。监事会主席履行下列职责：（1）召集、主持监事会会议；（2）负责监事会的日常工作；（3）审定、签署监事会的报告和其他重要文件；（4）应当由监事会主席履行的其他职责。

3. 国有独资公司监事会的基本职责

根据我国《公司法》和《国有企业监事会暂行条例》的有关规定，国有独资公司监事会以财务监督为核心，根据有关法律、行政法规和财政部的有关规定，对企业的财务活动及企业负责人的经营管理行为进行监督，确保国有资产及其权益不受侵犯。监事会与企业是监督与被监督的关系，监事会不参与、不干预企业的经营决策和经营管理活动。监事会管理机构负责监事会的日常管理工作，协调监事会与国务院有关部门和有关地方的联系，承办国务院交办的事项。

监事会应当履行下列职责：（1）检查企业贯彻执行有关法律、行政法规和规章制度的情况；（2）检查企业财务，查阅企业的财务会议资料及与企业经营管理活动有关的其他资料，验证企业财务会计报告的真实性、合法性；（3）检查企业的经营效益、利润分配、国有资产保值增值、资产运营等情况；（4）检查企业负责人的经营行为，并对其经营管理业绩进行评价，提出奖惩、任免建议。

4. 国有独资公司监事会的工作方式

监事会一般每年对企业定期检查1—2次，并可以根据实际需要不定期地对企业进行专项检查。监事会开展监督检查，可以采取下列方式：（1）听取企业负责人有关财务、资产状况和经营管理情况的汇报，在企业召开与监督检查事项有关的会议；（2）查阅企业的财务会计报告、会计凭证、会计账簿等财务会计资料以及与经营管理活动有关的其他资料；（3）核查企业的财务、资产状况，向职工了解情况、听取意见，必要时要求企业负责人作出说明；（4）向财政、工商、税务、审计、海关等有关部门和银行调查了解企业的财务状况和经营管理情况。监事会主席根据监督检查的需要，可以列席或者委派监事会其他成员列席企业有关会议。国务院有关部门和地方人民政府有关部门应当支持、配合监事会的工作，向监事会提供有关情况和资料。

监事会每次对企业进行检查结束后，应当及时作出检查报告。检查报告的内容包括：企业财务以及经营管理情况评价；企业负责人的经营管理业绩评价以及奖惩、任免建议；企业存在问题的处理建议；国务院要求报告或者监事会认为需要报告的其他事项。监事会不得向企业透露前述所列检查报告内容。检查报告经监事会成员讨论，由监事会主席签署，经监事会管理机构报国务院；检查报告经国务院批复后，抄送国有资产监督管理委员会、财政部等有关部门。监事对检查报告有原则性不同意见的，应当在检查报告中说明。

监事会在监督检查中发现企业经营行为有可能危及国有资产安全、造成国有资产流失或者侵害国有资产所有者权益以及监事会认为应当立即报告的其他紧急情况，应当及时向监事会管理机构提出专项报告，也可以直接向国务院报告。监事会管理机构应当加强同国有资产监督管理委员会、财政部等有关部门的联系，相互通报有关情况。企业应当定期、如实向监事会报送财务会计报告，并及时报告重大经营管理活动情况，不得拒绝、隐匿、伪报。

监事会根据对企业实施监督检查的需要，必要时，经监事会管理机构同意，可以聘请注册会计师事务所对企业进行审计。监事会根据对企业进行监督检查的情况，可以建议国务院责成国家审计机关依法对企业进行审计。

三、国有企业内部治理结构的制度缺陷分析

我国国有企业公司化改制绝大多数情况是以原国有独资企业（即全民所有制企业）整体改组为公司的形式进行的，国有企业庞大的存量资产决定了在设置公司股权时，不可避免地使国有股权在

大多数公司中占有绝对控制地位①，由于公司内部股权失衡，从而引发公司治理结构的变型。具体表现为：

（一）股东（大）会设置的形式化

在国有股占绝对优势的情况下，一股一权、股权平等的表决机制，使国有控股股东完全支配公司成为可能，而小股东无力对公司施加影响，使部分公司中小股东之权力以表决机制的"平等性"被变相剥夺。这样股东（大）会作为全体股东之意思机关发挥不了表达中小股东意思的作用，股东（大）会之会议及表决程序被形式化。中小股东无法发挥对国有控股股东的制衡作用；同时，股东（大）会因参加人数少，变成了国有股东的独角戏，失去本身的创制、议决、监督功能，从而使股东（大）会在许多公司中的作用越来越不受董事会、经理机构的重视，权力越来越集中于董事会与经理机构，股东（大）会的表决机制已失去了对董事会与经理机构的约束力。

（二）董事会权力由集中走向集权

由于目前大多数国有股所在公司的董事会，国有股董事占其绝大部分，这些国有股董事大多数又为原国有企业的原班人马，许多原国有企业的党委会成员在国企公司化改制中顺利地成了公司的董事，因而就出现有些公司之党委会书记任董事长、厂长任总经理，董事会之内部权力结构因被原国有企业领导控制而严重比例失调，中小股东的权利由于在股东（大）会被变相剥夺，到了董事会有时就连代表自身利益的董事代表也没有。这实则偏离了国有企业公司制改革的民主管理方向。

---

① 从 1999 年上海、深圳两个证券交易所上市的近 900 家上市公司来看，国有股所占比重达到 62% 以上，虽比 1998 年以前的 67% 有所下降，但占控制地位是显然的。

(三) 经理机构权力配置严重偏离法律轨道

经理机构的相对独立化与专业化,是现代公司发展的基本趋势,它体现了股东之股权与公司之管理权的分离以及股权与管理权之间的制衡关系。我国公司之经理机构是负责公司日常经营管理的执行机构,对其职权、任职有法条予以明确规定,经理由董事会聘用,向董事会负责。经理机构之所以为公司的独立机关,是为了让董事会与经理有合理、严格的分工,使董事会负责资本经营决策与战略的制订,经理则负责实施、执行,并以董事会权力监督经理机构之具体的生产经营与业务管理,发挥其相互制衡、相互监督的职能。但是由于我国《公司法》(2013 年修订) 第 49 条授予了经理拥有应当由董事会享有的拟订内部机构设置权、拟订公司基本管理制度权、制定公司具体规章权;第 50 条第 1 款、第 114 条则规定董事会成员可以兼任经理。在国企公司制改革的实际运作中,董事会成员兼任部门经理,特别是董事长兼任总经理曾成为一种普遍现象。在这种情况下,经理机构就完全超越了《公司法》预定设立的三权制衡模式,经理机构被董事会成员 (实为前国有企业领导人) 控制,他们既掌决策又操执行,导致董事会与经理机构之职事重叠,不但使经理失去由董事会监督的可能,无形之间也增加了公司经营风险的系数;同时董事会与经理机构之主体的重合,又使决策、执行两权集于一身,很容易诱发公司内部权力的对外寻租,又增加了公司资产经营的道德风险,使国有企业原有的创造性、责任心等诸多问题依然不能解决。

(四) 监事机构的监督作用未充分发挥

尽管我国《公司法》赋予了监事会广泛的权限,但是由于国有股权代表产生流程的局限性,决定了国有股监事也不能不从原国企单位内选任。在国有股占绝对优势的情况下,股东 (大) 会的形式化与虚置特征同样会使国有股监事不能从股东 (大) 会这一代表多元股权利益的权力机关获得足够的制衡力,国有股监事依然会占绝对优势。另外，在国有股所在公司，纪委与监事会并存是普遍现象，且在实际运作中，大多数公司实行监事会、纪委合署的形式办公，通常由纪委书记兼任监事会主席，虽然从机构成本效益角度分析未尝不可，但是，由于执政党在公司中的基层组织机构的核心地位和作用，使监事会的地位发生事实上的扭曲运作，监事会成员包括监事会主席本身在党委会领导下，如何能监督得了大多为党委会成员的董事会，更无法有效监督是党委书记的董事长或总经理。在这种情况下的监事会很难发挥《公司法》和公司章程赋予其法定或章定的监督作用。

第二节　国有股权代表人所在国家出资企业的事权范围

一、政府及政府履行国家出资人职责的机构对国家出资企业的管理权限

（一）政府及政府履行国家出资人职责的机构的法律地位

政府及政府履行国家出资人职责的机构的法律地位具有双重性：一是作为国家出资人的投资权益和股权的权利主体；二是由法律授权对国家出资形成的企业（经营性）国有资产（实质已经转换为国家投资权益和国家股权）进行监督管理的权力主体。

1. 作为履行国家出资人职责的权利主体

如《企业国有资产法》第 4 条规定，国务院和地方人民政府依照法律、行政法规的规定，分别代表国家对国家出资企业履行出资人职责，享有出资人权益；国务院确定的关系国民经济命脉和国家安全的大型国家出资企业，重要基础设施和重要自然资源等领域的国家出资企业，由国务院代表国家履行出资人职责；其他的国家出资企业，由地方人民政府代表国家履行出资人职责。第 11 条规定，国务院国有资产监督管理机构和地方人民政府按照国务院的规

定设立的国有资产监督管理机构，根据本级人民政府的授权，代表本级人民政府对国家出资企业履行出资人职责。国务院和地方人民政府根据需要，可以授权其他部门、机构代表本级人民政府对国家出资企业履行出资人职责。

2. 作为权力主体的企业国有资产的监管者

如《企业国有资产法》第 67 条规定，政府履行出资人职责的机构根据需要，可以委托会计师事务所对国有独资企业、国有独资公司的年度财务会计报告进行审计，或者通过国有资本控股公司的股东会、股东大会决议，由国有资本控股公司聘请会计师事务所对公司的年度财务会计报告进行审计，维护出资人权益。

（二）政府及政府履行国家出资人职责的机构的管理权利与权力

政府及政府履行国家出资人职责的机构在国家出资企业经营过程中所享有的权利与权力，一部分是属于国家出资人应当享有的股东权利，如重要的人事任免权，就属于股东选择经营管理者权利的范畴；一部分是作为公共管理机关所应当拥有的权力，如国有资产监督管理机构依法对经营性国有资产进行行政监管。但是，无论是 2003 年的《企业国有资产监督管理暂行条例》，还是 2008 年的《企业国有资产法》，均没有严格区分政府及政府履行国家出资人职责的机构这两种性质完全不同的权利或权力，因而导致在权利（力）配置时，把政府及政府履行国家出资人职责的机构作为履行国家出资人职责的权利和企业国有资产监管者的权力混为一谈，导致对国家出资企业大量经营管理权的截留和限制。

《企业国有资产监督管理暂行条例》（2003 年）第 13 条规定，国有资产监督管理机构的主要职责是：（1）依照《公司法》等法律、法规，对所出资企业履行出资人职责，维护所有者权益；（2）指导推进国有及国有控股企业的改革和重组；（3）依照规定向所出资企业派出监事会；（4）依照法定程序对所出资企业的企业负责人进行任免、考核，并根据考核结果对其进行奖惩；（5）通过统计、稽核等方式对企业国有资产的保值增值情况进行监管；（6）履行出资人的其他职责和承办本级政府交办的其他事项。国务院国有资产监督管理机构除前款规定职责外，可以制定企业国有资产监督管理的规章、制度。第 14 条规定，国有资产监督管理机构的主要义务是：（1）推进国有资产合理流动和优化配置，推动国有经济布局和结构的调整；（2）保持和提高关系国民经济命脉和国家安全领域国有经济的控制力和竞争力，提高国有经济的整体素质；（3）探索有效的企业国有资产经营体制和方式，加强企业国有资产监督管理工作，促进企业国有资产保值增值，防止企业国有资产流失；（4）指导和促进国有及国有控股企业建立现代企业制度，完善法人治理结构，推进管理现代化；（5）尊重、维护国有及国有控股企业经营自主权，依法维护企业合法权益，促进企业依法经营管理，增强企业竞争力；（6）指导和协调解决国有及国有控股企业改革与发展中的困难和问题。第 15 条规定，国有资产监督管理机构应当向本级政府报告企业国有资产监督管理工作、国有资产保值增值状况和其他重大事项。

《企业国有资产监督管理暂行条例》（2003 年）对政府及政府履行国家出资人职责的机构的权利与权力范围的规定比较抽象，其权限也比较模糊。相对而言，2005 年《公司法》修改时赋予政府及政府履行国家出资人职责的机构的权限则比较明确和具体，如《公司法》（2005 年修订）第 67 条规定，国有独资公司不设股东会，由国有资产监督管理机构行使股东会职权。国有资产监督管理机构可以授权公司董事会行使股东会的部分职权，决定公司的重大事项，但公司的合并、分立、解散、增加或者减少注册资本和发行公司债券，必须由国有资产监督管理机构决定；其中，重要的国有独资公司合并、分立、解散、申请破产的，应当由国有资产监督管理机构审核后，报本级人民政府批准。至于 2008 年的《企业国有资产法》对政府特别是政府履行国家出资人职责的机构权限罗列则更为明确和具体，其具体权限包括如下几个方面：

1. 出资人（股东）权利

《企业国有资产法》第12条规定，履行出资人职责的机构代表本级人民政府对国家出资企业依法享有资产收益、参与重大决策和选择管理者等出资人权利。履行出资人职责的机构依照法律、行政法规的规定，制定或者参与制定国家出资企业的章程。履行出资人职责的机构对法律、行政法规和本级人民政府规定须经本级人民政府批准的履行出资人职责的重大事项，应当报请本级人民政府批准。

（1）委派股东代表。《企业国有资产法》第13条规定，履行出资人职责的机构委派的股东代表参加国有资本控股公司、国有资本参股公司召开的股东会会议、股东大会会议，应当按照委派机构的指示提出提案、发表意见、行使表决权，并将其履行职责的情况和结果及时报告委派机构。

（2）任免或者建议任免国家出资企业的高级管理人员。根据《企业国有资产法》第22条的规定，履行出资人职责的机构依照法律、行政法规以及企业章程的规定，任免或者建议任免国家出资企业的下列人员："（一）任免国有独资企业的经理、副经理、财务负责人和其他高级管理人员；（二）任免国有独资公司的董事长、副董事长、董事、监事会主席和监事；（三）向国有资本控股公司、国有资本参股公司的股东会、股东大会提出董事、监事人选。"

（3）对拟任免或者建议任免国家出资企业的高级管理人选进行考察。根据《企业国有资产法》第24条的规定，履行出资人职责的机构对拟任命或者建议任命的董事、监事、高级管理人员的人选，应当按照规定的条件和程序进行考察；考察合格的，按照规定的权限和程序任命或者建议任命。

（4）对国家出资企业管理者的任职与兼职进行管理与监督。《企业国有资产法》第25条规定，未经履行出资人职责的机构同意，国有独资企业、国有独资公司的董事、高级管理人员不得在其他企业兼职；未经股东会、股东大会同意，国有资本控股公司、国有资本参股公司的董事、高级管理人员不得在经营同类业务的其他企业兼职；未经履行出资人职责的机构同意，国有独资公司的董事长不得兼任经理。其中，未经股东会、股东大会同意，国有资本控股公司的董事长不得兼任经理。董事、高级管理人员不得兼任监事。

（5）对国家出资企业管理者进行考核、奖惩并确定其薪酬标准。《企业国有资产法》第 27 条规定，国家建立国家出资企业管理者经营业绩考核制度。履行出资人职责的机构应当对其任命的企业管理者进行年度和任期考核，并依据考核结果决定对企业管理者的奖惩。履行出资人职责的机构应当按照国家有关规定，确定其任命的国家出资企业管理者的薪酬标准。第 29 条规定，国有独资企业、国有独资公司的企业管理者，国务院和地方人民政府规定由本级人民政府任免的，依照其规定。履行出资人职责的机构依照规定对国家出资企业管理者进行考核、奖惩并确定其薪酬标准。

2. 国家出资企业章程制定或审定权

《公司法》（2013 年）第 65 条和《企业国有资产法》第 12 条第 2 款规定，国有独资公司章程由国有资产监督管理机构制定，或者由董事会制订报国有资产监督管理机构批准。国家出资人代表机构依照法律、行政法规的规定，制定或者参与制定国有资本控（参）股公司的章程。

3. 国家出资企业重大事项的决定权或审核权

（1）国家出资企业一般性重要事项决定权或审核权。《企业国有资产法》第 31 条规定，国有独资企业、国有独资公司合并、分立，增加或者减少注册资本，发行债券，分配利润，以及解散、申请破产，由履行出资人职责的机构决定。

（2）国家出资企业改制决定权或审核权。《企业国有资产法》第 40 条规定，企业改制应当依照法定程序，由履行出资人职责的机构决定或者由公司股东会、股东大会决定。重要的国有独资企业、国有独资公司、国有资本控股公司的改制，履行出资人职责的机构在作出决定或者向其委派参加国有资本控股公司股东会会议、股东大会会议的股东代表作出指示前，应当将改制方案报请本级人民政府批准。

（3）国家出资企业关联交易决定权或审核权。《企业国有资产法》第45条规定，未经履行出资人职责的机构同意，国有独资企业、国有独资公司不得有下列行为："（一）与关联方订立财产转让、借款的协议；（二）为关联方提供担保；（三）与关联方共同出资设立企业，或者向董事、监事、高级管理人员或者其近亲属所有或者实际控制的企业投资。"第46条规定，国有资本控股公司、国有资本参股公司与关联方的交易，依照《公司法》和有关行政法规以及公司章程的规定，由公司股东会、股东大会或者董事会决定。由公司股东会、股东大会决定的，履行出资人职责的机构委派的股东代表，应当依照委派的股东代表行使权利。公司董事会对公司与关联方的交易作出决议时，该交易涉及的董事不得行使表决权，也不得代理其他董事行使表决权。

（4）国家出资企业资产评估审核权。《企业国有资产法》第47条规定，国有独资企业、国有独资公司和国有资本控股公司合并、分立、改制，转让重大财产，以非货币财产对外投资，清算或者有法律、行政法规以及企业章程规定应当进行资产评估的其他情形的，应当按照规定对有关资产进行评估。第48条规定，国有独资企业、国有独资公司和国有资本控股公司应当委托依法设立的符合条件的资产评估机构进行资产评估；涉及应当报经履行出资人职责的机构决定的事项的，应当将委托资产评估机构的情况向履行出资人职责的机构报告。

（5）国家出资企业国有资产转让决定权或审核权。《企业国有资产法》第53条规定，国有资产转让由履行出资人职责的机构决定。履行出资人职责的机构决定转让全部国有资产的，或者转让部分国有资产致使国家对该企业不再具有控股地位的，应当报请本级人民政府批准。

（6）国有资本经营预算建议草案编制权。《企业国有资产法》第59条规定，国家取得的下列国有资本收入，以及下列收入的支出，应当编制国有资本经营预算："（一）从国家出资企业分得的利润；（二）国有资产转让收入；（三）从国家出资企业取得的清算收入；（四）其他国有资本收入。"第60条第1款规定，国有资本经营预算按年度单独编制，纳入本级人民政府预算，报本级人民代表大会批准。第61条规定，国务院和有关地方人民政府财政部门负责国有资本经营预算草案的编制工作，履行出资人职责的机构向财政部门提出由其履行出资人职责的国有资本经营预算建议草案。

4. 企业国有资产保值与增值的监督与管理权

《企业国有资产法》第14条第1款规定，履行出资人职责的机构应当依照法律、行政法规以及企业章程履行出资人职责，保障出资人权益，防止国有资产损失。

二、国家出资企业与企业内部治理机关的经营权利

国家出资企业在其注册成立后，即为独立的企业法人和营业主体，对其所有、占有、管领和经营的财产享有自主经营和独立处分的权利。由于法人意思表示的作出和营业行为的实施，均须通过其内部治理机构和法人意思机关来实现，国家出资企业作为特殊的企业法人，也不能例外。因此，国家出资企业的营业财产权、自主经营权和内部自治权，均应通过其内部治理机构和法人意思机关来实施。也就是说，国家出资企业的经营性权利实质就是通过国家出资企业内部治理机构和法人意思机关的职权行使得以实现。但不同类型的国家出资企业因其内部治理结构的形式不同，其经营权利在不同企业内部的配置和掌控也就存在较大的差异。一般而言，国家资本在国家出资企业所占的比重越高，政府及政府履行国家出资人职责的机构对企业内部的经营权截留与限制就越多，企业与企业内部治理机关的经营自主权就要相应地受到更多的限制；反之，国家资本在国家出资企业所占的比重越低，企业与企业内部治理机关的经营自主权就相对要更自由些。因此，在通常情况下，在国有独资企业、国有独资公司里，企业受政府和政府履行国家出资人职责的机

构的制约要更明显一些，企业与企业内部治理机关许多重要经营权利的最后决定权被收归政府和政府履行国家出资人职责的机构；而在国有资本参股公司里，企业与企业内部治理机关的经营自主权就较少受政府和政府履行国家出资人职责的机构的影响。

（一）国有资本参股公司与内部治理机关的经营权限

如前所述，由于国有资本参股公司中国有资本不占控制地位，股权的多元结构使其具有组建完整的现代公司内部治理结构的可能性。因此，在国有资本参股公司里，要按照《公司法》和公司章程建立如股东（大）会、董事会、监事会等必要的、完备的内部治理机构。由于国有资本形成的国家股或国有法人股并不在该类公司中占控制地位，特别是在国家直接投资情形下，国家出资的参股地位决定了国家股持有人政府及政府履行国家出资人职责的机构对公司内部经营决策和营业管理事务的干预十分有限，因此，国有资本参股公司就可以拥有比较完整的经营自主权，其内部治理机关如股东（大）会、董事会、监事会等就可以严格依照《公司法》和公司章程的规定，分别行使其创制、决策、监督之权。

（二）国有资本控股公司与内部治理机关的经营权限

与国有资本参股公司不同，国有资本控股公司中国有资本占有控制地位，虽然股权的多元结构使其与国有资本参股公司一样，具有组建完整的现代公司内部治理结构的可能性，因此，国有资本控股公司也必须按照《公司法》和公司章程建立如股东（大）会、董事会、监事会等必要的、完备的内部治理机构。但是，在国有资本控股公司中，由于国有资本形成的国家股或国有法人股在该类公司中占有控制地位，在国家直接投资的情形下，国家股持有人政府及政府履行国家出资人职责的机构对公司内部经营决策和营业管理事务的直接或者间接干预就成为可能，虽然国有资本控股公司也拥有一定的经营自主权，但其内部治理机关如股东（大）会、董事会、监事会等依照《公司法》和公司章程的规定，分别行使其创制、决策、监督之权时，其职权的完整性要受到来自国家股持有人政府及政府履行国家出资人职责的机构的限制。而在国有重点企业的监事会整体为外派的情况下，国有资本控股公司内部治理机构更易丧失其应有的内生性和独立性。对照前面所述政府及政府履行国家出资人职责的机构的权利与权力范围，股东（大）会依照《公司法》（2013 年修订）第 37 条、第 99 条的规定，董事会依照《公司法》（2013 年修订）第 46 条、第 108 条第 3 款的规定，监事会、不设监事会的公司的监事依照《公司法》（2013 年修订）第 53 条、第 54 条和第 118 条的规定，行使其法定或章程规定的职权时，下列权利不享有最终决定权：（1）代表国家股权的专职外部董事、外派监事会人选的提名权；（2）涉及公司合并、分立、改制、上市，增加或者减少注册资本，发行债券，进行重大投资，为他人提供大额担保，转让重大财产，进行大额捐赠，分配利润，以及解散、申请破产等重大事项；（3）涉及国有资本控股公司的关联交易、国家股权转让等其他重大事项等。上述这些事项有些需要政府履行国家出资人职责的机构决定，有些还需要政府批准。

（三）　国有独资公司与内部治理机关的经营权限

根据《公司法》（2013 年修订）第 66 条规定，在国有独资公司不设股东会的情况下，股东会职权由国有资产监督管理机构行使；国有资产监督管理机构也可以授权公司董事会行使股东会的部分职权，决定公司的重大事项。由此，在特殊情况下，国有独资公司的董事会，除依照《公司法》（2013 年修订）第 46 条、第 108 条第 3 款的规定行使公司的经营决策权外，还可以依照《公司法》（2013 年修订）第 37 条、第 99 条的规定行使本应由股东会或股东大会行使的部分职权。但是，由于国有独资公司的一元股权结构和其特殊的经济地位，使其重大事项的决定权受到特别的限制。根据《公司法》（2013 年修订）第 66 条的规定，国有独资公司的合并、分立、解散、增加或者减少注册资本和发行公司债券，必须由国有资产监督管理机构决定；其中，重要的国有独资公司合并、分立、解散、申请破产的，应当由国有资产监督管理机构审核后，报本级人民政府批准。除此之外，根据《企业国有资产法》的规定，国有独资公司董事长、副董事长、董事、监事会主席和监事的任免权，国有独资公司改为国有资本控股公司或者非国有资本控股公司的审批权，国有独资公司的关联行为的决定权，重大国有资产转让决定权等，均应视其情形，由政府履行国家出资人职责的机构或政府作出决定或者行使审批权。

（四）国有独资企业与内部治理机关的经营权限

国有独资企业与国有独资公司一样，均为国家独资设立的企业，所不同的是其组织构架不是按照资本本位、公司法和公司章程组建，其内部治理结构是以党委会领导下的经营者（经理）首长负责制为中心，并辅以职工代表大会的民主监督。因此，对国有独资企业来说，其企业的经营管理权主要是通过以经理为中心的管理委员会和职工代表大会的合理分权来实现的。

与国有独资公司一样，由于国有独资企业的单一资本结构和其特殊的内部治理模式，使其重大事项的决定权受到比国有独资公司更为严格的限制。根据《企业国有资产法》的有关规定，国有独资企业的经理、副经理、财务负责人和其他高级管理人员的任免权；国家独资企业合并、分立、改制、上市，增加或者减少注册资本，发行债券，进行重大投资，为他人提供大额担保，转让重大财产，进行大额捐赠，分配利润，以及解散、申请破产等重大事项；国有独资企业改为国有独资公司、国有资本控股公司或者非国有资本控股公司的审批权；国有独资企业的关联行为的决定权；重大国有资产转让决定权，等等，均须视其情形，由政府履行国家出资人职责的机构或政府作出决定或者行使审批权。正如前面所述，在新的权力分配与制度构架中，与原有的全民所有制企业相比，国家独资企业的经营自主权被大大地压缩，而其内部的职工参与权与监督权也被边缘化，这些均是值得特别反思的地方。

第三节 国有独资公司董事长
的权源结构与运行

提高国有资产的营运效率，有效地化解国家投资与经营过程中的市场风险和道德风险是我国投融体制改革中的一个重大课题。国有独资公司作为经营性国有资产市场化营运中的重要组织形式，由于投资主体的特殊性、股权结构的单一性，其治理结构不能取得像多元股权结构的国有资本控股或参股公司一样的股权制衡。在国有独资公司的内部治理机构中，现行《公司法》规定，董事会集合一般公司的股东（大）会与董事会的职权，为公司内部权力之中心。而居于权力中心之代表的董事长，更因其地位的显赫、权力的广泛而对董事会决策的作出、决议的形成有决定性的作用，因而对国有独资公司董事长的权力源以及运行机制进行研究，掌握国有独资公司董事会权力运行规律，对于应对国有独资公司普遍存在的董事长权力过大、行使过滥，建立有效的国有独资公司内部权力监督机制和权力运行机制，健全国有独资公司内部治理结构，有不可低估的法律意义。

一、国有独资公司董事长职位的法律定性

董事长在公司内部治理中是作为特定的职位还是作为一个特定机构，英美法系与大陆法系的公司立法例及学理所持的态度大都是比较模糊的。在英美公司法中，董事会与公司之间的关系是一种代理或信托的关系，董事（Director）被看成是公司的代理人或信托人，董事长（President）或董事会主席（Chairman of the Board of

Directors) ① 通常被视为公司董事会或公司机关的高级职位。② 在大陆法系的公司立法安排中，董事会与公司之间是一种委任关系或代表关系。如《日本公司法典》第 348 条和第 369 条规定，董事和公司之间的关系为"代表"关系③。又如德国《股份法》第 76 条、第 78 条规定："董事会领导公司"、"董事会在诉讼上和在诉讼外代表公司。"④ 关于董事长之地位，通常是通过公司章程予以明确，董事长通常被视为公司董事会机构的一个组成部分。法国是一个对公司董事长职位与职权有明确规定的代表性国家。如法国《商事公司法》第 110 条规定："董事会从其成员中选举一名董事长。"第 113 条规定："董事长负责全面领导公司的工作，并对此承担责任。在公司与第三人的关系中，董事长代表公司。"⑤

对照域外公司立法例，董事长之法律地位殊少有如我国公司法中那样明确、肯定。我国《公司法》（1993 年）第 45 条、第 113 条均规定"董事长为公司的法定代表人"⑥。但对于董事长在公司内部治理结构中的实际法律地位，学者们的看法尚有分歧，代表性观点有以下几种：（1）法人意思机关之一说。该说认为董事长是股份有限公司必设并常设的代表机关，是股东（大）会会议和董

---

① 参见［英］P. H. 科林编著：《英汉双解法律词典》，陈庆柏、王景仙译，世界图书出版公司 1998 年版，第 171—172 页。

② 参见张民安：《现代英美董事法律地位研究》，法律出版社 2000 年版，第 28—47 页。

③ 参见吴建斌主编：《日本公司法规范》，法律出版社 2003 年版，第 96 页；王保树主编：《最新日本公司法》，于敏、杨东译，法律出版社 2006 年版，第 212—213 页。

④ 参见杜景林、卢谌译：《德国股份法》，中国政法大学出版社 2000 年版，第 34—35 页。

⑤ 参见金邦贵译：《法国商法典》，中国法制出版社 2000 年版，第 130 页。

⑥ 我国《公司法》2005 年修订案对此规定进行了修改，如第 13 条规定："公司法定代表人依照公司章程的规定，由董事长、执行董事或者经理担任，并依法登记。公司法定代表人变更，应当办理变更登记。"

事会会议的主席，其虽由董事会选举产生，但并不是董事会的代表，而是公司的代表。① （2）法定代表人说。该说认为董事长可以作为公司之法定代表人，董事长执行公司对外业务，所为之行为是法人的自身行为，当然应由公司承担其后果。②董事长为董事会选举产生，由于董事会为公司决策机关和代表机关，董事会从股东（大）会那里获得授权，对外代表公司进行交易，对内代表全体股东并集合全体股东意思进行经营，因此，董事长与其说是公司之法定代表人，不如说是董事会之代表人。③ 或者说，在董事长与总经理职位分离分设的情况下，董事长仅仅是决策机构首脑，但并不是执行机构的指挥者，企业的日常经营管理工作则由总经理负责。④（3）一般董事代理说。此说认为，从我国《公司法》对董事长职权的安排来分析，董事长除有主持、召集董事会、代表公司签字等名义性的代表权力之外，并无实质上的决定权，甚至在董事会产生分歧时，因董事表决权的平等和董事会奇数构成，董事长也无最后决定权，因此，董事长之法律地位与一般董事无异，从理论上讲，董事长和其他董事均有平等的对外代理权，因此董事长和公司董事均为公司之代理人⑤。（4）名誉性职务说。该说认为，董事会的会议制度决定董事长与公司一般董事相比较，并无实质的、特殊的权力，董事长只是在名义和程序上代表公司；另外从上市公司董事长的持股、取酬和实质效绩的实证分析来看，董事长持股、取酬和实质的职权事项远远不如公司经理人员，因此，董事长更多地已变为

---

①　参见王保树、崔勤之：《中国公司法原理》，社会科学文献出版社 2000 年版，第 215—216 页。

②　参见梁慧星：《民法总论》，法律出版社 2001 年版，第 154—155 页。

③　参见吴淑昆、柏杰、席西民：《董事长与总经理两职的分离与合一：中国上市公司实证分析》，载《经济研究》1998 年第 8 期。

④　参见江平主编：《法人制度论》，中国政法大学出版社 1994 年版，第 360 页。

⑤　参见张民安：《公司董事的法律地位研究》，载《现代法学》1998 年第 2 期。

一种名誉性职务。①

笔者认为，董事长之职位的定性，必须从公司之性质、公司之组织结构、董事长实际的工作效绩和作用等各个方面来分析。首先，从现代公司内部权力分配和组织结构分析，董事会为公司之决策机关，董事会产生于股东会，并从股东会获得授权，有权代表全体股东以公司名义进行经营、决策，为公司之代表机关。董事长之权力是董事会职权的一个重要组成部分，其权力不能超越董事会的职权范围。其次，董事长产生于董事会中全体董事的选举与推荐，其权力基础是董事会的集合权力，董事长只是董事会为工作的经常化和持续化而派生的一种常设机构和代表机构，以期在董事会闭会期间使董事会不至于处于无人理事、无人负责的境地。因为董事会的工作方式是开会，然而"甚至最有效的董事会也可能没有充足的时间在正常会议上深入讨论公司战略"②。再次，董事会的会议工作机制决定了董事长权力行使须以董事会决议为基本前提，董事长行使任何权力均必须以董事会之名义进行，因此，董事长首先应是董事会的代表人，而不应是公司之代表人，因为，如果董事长一开始就取得公司法定代表人之资格，则无异于在董事会中授予董事长优于、高于、特殊于一般董事之特权，董事长就可以获得高于甚至超出于董事会职权之外、之上的优势权力，其结果是在没有董事会会议工作机制和有效决议的依据之时，董事长依然能够我行我素，以公司法定代表人自居，代表公司为越权或非法行为。显然这是与股东（大）会授权董事会谨慎地行使权力这一公司法制度安排初衷相违背的。况且，在董事会、董事长、公司经理、财会人员违法行使权力时，许多国家公司法赋予监事会可以代表公司行使代表诉讼权，更从另一角度说明监事会在特殊情况下可以充当公司代

---

① 参见林凌、董红：《法人治理结构与经营绩效：来自高科技上市公司的实证分析》，载《中国证券报》2000 年 7 月 10 日第 11 版。

② 参见［美］沃尔特·J. 萨蒙：《公司治理》，孙经纬、高小晖译，中国人民大学出版社 2001 年版，第 106 页。

表人的角色。最后，董事长之职权范围带有典型的名义和代表性质，与一般董事相比较，在董事会的合议表决机制下并无特别的权力，其名义性、代表性权力之有效性不仅应依据董事会之决议，而且应受董事会中其他董事的监督与制约。

以上分析说明，董事长实际地位的显赫、权力的广泛，并不能由此否定董事会权力的原始性与基础性地位。董事会在公司内部机构的法律地位，以及董事长权力的来源、行使权力的工作机制和权力行使的名义、范围来看，笔者认为董事长应为公司董事会之常设机构和代表职位。（1）董事会为公司之代表机关，在董事会工作时，董事会则代表公司；在董事会闭会时，经董事会产生的董事长以及董事长附设机构为董事会之常设机构，代表董事会以公司名义行使属于董事会职权范围内的权力。（2）经董事会授权，董事长以董事会之代表职位主持董事会工作。只有董事长从董事会处获得合法、充分的授权，其代表董事会的资格才是有效的，从而可以代表公司为法律行为，其代表行为才能发生法律效力。可见，尽管我国《公司法》规定董事长可以作为公司的法定代表人，但从董事长本身的法律地位来看，董事长首先应是董事会之常设机构和代表职位，只有从董事会中获得充分、正当、合法的授权并经其选举或推荐产生，且以董事会会议工作机制为基础，以有效决议为行为依据，董事长才能称作董事会之有效的代表人，从而可以称为公司之代表人。

国有独资公司是我国有限责任公司一种特殊形式，国有独资公司因股东会的空缺，其董事会实际上集合了一般公司中股东会和董事会的职权和职能。从公司法权力授予机制和构造流程来分析，国有独资公司董事长也应为董事会之常设机构和代表职位，而不应先入为主地、当然地为国有独资公司之法定代表人。然而，国有独资公司之董事长由于权力源和权力运行机理的特殊性，使其获得了远远超出了法定职权之外的、近乎绝对性的权力，从而使国有独资公司董事会的权力结构失衡。

二、国有独资公司董事长的静态权力源

任何组织体的权力构建和运行有三个不可忽略的因素：一是权力源，即权力来自何处，权力是从哪一权力源逻辑地、合乎规律地展开；二是既定的权力以何种方式、何种原则进行有效的配置，使不同利益主体获得比例相称、能量相当、权利与义务平衡的权力以及由权力派生的一系列权力性资源；三是权力分配之后在动态运行中的变型与异化，权力所有者无限地自我扩张既有权力，侵蚀、限制他人权力，从而导致权力滥用、权力失衡以及权力的不公平归属。要弄清国有独资公司董事会以及治理结构的变型运作，我们必须首先分析在国有独资公司董事会中居于特殊地位、可左右董事会局面的董事长之权力基础即权力源。

国有独资公司的产生有其特殊的制度和投资背景，它一则源于原全民所有制企业的公司化改制，如国有商业银行、保险公司、电力公司等；二则源于必须由国家独资但应以现代企业制度运行的新投资项目设立的公司，如金融资产公司、国有投资公司及其转投资设立的全资子公司等。它具有国有企业与公司企业各自的特点并使之混合而复杂化，带有典型的后行政性公司的特征。[①] 因而国有独资公司之董事长也就具有了国有企业的厂长（经理）与公司之董事长等不同的制度背景和权力基础，其权力源在笔者看来，可以划分为规范性权力和非规范性权力两大类型。

（一）国有独资公司董事长的规范性权力

国有独资公司董事长的规范性权力，是指公司法以及依公司法而派生的各种规范性文件，授予国有独资公司董事长的权力，由于此种权力主要是依据公司法及其附属规范性文件而产生，故此种权力又可称为国有独资公司董事长在公司法上的权力。根据授予董事

---

① 参见臧跃茹：《后行政性公司集团化经营面临的两种选择》，载《管理世界》2001 年第 3 期。

长权力之规范性文件等级的不同，国有独资公司董事长之规范性权力具体可以分为以下几个层面：

1.《公司法》概括的权力，即由《公司法》直接规定国有独资公司董事长的权力。公司法对董事长的具体授权可分为三种情况：（1）一般董事的权利。董事长作为董事会成员首先享有一般董事的权利，如董事会会议出席权、提案与推荐权、选举权、表决权、投票权、董事会决议异议权以及董事会会议记录签名权等。（2）公司法对董事长特殊权力的列举。如我国现行《公司法》（2013年）第40条第1款规定："有限责任公司设立董事会的，股东会会议由董事会召集，董事长主持；董事长不能履行职务或者不履行职务的，由副董事长主持；副董事长不能履行职务或者不履行职务的，由半数以上董事共同推举一名董事主持。"第47条规定："董事会会议由董事长召集和主持；董事长不能履行职务或者不履行职务的，由副董事长召集和主持；副董事长不能履行职务或者不履行职务的，由半数以上董事共同推举一名董事召集和主持。"虽然法律规定并非具体针对国有独资公司，但由于国有独资公司董事长在董事会的职位与一般公司无形式上的差别，因此，这些规定当然适用于国有独资公司董事长。（3）公司法对董事会职权的列举。我国《公司法》（2013年）第66条规定，国有独资公司不设股东会，由国有资产监督管理机构行使股东会职权。国有资产监督管理机构可以授权公司董事会行使股东会的部分职权，决定公司的重大事项。此条款实质使国有独资公司董事会享有我国《公司法》第37条、第99条规定的除有关公司的合并、分立、解散、增减资本和发行公司债券之外的股东（大会）的职权以及第46条、第108条规定的董事会之全部职权。由于董事会工作方式的限制，董事长作为董事会的常设机构与代表职位，在董事会闭会期间享有对董事会职权范围内事务的特殊处置权。

2. 行政法规公示的权力，即由有关企业、公司方面的行政法规或行政规章规定或授予国有独资公司董事长的权力。它包括：（1）企业登记公示的代表性权力。如《企业法人法定代表人登记管理规定》（1999 年）第 3 条规定，国有独资公司的董事长经企业登记机关核准登记，取得企业法定代表人的资格，董事长依照该条例取得法定代表人一系列权利，其预留在登记机关的签印，具有代表国有独资公司的法律效力。（2）具体国有独资公司管理性法规规定的管理性权力。如国务院国有资产监督管理委员会发布的《关于国有独资公司董事会建设的指导意见（试行）》（2004 年）第 17—18 条的规定。

3. 章程载明的职权，即由国有独资公司的章程具体载明和列举董事长的职权范围。我国国有独资公司的章程因投资主体、制度背景和行业性质不同而有较大差异性，从原《中国工商银行章程》、《中国建设银行章程》、《中国银行章程》、《中国农业银行章程》等国有独资金融机构（公司）的企业章程，再对照具有示范意义的《到境外上市公司章程必备条款》（1994 年 8 月）、《上市公司章程指引》（1997 年 12 月）、《上市公司治理准则》（2002 年 1 月）、《股份制商业银行治理指引》（2002 年 5 月）的章程条款，董事长依据公司章程，通常可行使下列职权：（1）主持股东大会和召集、主持董事会会议；（2）督促、检查董事会决议的执行；（3）签署公司债券及其他有价证券；（4）签署董事会重要文件和其他应由公司法定代表人签署的其他文件；（5）行使法定代表人的职权；（6）在发生特大自然灾害等不可抗力的紧急情况下，对公司事务行使符合法律规定和公司利益的特别处置权，并在事后向公司董事会和股东大会报告；（7）董事会授予的其他职权。此外，公司章程还可以约定，董事长享有董事会秘书、公司经理人选的提名权。

4. 董事会决议授予的特别权力，即由公司董事会通过决议授予董事长在董事会闭会期间行使董事会部分职权，如临时事务的处理权、决定权，对经理机构的监督权，代表公司对外谈判权等。

（二）国有独资公司董事长的非规范性权力

国有独资公司董事长的非规范性权力是指非以公司法及其附属

规范性文件的规定，而是依行政命令、执政党组织活动以及投资主体的直接干预而授予董事长的权力类型，此种权源按照其来源的途径，可以划分为以下几类：

1. 政府行政任命产生的管理性权力

目前国有独资公司的董事长相当部分是由中央或地方政府任命产生。据中国企业家调查系统的统计，国有企业的负责人由主管部门任命自 1993 年以来始终保持在 90% 左右，其中 1993 年为 92.2%，1994 年为 86.0%，1996 年为 71%—94%，1997 年为 90.9%，1998 年为 89%，2000 年为 80.7%。① 这种情况对于国有独资企业则更甚。特别是中央直辖的 113 家特大型国有企业，其企业负责人一直保持由国务院直接任命或委派的传统。具体到国有独资公司而言，这种由政府任命的董事长，不必经过董事会的选举和合议，代表权资格由于不源于董事会，使其拥有了先于董事会并高于董事会且其权力远远大于一般董事的优势权力，这种由上而下、由政府向企业垂直产生的行政性管理权力，带有明确的优越感和绝对的影响力，它影响了董事会内部权力结构的对称，使董事会内部权力配置失去平衡，权力重心从一开始就向董事长倾斜。

2. 公司党组织政治领导中创设的决定性权力

我国《公司法》（2013 年）第 17 条规定，"公司中中国共产党基层组织的活动，依照中国共产党章程办理。"实际上，国有独资公司党组织赋予了具有党员身份的董事长某种特殊的地位和权力。其情形有以下几种：（1）由上级党组织正式决定或任命。如原中央企业工委和中央金融工委事实上掌握中央直属重点国有企业

---

① 参见中国企业家调查系统：《中国企业经营管理者成长与发展专题调查报告》（1995—2001 年），载《管理世界》1995 年第 3 期、1997 年第 4 期、1998 年第 4 期、1999 年第 4 期、2001 年第 4 期；另参见邹东涛、张晓文：《30 家现代企业制度试点企业的调查与分析》，载《管理世界》1999 年第 1 期。

负责人任命的决定权；① 此外，地方政府管辖下的重点国有企业之负责人，也通常采取由地方党委组织决定，由政府任命的方式。（2）国有独资公司党委组织行使公司重大问题的决定权，使董事会之权力虚化。目前，我国国有企业内部之决策权仍采用党委决定制，或党委决定下的董事会负责制，在董事长兼任党委书记的情况下，董事长可凭借其党委会一把手的地位获得更大的影响力和决定权。（3）国有独资公司党委会核心成员通过组织的力量或法定程序进入董事会，从而实质控制着董事会。1999 年 9 月 22 日，中共中央通过的《关于国有企业改革和发展若干重大问题的决定》明确指出，"国有独资和国有控股公司的党委负责人可以通过法定程序进入董事会、监事会，董事会和监事会都要有职工代表参加；董事会、监事会、经理层及工会中党员负责人，可依照党章及有关规定进入党委会；党委书记和董事长可由一人担任……"有学者认为，这一决定"没有根据现在公司与原来国有企业的不同特点加以改动，却以法律形式加以固定化。但又不明确基层党组织与董事会的关系，无疑是回避了矛盾，将难题留给了实践"②。事实上，在董事会成员部分或大多数又是企业党委会成员的情况下，董事会则丧失本身应有的独立性，此时兼任党委书记的董事长就有可能按照党委会一把手行使职权，而不愿意严格按照董事会的合议程序与规则按部就班；即使是按照董事会规则和程序行使其权力，因董事长已以其党委书记的身份统一了董事会中部分有党委委员资格的董事的意见，董事长实质上取得了一般公司法规则下难以轻易实现的控制董事会的法外权力。

---

① 例如，由于中国国际信托投资公司的改制，中信公司的党建工作由原中央企业工委改为中央金融工委领导。参见国务院办公厅《关于中国中信集团公司党的领导体制调整后有关业务管理问题的通知》，载《国务院公报》2002 年 12 期。

② 参见梅慎实：《现代公司法人治理结构规范运作论》，中国法制出版社 2001 年版，第 520—522 页。

3. 国有投资主体或机构直接控制与干预下派生的权力

我国《公司法》（2013 年）第 67 条第 2 款规定，国有独资公司"董事会成员由国有资产监督管理机构委派"①；《企业国有资产法》（2008 年）第 22 条第 1 款第 2 项规定，"国有独资公司的董事长、副董事长、董事、监事会主席和监事"，由履行出资人职责的机构依照法律、行政法规以及企业章程的规定进行任免。这些条款是国有投资主体向国有独资公司委派、任命、指定董事、董事长的法律依据。在企业的经营中，国有投资主体对企业的干预与对企业领导人的监督之界限是相当模糊的，国有投资主体委派、任命、指定董事长的同时，自然希望董事长能在董事会实现自己的意图，但其直接后果是对董事长权力的强化。一般而言，国有投资主体对企业干预的幅度越强，国有独资公司董事长则获得的授权就越多，其对国有投资主体的依附性也就更为密切。尽管政企分开、政资分开已成为国企改革的基本原则和方向，但国有投资主体作为国有独资公司的唯一股东，要求他们对企业不闻不问显然不现实，只要国有投资主体还关注国有独资公司的经营，董事长就可以直接从国有投资主体那里获得或多或少的权力资源以强化其在董事会中的地位。

（三）国有独资公司董事长两大权源的关系

1. 从权力的存在形态来分析，国有独资公司董事长的规范性

---

① 国有投资主体或机构直接任免、委派、指定国有独资公司董事长的权力在国务院 2003 年 5 月 27 日公布《企业国有资产监督管理暂行条例》进一步明确化。该《条例》第 17 条第 1 款规定："国有资产监督管理机构依照有关规定，任免或者建议任免所出资企业的企业负责人：（一）任免国有独资企业的总经理、副总经理、总会计师及其他企业负责人；（二）任免国有独资公司的董事长、副董事长、董事，并向其提出总经理、副总经理、总会计师等的任免建议；（三）依照公司章程，提出向国有控股的公司派出的董事、监事人选，推荐国有控股的公司的董事长、副董事长和监事会主席人选，并向其提出总经理、副总经理、总会计师人选的建议；（四）依照公司章程，提出向国有参股的公司派出的董事、监事人选。"

权力源具有法定性、确定性和程序性，而非规范性权力源则具有行政性、不确定性和非程序性。两种权力源之运行机制和存在形式存在较大差异，前者以权力下授、合议决定的法定程序机制为其基本运行模式，权力以规范的形式存在；后者则以权力上授、上级决定的法外程序机制为基本运行模式，权力以非规范的形式存在。

2. 从两者对董事长权力的影响来分析，规范性权力在授予、明示董事长职权范围的同时，更多地体现为对董事长权限的控制与监督，以防止董事长权力的变形；而非规范性权力则重在权力授予者既定目标的实现，重于对董事长实质权力的添设，却没有创设一套防止董事长在获得重权之后滥用权力的制衡机制。

3. 从两者对国有独资公司治理结构的作用来分析，规范性权力在强化董事会制度功能的同时，可以发挥董事长的最大积极性，致力于降低董事长代理、代表行为的制度风险，因而对健全国有独资公司治理结构的作用是积极的；而非规范性权力则在强化董事长权力的同时，实质性地弱化或虚置了董事会的作用，其对国有独资公司内部治理结构的完善总体来看是消极的。

4. 从两者的实际影响来看，受制于特殊的制度背景，在国有独资公司这一特殊的企业组织内，传统国有企业的制度惯性和处事方式远远要比公司制度更容易发挥作用，因而造成国有独资公司董事长实质性的非规范性权力远远大于形式上的规范性权力，而且实质性的非规范性权力在其运行中又进一步压缩规范性权力的空间，最终使公司法规范下的董事会、董事长之规范性权力形式化、工具化和功利化。

三、国有独资公司董事长权力的动态变型运作

按公司法的规定，正常情况下，董事长应以董事会的合议机制和程序规则来行使自己的权力，其权力行使应受到董事会以及其他董事成员的监督和制约。然而集合规范性权力与非规范性权力的国有独资公司董事长，在其行使职权的过程中，往往会自觉或不自觉地以己身权力为逻辑出发点，去运作董事会和整个公司，本属派生

于董事会并以实现董事会之职权为基本职能的董事长之权力被异化，在超越公司法预设的权力场变型运作。具体情形表现如下：

（一）　惯性地以非规范性权力行使方式运作规范性权力

国有独资公司董事长不由公司法规范的董事会合议程序而产生，而由政府、党组织或国有投资主体直接委任、派出或指定，此一制度安排使国有独资公司的董事长职权带有源头上的非规范性权力惯性，其地位和处事程序与传统国有企业厂长、经理实无根本差别，有学者认为，所改变的仅仅是名称而已，国有独资公司只是换了一副面具的国有企业而已。①

1. 董事长本能地对非规范性授权主体负责

由于董事长资格与职位的获得不取决于董事会的合议，而直接决定于董事会以及公司之外的政府、党组织和国有投资主体，根据权力受让主体应受制于权力授予主体的权力运行规律，董事长对上级负责而不必对董事会乃至公司监事会负责是当然之理，这不只使董事长可以巩固其在董事会中的地位，而且也倍增其对上级特别是掌握其职位决定权的上级某个人的依附性，董事长在董事会中相对独立的常设机关和代表职位则相应地丧失，此时董事长实质已不是董事会或公司之董事长，而变异为上级机关附属的官员。

2. 董事长控制着董事会

国有独资公司董事长先入为主的优势身份和拥有广泛的非规范性权力资源，使其在董事会有决定性的影响力，为其无障碍地控制董事会，垄断董事会的决策和决定权，提供了权力保障。因此，在董事长的运作下，董事长集权已成为一种较为普遍的现象，董事会之议事规则和合议程序则相应地形式化。

3. 董事长使董事会处于虚设状态

既然董事长事实上可以对公司重大事项作出决定，而且其实际权力不是源于董事会的授权，作为公司法定代表人又为董事长提供

---

① 参见柳经伟：《论国有独资公司》，载《法学研究》1996 年第 5 期。

了形式上的方便，在现行公司内部制衡机制不复存在的情况下，董事长就可以抛开董事会，即使在董事会无决议的情况下，也可以自行作出决定，行使本应由董事会行使的各种权力，董事会实际上处于虚置状态。

（二）滥用规范性权力以获得更多的非规范性权力

由于董事会内部权力的非规范授予方式，决定了董事会内部权力配置的先天失衡，董事长与一般董事之间不是以平等的董事身份参与董事会的决策，而是把领导者与被领导者、管理者与被管理者这种不对称的权力关系带进了董事会，使董事会成为董事长展示其权力的权力场。在这种情况下，董事会则通常成为董事长利用的工具，董事长会充分地利用董事会的某些制度功能和合法名义以合乎逻辑地取得更多的非规范性权力，以巩固自己在上级和公司内部的权力地位。

1. 董事长以董事会为制度屏障抗衡非规范性权力授予主体的监督

获取权力的目的是能更自由地取得和支配利益。国有独资公司董事长的权力虽然主要源自上级机关，具有对授权主体极强的依附性，但董事长为巩固自己的地位，对来自上级授权主体的监督也具有极强的戒心。当上级授权主体的监督、决策与董事长的权力发生冲突，或危及董事长的利益时，董事长就会利用董事会作为制度工具，通过董事会的议事规则、合议程序等合法形式以消解甚至对抗上级授权主体的监督，使上级授权主体对其设置的监督机制发挥不了作用。国有独资公司中诸如纪检会、经济审计制度、外派监事会、稽察特派员制度、述职报告制度、经济责任制等现行和曾实施过的多种监督机制之所以发挥不了作用，其主要原因就在于此。

2. 董事长以董事会为阵地结成企业内部人控制集团

巩固自己权力、职位是董事长行使权力以及获得更多权力与利益的基础。而其权力、职位的巩固一则取决于上级授权主体的态度；二则取决于公司内部特别是董事会内部的人事安排中是否存在异己力量。就后者而言，只有董事长把董事会其他成员甚至监事会的成员的利益与己身利益捆在一起，结成共存共荣的利益集团，董事长才能起到一呼百应的领导作用。一旦以董事长为中心的利益集团形成，企业内部人控制则成必然。在此种情况下，董事长往往不是忠实于自己所服务的机构，竭尽努力实现公司的最大利益，而是凭借董事会利用作为国有独资公司控制者或代理人的机会实现自身的最大利益，毫不在意公司为此付出多大代价。[①]

（三）　自我扩张和设定权力

随着董事长职位的巩固，在行使职权过程中影响力的不断扩大，还会产生出静态原权力所没有的一系列派生权力，且后者因董事长个人能力、职位时间以及活动范围的变化而呈不断强化趋势。

1. 利用个人能力营造企业中的"能力现象"和"强人现象"

董事长因个人能力，可树立在企业内部的足够威信，扩大其在公司内部的影响力；[②] 反过来，董事长又可利用这种权威、信誉和影响力，影响董事会及公司其他机关的决策，以扩大自己的权力。

2. 利用法定代表人的身份建立个人的社会关系网络

董事长对外的法定代表人身份，使其可以正当的名义动用公司的公共资源为其服务，广泛地参与政界、学界、新闻界、商界的社交活动，以提高自己的社会声望，借以巩固其在公司内部的地位，并取得上级授权主体的必要信任。

3. 利用内部人事任命与提名权等权力，构建个人利益集团

享有董事会秘书、经理、财务负责人等公司高级职员的提名、任命权的董事长不会放过此种机会以构建个人权力的支持体系。且董事长的签署权与公司机关内部成员有切身的利害关系，较大的自

[①]　参见方流芳：《国企法定代表人的法律地位、权利和利益冲突》，载《比较法研究》1994 年第 3—4 期。

[②]　关于个人能力对法人治理结构的影响，参见刘西荣：《论法人治理结构》，载《中国社会科学》1996 年第 4 期。

由裁量权又增加了董事长扩张权力和自我设定权力的机会，同时也可借此巩固其个人利益集团的地位。

国有独资公司董事长权力变型运作，以董事长集权与专权为极端形式，它使国有独资公司内部治理结构权力制衡和理性运作失去制度保障，董事会、监事会等机构的职能不能正常发挥，公司抵御权力滥用、权力腐败、监守自盗、假公济私的免疫力和自制力不断下降，直接导致国有资产的流失，严重影响国有独资公司的市场形象和市场竞争力。而这种情况在国有独资企业、国有资本控股公司也同样存在。

四、规范国有独资公司董事长权力运行的法律对策

国有独资公司董事长权力的变型运作，一则源于其权力授予机制的不合理安排；二则源于现行公司法对国有独资公司治理结构的粗线条设计；三则源于现行国有企业普遍存在的有效监督机制的缺失。在董事长拥有绝对权力且只享有权力而又不能受到有效监督，因而无须承担义务和责任的情况下，董事长是否专权、擅权和滥用权力，则取决于董事长之个人的爱好与道德自制力的有无。[1] 正因为如此，笔者认为，规范国有独资公司董事长权力运行，必须从以下三个方面入手，在法律制度层面进行整体设计。

（一）改革董事长授权机制，把非规范性权力授予纳入规范性权力授予程序之内

1. 改现行上级党政机关对董事长的任命或指定制为提名制，董事长人选须经董事会选举程序产生后，方可正式任命，使董事长权力从形式、程序上符合公司法的一般规则。

2. 授权董事会有罢免董事长之权，以加强董事会其他成员对董事长的监督，督促董事长自觉地、规范地按照董事会的议事规则

---

[1] 参见肖海军：《国有企业公司化改制后引发的现代公司治理结构变型运作及立法对策》，载《台北大学法学论丛》2001年第48期。

与合议程序行使权力，使董事长能切实地向董事会负责，对公司负责。

（二）　改造董事会内部结构以健全其制度功能

1. 把国有股董事分设为执行董事与非执行董事，以改变现有国有股董事的结构。具体内容如前章所述。

2. 增设董事会秘书，并使之制度化，使董事会闭会期间的工作能经常化，并及时联络、沟通董事成员，集中董事会成员的意见。①

3. 引进独立董事制度，重视职工董事的作用，充实董事会的力量，改善董事会成员的结构，以董事会内部的制衡力量监督、制约董事长。

4. 严格董事会的工作制度、议事规则和合议程序，以健全董事会制度的功能，强化对董事长独立决策或决定公司重大问题的制约和监督，减少董事长抛开董事会行使决策权、决定权的可能性。

5. 建立董事长越权行为无效与撤销制度。对董事长越权行使职权、非以董事会决议为依据行使职权，可授权公司监事会、董事会和董事启动越权行为无效与撤销程序，以撤销董事长越权行为的内部效力，并追究董事长的民事责任。

（三）　强化对董事长的监督与制衡机制

目前对国有独资公司董事长的监督机制有外派监事会制度、党组织纪检监督、经济审计监督以及职工民主监督等多种形式，但由于前述授权方式的非规范性和公司内部权力配置的不对称性，使来自外部的监督主体不能获得企业内部的有效信息；而企业内置的监

---

① 关于董事会秘书，我国现行《公司法》（2013 年修订）第 123 条规定："上市公司设董事会秘书，负责公司股东大会和董事会会议的筹备、文件保管以及公司股东资料的管理，办理信息披露事务等事宜。"而其他公司董事会是否设立董事会秘书则语焉不详。

督机构和主体则因权力与地位远逊于董事长、董事会而难以发挥作用，因此，法律创设的多元、多级监督机制无法起到矫治董事长权力变型运作的效果。笔者认为，只有重新配置国有独资公司内部的权力，才能从根本上解决问题。

1. 变现有国有独资公司二元权力结构为双层权力结构

现行监督机构无论外派还是内置，均在形式上处于与董事会相对独立的地位，由于董事会的权力过重，居于劣势的监事会被权力边缘化而根本起不到监督董事会的作用。如果借用德国公司双层制的治理结构，即先成立国有独资公司之监事会，在监事会选举机制上产生公司董事会，使董事会之权力出自监事会，向监事会负责，则可为监事会进行后续监督奠定权力基础。监事会代行股东会的部分权力，使一般公司中的股东会职能与监事会职能合二为一，这样监事会就取得了重大问题的决定权、董事会成员之选举权与罢免权、后续监督权等，此一制度设计不仅根本改变了国有独资公司内部权力结构，从而有利于强化对董事会的监督力度；而且也与我国人民代表大会的政治制度兼容，有较强的可操作性。

2. 改善监事会的内部结构，并使之内置化

具体做法为：（1）取消现行的外派监事会制度和1998年曾一度实施的稽察特派员制度[①]，统一改为向国有独资公司委派国有股监事[②]，使之与由职工代表大会推荐或选举的职工监事、其他监事，共同组成国有独资公司监事会。（2）监事会内置于企业内部，为常设机构，以加强对董事会、董事长的经常性监督。

---

① 参见《国有企业监事会暂行条例》（2000年）、《国有重点金融企业监事会暂行条例》（2000年）和《国务院稽察特派员条例》（1998年）。

② 参见肖海军：《新型经营性国有资产监督体制的构建》，载《中国法学》2001年专号；肖海军：《国有股权法律制度研究》，中国人民公安大学出版社2001年版，第148—149页。

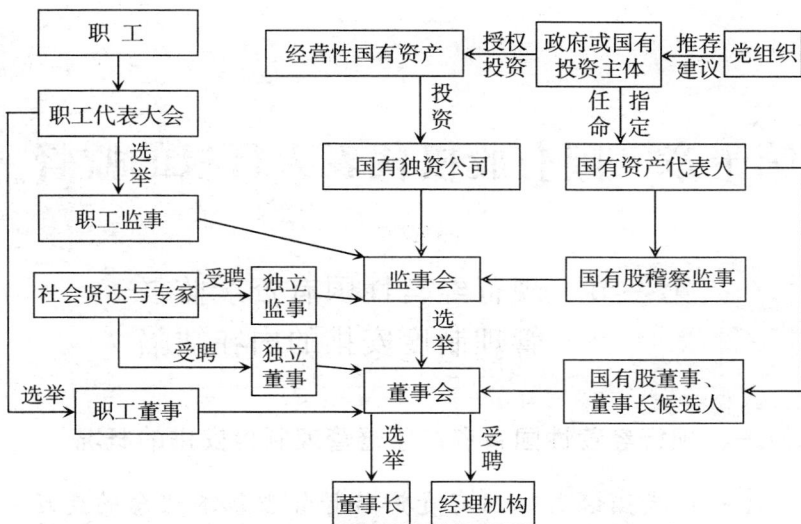

图 5　重构以后国有独资公司内部治理结构示意图[①]

　　国有独资公司董事长作为董事会之常设机构和代表职位，在国有独资公司内部居于领导者的地位。但由于目前我国公司法设计上的固有缺陷，且在董事长的权源结构中，非规范性法外权力实际大大超过了公司法上赋予的规范性权力，致使董事长集董事会职权于一身成为可能，权力变型运作成为一种普遍现象。基于此，跳出现有制度框架，在现行《公司法》之外寻求对国有独资公司内部治理结构的制度创新，从规范董事会、董事长之权力源入手，改善监事会的结构，充实监事会的力量，提升监事会的地位，建立全新的由监事会→董事会→经理机构的二层制治理结构模式，应是解决目前国有独资公司治理结构进退维艰较为可行的制度方案。为此，把国有独资公司、国有资本控股公司从现行公司法中析分出来，适时制定单行的《国有资本独资与控股公司法》十分必要。

---

　　① 参见肖海军：《论国有股权代表人制度》，载朱崇实主编：《经济法理论与实务热点问题探讨——2001 年全国经济法学理论研讨会会论文选》，厦门大学出版社 2002 年版，第 804—822 页。

第十章 国有股权代表人行权的监督

第一节 现行经营性国有资产监督
管理制度安排的内在缺陷

一、现行经营性国有资产监督管理制度安排的概况

（一）我国经营性国有资产监督管理基本理念的变迁

1. 计划经济时期"经营企业"理念

在计划经济时期，我国对国家投资设立的企业所进行的管理与一般国家非营业性领域投资所进行的管理没有本质的区别，在20世纪80年代以前相当长的一段时期，国营企业没有独立的主体地位和自主经营权，国营企业如同政府分布在全国各地的一个生产车间或经营分店，其人、财、物由政府统一管理，其产、供、销也由国家统一调配，这些均渗透着国家（政府）直接经营企业的理念。

2. 改革开放初期的"管企业"理念

1979年7月13日国务院下发《关于扩大国营工业企业经营管理自主权的若干规定》，开始以"扩大国营工业企业经营管理自主权"的国营企业改革，其对国有资产和国营企业的监管也由直接"经营企业"逐步转变为"管企业"。如《关于扩大国营工业企业经营管理自主权的若干规定》（1979年）规定：（1）企业必须保证完成国家下达的各项经济计划。（2）实行企业利润留成。（3）逐步提高固定资产折旧率。（4）实行固定资产有偿占用制度。（5）实行流动资金全额信贷制度。（6）鼓励企业发展新产品。（7）企业有

权向中央或地方有关主管部门申请出口自己的产品，并按国家规定取得外汇分成。（8）企业有权按国家劳动计划指标择优录用职工。（9）企业在定员、定额内，有权根据精简和提高效率的原则，按照实际需要，决定自己的机构设置，任免中层和中层以下的干部。（10）减轻企业额外负担。（11）企业要在主管部门的领导下，在职工代表大会的监督下，正确使用自己的权限，严格履行义务。上述规定说明，国家已开始把经营中的具体事务性权力授予企业，政府由直接经营企业开始实行对企业的管理。1988 年的《全民所有制工业企业法》则在授权经营的理论支撑下，把全民所有制工业企业定义为"依法自主经营、自负盈亏、独立核算的社会主义商品生产的经营单位"。政府和企业的关系是一种计划性管理与被管理，即政府或者政府主管部门依照国务院规定统一对企业下达指令性计划，保证企业完成指令性计划所需的计划供应物资，审查批准企业提出的基本建设、重大技术改造等计划；任免、奖惩厂长，根据厂长的提议，任免、奖惩副厂级行政领导干部，考核、培训厂级行政领导干部；政府有关部门按照国家调节市场、市场引导企业的目标，为企业提供服务，并根据各自的职责，依照法律、法规的规定，对企业实行管理和监督。① 1992 年 7 月 23 日国务院发布的《全民所有制工业企业转换经营机制条例》，从"使企业适应市场的要求，成为依法自主经营、自负盈亏、自我发展、自我约束的商品生产和经营单位，成为独立享有民事权利和承担民事义务的企业法人"这一"企业转换经营机制的目标"出发，把政府对企业的管理严格限制和规范在重要企业事项的决定、宏观调控和行业管理、培育和完善市场体系、建立和完善社会保障体系、为企业提供社会服务等几个方面。②

---

①　参见《全民所有制工业企业法》（1988 年）第 55—58 条。

②　参见国务院《全民所有制工业企业转换经营机制条例》（1992 年）第 3 条、第 41—46 条。

3. 公司制改革推进过程中的"管资产"理念

1992 年以后，国有企业改革进入公司制改革新阶段，国家财产所有权、国有资产由现物权益转化国有独资公司、国有控股公司或参股公司中的资本权益——国有股权，国家（政府）对国有资产、国有企业的监督管理本应转变为对资本权益性质的管理。但此时主流理论和政策仍然把国家（政府）投入企业（公司）的财产、资产作为其国有资产管理的对象，典型的如《公司法》（1993 年）第 4 条第 3 款就规定"公司中的国有资产所有权属于国家"。1994 年 7 月 24 日国务院发布的《国有企业财产监督管理条例》，把企业财产即企业国有资产界定为"国家以各种形式对企业投资和投资收益形成的财产，以及依据法律、行政法规认定的企业其他国有财产"。2002 年 11 月 8 日在中共十六大报告中，"深化国有资产管理体制改革"成为最重要的议题，一种新的"国家出资、分级代表"、"管资产和管人、管事相结合"的新的国有资产管理体制被正式确立，自此，"管资产"就成为国家（政府）对国有资产、国有企业管理监督的核心。

为落实中共十六大报告中有关"深化国有资产管理体制改革"的制度构想，2003 年 5 月 27 日国务院发布新的《企业国有资产监督管理暂行条例》，该条例明确把企业国有资产定义为"国家对企业各种形式的投资和投资所形成的权益，以及依法认定为国家所有的其他权益"，并把"国有及国有控股企业、国有参股企业中的国有资产"作为监督管理的具体对象，规定"企业国有资产属于国家所有。国家实行由国务院和地方人民政府分别代表国家履行出资人职责，享有所有者权益，权利、义务和责任相统一，管资产和管人、管事相结合的国有资产管理体制"①。2008 年 10 月 28 日十一届全国人大常委会第五次会议通过的《企业国有资产法》，继续秉

---

① 参见国务院《企业国有资产监督管理暂行条例》（2003 年）第 2—15 条。

持"管资产"的理念，把企业国有资产界定为"国家对企业各种形式的出资所形成的权益"，并规定企业"国有资产属于国家所有即全民所有。国务院代表国家行使国有资产所有权"；"国务院和地方人民政府依照法律、行政法规的规定，分别代表国家对国家出资企业履行出资人职责，享有出资人权益"；"国务院和地方人民政府应当按照政企分开、社会公共管理职能与国有资产出资人职能分开、不干预企业依法自主经营的原则，依法履行出资人职责"。①"管资产"的理念被固化为法律条文。

4. 全面深化改革背景下的"管资本"理念

2012 年 11 月 18 日在中共十八大政治报告中，"深化国有企业改革，完善各类国有资产管理体制"之议题被再次提起。2013 年 11 月 12 日中共十八届三中全会通过的《关于全面深化改革若干重大问题的决定》，特别提出"完善国有资产管理体制，以管资本为主加强国有资产监管，改革国有资本授权经营体制，组建若干国有资本运营公司，支持有条件的国有企业改组为国有资本投资公司"。"管资本"之理念正式出台。

从近 30 年来国家（政府）在国有资产、国有企业监管对象指向从经营企业→管企业→管资产→管资本这一理论与观念的变化轨迹中可以发现，监督管理对象被锁定在国有企业、资产、资本等具体的事权范围，而有关国家出资人代表或国有股权代表、国有企业经营者虽然也纳入监督管理的视野，却非监督、管理的重点。

（二）2008 年《企业国有资产法》对经营性国有资产监督管理制度的安排

根据党的十六大政治报告所提出的政策框架，2003 年 3 月 10 日，第十届全国人大一次会议通过《关于国务院机构改革方案的决定》，明确提出"深化国有资产管理体制改革，设立国务院国有

---

① 参见《企业国有资产法》（2008 年）第 2—10 条。

资产监督管理委员会"。2002 年 4 月 25 日，国务院办公厅发布《国务院国有资产监督管理委员会主要职责内设机构和人员编制规定》，正式启动新一轮国有资产监督管理体制改革，随之有些地方也纷纷效仿中央，建立新的国有资产监督管理机构。2003 年 5 月 27 日，国务院发布《企业国有资产监督管理暂行条例》，"国家所有，分级代表，事权分离，集中监管"这一新的经营性国有资产监督管理体制的具体制度框架浮出水面。2008 年 10 月 28 日由第十一届全国人大常委会第五次会议通过的《中华人民共和国企业国有资产法》，按照"国家出资，分级代表"，本着国有资产所有者→国家出资人代表人→国家出资企业→国有企业经营管理者这一财产关系逻辑，以"管资产"为重点，对国有财产的所有者和经营者的关系进行更为明确的定位。

1. 关于经营性国有资产的界定

《企业国有资产法》第 2 条规定，企业国有资产，是指国家对企业各种形式的出资所形成的权益。

2. 关于国有资产的所有者

《企业国有资产法》第 2 条规定，国有资产属于国家所有即全民所有，国务院代表国家行使国有资产所有权。也就是说，经营性国有资产的所有者可以从三个层面来分析：一为原始所有者，即全体国民；二为法律上的概括所有者，即作为主权象征的国家；三为所有者的集中代表，即中央人民政府——国务院。

3. 关于国家出资人代表机构

《企业国有资产法》第 4 条规定，国务院和地方人民政府依照法律、行政法规的规定，分别代表国家对国家出资企业履行出资人职责，享有出资人权益。国务院确定的关系国民经济命脉和国家安全的大型国家出资企业，重要基础设施和重要自然资源等领域的国家出资企业，由国务院代表国家履行出资人职责。其他的国家出资企业，由地方人民政府代表国家履行出资人职责。该法第 11 条规定，国务院国有资产监督管理机构和地方人民政府按照国务院的规定设立的国有资产监督管理机构，根据本级人民政府的授权，代表本级人民政府对国家出资企业履行出资人职责。国务院和地方人民政府根据需要，可以授权其他部门、机构代表本级人民政府对国家出资企业履行出资人职责。代表本级人民政府履行出资人职责的机构、部门，法律上统称履行出资人职责的机构①。

4. 关于国家出资企业

《企业国有资产法》第 5 条规定，该法所称国家出资企业，是指国家出资的国有独资企业、国有独资公司，以及国有资本控股公司、国有资本参股公司。第 16 条规定，国家出资企业对其动产、不动产和其他财产依照法律、行政法规以及企业章程享有占有、使用、收益和处分的权利；国家出资企业依法享有的经营自主权和其他合法权益受法律保护。

5. 关于国有企业的经营管理者

根据《企业国有资产法》第 22 条的规定，国有企业的经营管理者的范围包括如下三类：（1）国有独资企业的经理、副经理、财务负责人和其他高级管理人员；（2）国有独资公司的董事长、副董事长、董事、监事会主席和监事；（3）国有资本控股公司、国有资本参股公司的董事、监事人选。上述人员由履行出资人职责的机构依照法律、行政法规以及企业章程的规定，任免或者建议任免；其中，国家出资企业中应当由职工代表出任的董事、监事，依照有关法律、行政法规的规定由职工民主选举产生。

（三）其他相关制度的安排

除前述内容外，我国在涉及国有资产、国有企业监督管理方面，还先后出台过多项监督管理制度，其中代表性的举措有：1998 年 7 月国务院对国有重点企业试点的稽察特派员制度；1999 年 10 月中共中央和国务院决定对国有企业及国有控股企业领导人员实行

---

① 我国《物权法》（2007 年）第 55 条规定，国家出资的企业，由国务院、地方人民政府依照法律、行政法规规定分别代表国家履行出资人职责，享有出资人权益。

的任期经济责任审计制度；2000 年 3 月国务院开始在国有重点企业中推行的外派监事会制度；2003 年 10 月国务院国资委对中央企业负责人施行的经营业绩考核制度；2006 年对包括国有企业领导人在内的党员领导干部实施的个人有关事项报告制度；2007 年 4 月国务院国资委在董事会试点企业试点实施的董事会年度工作报告制度等。这些相关制度的设立与安排及其实施效果均不够理想。

二、现行经营性国有资产国家（政府）外部监管的缺陷分析

2008 年《企业国有资产法》对经营性国有资产的所有者与国有企业的经营管理者的法律定位比较明确、到位。但是，如通观《物权法》第五章和《企业国有资产法》的法条设计和制度安排，隐隐约约地觉得《企业国有资产法》对经营性国有资产监督管理体制和企业国有资产监管制度的构建大有回复到以前国有国营企业监督管理体制的趋势，单就机构的设立和《企业国有资产法》赋予其职权和管理方式来分析，存在以下值得深思和细究的缺陷：

（一）国有资产基础权利（力）关系的模糊

1. 所有者主体与代表主体界限不清

根据《企业国有资产法》第 2 条的规定，国有资产属于国家所有即全民所有，国务院代表国家行使国有资产所有权。《宪法》第 2 条规定，中华人民共和国的一切权力属于人民；人民行使国家权力的机关是全国人民代表大会和地方各级人民代表大会；人民依照法律规定，通过各种途径和形式，管理国家事务，管理经济和文化事业，管理社会事务。依此规定，在我国，国家权力和国家利益的权利母体只能是全国人民代表大会和地方各级人民代表大会，因此，只有全国人民代表大会和地方各级人民代表大会及其常设机构才是国有财产真正的原始代表者。可见，《企业国有资产法》第 2 条，有关所有者主体与代表主体的界限，与我国《宪法》第 2 条存在冲突。从权利法源意义上讲，全体国民是国有财产的原始所有

者；国家是宪法确认的国有财产概括意义上的所有者；全国人民代表大会和地方各级人民代表大会及其常设机构是宪法所确认的国有财产真正的代表所有者；而国务院和地方各级人民政府则为宪法、法律、全国人民代表大会和地方各级人民代表大会及其常设机构确认或授权的实际代表所有者，其地位与全国人民代表大会和地方各级人民代表大会及其常设机构相比较，具有第二位、派生属性；其权力行使须受到宪法、法律、全国人民代表大会和地方各级人民代表大会及其常设机构的制约与监督。

2. 履行国家出资人职责的机构定位模糊

履行国家出资人职责的机构如何定位，是企业国有资产所有权和监督管理体制中的首要环节，它直接影响到国有资产所有者代表、监督管理机构的性质和职能的定位。根据《企业国有资产法》第 4 条的规定，国务院和地方人民政府依照法律、行政法规的规定，分别代表国家对国家出资企业履行出资人职责，享有出资人权益。国务院确定的关系国民经济命脉和国家安全的大型国家出资企业，重要基础设施和重要自然资源等领域的国家出资企业，由国务院代表国家履行出资人职责。其他的国家出资企业，由地方人民政府代表国家履行出资人职责。根据该法第 11 条和 2003 年 5 月国务院发布的《企业国有资产监督管理暂行条例》① 第 12 条的规定，国务院和地方人民政府国有资产监督管理机构等履行国家出资人职责的机构，根据本级人民政府的授权，代表本级人民政府对国家出资企业履行出资人职责；上级政府履行国家出资人职责的机构依法对下级政府的国有资产监督管理工作进行指导和监督。

在这种制度安排下，国有资产监督管理机构、直属特设机构或

---

① 值得注意的是，从规范功能和条文内容来看，2008 年 10 月 28 日由十一届全国人大常委会第五次会议通过的《企业国有资产法》是对 2003 年 5 月 27 日国务院发布的《企业国有资产监督管理暂行条例》的替代和升级，但《企业国有资产法》未在附则中明确规定废止《企业国有资产监督管理暂行条例》，因此，2003 年的《企业国有资产监督管理暂行条例》现在还依然具有法律效力。

者授权的其他部门、机构等履行国家出资人职责的机构的性质作何判断，若依照《企业国有资产法》和《企业国有资产监督管理暂行条例》的有关规定，则会得出比较尴尬的结论。如《企业国有资产法》第6条规定："国务院和地方人民政府应当按照政企分开、社会公共管理职能与国有资产出资人职能分开、不干预企业依法自主经营的原则，依法履行出资人职责。"《企业国有资产监督管理暂行条例》第7条第2款规定："国有资产监督管理机构不行使政府的社会公共管理职能，政府其他机构、部门不履行企业国有资产出资人职责。"以此推断，政府履行国家出资人职责的机构似乎应该是一个不属于一般政府行政机构而纯粹履行国有资产出资人职能的经济组织或事业性机构。然而如果从《企业国有资产法》第12条、第13条、第14条与《企业国有资产监督管理暂行条例》第13条、第24条对国有资产监督管理机构职责的罗列和义务的法定来分析，再对照《企业国有资产法》第四章至第七章、《企业国有资产监督管理暂行条例》第三章至第六章对国有资产监督管理机构所享有的国有企业负责人之决定权、国有企业重大事项管理的决策权、企业国有资产管理权、企业国有资产运营监督权的详尽列举，则不难看出，所有这些权力与权利的行使无不是以国有出资人代表——政府之名义进行，履行国家出资人职责的机构与传统国有资产监督管理机构以及其他政府序列的机构没有根本不同。可见，《企业国有资产法》和《企业国有资产监督管理暂行条例》对履行国家出资人职责的机构作如此模糊不清的职能定位，其根本原因是国家投资主体本身职位的矛盾性所决定的。国家作为公权力的代表者，是以保护私权利益、平衡私权冲突、协调私权矛盾为基本使命，在公权与私权两者分离和彼此分途的现代社会秩序中，国家及其政府机构不应是营利性财产的所有者，更不应是市场利益的追逐者，此种角色决定国家如果集公权力的代表者和营利性财产的所有者于一身，必然使其政治利益与经济利益混为一体，政企不分、政资不分之矛盾必然存在。政府、政府履行国家出资人职责的机构之所以处于如此尴尬的境地，在于经营性国有资产本身的性质决定了无论是按传统的行业部门实行条块分割式的管理，还是把出资人代表权、管理权从众多部门中集中到政府属下的一个部门，均难以解决国有资产的出资代表权和管理权从政府行政权中独立出来这一难题。因此，仅依《企业国有资产法》和《企业国有资产监督管理暂行条例》这样定位模糊和职权职责不明晰的立法条文，企望准确定位国有资产的出资人代表主体与监督管理机构，试图使之从政府麾下独立出来，扮演政企分开、政资分开的纯出资人角色，只能是一种学究式的良好愿望而已。

（二）改制价值的偏离与制度目标的落空

经营性国有资产经营、管理体制改革的主要目的是解决经营性国有资产所有者主体缺位、国有企业主体独立、经营者责任心和积极性等问题，其基本任务是厘清经营性国有资产的财产关系和权利权力转换流程。根据十六大政治报告所预定的改制思路，新型经营性国有资产监督管理体制构建的基本思路是以"国家所有，分级代表"，建立统一、集中监管国有资产的政企分开、运营高效的国有资产管理体制。事实上 2003 年《企业国有资产监督管理暂行条例》第 4 条规定"国家实行由国务院和地方人民政府分别代表国家履行出资人职责，享有所有者权益，权利、义务和责任相统一，管资产和管人、管事相结合的国有资产管理体制"。又如《企业国有资产法》第 6 条规定"国务院和地方人民政府应当按照政企分开、社会公共管理职能与国有资产出资人职能分开、不干预企业依法自主经营的原则，依法履行出资人职责"，也试图体现这一改制价值与制度目标；第 7 条还进一步强调"各级人民政府应当严格执行国有资产管理法律、法规，坚持政府的社会公共管理职能与国有资产出资人职能分开，坚持政企分开，实行所有权与经营权分离。国有资产监督管理机构不行使政府的社会公共管理职能，政府其他机构、部门不履行企业国有资产出资人职责。"再如《企业国有资产法》第 14 条规定，履行出资人职责的机构应当依照法律、行政法规以及企业章程履行出资人职责，保障出资人权益，防止国有资产损失。履行出资人职责的机构应当维护企业作为市场主体依法享有的权利，除依法履行出资人职责外，不得干预企业经营活动。更彰显法律、行政法规、政府在具体改革方案实施中对经营性国有资产体制改制目标的重视。

但是，我们会发现：（1）从前述《企业国有资产法》和《企业国有资产监督管理暂行条例》对政府、政府履行国家出资人职责的机构事权划定的范围和权属来分析判断，很难看出此种权力与传统行政管理权有什么特别之处，甚至可以说，它与以前部门和行业管理相比，其权力更为广泛，管理更为直接，控制更为严厉。尤其与1992年7月23日国务院发布的《全民所有制工业企业转换经营机制条例》所定的政府权力与企业权利之制度框架相比，存在极大反差。（2）《企业国有资产法》、《企业国有资产监督管理暂行条例》及经营性国有资产监管现状和2003年3月以来的国务院机构改革方案本身就是对十六大政治报告所确定的改制思路、改制目标的偏离。如2003年4月25日发布的《国务院国有资产监督管理委员会主要职责内设机构和人员编制规定》明确规定，国有资产监督管理委员会的监督范围是中央所属企业（不含金融类企业）的国有资产，这意味着金融类企业的国有资产被排斥在《企业国有资产法》和《企业国有资产监督管理暂行条例》的规范和调整之外。《企业国有资产法》附则中的第76条和《企业国有资产监督管理暂行条例》第2条第2款，也把金融机构中的国有资产的监督管理作了除外规定。与此同时，2003年4月25日国务院发布的《中国银行业监督管理委员会主要职责内设机构和人员编制规定》，赋予中国银行业监督管理委员会履行原中共中央金融工作委员会的相关职责，如审查和任命国有商业银行等银行业金融机构高级管理人员任职资格，负责国有重点银行业金融机构监事会的日常管理工作。在具体机构的设置上，其内设的银行监管一部（负责国有商业银行的监管）、人事部（负责对国有商业银行人事的任命等）、监事会工作部（负责国有重点银行金融机构监理会工作的委派与委托等），实际上分割着中央国有资产监督管理委员会的职权。此外，财政部、原铁道部和现中国铁路总公司、中国民航总局、国防科工委等特殊行业部门，还依然直接管理着其属下国有企业或国有控股公司的大量国有资产。《企业国有资产法》和《企业国有资产监督管理暂行条例》所构建的监督对象和制度目标也因事权被分割而具有相当的不确定性。（3）在《企业国有资产法》和《企业国有资产监督管理暂行条例》的制度框架下，政府履行国家出资人职责的机构代表政府履行出资人职责，则会存在众多国有企业皆出自一个所有人或出资人的尴尬局面。如此一来，如何解决关联交易和行政垄断则成为又一难以解决的问题。《企业国有资产法》和《企业国有资产监督管理暂行条例》由于改制价值取向的不确定，导致在制度具体构建过程中出现与制度原定目标相偏离的现象。

（三）监督主体归属的错位

在国有资产与国有企业的监督管理过程中，最具源头意义的是如何设置监管主体，而监管主体的设置又必须考虑到监管主体本身权力的合法性与正当性、监管主体本身的权威性、监管主体监督的有效性、监管主体本身的监督等多个因素。如果按照这些因素去分析现有国家（政府）对国有资产与国有企业的外部监督管理主体的设置，则会发现如下问题：

1. 监督管理主体与履行国家出资人职责的机构的重叠

在现有的国有资产与国有企业监督管理体制的制度框架内，政府国有资产监督管理委员会、财政部门、银监会等机构，既是对国有资产与国有企业实施监督管理的机构，也是履行国家出资人职责的机构。前者重在监督管理，后者则重在对国家出资人权利的行使；前者为典型的公权力，后者则为实质性的私权利。两者的性质、方式、效力和规则是完全不一样的，由同一个机构去履行。

2. 监督管理主体的行政性

无论是国有资产监督管理委员会，还是诸如财政部、银监会等其他国务院、地方政府授权履行国家出资人职责的机构，均具有行政性。这些具有行政机构性质的机构，在履行国家出资人职责的同时，又要担任起对国有资产和国有企业的监督管理职责，其结果只能是其行政惯性思维与行为贯穿于其履行国家出资人职责的过程中，并最终使其履行国家出资人职责也行政化。

3. 国有股权行使主体与监督管理主体的同一性

在现行国有资产与国有企业监督管理体制下，政府及政府国有资产监督管理委员会、财政部门、银监会等履行国家出资人职责的机构，既是国家出资人（股东）权利的具体行使主体，又是对这些具体行使国家出资人（股东）权利主体进行监督管理的监督者。就其权重而言，政府的对国家股董事代表和国家股监事代表的委任与监督，是以管理为主；但实际上就政府对国有企业的外派监事会的设计上看，监事会和国家股监事代表需要对国有企业董事会、经营者的经营行为进行监督，需要既盯人又管事。这样的权重和事权范围的设置，是政府及政府履行国家出资人职责的机构远远难以胜任的。对于管人，政府可以胜任；但对管事，则恰恰是政府及政府机构的短板，尤其是国有资产管理与国有企业经营，涉及的是十分专业的经营事项，而政府相关部门的知识背景、工作方式、反应能力、思维定式等，往往难以适应与国有资产管理、国有企业经营等市场行为，其结果就只能重复计划经济时期的国有国营经营、管理模式。

4. 对监督管理主体没有必要的监督

在现行国有资产与国有企业监督管理体制下，政府及政府履行国家出资人职责的机构，既是行使国家出资人的机构，又是对国有资产管理、国有企业经营进行监督的机构，可谓集股东权利、管理权力和监督权力于一身，但对如何进行监督，则没有考虑。

综上所述，现有国有资产与国有企业监督管理体制的根本缺陷，在于没有顾及和考量作为国有资产的真正代表主体人民代表大会及常委会的法律地位和事权范围。把国有资产投入营业领域，设立国有企业经营，是国家经济领域的重大事务，这么重要的事项，作为财产的终极所有者全体公民，已通过宪法授权由我国的国家权力机关——人民代表大会及常委会来概况性地行使。因此，在对国有资产与国有企业监督管理体制进行改革和顶层设计时，就不能忽视国有资产的真正代表主体——人民代表大会及常委会之地位、权力、职能、作用。

（四）监管对象定位不准

从现行《企业国有资产法》和《企业国有资产监督管理暂行条例》的有关规定来看，对国家出资代表人、国有企业经营者的监督管理还依然沿用行政监管本位。如《企业国有资产法》第15条规定："履行出资人职责的机构对本级人民政府负责，向本级人民政府报告履行出资人职责的情况，接受本级人民政府的监督和考核，对国有资产的保值增值负责。履行出资人职责的机构应当按照国家有关规定，定期向本级人民政府报告有关国有资产总量、结构、变动、收益等汇总分析的情况。"第64条规定："国务院和地方人民政府应当对其授权履行出资人职责的机构履行职责的情况进行监督。"第65条规定："国务院和地方人民政府审计机关依照《中华人民共和国审计法》的规定，对国有资本经营预算的执行情况和属于审计监督对象的国家出资企业进行审计监督。"第67条规定："履行出资人职责的机构根据需要，可以委托会计师事务所对国有独资企业、国有独资公司的年度财务会计报告进行审计，或者通过国有资本控股公司的股东会、股东大会决议，由国有资本控股公司聘请会计师事务所对公司的年度财务会计报告进行审计，维护出资人权益。"这些均为行政监督的制度构架。由于国有资产的所有、出资、经营、监管等环节，均以履行出资人职责的机构的职权与职责为中心，其权力运行与监督管理均只考虑到了对国家资产、国有企业和国有企业经营者，相对而言，对居于金字塔之顶的履行出资人职责的机构之监督则明显不足。如在《企业国有资产法》的若干规定中，只有第63条规定："各级人民代表大会常务委员会通过听取和审议本级人民政府履行出资人职责的情况和国有资产监督管理情况的专项工作报告，组织对本法实施情况的执法检查等，依法行使监督职权。"国有财产的真正代表所有者——国家权力机关对国家出资人代表监管，因无对应的机构和具体负责的责任机构，其监督显得宽泛、笼统而无实质效果。至于社会监督，虽有《企业国有资产法》第66条关于接受社会公众的监督和任何单位、个人有权对造成国有资产损失的行为进行检举和控告的规定，但这种监督由于没有对应的责任制度和诉讼机制作保障，其实际效果也需要进一步评价。

（五）监督权配置的严重失衡

《企业国有资产法》和《企业国有资产监督管理暂行条例》试图通过收缩国有资产的部门监督管理范围，使之尽可能地集中于政府履行国家出资人职责的机构的职权之下，于是以强化机构代表权、管理权为基本手段，赋予了国有资产监督管理机构等部门比较广泛的权力。如根据《企业国有资产法》第12条、第13条、第14条与《企业国有资产监督管理暂行条例》第13条、第24条的有关规定，再从《企业国有资产法》第四章至第七章和《企业国有资产监督管理暂行条例》第三章至第六章对政府及政府履行国家出资人职责的机构事权范围的罗列，国有资产监督管理机构等机构拥有如下广泛的权力：（1）国有企业负责人人事的任命、决定权。（2）企业重大事项管理的决策权。包括：第一，国有企业重要事项决定权。第二，国有企业改制决定权。第三，重要关联交易批准权。第四，资产评估审核权。第五，国有资产转让批准权。（3）企业国有资产的管理权。（4）企业国有资产的监督权。

从上述国有资产监督管理机构等政府履行国家出资人职责的机构的权能与事权范围来分析，政府履行国家出资人职责的机构实际上掌握了国有独资企业、国有独资公司以及国有控股公司领导人的人事任免权、重大经营事项和投资事项的决策权、企业中国有资产的管理权和监督权，事权范围可谓相当广泛，权力行使实已高度集中。权力的广泛和集中势必产生以下问题：（1）由于国资委之权力范围包括人事权、经营权、资产的直接管理权与监督权，使其权力的对象包括了人、财、物和经营行为，监管目标多元化，必然使监管复杂化，最终使监管目标中的哪一个也难以实现。（2）监管事项的众多，使国资委监管权中的以行政机关身份的行政性权力与以出资人身份的资本性权利必然混为一体，难分伯仲，此时要国资委扮演行政机关的角色，还是行使出资人的权利，实在难以界定，如此政企、政资焉能分开？（3）权利总量的恒定与权利义务的恒等关系决定了在既定权源的前提下，国资委截留了国有企业以及国有资产参股企业中的人事权、重大事项的决策权、国有资产的直接管理与监督权，实则为对企业内部自治权、经营权和自由交易权的剥夺和限制，国有独资企业、国有独资公司甚至国有控股公司在此种情况下如何能真正成为独立的市场法人主体？可见，在不廓清国有资产监管目标和主要目标之前，在缺乏权力制约的条件下，现行《企业国有资产法》对政府履行国家出资人职责的机构之权力的扩充与事权的集中，无疑潜伏着巨大的制度风险；因为只通过单方面地划定或扩大国有资产监督管理机构的权限，且对其又无相应的监督措施，一旦其权力滥用，就只能重蹈过去以政府行政权干涉企业经营权的覆辙。

（六）　对相关制度的安排不能实现有效的衔接

现行《企业国有资产法》和《企业国有资产监督管理暂行条例》，虽然糅合了当时政策性文件中有关"管资产"的理念，但其立法思路仍然是以传统国有企业为参照来进行制度安排，其中表现最为明显的就是现行《企业国有资产监督管理暂行条例》第34条对国有独资企业、国有独资公司派出监事会的规定，则忽视了监事会本身在企业内部治理结构中的独立地位与制衡作用，使《国有企业监事会暂行条例》（2000年3月15日）的不合理制度设计原封不动地被移植进来。例如《国有企业监事会暂行条例》的制度安排，外派监事会制度为外部派遣进入企业内部对企业财务进行监管，这种外部的监管制度在运行中存在两大障碍：一是如何充分地获得被监管企业及负责人的相关内部信息，这是监管制度能否有效特别是有针对性的前提。尽管《国有企业监事会暂行条例》授权稽察特派员、监事会成员派员出席企业有关会议，但这种法律授权性规定授予的是外派监事的权利，这种权利没有相应的企业内部制度如会议程序等予以有效保障，只能是一种虚置的权利。二是如何与企业内部的监督机构诸如职代会、股东会、监事会、相关党组织的纪检机构进行协同、互动乃至衔接而不至于发生冲突。目前我国《公司法》、《企业国有资产法》、《国有企业监事会暂行条例》以及《企业国有资产监督管理暂行条例》均无明确规定，而全赖于在实际运作中与企业具体的内部监督机构的磨合。这两大障碍如不解决，就难以使国有资产外部监管机构之监督职能到位，从而造成国有资产监管资源的浪费和监督的负效益。

（七）立法条款缺乏周密考虑

由于现行《企业国有资产法》和《企业国有资产监督管理暂行条例》大量存在宣示性、原则性、有争议的条款，它实质上模糊了国有资产与国有股权的逻辑关系，使法条指导下的新体制创建具有不可操作性和不确定性。集中地表现为：（1）把政策性文件移植到《企业国有资产法》和《企业国有资产监督管理暂行条例》，使法条带有不可操作的宣示性质。如《企业国有资产法》第6条、第7条和《企业国有资产监督管理暂行条例》第4条、第5条第1款、第2款均有移植中共十五大报告、十六大报告中有关国有资产管理体制的表述，而没有对政策性文件的用语进行必要的法律化、规范化。（2）照搬存在明显缺陷的既有立法条文。如《企业国有资产法》第2条规定，企业"国有资产属于国家所有即全民所有"和《企业国有资产监督管理暂行条例》第4条"企业国有资产属于国家所有"，则与2005年《公司法》修改前的第4条第3款所表述的"公司中的国有资产所有权属于国家"，几乎同出一辙。又如《企业国有资产监督管理暂行条例》第34条对国有独资企业与国有独资公司监事会的规定，更是套用《国有企业监事会暂行条例》所创设的制度模式等。

三、现行国有企业内部监督制度的缺陷分析

我国国有企业内部监督制度的建立，缘起于计划经济时期国营企业内部的职工民主监督。1988 年《全民所有制工业企业法》进一步明确并规范了全民所有制企业内部职工代表大会（会议）对以厂长（经理）为首的企业经营管理层的民主监督，并同时规定了企业内部党组织的监督。自 1992 年国有企业公司制改革后，国有企业内部治理结构由传统的"老三会"（以厂长或经理为首的管理委员会、以职工代表组成的职工代表大会或工作机关工会委员会、以企业党组织的核心成员组成的党委会或党组）① 向公司制国有企业"新三会"（股东会、董事会、监事会）转化，传统职工代表大会的监督职能因被忽视而萎缩。"新三会"具有基础监督意义的股东（大）会又因国有独资公司、国有资本控股公司中国家股东的唯一性、控制性而基本丧失其应有的监督功能。根据 1994 年《国有企业财产监督管理条例》的规定，公司制国有企业的监事会由国务院或地方政府有关主管部门、国务院授权的全国性总公司对其所属企业依法行使和决定委派②，自此开始，国有企业的监事会就一直沿用由政府行政机构或政府授权机构外派制。2000 年 3 月

---

① 需要说明的是，"老三会"的政策性文件解释是 1994 年国务院颁布的《关于选择一批国有大中型企业进行现代企业试点方案》所指的国有企业和集体企业中的"党委会、职工代表大会和工会"三个机构。但是，根据 1988 年《全民所有制工业企业法》第 51 条规定，工会即工会委员会，只是职工代表大会闭会期间的工作机构，而非与职工代表大会相独立的机构。《全民所有制工业企业法》第 47 条规定："企业设立管理委员会或者通过其他形式，协助厂长决定企业的重大问题。管理委员会由企业各方面的负责人和职工代表组成。厂长任管理委员会主任。"笔者据此认为，"老三会"的准确解释应为以厂长或经理为首的管理委员会、以职工代表组成的职工代表大会或工作机关工会委员会、以企业党组织的核心成员组成的党委会或党组。

② 参见国务院《国有企业财产监督管理条例》（1994 年）第 13 条、第 14 条、第 15 条。

15 日国务院发布《国有企业监事会暂行条例》和《国有重点金融机构监事会暂行条例》，国有企业外派监事会制度正式定型并确立。2003 年 5 月国务院发布的《企业国有资产监督管理暂行条例》和 2008 年全国人大常委会通过的《企业国有资产法》，虽然对国有企业监事会没有作出明确规定，但公司制国有企业的监事会仍然沿用由政府国有资产监督管理委员会等政府履行国家出资人职责的机构委任的外派惯例。除此之外，现行国有企业内部还存在诸如企业党组织和行政监察的纪检监察制度、内部审计等制度。

就现行国有企业内部监督制度总体而言，尚不能适应新形势下特别是公司制改革情形下国有企业内部监督的需要，尤其是在国家（政府）被定位为国有企业出资人的情况下，国有企业内部监督制度的供给不足越发凸显出来。概括起来，包括以下几个方面：

（一）监督主体的多元造成不同监督职能的重叠和关系的错位

国有企业内部监督机构众多、监督对象不一、监督内容庞杂、监督手段混乱的监督制度安排，就其监督性权力的来源来看，包括政府国有资产行政管理部门等政府履行国家出资人职责的机构、企业纪委、政府职能机构等不同地位、性质、职能的党政机关；而就内部而言，则分别包括职工、出资人和其他主体。监督机构的众多和监管职位的重复设置，导致其监督职能的交叉，不仅造成监管权力资源的大量浪费，更为重要的是不同权源与背景的监督性权力相互推诿和彼此制约、折冲，严重地扭曲了国有企业内部监督制度设置的初衷，最终使任何一种监督性权力均不能有效地发挥其监督效能，致使国有企业内部监督机制的监督效应极其低下。

（二）监管对象模糊导致国有企业内部监督主体职责不清、目标不明

1. 未从国有资产管理理念过渡到国有股权管理

国企公司制改革后，经营性国有资产的权益相应地转换为国有

股权这一新的权利形式，国家对经营性国有资产的管理实质上就是对公司制国有企业中的国有股权进行管理，变经营性国有资产管理为国有股权管理，是一场深刻的国有财产管理模式的变革，它要求国家对企业管理全新思路应予及时调整。国有股权管理是指国家特定机构对股份有限公司以及有限责任公司在设立和存续期间因国家投资形成的国有股权进行管理，特别是对国有企业整体改组为股份有限公司时的国有股权进行管理。而传统的国有资产管理则是指特定国家机构依其职权对国有资产进行管理。与传统国有资产管理体制相比较，国有股权管理具有以下特殊性：（1）管理的对象不同。传统国有资产管理的对象是全部国有资产，其中包括经营性国有资产、非经营性国有资产和资源性国有资产三大部分，其范围十分广泛，其对象的财产形态大多为具体的、实物性财产。其中经营性国有资产部分的财产形态有土地、资源、房产、机器设备、流动资金、知识产权、国有企业商誉及商业秘密等，财产类别种类繁多、复杂。而国有股权管理的对象则是国有股份，这种国有股份只是一部分经营性国有资产在国有企业公司化改组或国家及其他国有法人向公司新投资而转换一种财产形态，其财产属性是以资本价值的形态表现出来的、高度抽象化的无体财产。（2）管理所约束的主体范围不同。传统国有资产管理以具体国有资产为管理对象，故凡有国有资产之单位均在其管理法制约束之内，其中就对经营性国有资产管理而言，其效力范围及于所有有经营性国有资产的企业组织，因此，经营性国有资产管理包括对国有企业、承包经营、租赁经营、中外合资等许多不同类别的企业。对于国有股权管理而言，由于国有股权只存在于公司制国有企业，因此，其管理的约束力也只及于国有独资公司、国有资本控股公司、国有资本参股公司等企业形式。（3）管理内容的不同。传统国有资产管理的管理重点在于国有经营性资产的营运状况，包括对实物财产使用状况的管理，管理方式具有直接性、具体性，其管理以事权管理与控制为主，这样容易造成政企不分、政资不分。而国有股权管理的重点是国有股权的资本利益，具体在于公司的利润业绩，国家管理机构已不再关注股份代表的那部分经营性国有资产如何使用，而在于整个公司的经营业绩给国有股份带来的资本利润，具体公司的运作则通过授权或委托的国有股权代表行使公司参与权得以实现，管理内容包括股权界定、股权代表、股权收入、股权增购、转让股份收入的管理等，其中管理的重点则应是负责国家资本营运和国有股权行使的国有股权代表人，故其管理职责分明、目标清晰简单，管理方式具有间接性、宏观性。（4）适用的法律不同。国有资产管理应适用有关国有资产管理的法律，如《企业国有资产法》；而国有股权管理应适用笔者在前文所主张的《公司法》的一般规定和诸如《国有资本独资与控股公司法》的特别规定。国有股权管理体制与国有资产管理体制所存在的以上几方面的差异，是我们在设计国有企业内部监督制度时必须予以充分考虑的。但是，现有国有企业特别是公司制国有企业内部监督制度的设置，却仍然沿用传统的国有资产和国有企业的管理思路，仍然以"管资产"或"管资本"这一"事权"的管理模式来安排国有企业内部监督制度，无疑就导致了前述国有企业内部监督秩序的混乱。

2. 监督对象与重点定位的模糊

从现行国有企业内部不同监督层面的制度安排上分析，监管对象可以分为以下三大类：一为国有企业；二为国有企业的领导人、负责人或经营管理人员；三是国有企业的财产。不同层面中的不同监督主体在监督中的重点也有所不同。如原《国有企业财产监督管理条例》（1994年）的监管重点是企业以及企业的财产增值状况；《国有企业及国有控股企业领导人员任期经济责任暂行规定》的监管目标是国有企业及国有控股企业领导人员在任期内的企业财产状况；《国有企业监事会暂行条例》则把企业财务列为监管的核心；《企业国有资产监督管理暂行条例》（2003年）和《企业国有资产法》（2008年）所设置的监督对象则既包括国家出资企业的经营管理中的重大事项，也包括国有独资公司、国有资本控股公司、国有资本参股公司的董事、经理和国有独资企业的经理等高层经营管理人员。此外，职工代表大会、纪检监察、审计机构的监督对象则又有很大的差异和各自的侧重点。因此，在现行国有企业监督管理体制的框架下，监管的对象，到底为国有企业本身，还是指向国有企业财产、经营行为或者经营管理企业的具体领导人、负责人，除经济责任审计制度较为明确外，其他均比较模糊。由于国有企业内部监督对象的不具体，使不同层面和不同职能的监督机构或主体在行使其监督职权时，目标不明确、职责与职权不确定，自然监督的成效也就不十分明显。

（三）　监督机构的外部性

在国有企业现有内部监督机构的设置中，除职工代表大会外，绝大部分监督机构均是由外派产生或整个机构就是一个外派机构，其中最为典型的就是外派监事会制度。外派监事制度虽然在一定程度上有其特殊的监督作用，但无具体的操作性强的立法安排，如《国有企业监事会暂行条例》所确定的外派监事会的适用对象只包括国有重点大型企业（主要为国有独资企业和国有独资公司），其监督的内容主要包括：（1）检查企业贯彻执行有关法律、行政法规和规章制度的情况；（2）检查企业财务，查阅企业的财务会议资料及与企业经营管理活动有关的其他资料，验证企业财务会计报告的真实性、合法性；（3）检查企业的经营效益、利润分配、国有资产保值增值、资产运营等情况；（4）检查企业负责人的经营行为，并对其经营管理业绩进行评价，提出奖惩、任免建议。[①] 2003 年的《企业国有资产监督管理暂行条例》和 2008 年的《企业国有资产法》对国有企业的外派监事会制度模式仍无根本性的变革。

（四）　监督机构地位势微、缺乏权威性

在国有企业内部的现有权利（力）构架中，权利（力）的中

[①]　参见国务院《国有企业监事会暂行条例》（2000 年）第 2 条、第 5 条。

心一般为董事会或经理，虽然在多数情况下企业党委会（组）掌握着企业的重大事项的决策权，特别是从 2010 年 6 月 5 日中共中央办公厅、国务院办公厅下发《关于进一步推进国有企业贯彻落实"三重一大"决策制度的意见》以后，国有企业内部"重大决策、重要人事任免、重大项目安排和大额度资金运作"等重要事项一般要通过企业党委会（组）集体讨论决策，这样国有企业内部党委会（组）也就事实上掌握着企业的内部决策权。但是，在国有企业内部的实际权力架构中，董事会中国有股背景的董事、董事长和经理，绝大多数一般为企业党委会（组）委员或成员，其中在绝大多数情况下由董事长、董事、经理兼任企业党委（组）书记或副书记，在某种程度上，企业内部党委会（组）与企业董事会、经理机构的成员高度重叠，因此，企业内部党委会（组）与企业董事会、经理机构也就成为事实上的权力中心，企业权力也就实际上集中在这些机构或部门。

但是，在公司制国有企业中专门行使监督职能的机构为监事会，而监事会的成员是由政府外派的监事、股东会选举产生的非国有股监事代表、职工代表大会选举产生的职工监事所组成，在一般公司治理结构中，它的地位虽然与董事会平行，但其权重和权力远比董事会和经理要势微得多。而在国有企业，为了合并不同监督的职能和提高监督效应，在国有企业外派监事会制度的推进下，多数国有企业实行企业党组织纪委、监察机构和监事会三个机构合署办公，有些则干脆把三个机构合而为一，一般由企业党委（组）中的纪委书记兼任监事会主席。虽然企业党组织纪委、监察机构和监事会三个机构合署办公，有利于整合国有企业内部的监督资源和监督力量，有利于解决国有企业内部现有监督机构众多、监督力量分散、不同权源监督功效的相互抵消和冲突等顽症；但是，与我国现有同级党组织、政府内部监督一样，在企业党组织里，纪委书记的职位低于书记与副书记，权重也当然弱于书记与副书记；在企业管理系统，监事会主席的职位则低于董事长、经理，其权重当然也弱于董事长、经理。在这种情形下，监事会则难以发挥其应有的监督权威与效应。

（五）各种内部监督制度的适用范围十分有限

现行国有企业内部的各种监督制度各自的适用范围十分有限。典型的如 1998 年曾经实行的稽察特派员制度和 1994 年以来所实行的外派监事会制度，它只适用于重点大型国有独资企业或国有独资公司，而中小型国有独资企业或国有独资公司以及国有资本控股公司、国有资本参股公司是否适用，则无明确规定。对于公司制国有企业，自 1998 年中央确定"抓大放小"的国有企业改革政策后，只侧重于对重点大型国有企业、中央企业进行类似于外科手术式的、临时性的制度安排，诸如稽察特派员制度和外派监事会制度均是一种权宜之计，而缺乏国有企业公司制改革后对所有国有企业内部监督制度的通盘考量和整体性安排，因而往往是头痛医头、脚痛医脚，直至 2008 年《企业国有资产法》出台，情况仍然没有得到根本性的改变。

四、总结与反思

综上所述，现行经营性国有资产监督管理体制和国有企业内部监督机制的形成，固然有其深刻的宏观体制背景，但学术界长期在经营性国有资产理论方面固定的思维定式以及理论学说，也有比较大的影响。其中传统的两权分离理论和由此形成的国有资产授权经营理论，是现行国有企业内部监督机制的基本理论依据。按照权威的解释，国有资产授权经营是指"国有资产由政府代表国家行使所有者职能"，"其中重要的方式是将经营性国有资产委托给资产经营机构作为出资的代表，由他们代行国家股东的权利"。或者说"政府将边界清楚的国有资本委托给授权经营机构；授权经营机构按委托协议，对委托经营的国有资本拥有占有、使用、处分和收益权"。[1] 反映在国有股权运行上，就是"国家把投资和拥有的股权

---

[1]　参见陈清泰：《坚持现代企业制度的改革方向》，载《求是》2000 年第 3 期。

分别授权给若干国有股持股机构持有，使他们成为国有企业出资人代表"，"授权经营机构是按政府批准的章程比照公司运作，对国家承担责任，直接受政府监督，不受《公司法》调节"。① 为了使国有资产授权经营理论制度化，有学者把这种已形成共识的改革理论思路概括为以下三个方面，即"国务院设立代表国家统一行使所有者职能的国有资产管理专司机构"，"组建国有资产经营公司以形成投资主体，经营授权范围内的国有资产"，"基层国有企业实行公司制"。② 有学者更明确地指出"应以国有资产法明确规定，国有资产营运机构是国家授权以特许方式建立、以投资方式对国有资本进行经营的企业法人"，其组织形式是"国有独资控股公司"。③ 笔者认为，传统的国有资产授权经营理论混淆了国有企业（国有控股公司）作为国有资产投资的对象和作为国有资产出资人代表两者之间不可替代的关系，从而使国有企业既可以从国家投资设立时依法获得法人资格，又可以从国家授权契约安排下获得国家出资人代表的资格，企业既是国家请求的对象，又是国家试图保证国有资产保值增值的一种依靠，这无疑使国家和企业处于一种尴尬境地。

究其原因，在于授权经营理论试图在所有权与经营权两权分离的理论指导下，以国家和企业分享国有资产所有权与经营权，以实现政企分开的改制目标，把国有企业塑造成独立的企业法人，从而满足市场竞争对国有企业独立人格和自主经营的需要。首先，从民事主体资格和法人的一般原理出发，国家之出资行为在法律上即为设立企业或对已成立的企业之参股行为，企业能否获得民事主体资

---

① 参见陈清泰：《建立国有资产管理监督和运营体制》，载《经济社会体制比较》2001 年第 4 期。

② 参见刘诗白：《主体产权论》，经济科学出版社 1998 年版，第 348—349 页。

③ 参见徐晓松：《公司法与国有企业改革研究》，法律出版社 2000 年版，第 234—235 页。

格，应以企业是否符合企业设立条件并是否按法定程序进行资格登记为判断标准，这与国家是否授权以及授权大小、类别等并无必然联系。其次，如按现在政策和学界通说，授权现有国有重点企业代表国家行使国有资产经营权或国有资产出资人的权利，对于全部资产均为国有资产构成的国有独资企业，除存在法人代表制度与国有资产代表人制度之间的冲突之外，尚不存在不同资本利益之间的冲突；而对于国有股份仅为控股或参股的具有国企背景的企业，则不仅存在法人代表制度与国有资产代表人制度之间的冲突，而且存在不同资本权属之间的利益冲突，可以这样说，授权经营制度与企业出资人制度、企业法人主体资格制度、法人代表制度是极不兼容的。最后，按授权经营理论，不能圆满地解释国家与特定授权经营机构之间的关系，亦即难以构建处于国家与被经营国有资产之间的中间层问题。有学者就明确指出，新的国有资产管理与运营体制应由终极层（国家）、中间层（中介机构）和基础层（企业）构成，由于授权经营体制中的中间层——授权经营机构，本身与国家的关系定位难以满足企业作为独立主体资格的要求，因此"授权制的思路只满足了坚持公有制这一条件，而没有满足使中介机构成为真正企业的条件"①。

综上，笔者认为，依据经营性国有资产代表人制度和国有股权代表人制度的基本理论，构建新的符合国有企业公司制改革需要的经营性国有资产监督管理体制和国有企业内部监督机制，具有重要的现实意义。

第二节　新型国有股权代表人监管体制的立法安排

如前所述，国家对经营性国有资产的权利集中地体现在国有财

---

① 参见康德琯、林庆苗：《国有企业改革的经济学与法学分析》，法律出版社 1998 年版，第 43 页。

产营运中的决策经营权和监督管理权的行使，对于决策经营权，有赖于经营性国有资产代表人制度之一——国有股董事制度的建立①；而对于经营性国有资产之监督管理权，则必须通过创立有效的经营性国有资产监督管理体制和国有企业内部监督机制，才能使国家对国有财产的监管到位。而且从某种程度上讲，经营性国有资产监督管理，既是我国国有资产监督管理的重点，又是我国国有股权制度建立过程中的一个难点。我国既有的国有资产监督管理体制与国有企业内部监督机制所存在的明显缺陷，以及学术界有关国有资产、国有企业授权经营理论的局限性，造成我国现行国有资产监督管理体制与国有企业内部监督机制的设计严重滞后于其实态运行，因此，为适应国有企业公司制改革的实际需要②，通过立法重构，建立新的国有股权代表人监管体制十分必要。

一、新型国有股权代表人监管体制构建的基本内容

我们知道，监管体制能否发挥其独立的作用，产生明显的监管效应，有赖于监管主体的确定、监督对象的具体、监管机构（代表）的独立性、监管本身的运行机制及对监管机构（代表）的监督等方面条件的具备，而对于新型国有股权代表人监管体制来说，除应具备上述条件之外，还应当充分考虑国家（政府）外部监管制度与国有企业内部治理结构的衔接。因此，在新型国有股权代表人监管体制构建过程中，必须重点思考以下几个方面的问题：

（一）监管主体的归属

监管主体的归属问题，是经营性国有资产监管体制和国有企业

---

① 参见肖海军：《国有股权法律制度研究》，中国人民公安大学出版社2001年版，第80—108页。

② 有学者认为，国企改革中"建立现代企业制度的过程，就是国企公司化的过程"。参见刘股东：《推进国有企业公司制改革的法学思考》，载《中国法学》2000年第1期。

内部监督机制构成最为重要的环节之一，即由谁集中代表国家或政府，行使对经营性国有资产和国有股权代表人的监管权力。（1）监管主体的归属决定监管代表派出权的行使，自然监管主体归属于谁，涉及监管的权力源。（2）监管主体本身的权威性，直接影响监管的独立性与有效性。（3）监管主体的一元与多元，决定着监管职位的定性和监管职能的设定。

基于监管主体归属本身的重要性，为了确保经营性国有资产和国有企业内部监督的监管力度，监管主体必须满足确定性、独立性、权威性、一元性和协调性等基本要求。所谓确定性，即监管主体必须明确归属于某一具体的机构或组织，特别是不能附属于或隶属于被监管对象；权威性，即监管主体本身应有较高的法律地位，拥有比较广泛的权力，特别在经营性国有资产监管和国有企业内部监督问题享有足以抗衡被监管对象的权力；一元性，即监管权应集中由一个监管主体来行使，以期理清监管头绪，充分发挥监管效益；协调性，即监管主体应当具有协调处理不同行政部门或者机构在经营性国有资产监管方面的矛盾和冲突的能力。

学术界曾经对经营性国有资产监管和国有企业内部监督之监管主体提出了权力机关内置、行政部门构建和企业化运作三种不同模式。① 在现有权力机关内设置专门的国有资产监管机关来行使监管经营性国有资产和国有企业内部监督的职权，虽然可提高监督的权威，但如果把所有的监督管理职能全部放在权力机关，则其必然会因具体事务的缠身，而模糊其立法的制度创制功能，很容易使之与行政权能混同，有违国家权力组织体内的分权原则。企业化运作模式即设立一个企业化运作的国有资产经营机构或控股公司来行使国有资产监管职能，本身无法处理资产所有者代表与企业的关系，更因权威性和协调性不够，而不利于企业化组织本身监管权的行使。因此，现有经营性国有资产之监管主体只能在现有行政制度设置的基础上，适当进行

---

① 参见王文杰：《国有企业公司化改制之法律分析》，中国政法大学出版社 1999 年版，第 151—155 页。

分权，引入权力机构的所有权主体代表的监督加以变革而产生。

（二）监管对象与目标的确定

监管对象的确定是指经营性国有资产监管和国有企业内部监督的监管主体在具体行使国有资产监管和国有企业内部监督职权过程中，其监管行为直接指向的具体目标。监管对象的确定直接关系到监管职权与职责的范围，决定经营性国有资产监管方式、措施的选择和监管重点的确定，因而是构建经营性国有资产监管体制和国有企业内部监督机制的重要环节。

就经营性国有资产和国有企业内部经营而言，企业、企业经营者和企业财务状况均可以视为监管的对象和具体目标。传统国有企业财产监管把企业与企业之财务状况列为监管对象也不无道理，但是在企业、企业经营者和企业财务状况这三者中，企业经营者是最为关键的因素，这是因为：（1）企业经营者的行为的正当性与合法性，对企业行为的正当性和合法性具有源发意义。企业经营者的行为直接影响企业财务状况，无论企业，还是企业之财产状况均为经营者之经营的对象或者经营的结果，足见在企业、企业经营者、企业财务状况三者中企业经营者起支配性作用。（2）经营性国有资产营运和国有企业内部经营是通过国有资产出资人代表或国有股权代表人对公司企业的内部参与以及内部职位获得予以实现的，因此，经营性国有资产营运和国有企业内部经营效率直接与代表国家行使出资人或国有股东经营决策权的国有股权代表人和企业经营者相关。（3）现代公司内部制衡机制设置的初衷在于产生于股东（大）会的独立监督机关去监督制衡公司之决策、经营机关，并把公司之董事会、董事、经理、财务负责人列为监督重点，充分说明了公司内部治理结构与制衡机制的监督对象是以企业经营者为重点。据此，可以这样认为，如果把执掌企业经营决策权的企业经营者作为监管的重点，而将企业以及企业财务状况之监管作为监管的主要手段或依据，则可明确经营性国有资产的监管目标，提高监管本身的针对性。对于公司制国家出资企业或国有企业转投资企业

（公司）而言，国有企业的经营者又集中表现为国家股权或国有法人股权代表中的董事代表（政府董事、国有法人股董事）及经理，因此，新型经营性国有资产监督管理体制和国有企业内部监督机制的建立，应以对国有股董事代表（政府董事、国有法人股董事）及经理的监督、管理为逻辑起点与中心展开。

（三）监管机构（代表）的设置

监管机构（代表）的设置是监管权能否到位的关键，是监管体制构建不可缺少的环节。但是，在监管机构（代表）的设置过程中，如要让监管机构（代表）充分发挥其监督效能，须认真考虑以下问题：（1）监管机构（代表）本身必须保持独立性。由于国有股董事代表（政府董事、国有法人股董事）及经理之监督应被列为经营性国有资产监管和国有企业内部监督之重点，作为监管机构（代表）必须合乎逻辑地独立于国有股董事代表（政府董事、国有法人股董事）及经理，而不能居于国有股董事代表（政府董事、国有法人股董事）及经理领导之下或者附属于国有股董事代表（政府董事、国有法人股董事）及经理安排的权力空间之内。（2）监管机构（代表）必须具有权威性，拥有较为具体且足以制约国有股董事代表（政府董事、国有法人股董事）及经理的权力。（3）对监管机构（代表）本身也存在再监管的问题。由此推之，监管机构（代表）设置的路径不能单一，而必须是多元的，否则监管机构（代表）怠于行使监管权或滥用监管权均会产生监管权的扭曲，偏离既定的监管方向。因此，合理设置监管机构（代表），赋予其独立的法律地位，授予其必要的、适度的权力，并对其进行制约，能保证监管机构（代表）监督权行使的有效性。

（四）外部监管制度与公司企业内部监督制度的衔接

在经营性国有资产监管体制和国有企业内部监督机制的构建过程中，外部监管制度与国有企业（公司）内部监督制度的衔接，即为经营性国有资产之外置出资人代表或国有股权代表如何通过代表机制以内部参与程序合法地与国有企业内部的监督机构对接，成为企业内部治理结构的有机构成部门，使外部监管制度与国有企业内部监督制度不致相互冲突而能相互融合、协调。监管能否真正到位、有效，使之有目的性、有针对性，其关键环节在于监管机构（代表）本身对企业经营者之关联信息的充分掌握和认知，在信息不对称的条件下，监管机构（代表）的监督行为就有可能因为可靠依据的不充分而具模糊性，因此，解决监管中信息不对称最为有效的办法，是把国家（政府）外置的出资人代表或国有股权代表人引入国有企业内部，作为国有企业内部监督机构的有机组成部分，使监管机构（代表）能凭国有企业或公司内部自治性权力分配机制就近获得充分的信息，并进行经常性的监督、制约与控制。

在处理国家（政府）外派出资人代表或国有股权代表人与国有企业或公司内部监督制度的对接问题上，必须注意这种对接的合法性、程序性，必须充分尊重国有企业或公司的内部民主，以期尽力减少两种制度对接中的内耗，从而提高整体监督效应。

（五）多重法律责任的安排

多重法律责任的安排以实现对企业经营者的有效监督为目标，通过法律、法定、企业章程或特定契约，适度设置与其职权、职责相对应的法律上、章程上或者特定契约上的义务，并对其不履行这些义务所必须承担的责任作出明确规定和约束。多重法律责任的安排在于使被监管的企业经营者对期待的权利与义务进行权衡，作出理智、正当的选择，因而对保证新型经营性国有资产监管体制和国有企业内部监督机制顺利构建有十分重要的意义。

多重法律责任的安排取决于企业经营者与国家、企业、相对人之间形成的多重法律关系。（1）就企业经营者与国家而言，作为国家出资人代表的企业经营者与国家是一种代理关系，即企业经营者是代表国家出资人以内部参与权的形式行使经营、决策、管理企业之权。此种情形下，具有国家出资人代表背景的企业经营者无疑应承担代理责任和特定合同的违约责任。（2）就企业经营者与公司企业来讲，企业经营者与特定公司企业之间也存在代理关系①，企业经营者须承担因不当代理的侵权责任和刑事责任。（3）企业经营者与其他股东存在委托代理关系，必须承担因不当委托代理的侵权和赔偿责任。

综合考虑以上五个方面的因素，以国有企业的经营者即国家股权或国有法人股权代表中的董事代表（政府董事、国有法人股董事）及经理为监督管理的核心，就可以建立从监管主体到监管机构（代表）之监管授权清晰、监管对象及内容明确、监管运行有序、监管归责具体的新型经营性国有资产监管体制和国有企业内部监督机制，从而可以大大提高国有资产和国有资本的监管效益。而在国有股权代表人监管体制的构建过程中，又以对国家股权代表人的监管最具有基础性和示范性，下文以国家直接投资情形为例，对新型国家股权代表人监管制度的构建提出一些建设性思路。

二、作为出资人的国家（政府）对国有股权代表人的外部监督

（一）国有股权代表人国家（政府）宏观监督管理机构的主体定位

在新型经营性国有资产监管体制和国有企业内部监督机制构建过程中，国有股权国家宏观管理机构的主体应归属于谁，是建立国有股权代表人国家（政府）外部监督管理制度首先必须解决而不

---

① 关于公司董事、经理与公司之间的关系，学术界历来就有代理说、雇员说、信托说、特殊机关代表说等。有学者认为，经营董事"就其独立执行公司业务而言，他们既是公司的代理人又是公司的雇员"。参见张开平：《英美公司董事法律制度研究》，法律出版社 1998 年版，第 52 页；张民安：《现代英美董事法律地位研究》，法律出版社 2000 年版，第 28—47 页。有学者认为董事会作为公司之"法定代表机关"，表明董事与公司为一种代表关系。参见甘培忠：《企业与公司法学》，北京大学出版社 1998 年版，第 333 页。

能回避的一个问题。对此，我国现行立法均确定国家所有、国务院代表国家行使经营性国有资产所有者的职能，对国有资产或国有股权，实行在国务院统一领导下，由国有资产管理部门（现行国有资产监督管理委员会）等政府履行国家出资人职责的机构专职管理、分级负责的管理体制。

对于国有企业公司制改革后国有股权管理的主体归属问题，国内学者曾从不同角度，作出几种超越现行立法的设想。概括起来有三种模式：（1）归属人大权力机构模式。即在人大常委会下设立某种国有资产管理性质的委员会。有学者认为，国有资产的最终所有者与出资人为人民，人大作为人民的代议机关，对全民财产进行管理，乃法理所应然。为此应在全国人大常委会下设一个"国有资产最高委员会"；① 或由专家类专职人员组成的"国有资产委员会"；② 或设立"公有资本经营委员会"或"国家股权委员会"③，专职行使对国有资产的调研、立法建议与起草、监督等职权，再由其聘任各级持股公司的董事，组成公司董事会，并依法行使对国有资产的监管职能。这些立论主旨在设计一个超然于现行政府部委且受人大直接监控的国有资产管理机构，以集中、统一执掌国有资产包括国有股权的管理职能，固然有可取之处。但是，人大为权力机关，主要职能在于创制、立法、监督，如果赋予人大创设一单独机构越过政府直接行使管理职能，掌控国有资产监督与管理的全部事权，在实践中是不可取的。（2）政府部委模式。有学者认为，提高现有国有资产管理部门的级别，改为"国有资产部"，由其集中行使管理国有资产（包括国有股权）的职能；或者撤销现有国有

---

① 参见樊纲：《论当前国有企业产权关系改革》，载《改革》1995年第1期。
② 参见钱津：《论国有资产经营的立法主导》，载《当代经济研究》1999年第1期。
③ 参见管丽娟：《论国有企业公司制中的"股东缺位"问题及法律对策》，载《法制与经济》1994年第1期。

资产管理部门，在各级政府之下成立各级国有资产管理委员会，把原属各行业部委的国有资产管理权收归该部委加以集中统一行使。① 这种模式以现行管理体制为基础，在实践中操作较容易，但对如何协调国有资产管理与国有股权管理的关系，则没有作充分考虑。2003 年以来国务院和各级地方政府在原有国有资产管理局的基础上，整合诸如原中央工委、国防科工委、财政部的部分职能，设立独立的国有资产监督管理委员会，即为此种模式。但是，事实上 2003 年新成立的银监会和原财政部仍然管辖着庞大的金融类国有资产，因此，现行的政府国有资产监督管理委员会也并非统一、集中的行政监管模式。正因如此，2008 年《企业国有资产法》把政府国有资产监督管理委员会、银行业监督管理委员会、财政部或其他政府设立、授权代表政府履行国家出资人职责的机构统称政府履行出资人职责的机构。（3）企业管理模式。有人提出，国家应组建国有独资公司或国有经营公司，由其履行对国有股权管理。② 此观点从政企分开的角度，企图把政府对股权的管理加以剥离，无疑有利于国有股权行使的独立性，但国有股权完全由企业进行管理而国家不能进行必要的宏观调控是其不足。

　　笔者认为，国有股权国家（政府）外部监督管理机构的主体归属，应以国有股权的持股主体属性为出发点，认识到国有股权是国有资产的另一种财产形态；国有股权管理与国有资产管理有内在联系，又有本质的区别；此外，任何制度的创设，必须以现有制度框架为基础，予以优化设计，平稳过渡。因此，解决的路径是：对现有国有资产管理体制加以改造，明确国家权力机关为国有财产所

---

　　① 参见谢次昌：《股份制企业国有股管理的法律问题》，载《中国法学》1993 年第 1 期；徐晓松：《国有资产保值增值的难点及法律对策》，载《中国法学》1996 年第 6 期。

　　② 参见王文杰：《国有企业公司化改制之法律分析》，中国政法大学出版社 1999 年版，第 153—154 页；江平：《1996 年企业面临的法制建设》，载《中外管理》1996 年第 2 期。

有者的最高代表，建立"人大主导，行政主管"的分级国有资产、国有股权代表人的监督与管理机构。

（二）国有股权代表人国家（政府）外部监督制度的具体构建

1. 建立人大与政府两级国有资产委员会的组织构架

具体而言，就是在全国人大设立国家国有资产委员会，简称国家国资委。国家国有资产委员会为全国人大下设的专门委员会，接受全国人大领导，向全国人大负责并报告工作；在全国人大闭会期间，接受全国人大常委会领导，向全国人大常委会负责并报告工作。地方人大或人大常委会（一般以省级行政区为限）也可参照全国人大国家国有资产委员会的建制与职能，设立地方人大国家国有资产委员会。具体职能、职权与职责，请参考前文有关论述。

在国务院之下整合尚分散在国有资产监督管理委员会、银监会、财政部和其他党政机构的国有资产监督管理、履行国家出资人职责的机构的职能、职权和职责，设立统一的政府国有资产管理委员会，简称政府国资委。政府国有资产管理委员会为国务院下设的专门职能机构，接受国务院领导和全国人大及全国人大常委会的监督，除应向国务院负责并报告工作外，还须向全国人大或全国人大常委会报告工作。地方政府（一般以省级行政区为限）也可参照国务院设立政府国有资产管理委员会。具体职能、职权与职责，请参考前文有关论述。

2. 建立国家国有资产委员会与政府国有资产管理委员会之间的对应监督关系

就是要求政府国有资产管理委员会除应向政府负责并报告工作外，还须向人大报告工作；在人大闭会期间，向人大常委会报告工作并接受其监督。建立并健全政府国有资产管理委员会对人大、人大常委会及人大国家国有资产委员会的工作报告与监督制度，既可保证政府国有资产管理委员会的管理、行权到位，又可防止政府及政府国有资产管理委员会的权力滥用。

3. 建立国家股权代表人的分别委任机制

如前所述，笔者认为，应彻底改革现行国有股权代表人的委任方式，其中，国有法人股权代表人（国有法人股董事、国有法人股监事）应交由转投资主体国有企业或其他国有法人单位通过其内部治理机构中的权力或决策机构去解决，国家（政府）层面应重点关注国家直接投资情形下向公司制国家出资企业委任国家股权代表人。其中，人大常委会在国家国有资产委员会的提名下，负责委任国家股监事代表，该国家股监事代表专司对国家股董事（政府董事）代表、国家出资企业经营者的监督；而政府则在政府国有资产委员会的提名下，负责委任国家股董事（政府董事）代表，此国家股董事（政府董事）代表则专司国家出资企业的经营管理，并接受政府、政府国有资产管理委员会、企业监事会和国家股监事代表的多重监督。具体的委任职能、方式、程序、职权与职责，请参考前文有关论述。

4. 将国家股董事（政府董事）代表列为监管的重点

对国家股董事（政府董事）代表的监管重点应包括以下几个方面：（1）国家股董事（政府董事）代表任职资格的合法性与程序性；（2）国家股董事（政府董事）代表在企业决策、管理行为的合法性与正当性；（3）国家股董事（政府董事）代表在决策、管理过程中勤勉与充分注意的程度；（4）国家股董事（政府董事）代表遵守公司制国家出资企业内部规章的情况；（5）国家股董事（政府董事）代表个人家庭财产的申报及其来源；（6）国家股董事（政府董事）代表的关联交易及竞业禁止；（7）国家股董事（政府董事）代表的家属、子女回避事项及关联业务；（8）其他与财务、经营业务有重大影响的行为。有关对国家股董事（政府董事）代表监督的具体内容、方式、程序，请参考前文有关论述。

把国家股董事（政府董事）代表之经营管理行为列为经营性国有资产监管和国有股权代表人监督的重点，可以明确监管主体的监管职责和委派监管代表的目的性，从而合理收缩监管的范围，显著提高监管效率。

通过建立上述国有股权代表人国家（政府）外部监督制度，可以从根本上廓清国有资产所有者与经营者、国家出资人与国家股权代表人、人大与政府、人大常委会与国家股监事代表、政府及政府履行国家出资人职责的机构与国家股董事（政府董事）代表、国家股监事代表与国家股董事（政府董事）代表之间的法律关系，进而解决长期以来所谓的国家财产所有者或国家股权股东虚位、国有企业经营者擅权渎职、国有资产管理和国有企业经营监督缺位和乏力的源头性问题。

三、国有企业监事会制度的重构及其对国家股董事的内部监督

（一）整合现有的外派监事会与外派监事为人大常委会统一委任国家股监事

此即整合稽察特派员制度、外派监事会制度和政府外派监事制度，设立以人大常委会委任的国家股监事代表为主要形式的经营性国有资产监管代表人。具体做法是：国家股监事代表由国家国有资产委员会提名、人大常委会委任或派出，并由人大国家国有资产委员会内设的国家股监事总署负责组织，并进行日常管理。其中，中央国家出资企业的国家股监事代表由全国人大常委会根据国家国有资产委员会的提名负责委任，地方政府出资企业的国家股监事代表由地方人大常委会根据国家国有资产委员会的提名负责委任。

国家股监事代表的基本职责是代表国家出资人，对行使国家出资人（股东）之经营权、决策权的另一类国家出资人代表——国家股董事（政府董事）代表及国有企业经营者进行专职监督。其监督的范围应包括前面所述的多个方面。同时，为保障其监督职权的行使，应赋予国家股监事代表以检查权、质询权、查账权、列席

董事会等相关会议权、提案权、提议召集股东会或国家出资人代表会议权、代表诉讼权、报告权、司法建议权、弹劾提议权等。有关国家股监事代表的具体职能、职权、职责和履职方式、程序等相关制度，前文已有详细论述，在此不再赘述。

国家股监事代表的设立，可以提高国有企业内部监事会成员的职位和权威，增加其履职的权重，有利于节省监督成本、减少监管环节，便于监管主体对其统一管理。

（二）实现国家股监事代表与国有企业内部监督机构、监督制度的有效对接

1. 取消现有国有企业的外派监事会制度，改由人大常委会根据国家国有资产委员会的提名统一任命或委派国家股监事代表，以消除国有企业外派监事会与国有企业内部监事会或监督机构之矛盾和冲突。

2. 根据规定的内部治理机构组建程序，使人大常委会任命或委派的国家股监事代表通过公司、企业内部权力机构的选举、表决制度和程序，以合法的程序进入企业监事会等内部监督机构，成为企业监事会等内部监督机构的负责人或主要成员。人大常委会委任或股东（大）会选举产生的国家股监事代表和非国家股东监事代表、企业（公司）内部职工代表大会（会议）选举或推举的职工监事代表、特殊情况下招聘或推荐的独立（社会）监事，组成国有企业（包括国有独资企业）内部的监事会。国家股监事代表利用企业（公司）监事会等内部监督机构的制度优势，通过出席、列席参加股东（大）会、董事会、监事会、职工代表大会，以充分地获得有关企业、国家股董事（政府董事）代表、企业经营者企业负责人的相关信息。

3. 充分发挥国有企业或有国家股所在公司职工监事的作用，使国家股监事和职工监事相互配合和协调，发挥国家股监事的职权优势和职工监事的民主监督优势，以提高企业监事会等内部监督机构对国家股董事（政府董事）代表、企业经营者、企业领导人和

企业经营状况的整体监督效力。

（三）改造现行国有企业的内部治理结构以提高监事会的地位和权威

借用德国公司双层制的治理结构，先成立国有独资公司、国有资本控股公司之监事会，在监事会选举机制上产生公司董事会，使董事会之权力出自监事会，向监事会负责，则可为监事会进行后续监督奠定权力基础。监事会代行股东会的部分权力，使一般公司制国有企业的股东会职能与监事会职能合二为一，这样监事会就取得了重大的内部人事决定权、董事会成员之选举权与罢免权、后续监督权等。此一制度设计不仅可根本改变国有独资公司、国有资本控股公司内部权力授权关系和内部治理结构，从而有利于强化监事会对董事会、经理机构及其成员的监督力度，而且也与我国人民代表大会的政治制度兼容，有较强的可操作性。

（四）建立严格的国家股监事代表责任制度以督促其严格履职与监督到位

关于对国家股监事代表及国有企业内部监事会的监督，笔者认为，重在对国家股监事代表的监督。前述章节有关人大常委会对国家股监事代表的履职和述职报告进行的监督，是国家股权代表人监督制度最为核心的内容，在此不再赘述。除此之外，建立严格的国家股监事代表责任制度，以督促国家股监事代表严格履职与监督到位，是对国家股监事代表进行监督不可或缺的另一个方面，建议作如下安排：

1. 应严格人大常委会对国家股监事代表的归口监督和人大国家国资委对国家股监事代表的经常性的直接管理。

2. 应完善国家股监事代表的任职、履职、亲属回避原则以及资格限制，并对其任期制、回避制作出具体规定，特别是职务回避应当符合国家股董事（政府董事）与国家股监事分设制衡的要求。

3. 健全现有监事会的内部监督、制衡机制，充分发挥职工监事、独立（社会）监事以及其他非国有股东监事对国家股监事代表的制衡和监督的作用。

4. 严格国家股监事代表的责任制度，应建立国家股监事代表的双重责任制，即：（1）国家股监事代表作为代表国家行使国有资产和国家股权监管职能的代表人，应当对委任、派出的人大常委会负责并报告工作，怠于职责、疏于注意或违法违纪而未履行监督职责或未完成监管责任目标的，应承担相应的行政以及民事责任；因过失和失职而致国有资产所有人、国家出资人、国家股权损害的，应负赔偿责任。（2）国家股监事代表作为国家股所在公司监事会的负责人或主要成员，应当对全体股东负责并向其报告工作；国家股监事代表如因怠于职责、疏于注意或违法违章而使该公司、该公司国家出资人（股东）或非国家股东利益遭受重大损失的，也应承担相应的民事损害赔偿责任。

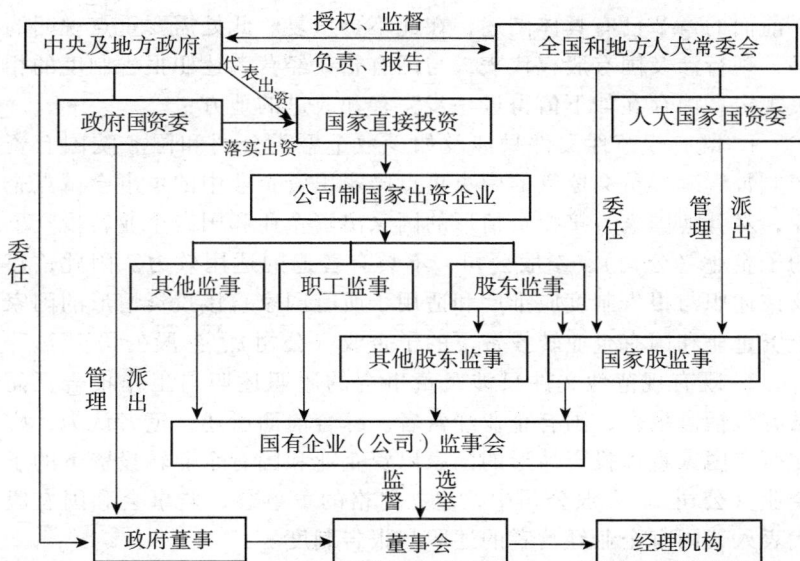

图 6　重构以后国有企业内部监事会与治理结构图

四、完善相关配套制度对国有股权代表人及国有企业经营者的专门监督

（一）全面引入国有股权代表人与国有企业经营者的述职报告制度

关于国有股权代表人及国有企业经营者的述职与报告制度，既有规范性文件有 1993 年 3 月 29 日中国人民银行发布的《金融性公司派驻员述职报告制度》和《中国人民银行总稽核述职报告制度》、2007 年 5 月 7 日国务院国有资产监督管理委员会印发的《董事会试点企业董事会年度工作报告制度实施意见（试行）》等。在这众多的规定中，尤以国务院国资委印发的《董事会试点企业董事会年度工作报告制度实施意见（试行）》最具代表性，该《实施意见（试行）》对董事会试点企业董事会年度工作报告的报告主体、主要内容、工作程序和报告议程进行了详细的规定，相关内容在前面的章节已有具体阐述，在此不再重复。此处需要重点说明的是，现行涉及国有股权代表人与国有企业经营者述职报告制度的相关规定，尚存在如下值得进一步完善和改进的地方：

1. 既有规范性文件只涉及如少数金融类公司和国务院国有资产监督管理委员会监管的中央重点国家出资企业中的董事会试点企业，对其他国家直接投资情形的国家出资企业和国有企业转投资下的子企业（公司）、参股公司，不具有普遍的适用效力。因此，建议该述职与报告制度应推广和适用于所有国家直接投资情形的国家出资企业和国有企业转投资下的子企业（公司）、参股公司。

2. 既有规范性文件只涉及董事会的履职述职与工作报告，而没有包括监事会、国有企业经营者。综合前面所述，笔者认为，应在所有国家直接投资情形的国家出资企业和国有企业转投资下的子企业（公司）、参股公司中，建立严格的董事会、监事会和国有股代表人、国有企业经营者的述职与报告制度。

3. 既有规范性文件的规定具有临时性和试点性，建议在总结经验和完善相关规定的基础上，使其成为新型国有资产监督管理体

制和国有企业内部监督机制中一项基本制度。

4. 既有规范性文件尚处于部门规章的试点性规定，其效力等级比较低，建议由全国人大制定《国有资本独资与控股公司法》，对董事会、监事会和国有股权代表人、国有企业经营者的述职与报告制度作出明确规定，以使其发挥实在的监督效力。

（二）完善国有股权代表人与国有企业经营者绩效考核制度

我国在国有资产和国有企业监督管理中推行绩效考核制度始于2003年。2003年10月21日国务院国有资产监督管理委员会发布《中央企业负责人经营业绩考核暂行办法》，后经2006年12月30日、2009年12月28日、2012年12月26日三次修订；2008年《企业国有资产法》第27条、第29条对国家建立国家出资企业管理者经营业绩考核制度作了原则性的规定。现行央企负责人经营业绩考核按照年度考核与任期考核相结合、结果考核与过程评价相统一、考核结果与奖惩相挂钩的原则，明确了央企负责人的经营责任、权益和评价机制，在一定程度上改变了之前国有企业无人关心、无人负责的状态，使国有资产保值增值责任得到部分的落实。从2003—2006年的第一个任期考核结果来看，中央企业主营业务收入从4.47万亿元增加到8.14万亿元，利润由3006亿元增加到7547亿元。到2012年，这两项指标分别达到22.5万亿元和1.3万亿元。2003年全部央企的经济增加值只有21亿元，但2012年达到3748亿元。可以这样说，央企负责人经营业绩考核制度，发挥着一定的监督与激励效应①。以2012年12月26日国务院国有资产监督管理委员会新修订的《中央企业负责人经营业绩考核暂行办法》（以下简称《暂行办法》）为例，中央企业负责人经营业绩考核的内容包括如下几个方面：

---

① 参见赵尔军：《国企负责人经营业绩考核制度变迁及展望》，载《财会通讯》2013年第25期。

1. 关于中央企业负责人经营业绩考核的对象

《暂行办法》第2条规定，经营业绩考核中的中央企业负责人是指经国务院授权由国务院国有资产监督管理委员会履行出资人职责的国家出资企业的下列人员：（1）国有独资企业的总经理（总裁、院长、局长、主任）、副总经理（副总裁、副院长、副局长、副主任）、总会计师；（2）国有独资公司的董事长、副董事长、董事（不含外部董事和职工董事），列入国资委党委管理的总经理（总裁、院长、局长、主任）、副总经理（副总裁、副院长、副局长、副主任）、总会计师；（3）国有资本控股公司国有股权代表出任的董事长、副董事长、董事，列入国资委党委管理的总经理（总裁、院长、局长、主任）、副总经理（副总裁、副院长、副局长、副主任）、总会计师；（4）国有独资企业、国有独资公司和国有资本控股公司党委（党组）书记、副书记、常委（党组成员）、纪委书记（纪检组长）的考核及其奖惩，依照本办法执行。

此外，《暂行办法》第41条、第42条规定，国有资本参股公司、被兼并破产企业中由国资委党委管理的企业负责人，其经营业绩考核参照本办法执行。对符合下列条件的企业，国资委授权董事会对高级管理人员的经营业绩进行考核：（1）公司法人治理结构完善，外部董事人数超过董事会全体成员半数；（2）经营业绩考核制度健全；（3）薪酬与考核委员会成员全部由外部董事担任。

2. 关于中央企业负责人经营业绩考核的主体与原则

《暂行办法》第3条、第4条规定，企业负责人经营业绩考核，实行年度考核与任期考核相结合、结果考核与过程评价相统一、考核结果与奖惩相挂钩的制度。年度经营业绩考核和任期经营业绩考核采取由国资委主任或者其授权代表与企业负责人签订经营业绩责任书的方式进行。企业负责人经营业绩考核工作应当遵循以下原则：（1）按照国有资产保值增值、企业价值最大化和可持续发展的要求，依法考核企业负责人经营业绩。（2）按照企业的功能、定位、作用和特点，实事求是，公开公正，实行科学的差异化考核。（3）按照权责利相统一的要求，建立健全科学合理、可追溯的资产经营责任制。坚持将企业负责人经营业绩考核结果同激励约束紧密结合，即业绩升、薪酬升，业绩降、薪酬降，并作为职务任免的重要依据。（4）按照全面落实责任的要求，完善全员考核体系，确保国有资产保值增值责任广泛覆盖、层层落实。（5）按照科学发展观的要求，推动企业加快转型升级、深化价值管理，不断提升企业核心竞争能力和发展质量，实现做强做优。

3. 中央企业负责人经营业绩考核的类型

第一，年度经营业绩考核。

《暂行办法》第二章规定，年度经营业绩考核以公历年为考核期。年度经营业绩考核指标包括基本指标与分类指标。其中基本指标包括利润总额和经济增加值。（1）利润总额是指经核定的企业合并报表利润总额。利润总额的计算，可以考虑经核准的因企业处理历史遗留问题等而对当期经营业绩产生重大影响的因素，并扣除通过变卖企业主业优质资产等取得的非经常性收益。（2）经济增加值是指经核定的企业税后净营业利润减去资本成本后的余额。分类指标由国资委根据企业所处行业特点和功能定位，针对企业管理"短板"，综合考虑企业经营管理水平及风险控制能力等因素确定，具体指标在责任书中确定。

第二，任期经营业绩考核。

《暂行办法》第三章规定，任期经营业绩考核以3年为考核期。任期经营业绩考核指标包括基本指标和分类指标。其中基本指标包括国有资本保值增值率和总资产周转率。（1）国有资本保值增值率是指企业考核期末扣除客观因素（由国资委核定）后的国有资本及权益同考核期初国有资本及权益的比率。计算方法为：任期内各年度国有资本保值增值率的乘积。企业年度国有资本保值增值率以国资委确认的结果为准。（2）总资产周转率是指企业任期内平均主营业务收入同平均资产总额的比值。计算公式为：总资产周转率＝3年主营业务收入之和/3年平均资产总额之和。企业符合主业发展要求的重大投资，如果对当期经营业绩产生重大影响，经核准，可在计算总资产周转率时酌情予以调整。分类指标由国资委综合考虑企业所处行业特点和功能定位，选择符合企业中长期发展战略、反映可持续发展能力的指标予以确定，具体指标在责任书中确定。

4. 中央企业负责人经营业绩考核的奖惩

《暂行办法》第四章规定，根据企业负责人经营业绩考核得分，年度经营业绩考核和任期经营业绩考核结果分为 A、B、C、D、E 五个级别。基本指标考核得分低于基本分或考核最终得分低于 100 分的，考核结果不得进入 C 级。利润总额为负或经济增加值为负且没有改善的企业，考核结果原则上不得进入 A 级（处于行业周期性下降阶段但仍处于国际同行业领先水平的企业除外）。(1) 国资委依据年度经营业绩考核结果和任期经营业绩考核结果对企业负责人实施奖惩，并把经营业绩考核结果作为企业负责人任免的重要依据。其中，对企业负责人的奖励分为年度绩效薪金奖励和任期激励或者中长期激励；企业负责人年度薪酬分为基薪和绩效薪金两个部分，绩效薪金与年度考核结果挂钩，绩效薪金＝绩效薪金基数×绩效薪金倍数。绩效薪金的 70% 在年度考核结束后当期兑现；其余 30% 根据任期考核结果等因素，延期到任期考核结束后兑现。对于离任的法定代表人，还应当根据经济责任审计结果，确定延期绩效薪金兑现方案。(2) 企业违反《会计法》、《企业会计准则》等有关法律法规规章、虚报、瞒报财务状况的，国资委根据具体情节给予降级或者扣分处理，并相应扣发企业法定代表人及相关负责人的绩效薪金、任期激励或者中长期激励；情节严重的，给予纪律处分或者对企业负责人进行调整；涉嫌犯罪的，依法移送司法机关处理。企业法定代表人及相关负责人违反国家法律法规和规定，导致重大决策失误、重大安全与质量责任事故、重大环境污染责任事故、重大违纪和法律纠纷案件，给企业造成重大不良影响或者国有资产损失的，国资委根据具体情节，对企业给予降级或者扣分处理，并相应扣发企业负责人绩效薪金、任期激励或者中长期激励；情节严重的，给予纪律处分或者对企业负责人进行调整；涉嫌犯罪的，依法移送司法机关处理。

《暂行办法》（2012 年修订）的上述规定，无疑对完善国有董事代表、国有企业经营者的经营业绩监督制度有重要的意义。2014 年 1 月 10 日国务院国资委又下发了《关于认真做好 2014 年

度中央企业负责人经营业绩考核工作的通知》（国资发综合
〔2014〕7 号），也表明我国在推行企业负责人经营业绩考核制度方
面已经常态化。但是，通观《暂行办法》的有关规定，不难发现，
该制度尚有以下值得进一步完善和改进的地方：

1.《暂行办法》只涉及国务院国有资产监督管理委员会监管的
中央重点国家出资企业中企业负责人，对地方政府出资企业和国有
企业转投资下的子企业（公司）、参股公司，不具有普遍的适用效
力。因此，建议该企业负责人经营业绩考核制度应推广和适用于所
有国家直接投资情形的国家出资企业和国有企业转投资下的子企业
（公司）、参股公司。

2.《暂行办法》所涉及的负责人范围，没有把全部的国有股
（国家股、国有法人股）董事代表和国有独资企业经营者涵盖进
去，因此，建议考核对象范围确定为所有国有企业的董事会、经理
机构及成员（不包括非国有股董事）。

3.《暂行办法》所列举的考核内容和业绩，没有把与公司制
国有企业的董事会、经理机构及成员（不包括非国有股董事）和
国有独资企业经营者的履职述职和工作报告结合起来，建议把现有
的中央企业负责人经营业绩考核制度，提升为国有股权代表人与国
有企业经营者绩效考核，并与前面所述的国有股权代表人与国有企
业经营者述职报告制度合并，作为其述职报告的一部分。

4.《暂行办法》尚为部门规章的试点性规定，其效力等级比
较低，建议把国有股权代表人与国有企业经营者绩效考核制度中的
相关内容，规定在未来的《国有资本独资与控股公司法》中，使
其与国有股权代表人、国有企业经营者述职报告制度共同发挥其实
在的监督效应。

（三）强化国有股权代表人与国有企业经营者的财产
登记与报告制度

国有企业高管的腐败问题是国有资产与国有企业监督管理不能
回避的问题，在建立新型国有资产监督管理体制和国有企业内部监

督机制的过程中，防止国有股权代表人与国有企业经营者的贪腐问题，应是关注的重点；其中建立国有股权代表人、国有企业经营者财产登记与报告制度，就是解决这一难题的重要制度性安排。

我国现行有关国有企业经营者或负责人的财产登记与报告制度基本是参照有关党政机关领导干部收入或有关事项申报制度。这方面的规范性文件有中共中央办公厅、国务院办公厅于 1995 年联合发布的《关于党政机关县（处）级以上领导干部收入申报的规定》和 2006 年联合发布的《关于党员领导干部报告个人有关事项的规定》；2010 年 5 月 26 日中共中央办公厅、国务院办公厅又联合发布新的《关于领导干部报告个人有关事项的规定》，对包括国有企业负责人在内的领导干部个人事项的报告作出新的规定。主要内容包括：

1. 个人有关事项报告的适用对象

《关于领导干部报告个人有关事项的规定》第 2 条列举，下列领导干部应当报告个人有关事项：（1）各级党的机关、人大机关、行政机关、政协机关、审判机关、检察机关、民主党派机关中县处级副职以上（含县处级副职）的干部；（2）人民团体、事业单位中相当于县处级副职以上的干部；（3）大型、特大型国有独资企业、国有控股企业（含国有独资金融企业和国有控股金融企业）的中层以上领导人员和中型国有独资企业、国有控股企业（含国有独资金融企业和国有控股金融企业）的领导班子成员。副调研员以上非领导职务的干部和已退出现职但尚未办理退（离）休手续的干部报告个人有关事项，适用本规定。

2. 个人有关事项报告的范围

《关于领导干部报告个人有关事项的规定》第 3 条、第 4 条、第 18 条对领导干部报告个人有关事项有详细的规定，其主要内容包括以下两个方面：

第一，领导干部本人的婚姻变化和配偶、子女移居国（境）外、从业等事项。主要包括：（1）本人的婚姻变化情况；（2）本人持有因私出国（境）证件的情况；（3）本人因私出国（境）的情况；（4）子女与外国人、无国籍人通婚的情况；（5）子女与港澳以及台湾居民通婚的情况；（6）配偶、子女移居国（境）外的情况，包括领导干部的配偶、子女获得外国国籍，或者获得国（境）外永久居留权、长期居留许可；（7）配偶、子女从业情况，包括配偶、子女在国（境）外从业的情况和职务情况；（8）配偶、子女被司法机关追究刑事责任的情况。

第二，领导干部的收入、房产、投资等事项。主要包括：（1）本人的工资及各类奖金、津贴、补贴等；（2）本人从事讲学、写作、咨询、审稿、书画等劳务所得；（3）本人、配偶、共同生活的子女（包括领导干部的未成年子女和由其抚养的不能独立生活的成年子女）的房产情况（包括领导干部本人、配偶、共同生活的子女为所有权人或者共有人的房屋）；（4）本人、配偶、共同生活的子女投资或者以其他方式持有有价证券、股票（包括股权激励）、期货、基金、投资型保险以及其他金融理财产品的情况；（5）配偶、共同生活的子女投资非上市公司、企业的情况；（6）配偶、共同生活的子女注册个体工商户、个人独资企业或者合伙企业的情况。

3. 个人有关事项报告的受理、审查及期限

根据《关于领导干部报告个人有关事项的规定》的规定，个人有关事项报告分为个人主动申报、依组织职权要求申报、因他人举报而调查与申报三种形式。

第一，个人有关事项的主动申报。即领导干部应当于每年1月31日前集中报告一次上一年度上述所列事项。其中领导干部本人的婚姻变化和配偶、子女移居国（境）外、从业等事项，应当在事后30日内填写《领导干部个人有关事项报告表》，并按照规定报告；因特殊原因不能按时报告的，特殊原因消除后应当及时补报，并说明原因。新任领导干部应当在符合报告条件后30日内按照规定报告个人有关事项；领导干部辞去公职的，在提出辞职申请时，应当一并报告个人有关事项。领导干部报告个人有关事项，按照干部管理权限由相应的组织（人事）部门负责受理：（1）中央

管理的领导干部向中共中央组织部报告，报告材料由该领导干部所在单位主要负责人审签后，交所在党委（党组）的组织（人事）部门转交。（2）属于本单位管理的领导干部，向本单位的组织（人事）部门报告；不属于本单位管理的领导干部，向上一级党委（党组）的组织（人事）部门报告，报告材料由该领导干部所在单位主要负责人审签后，交所在党委（党组）的组织（人事）部门转交。领导干部因发生职务变动而导致受理机构发生变化的，原受理机构应当及时将该领导干部的报告材料按照干部管理权限转交新的受理机构。

第二，个人有关事项依组织职权要求的申报。即领导干部未按规定及时报告的，有关组织（人事）部门应当督促其报告。组织（人事）部门、纪检监察机关（机构）根据工作需要，可以对报告情况进行汇总综合，对存在的普遍性问题进行专项治理。组织（人事）部门在干部监督工作和干部选拔任用工作中，按照干部管理权限，经本机关、本单位主要负责人批准，可以查阅有关领导干部报告个人有关事项的材料；纪检监察机关（机构）在履行职责时，按照干部管理权限，经本机关主要负责人批准，可以查阅有关领导干部报告个人有关事项的材料；检察机关在查办职务犯罪案件时，经本机关主要负责人批准，可以查阅案件涉及的领导干部报告个人有关事项的材料。

第三，个人有关事项因他人举报而调查与申报。纪检监察机关（机构）、组织（人事）部门接到有关举报，或者在干部考核考察、巡视等工作中群众对领导干部涉及个人有关事项的问题反映突出的，按照干部管理权限，经纪检监察机关（机构）、组织（人事）部门主要负责人批准，可以对有关领导干部报告个人有关事项的材料进行调查核实。

4. 违反个人有关事项报告的监督与处罚

受理报告的组织（人事）部门对报告人的报告材料，应当设专人妥善保管。纪检监察机关（机构）和组织（人事）部门要加强对个人有关事项申报执行情况的监督检查。领导干部应当按照规定如实报告个人有关事项，自觉接受监督。领导干部有下列情形之一的，根据情节轻重，给予批评教育、限期改正、责令作出检查、诫勉谈话、通报批评或者调整工作岗位、免职等处理；构成违纪的，依照有关规定给予纪律处分：（1）无正当理由不按时报告的；（2）不如实报告的；（3）隐瞒不报的；（4）不按照组织答复意见办理的。不按照规定报告个人有关事项，同时该事项构成另一违纪行为的，依照有关规定进行合并处理。

除《关于领导干部报告个人有关事项的规定》所设置的领导干部个人有关事项报告制度外，2003年以来，中共中央办公厅、国务院办公厅还发布了有关国有企业领导人员廉洁从业的一些规范性文件，其中比较有代表性的有2004年发布的《国有企业领导人员廉洁从业若干规定（试行）》，2009年7月1日又印发了新的《国有企业领导人员廉洁从业若干规定》（中办发〔2009〕26号），针对国有企业领导人员，即国有独资企业、国有控股企业（含国有独资金融企业和国有控股金融企业）及其分支机构的领导班子成员，在企业内滥用职权、损害国有资产权益行为；利用职权谋取私利以及损害本企业利益行为；违反关联交易、职务回避等侵害公共利益、企业利益行为；违规进行职务消费行为；严重缺乏自身修养、社会责任意识并损害其良好公众形象的行为等多个方面的违法违规职务行为，从廉洁从业行为规范的角度进行比较具体的规定。2011年10月14日，国务院国有资产监督管理委员会党委又下发了《中央企业贯彻落实〈国有企业领导人员廉洁从业若干规定〉实施办法》，结合中央企业实际，对《国有企业领导人员廉洁从业若干规定》的有关规定进行细化。

上述所列规定和相关制度的设计，无疑对加强国有企业领导人的监督有一定的作用。但是这些制度尚存在以下明显的缺陷和值得改进的地方。

1. 缺乏全国性、统一的、强制性的党政职员财产登记与报告制度作支撑，因此，领导干部个人有关事项报告制度的设计与安排只具有权宜之计，不具有普遍的适用效力和长期的约束力。

2.《关于领导干部报告个人有关事项的规定》和《国有企业领导人员廉洁从业若干规定》中所作的规定，其适用个人有关事项报告的主体范围只包括县处领导干部或国有企业的主要负责人，而没有包括所有国有股权代表人和国有企业经营者。

3. 有关领导干部个人有关事项报告的公示范围明显有限，其范围仅及于组织、人事、纪检监察部门，而不面向社会、国有企业内部和国有股权代表人委任主体申报或公示。

针对现行国有企业领导干部或负责人个人有关事项申报与廉洁从业规范的上述缺陷，笔者认为，应建立以财产申报与公示为主要内容的统一、强制、规范国有股权代表人与国有企业经营者个人事项申报、登记和公示制度。（1）其适用的对象应为所有国有股权代表人和国有企业经营者，其中重点应为国家股董事代表、国家股监事代表和国有企业高级经营管理人员。（2）其受理机关应为国有股权代表人与国有企业经营者的委任机关，其中就国家股权代表人而言，主要为负责国家股监事代表委任的人大国家国资委和负责政府董事代表委任的政府国资委。（3）其公示的范围，应面向全社会、国有企业内部和国有股权代表人委任主体公示。

（四）落实国有股权代表人与国有企业经营者的年度与离任经济审计制度

年度与离任经济审计制度，是对国有股权代表人与国有企业经营者实施专业监督的重要手段。与此相关的规范性文件有新闻出版署发布的《新闻出版企业法定代表人离任审计工作规定》（1996年）、文化部印发的《文化企事业法定代表人离任审计规定（试行）》（1997年）、农业部发布的《农业部直属企业经理离任审计工作暂行规定》（1997年）、新闻出版署发布的《新闻出版企业法定代表人离任审计工作规定实施细则》（1998年）、新华社办公厅印发的《新华社关于实行领导干部离任审计的暂行规定》（1998年）、中国人民银行颁发的《中国人民银行领导干部离任审计制度》（1999年）、国家体育总局下发的《国家体育总局直属单位领导干部离任审计工作暂行办法》（2002 年）、中国证券监督管理委员会发布的《基金行业人员离任审计及审查报告内容准则》（2011 年）等。1999 年10 月 21 日中共中央办公厅、国务院办公厅联合发布了《国有企业及国有控股企业领导人员任期经济责任审计暂行规定》（中办发〔1999〕20 号），2010 年 10 月 12 日中共中央办公厅、国务院办公厅又联合印发了新的《党政主要领导干部和国有企业领导人员经济责任审计规定》（中办发〔2010〕32 号），其对现行国有企业领导人员的年度、任期、离任经济审计进行了详细的规定。

但是上述这些规定和相关制度，没有有效地和国有资产、国有企业监督管理制度结合起来，特别是没有使之与国家股监事制度、国有企业内部监事会制度进行有机的结合，使年度、任期、离任经济审计的结论不能有效地加以利用，发挥其应有的专业监督功能。因此，笔者认为，年度、任期、离任经济审计应作为国家股监事制度、国有企业内部监事会制度的一种专业的监督手段和重要的监督方式，使之与前述的国有股权代表人、国有企业经营者年度、任期述职与报告制度结合起来，才能更好、更充分地发挥应有的监督效应。具体做法可考虑如下几个方面：（1）对国有企业经营者的年度、任期、离任经济审计，除应由审计机关依职权独立完成外，还可通过国家股监事或国有企业内设监事会委托专业的审计机构来主导完成。（2）国家股监事或国有企业内设监事会应充分、有效地利用国有企业经营者的年度、任期、离任经济审计报告、数据和审计结论，有针对性地强化对国有企业经营者的监督。（3）国有企业经营者在向政府国资委进行年度、任期述职与报告时，必须附送其年度、任期、离任经济审计报告。（4）政府国资委在对国有企业经营者进行年度、任期考核时，应当把其年度、任期、离任经济审计报告和审计结论作为重要依据。

（五）重视国有企业内部职工对企业经营者的日常监督

国有企业公司制改革后，职工对国有企业经营者监督的缺失，是现有国有资产和国有企业监督管理制度安排中最为普遍性的问题。尽管《全民所有制工业企业法》（1988 年）所设计的内部治理结构中，职工代表大会保持对以厂长（经理）为首的国有企业经营者以比较广泛、强势的监督，但这种有效的制度安排从来就没有认真地、有效地实施过。而在公司制国有企业里，除法律或章程所规定的职工董事代表或监事代表是由职工代表大会选举外，公司中的职工代表大会的决策参与和营业监督功能基本萎缩。但是，在国有企业的经营管理过程中，对国有企业经营者信息掌握最充分、对国有企业经营好坏利益最具关联性的是国有企业的内部职工（除公司高管之外的所有与公司存在劳动合同关系的人员），因此，赋予并切实保障国有企业内部职工的监督权，让其通过举报、揭发、申诉等方式和借助必要的手段，对所有国有股权代表人和国有企业经营者进行监督，其中，应重点针对国家股董事代表、国家股监事代表和国有企业高级经营管理人员进行经常性的监督。

（六）建立国家（政府）对国有股权代表人与国有企业经营者的经常性稽察巡视制度

为加强对国有重点大型企业的财务监督，评价国有重点大型企业主要负责人员的经营管理业绩，1998 年 7 月 3 日国务院曾经发布《国务院稽察特派员条例》，在中央管辖的国有重点大型企业推行过稽察特派员制度。

稽察特派员制度在 1998 年之后以"抓大放小"为重点的国有企业改革之非常时期，对确保中央管辖的国有重点大型企业的转制、经营起到过明显的规范和监督作用。但是，这一制度本身设置的初衷就是一种非常且为临时性权宜监督措施，而其实施的效果也因人、因企业而存在巨大的差异，在运行不到 2 年后，就被 2000 年 3 月 15 日国务院所发布的《国有企业监事会暂行条例》中规定的外派监事会制度所取代，并于 2008 年 1 月 15 日被国务院发布的《关于废止部分行政法规的决定》废止。

但是，笔者认为，稽察特派员制度的权威性、外部性、非常性、临时性仍然有其不为日常监督制度所具备的制度优势，此一制度虽然已被废止，但其制度模式可以借鉴和改造成为国家直接投资情形下，国家（政府）对其委任的国家股权代表人进行不定时、不定期监督的重要形式。具体而言，就是借鉴原有稽察特派员制度的某些做法，结合现行对部分国有企业的不定期巡视制度，建立起国家（政府）对国家股权代表人和国有企业经营者的经常性稽察巡视制度，即人大国家国资委负责对其委任提名的国家股监事代表进行经常性的稽察巡视监督；政府国资委则负责对其委任提名的国家股董事（政府董事）代表人和国有企业经营者进行经常性的稽察巡视监督。这样，通过国家（政府）对国家股权代表人和国有企业经营者的经常性稽察巡视制度，结合国家股权代表人和国有企业经营者的年度、任期述职与工作报告制度，对国家股权代表人和国有企业经营者所设置的各种监督制度才能切实运行并监督到位。

结　　论

通过前述分析和论述，笔者认为国有企业改革必须有顶层设计、整体意识和通盘规划，其基本路径和制度安排可概括为四个层面：

一、在国有资产监督管理体制改革的大背景下整体设计国有企业改革

研究国有企业就必须首先把其放在国有资产的分类监管这一大背景下来考察。国有资产按其性质可划分为资源性国有资产、行政事业性国有资产、经营性国有资产三大类。而对不同性质的国有资产，就应根据其不同的属性适用不同的管理与监督模式。资源性国有资产管理体制改革的重心应是逐步把现有的国有专营之直接经营体制，转型为以资源税和出让金为主的利益分享型体制；而行政、事业性国有资产的改革重点，应放在完善登记、信息公开、政府采购和严格监管等程序控制上；至于经营性国有资产，其实质是国家（政府）直接投资问题，其中心问题均应围绕国家直接投资与国家资本收益这一议题来展开。

二、在国家投融资视角下分类对待国有企业改革

国有企业源于国家（政府）的直接投融资，是国家（政府）直接投融资即国家（政府）把国有资产投入营利性领域而衍生的营业平台和独立的市场主体。我国经营性国有资产和国有企业改革实质上涉及国家经营性投资的宏观布局和国有企业微观制度的改革，是一个问题的两个方面。从国家的公共职能和特殊地位来看，

国家营业性投资的边界应只限于通过市场自由竞争难以有序或有效发展的产业或领域，能由市场竞争进行有效调整和资源配置的竞争性产业和领域，国家一般不应或不宜投资经营。以这一思路来考量我国现有竞争类、公共服务类和特定功能类等不同类型的国有企业，就需要对其制定有针对性的分类改革路线图，即：（1）对竞争类国有企业，应本着让利于民和尊重市场的基本原则，在进行股份制、公司制改革的前提下，通过有计划、有步骤地出让、减持国有股，使国有资本从绝大部分竞争性领域有序退出。（2）对公共服务类国有企业，可选择国有独资或国有控股等形式，以实现公共政策性目标为主，进行准军事化和垂直化管理，并引入行业监督和社会评价；或者通过特许招标或托管，引入民间资本或民营企业，实行特许经营。（3）对特定功能类国有企业，在保持国有独资或国有资本控股的情况下，应更多地选择项目法人制，进行市场化营运。

三、在国有股权代表人制度的框架下解决国有企业公司制改革

在国有企业的分类改革过程中，核心问题是国家出资人的法律地位、权利范围、行使方式以及与国有企业的关系定位，而所有这些问题的解决均离不开国家出资人代表的设置；而在公司制国有企业中，这一问题又集中表现在国有股权代表人制度的构建上。设立国家出资人代表或国有股权代表人，在于以国有资产所有权或国有股权行使的代表论为理论依据，把国有资产出资人、监督人具体责任到人，通过创设国有股权董事代表和国有股权监事代表，由其分别行使国有资产出资人（股东）的内部参与权和经营监督权，以保证国有资产出资人（股东）主体、行权、监管等诸项职能到位。因此，在某种意义上讲，创设国家出资人代表或国有股权代表人制度关系到国有企业公司制改革的成败。

在具体构建国有资产或国有股权代表人制度的过程中，当前和今后相当长时期内需要着力去做的，应是变过去的国有资产授权经

营为委任具体的自然人担任国有股权代表人，即在国家直接投资情形下，由国家（政府）向国家出资企业委任、派出国家股董事代表和国家股监事代表等一级国有股权代表人；在国有企业转投资情形下，则由该国有企业向其转投资子企业（公司）、参股公司委任国有法人股董事代表和国有法人股监事代表等二级国有股权代表人。对于国家（政府）而言，只需向全国有影响的若干个特大国家出资企业派出数量可控的一级国有资产或国有股权代表人即可，国家（政府）监管的对象和范围可以大大缩小，管理、监督层级由多级变为一级，监督、管理对象由国有资产、国有企业、国有资本变为具体、特定的国有资产代表人或国有股权代表人。这样，国家对国有资产市场营运的监控力将明显增强，国有资产所有权或国有股权的实现也就不再停滞于理论上的空谈和实务中的乱象。

四、建立以政府董事、国有企业经营者为监督重点的国有资产监督管理体制与国有企业内部监督机制

在公司制国有企业中，由于政府董事肩负着代表国家（政府）出资人具体行使企业的内部参与权，并因其掌控企业经营决策和执行营业事务，而居于国有资产营运和企业经营管理的权力中心。因此，新型经营性国有资产监督管理体制和国有企业内部监督机制的重心，就应以对政府董事和国有企业经营者的监督为中心而展开。

就国家（政府）对国有股权代表人的外部监管而言，应对现有国有资产管理体制加以改造，明确国家权力机关为国有财产所有者的最高代表，建立"人大主导，行政主管"的分级国有资产、国有股权代表人的监督与管理机构，即：（1）建立人大国家国有资产委员会与政府国有资产管理委员会两级国有资产委员会的组织构架；（2）建立人大国家国有资产委员会与政府国有资产管理委员会之间的对应监督关系；（3）建立由人大常委会委任国家股监事代表和政府委任国家股董事（政府董事）代表的国家股权代表人的分别委任机制；（4）把国家股董事（政府董事）代表列为监管的重点。

就国有企业的内部监督机制而言，应实现国家股监事代表与国有企业内部监督机构、监督制度的有效对接，即：（1）应整合现有的外派监事会与外派监事，改由人大常委会根据国家国有资产委员会的提名统一任命或委派国家股监事代表。（2）国家股监事代表通过国有企业内部的选举、表决程序，以合法程序进入企业监事会等内部监督机构，成为企业监事会等内部监督机构的负责人或主要成员，并和非国家股东监事代表、职工监事代表、其他监事代表，组成国有企业（包括国有独资企业）内部的监事会，以有效地行使对国有企业董事会、经理机构及国家股董事（政府董事）、企业经营者的经常性监督。（3）改造现有国有企业的内部治理结构，变现有国有独资公司的二元（董事会、监事会）或国有资本控股公司的三角形（股东会、董事会、监事会）权力结构，为监事会→董事会或股东（大）会→监事会→董事会双层权力结构，以显著提高监事会的地位和权威。（4）建立严格的国家股监事代表责任制度以督促其严格履职与监督到位。

通过以上新型国家（政府）外部监管和企业内部监督制度的构建，就可以建立从监管主体到监管机构（代表）之监管授权清晰、监管对象精准、监管内容明确、监管运行有序、监管归责具体的新型经营性国有资产监管体制和国有企业内部监督机制；而把国家股董事（政府董事）代表、国有企业经营者的经营管理行为列为经营性国有资产监管和国有股权代表人监督的重点，可以明确监管主体的监管职责和委派监管代表的目的性，从而合理收缩监管的范围，大大提高国有资产和国有资本的监管效益，从根本上解决长期以来国家财产所有者或国家股东虚位、国有企业经营者擅权渎职、国有资产管理和国有企业经营监督缺位和乏力等源头性问题。

后　　记

　　我国特定的国情决定了经营性国有资产监管体制与国有企业经营机制改革的重要性，而在国有企业公司制改革的大背景下，这一问题又集中体现为国有股权的行使和国有股权代表人问题。笔者对此问题的研究始于 1999 年在武汉大学法学院攻读民商法学硕士学位的毕业论文选题"国有股权法律问题研究"，尽管导师漆多俊教授给予了高屋建瓴的指导，但限于当时学术积累的浅薄和对问题思考的初线条化，对许多问题的理解和论证尚不是很清晰，该论文后经多次修改以《国有股权法律制度研究》一书于 2001 年在中国人民公安大学出版社出版。10 余年来，我国有关经营性国有资产、国有企业的政策、法律、行政法规发生了很大的变化，学者对此问题的研究也比较深入，而笔者对此问题研究的兴趣以及对某些带有根本性、源头性制度建构的思考热情也一直未减。其间，就国家出资人代表制度、国有股权代表人制度等问题进行过比较深入、系统的研究，有了许多新的体会，在这方面发表了系列文章 20 余篇，还先后主持并完成了"经营性国有资产代表人制度研究"（教育部 2003 年人文社会科学研究课题，文号：03JD820008；2007 年 11 月通过结项，结题文号：2007JXZ237）、"国有股权代表人制度研究"（湖南省哲学社会科学 2004—2005 年度立项课题，文号：0405019；2007 年 10 月通过结项，结题证书号：2007100405019060）2 项课题。因此，本书既是教育部"经营性国有资产代表人制度研究"和湖南社科联"国有股权代表人制度研究"两个研究项目的结题成果，更是对笔者这 10 余年来有关国家出资人代表制度和国有股权代表人制度系统性研究、思考的阶段性总结。

　　本书承蒙湖南大学法学院法学重点学科基金的资助，被列入新的一辑"岳麓法学文库"，在此向湖南大学法学院的各位重视和关心法学学科建设发展的领导，表示衷心的感谢！

　　在撰写本书的过程中，笔者参考了大量相关的著作、论文和成案，没有他们既有著述和研究成果的启发，难以完成这一意义重大的课题研究，在此对诸位学者和同仁表示敬意和感谢。

　　中国检察出版社的主管领导和编辑在编辑、出版本书过程中，提出了许多富有学术创意和编辑技术方面的指导性意见，对确保本书的学术品位起了至关重要的作用，在此也一并表示感谢！

　　这里，要特别感谢内子朱建云女士。为本课题的研究，为撰写此书，笔者把家务和教子的重任都抛给了她，她无怨无悔，默默地为此奉献，此书的出版有一半功劳应归属于她。

　　国有股权问题在学术界研究已有近 30 年，其中还有许多理论和实践问题没有解决，本书中的部分观点和看法肯定因作者学识有限而难免有错误和疏漏之处，恳请各位专家和同仁批评指正。

肖海军
2007 年 10 月初稿于长沙市岳麓科教新村
2014 年 12 月定稿于长沙市佳兴格林星城